GOLDMANN
ARKANA

Buch

Das ist das Praxisbuch zu Kurt Tepperweins erfolgreichstem Werk »Die Geistigen Gesetze«. In diesem Kompendium der spirituellen Lebensführung zeigt der beliebte Lebenslehrer, wie unser Leben, analog zur Schöpfung, unveränderlichen geistigen Gesetzen unterliegt. Wenn wir diese verinnerlichen, werden wir unser wahres Selbst in seiner ganzen Vollkommenheit entfalten können und ein erfülltes Leben in Harmonie mit der Schöpfung führen. Viele Meister und Weisheitslehrer unterschiedlichster Kulturen haben diese Gesetzmäßigkeiten und ihre Wirkungsweise erforscht. Kurt Tepperwein hat dieses Wissen zusammengetragen und für unsere Zeit aufbereitet.

Die »Praxis der Geistigen Gesetze« stellt nun als »Arbeitsbuch« eine sinnvolle Ergänzung zum Original dar, indem es die einzelnen Kapitel kommentiert, Kernbotschaften dazu vermittelt und durch viele praktische Beispiele und Übungen den Wirkungsmechanismus der Gesetze in allen Bereichen des täglichen Lebens veranschaulicht.

Autor

Kurt Tepperwein, geboren 1932, früher erfolgreicher Unternehmer, zog sich 1973 aus dem Wirtschaftsleben zurück, um die wahren Ursachen von Krankheit und Leid zu erforschen. Ausbildung als Heilpraktiker, heute einer der bekanntesten Lebenslehrer Europas. Dozent an verschiedenen internationalen Institutionen, Gründer und Schirmherr der Internationalen Stiftung Lebensschule, Autor von mehr als 50 Büchern, zahlreichen Videos, Audiotapes und CDs. Die von ihm entwickelte Technik des Mental- und Intuitionstrainings ist heute für viele Menschen unverzichtbarer Bestandteil ihres Lebens. Wenn er sich nicht auf Vortragsreise befindet, lebt der Autor auf Teneriffa.

Von Kurt Tepperwein sind bei Arkana außerdem erschienen:

Die Geistigen Gesetze (21610) · Geistheilung durch sich selbst (11738) · Kraftquelle Mentaltraining (12141) · Jungbrunnen Entsäuerung (14207) · Der Weg zum Millionär (21551) · Bewusstseinstraining (21549) · Wunder vollbringen durch schöpferische Imagination (21642) · Gesund für immer (21703) · Von Angst zur Lebensfreude (21734) · Verwirklichen (21735) · Gelassenheit (21738) · Erfinde dich neu (21752) · Die hohe Schule des Lebens (21762) · Selbstheilungskräfte aktivieren (21769) · Das Buch der Erfolgsgesetze (21789) · Die Kraft der positiven Psychologie (21793) · Glücks-Gesetze (21814) · Mein persönliches Verjüngungsbuch (33818) · Erwachen zum wahren Sein (21834) · Der große Tepperwein (33827)

KURT TEPPERWEIN

Die Praxis der geistigen Gesetze

GOLDMANN
ARKANA

FSC
Mix
Produktgruppe aus vorbildlich
bewirtschafteten Wäldern und
anderen kontrollierten Herkünften

Zert.-Nr. SGS-COC-1940
www.fsc.org
© 1996 Forest Stewardship Council

Verlagsgruppe Random House FSC-DEU-0100
Das für dieses Buch verwendete FSC-zertifizierte
Papier *München Super* liefert
Arctic Paper Mochenwangen GmbH.

1. Auflage

Originalausgabe Juli 2009

Umschlaggestaltung: UNO Werbeagentur, München
Umschlagmotiv: Zefa / Allofs
Lektorat: Kathrin Heigl
SB · Herstellung: ReD
Satz: Buch-Werkstatt GmbH, Bad Aibling
Druck: GGP Media GmbH, Pößneck
Printed in Germany
ISBN 978-3-442-21867-7

www.arkana-verlag.de

Inhalt

Vorwort

Im Jahr 1992 konnte ich dem deutschen Leserkreis die »Geistigen Gesetze«*[1] erstmals anbieten, doch in der Tat sind sie wesentlich älter. Es handelt sich bei den »geistigen Gesetzen« um ewige und damit auch unveränderliche und unumstößliche Wahrheiten, die zu allen Zeiten galten und stets gelten werden.

Vor langer Zeit gab es im alten China einen Weisen namens Laotse, der die Geistigen Gesetze in seiner Einfachheit auf simple Weise niederschrieb. Das von ihm verfasste »Tao de King« gehört vielleicht zu den schönsten Perlen der Weltliteratur. Doch über viele Jahrhunderte war dieses Wissen nur wenigen Menschen vorbehalten. Erst im letzten Jahrhundert entdeckten und veröffentlichten westliche Wissenschaftler die universelle Wirksamkeit des Tao. Werke wie das »Tao der Physik« (Capra) oder auch das »Tao der Liebe« (Meister Mantak Chia) wurden weltbekannt.

Die »geistigen Gesetze« sind Ausdruck einer universellen Wahrheit, welche die Sterne ebenso bewegt wie die menschliche Psyche. Sie gelten auf dem Mars, der Venus und auf Alpha Centauri. Sie galten im sagenumworbenen alten Atlantis, und sie werden auch in ferner Zukunft weiterhin Gültigkeit besitzen. Daran hat bis zum heutigen Tage weder die Entdeckung der Atomkraft noch die des Internets etwas geändert. Im Gegenteil: Die Kraft des Atoms und die weltweite Vernetzung im Sinne einer Allverbundenheit erweisen sich als Ausdruck dieser Gesetze, die »im Größten wie im Kleinsten« Wirksamkeit besitzen.

Ebenso wie die Menschheit im Außen sucht der Mensch im Inneren seinen Platz im Ganzen, der sich in seiner Einbettung in ein weltweites morphogenetisches Feld darstellt.

Immer geht es um das Gleiche, doch dieses sucht und findet stets neue Formen. Erhobene Bewusstseinszustände wie »Erleuchtung« und »Erwachen« gab es zu allen Zeiten und wird es auch weiterhin geben. Dialoge zwischen Buddhismus und der Wissenschaft bestätigen die Übereinstimmung jahrtausendealten inneren Wissens mit modernsten Erkenntnissen, wie z. B. der Quantenphysik.

Insoweit ist die Idee der »geistigen Gesetze« uralt. Gesetze schützen denjenigen, der mit ihnen kooperiert. Dem Wissen um Gesetzmäßigkeiten liegt demzufolge das berechtigte Schutzbedürfnis der Suchenden zugrunde. Doch erst in der praktischen Anwendung erweist sich der Vorteil, die Gesetze nicht nur zu kennen, sondern auch nach ihnen zu leben.

Auch wenn es sich um ewige Gesetze handelt, so zeigt sich der Ausdruck geistiger Gesetze doch stets als repräsentativ für den Zeitgeist der entsprechenden Kultur, in dem sie ausgedrückt werden. So waren beispielsweise die zehn Gebote Moses von der Notwendigkeit bestimmt, die Stämme Israels bei der Stange zu halten und auf der Reise ins gelobte Land Belastungen zu vermeiden, wie sie z. B. entstehen, wenn einer das Weib des anderen begehrt, Brot stiehlt oder einen kulturfremden Gott anbetet.

Mein Buch »Die geistigen Gesetze« bietet dem Leser eine zeitgenössische Hilfe an, die unserem Kulturkreis und unserer westlichen Mentalität gerecht wird. Es kann jedem Einzelnen helfen, vom »Tanz um das goldene Kalb« (den Illusionen auf der »Bühne des Lebens«) weg und zum »gelobten Land« (der Wahrheit hinter dem Schein) hin zu kommen.

Diese Reise ist eine ureigene. So wie man früher auf der

weltlichen Ebene »Alle Wege führen nach Rom« sagte, so gilt auf der geistigen Ebene: »Alle Wege führen zu der Einen Kraft«, wie immer wir sie auch nennen mögen. Zu dieser Essenz wird der Atheist ebenso geführt wie derjenige, der an einen persönlichen Gott glaubt, der Naturliebhaber ebenso wie der Verehrer von Vielgottheiten. Sogar der Zen-Schüler, der in der »Leere« das Wesen aller Dinge sieht, landet letztendlich bei dem *einen* Gesetz und erkennt, dass Leere und Fülle in Wahrheit dasselbe sind – ist es doch die Leere, welche die Fülle erlaubt.

Auf dem Weg zu den geistigen Gesetzen gibt es verschiedene Stufen:

- Zunächst leben wir unser eigenes Leben gemäß unserer Konditionierungen und Vorlieben, ohne uns um geistige Gesetze zu kümmern. Wir halten uns an die Straßenverkehrsordnung und die anderen bürgerlichen Gesetze. Außerdem entwickeln wir ein »gesundes Ich-Gefühl« und meinen damit das möglichst geschickte Sich-Vorbeimogeln an den eigentlichen »Lektionen des Lebens«, dem Tiefergründigen. Diese Phase ist wichtig und auch wesentlich, denn nur ein »verlorener Sohn« bekommt die Chance, später geläutert wieder heimzukehren.
- Irgendwann spüren wir, dass wir mit unserer bisherigen (Über-)Lebensstrategie nicht mehr so gut durchkommen wie früher. Unsere Gesundheit macht uns zu schaffen, oder wir erleben eine finanzielle Belastung, unsere Beziehung bereitet uns Sorgen, oder wir sind trotz aller Errungenschaften nicht so glücklich, wie wir sein könnten. Etwas lässt uns innehalten. Unsere bisherige Lebensform und unser bisheriges Seinsverständnis haben sich »ausgelebt«, und wir ahnen, dass wir nicht mehr so weiterleben können wie bisher. Dies macht uns erst

einmal Angst, denn es stellt unser bisheriges Weltbild in Frage.

- Inmitten dieser Unsicherheit tauchen neue Erkenntnisse auf, die wir vorher nicht hatten. Wir machen eine Psychoanalyse, besuchen ein Seminar über die Macht der Gedanken, verbringen zwecks »Visionssuche« ein Wochenende in der Wildnis oder lernen zu meditieren. Wir schließen uns der einen oder anderen Gruppierung an, werden Anhänger einer neuen oder alten spirituellen Bewegung und fühlen uns sicher im Kreis von Gleichgesinnten. Die Fährten sind unzählige, doch haben sie alle eines gemeinsam: Aus uns, dem »Konsumenten von Welt«, ist ein Sucher geworden.
- Neue Erkenntnisse geben dem Ego neuen Glanz. Wir wissen auf einmal mehr als andere, fühlen uns auserwählt und berufen, das Erkannte mit ihnen zu teilen. Doch die erwartete Huldigung bleibt letztendlich aus und auch die Gefolgschaft. Langfristig tauchen neue Herausforderungen auf, die uns dazu zwingen, die eigene Positionierung noch einmal zu überdenken.
- Mehr und mehr öffnet sich ein Pfad zu dem Einen. Wir erkennen Gesetzmäßigkeiten, die unabhängig von Moral und Gesellschaft gelten, und erfahren Erleichterung und Befreiung, indem wir nach ihnen leben. Wir entdecken das »Gesetz, nach dem wir angetreten«. Dieses liegt aber oftmals in Kollision mit der etablierten moralischen, spirituellen oder religiösen Lehrmeinung, und so fühlen wir uns immer wieder befremdet, alleine. Doch wir spüren, dass hier ein wahrhaftiger Weg ist, den wir gehen müssen, unser inneres Licht in sich bergend, wie der Eremit in der gleichnamigen 9. Karte der großen Arkana des Tarot, welches in Wahrheit eine Widerspiegelung unseres Lebensweges ist.
- Indem wir auf diesem Weg voranschreiten, schleift sich

unsere Persönlichkeit immer mehr ab, bis wir das »Gesetz, nach dem wir angetreten« als repräsentativen Ausfluss des *einen* Gesetzes erkennen und anerkennen. Wir kommen in Kontakt mit der Wurzel des Wissens und erkennen, dass alle Menschen, auch jene, die völlig anders denken und leben als wir, auf dem *einen* Weg sind in der *ihnen* gemäßen Form, dass es gar keine Menschen gibt, die nicht auf *dem* Weg sind – egal wie engstirnig oder borniert, gewalttätig oder lieblos sie erscheinen mögen. Überall wirkt das Leben als der beste Therapeut, den es gibt: Es heilt jeden – den einen früher, den anderen später, den einen angenehmer, den anderen auf unangenehmere Weise.

Zunächst stehen die geistigen Gesetze vor uns, und wir versuchen ihnen zu folgen. Dann stehen die Gesetze hinter uns und decken uns den Rücken, während wir viele Entscheidungen aus uns selbst heraus treffen müssen. Und letztendlich erleben wir uns selbst als den Ausdruck der Einen Meisterkraft, des Einen Gesetzes, das wir selbst sind. Irgendwann kommt der Punkt, an dem wir selber zum Gesetz werden. Unsere Persönlichkeit löst sich in dem *einen* Gesetz auf, so wie Zucker sich in Wasser auflöst. Wir sind nicht mehr von dem Gesetz getrennt, der Mensch ist am Ziel seiner Reise.

Der Punkt, an dem viele Suchende heute stehen, ist der, dass sie für sich einen Schimmer der Wahrheit erlebt haben, etwas, auf das sie sich verlassen können. Beim einen ist es die Liebe, beim anderen die Gnade und bei einem Dritten der Wohlstand. Hier bietet mein Buch »Die geistigen Gesetze« einen ganz besonderen Schatz an, denn jeder kann sich aus den ca. 30 Gesetzen, die ich dort dargestellt habe, den Ausdruck des Gesetzes heraussuchen, der ihm am sympathischsten ist und der am besten mit ihm und seinem Wesen kooperiert.

Wenn Ihnen beispielsweise die Liebe auf Ihrem Weg besonders wichtig ist, empfehle ich Ihnen, diesen Weg zu gehen. In dem Fall wird das »Gesetz der Liebe« die Fackel sein, die Sie insbesondere auch in der Dunkelheit hochhalten. Das »Gesetz der Liebe« wird Sie durch die Untiefen des Lebens führen, bis Sie am Ziel sind, dort, wo alle Gesetze miteinander verschmelzen. Um die anderen von mir beschriebenen Gesetzesformen brauchen Sie sich dabei nicht in dem gleichen Maße zu kümmern. Die Liebe wird Sie automatisch zu *dem* Gesetz führen, da die Liebe alles enthält. Wenn Sie sich natürlich auch zu anderen Gesetzen hingezogen fühlen, umso besser für Sie, doch die Liebe als Leuchtfeuer genügt. Im Laufe Ihres Lebens werden Sie sich dann automatisch immer mehr unangenehmer Handlungen, Worte und Gedanken enthalten, weil Sie Bösartigkeit als zu schmerzhaft empfinden werden, als dass diese mit der Liebe im gleichen Bett liegen könnte. Und so schaffen Sie früher oder später auch neue Ursachen, nicht aus Berechnung, nicht aus Vorteilsdenken, sondern ganz natürlich aus Ihrem inneren Empfinden heraus, *aus Liebe.*

Wenn Sie jedoch erkennen: »Mit der Liebe habe ich es nicht so, mir liegt die Freude des Säens und des Erntens viel mehr!«, dann empfehle ich Ihnen diesen Weg. Sie lernen dann über das Gesetz von »Ursache und Wirkung« die Folgen Ihres Denkens und Ihres Tuns anzunehmen. Um annehmen zu können, ist sehr viel Liebe erforderlich, so dass Sie auch dieses Gesetz letztendlich zur Liebe bringen wird.

Sogar innerhalb einer Priorität gibt es verschiedene individuelle Möglichkeiten, ein Gesetz zu verkörpern. Nehmen wir einmal an, Ihr Weg ist der der Liebe. Dann können Sie diesen Weg beschreiten, indem Sie die *Liebe im Sein* zu Ihrer höchsten Maxime machen, also beispielsweise sich darum bemühen, alles Sein bedingungslos zu lieben, so wie es ist, ohne Bedingungen zu stellen. Sie können den Weg der Liebe aber auch auf der Ebene des *Tuns* leben, beispielsweise indem Sie, wenn Sie Schreiner sind, alle Ihre Liebe in Ihre Holzarbeiten legen oder indem Sie voller Liebe für Kranke sorgen. Das Gleichnis vom »Pharisäer und dem Zöllner« zeigt uns, dass in der Ausübung geistiger Gesetze Authentizität wichtiger ist als ein heuchlerisches »So-tun-als-ob«.

Der Weg der geistigen Gesetze, den Sie gehen, sollte *Ihr* Weg sein, und beginnen müssen Sie dort, wo Sie stehen, nicht dort, wo Sie sein wollen. Also stehen Sie zu sich und finden Sie mit Hilfe der geistigen Gesetze Ihren ureigenen Weg. Indem Sie Ihren ureigenen Weg gehen, werden Sie am Gipfel angekommen automatisch zum Segen für Ihre umliegende Welt.

Es ist wie bei einer Bergbesteigung: Der eine Bergsteiger beschreitet den Weg vom Süden her, der andere kommt vom Norden, ein dritter von Westen und ein vierter vom Osten, doch am Gipfel treffen sich letztendlich alle beim gleichen Ziel.

Vielleicht meinen Sie aber auch, dass die geistigen Gesetze einander gar nicht bedingen. Sie suchen das Gesetz der Freiheit, doch mit dem Gesetz des Glaubens wollen Sie nichts zu tun haben. Kein Problem, dann gehen Sie den Weg der Freiheit und erleben Sie selbst, wohin Sie dieser Weg führt. Alles, was ich in diesem Buch geschrieben habe, basiert auf eigener Erfahrung, aber es liegt natürlich bei Ihnen, seine Richtigkeit durch die eigene Lebenspraxis zu überprüfen. Genau dazu soll dieses Buch beitragen.

Ich wünsche Ihnen mit den geistigen Gesetzen viel Freude. Meine besten Wünsche für Ihren persönlichen und beruflichen Lebensweg begleiten Sie.

Ihr
Kurt Tepperwein

Wie Sie am besten mit diesem Buch arbeiten

Das vorliegende Praxisbuch ergänzt das vor 15 Jahren geschriebene Werk »Die geistigen Gesetze« auf eine sinnvolle Weise. Es hat sich drei Dinge zur Aufgabe gemacht:

- Kommentierung des Originalbuches zum Zwecke der Vertiefung
- praktische Beispiele zum bildhaften Lernen
- Darbietung von »Umsetzungsschlüsseln« für den einzelnen Leser, so dass das jeweilige Gesetz für ihn unmittelbar anwendbar und in der beruflichen wie privaten Lebensführung verfügbar wird

In seinem Aufbau folgt das Praxisbuch exakt der Reihenfolge der einzelnen Kapitel des Buches »Die geistigen Gesetze«. Es wird deshalb ergänzend der Erwerb dieses Buches in der im Jahr 2002 erschienenen, überarbeiteten Neuauflage empfohlen.

Zu Beginn jedes Kapitels erhalten Sie eine oder mehrere »**Kernbotschaften**«.

- Danach folgt eine **Kommentierung,** ergänzend zu dem o. a. Originaltext.
- Praxisnahe **Beispiele** in vielen Kapiteln überführen das Gelesene in Realbilder.
- Jedes größere Kapitel schließt mit einer praktischen **Übung** ab, die Sie das Gesetz selbst erfahren lässt.

Sie können das vorliegende Werk wie folgt lesen:

- Chronologisch von vorne bis hinten: So strömen Sie mit dem Geschriebenen wie bei einer geistigen Flussfahrt von der Mündung zum Ozean.
- Themenbezogen: Wie bei einer Pralinenschachtel suchen Sie sich jeweils die Praline jenes Gesetzes heraus, die Sie gerade am meisten beschäftigt.
- Beispielbezogen: In dem Fall lesen Sie zuerst die Beispiele und finden darüber den Bezug zu Ihrem eigenen Leben.
- Kernbotschaftsbezogen: Dabei lassen Sie die jeweils zu einem Gesetz gehörende Kernbotschaft auf sich wirken.
- Übungsbezogen: Sie vollziehen die jeweils angebotene Übung.

Ich empfehle Ihnen, dieses Buch mit einem Leuchtmarker zu lesen. So können Sie die wichtigen Stellen markieren und in einem extra Heft notieren, was das Gelesene für Sie persönlich bedeutet. Besonders spannend wird es, wenn Sie Ihr Studium der geistigen Gesetze mit einem »Lebebuch« verbinden. Dies könnten Sie beispielsweise tun, indem Sie sich morgens und abends auf die geistigen Gesetze einstimmen und in einem Tagebuch notieren, welche kleinen und großen »Wunder« Sie daraufhin erleben.

Die Gnade und Erfüllung der *Einen* Kraft strömt ständig auf uns herab. Doch die meisten Menschen halten die Schale ihres Bewusstseins verkehrt herum – auf ihr Ego gerichtet, und so versagen sie sich selbst die Erfüllung, die sie suchen. Das große Geschenk, das Ihnen die »Geistigen Gesetze« geben können, ist, dass sie Ihnen helfen können, »sich selbst aus dem Weg zu gehen«. Was meine ich damit? Nun, die meisten Menschen stehen sich durch ihr Ego, ihre Ich-Haftigkeit und ihre Identifikation selbst im Weg. Das

»sich selbst aus dem Weg gehen« ähnelt einem Stierkampf, wo der Torero den Stier gegen das rote Tuch rennen lässt, ihm aber selbst ausweicht. Im Klartext bedeutet dies: Lassen Sie das Gesetz für Sie arbeiten. Indem Sie auf das Gesetz und nicht auf Ihr Ego hören, werden Sie immer verfügbarer für Gnade und Erfüllung.

Beispiel: Wenn Ihnen jemand mit seinem dicken Ego entgegenkommt, beispielsweise Sie anpöbelt, dann pöbeln Sie nicht zurück, sondern verhalten Sie sich stimmig (das heißt nicht immer nachgiebig, sondern nur Ihrem Gesetz entsprechend). Sie werden erleben, wie *das* Gesetz die Dinge regelt.

Es ist wie bei der Homöopathie: Je weniger von der ursprünglichen Substanz (in diesem Fall das Ego) mitmischt, umso höher ihre Potenz, umso größer ihre Wirksamkeit.

Sobald Sie darauf vertrauen, dass das Gesetz die Dinge für Sie regelt, und die geistigen Gesetze leben, statt die Sorge um die Gerechtigkeit in die Hände Ihres Ego zu legen, erfahren Sie Wunder: »Das Gesetz in Tätigkeit« setzt Heilungen und Lösungen in Gang, von denen Sie früher nicht einmal zu träumen wagten. Sie werden erkennen, wie stark die geistigen Gesetze einwirken – und zwar auf unwissende Menschen ebenso wie auf jene Menschen, die wissen, was sie tun. Denn Unwissenheit schützt in diesem Fall vor Konsequenzen nicht. Die heiße Herdplatte verbrennt aufgrund ihrer Gesetzmäßigkeiten jeden, der sie unbedacht angreift, unabhängig davon, ob derjenige weiß, dass heiße Herdplatten Verbrennungen verursachen können, oder nicht. Menschen, die sich weigern, die geistigen Gesetzmäßigkeiten anzuerkennen und aus ihnen zu lernen, verhalten sich genauso wie jemand, der sich weigert anzuerkennen, dass man sich an heißen Herdplatten verbrennen kann. So einer sagt dann vielleicht in seiner Unwissenheit:

»Was habe ich mit den Herdplatten nur für ein Pech, dauernd verbrenne ich mich an ihnen«, anstatt zu erkennen, was er daraus lernen könnte. Das Gesetz, das den einen beugt und den anderen bricht, gibt dem Dritten genau das Rückgrat und die Stärke, um das erfüllte Leben zu leben, das er sucht, je nachdem, wie weise er mit dem Gesetz umgeht.

Das Spiel des Lebens durchschauen

Kernbotschaft: Das Leben ist kein Kampf, sondern ein Spiel.

Ob Sie es glauben oder nicht: Das Leben ist ein Spiel. Wenn Sie in Ihrem Leben ins Gefängnis kommen, dann glauben Sie vielleicht, dass Sie *wirklich* ins Gefängnis kommen, und wenn Sie in der Lotterie gewinnen, dann glauben Sie, dass Sie *wirklich* gewonnen haben, doch dem ist nicht so. Die Inder sagen, dass diese Welt *Maya,* also Täuschung sei, und auch die Quantenphysik lehrt uns, dass es die materielle Welt, wie wir sie wahrnehmen, in Wirklichkeit gar nicht gibt. Es ist nur unsere Identifikation, die *Art und Weise,* mit der wir die Welt sehen, die uns glauben macht, *wir* würden permanent in einem Überlebenskampf, ja sogar in einem Überlebenskrampf feststecken.

Menschen, die Erfahrungen mit veränderten Bewusstseinszuständen gemacht haben, wissen, dass diese Welt nur eine von vielen möglichen Welten ist. Diese Welt betrachtet mit den Augen einer Biene oder gehört mit den Ohren eines Hundes stellt sich erwiesenermaßen völlig anders dar als »unsere« Welt, wie wir Menschen sie erfassen. Doch auch diese, »unsere« Welt gibt es gar nicht. Es gibt nur die »eigene« Welt, die aufgrund zahlloser Sinneseindrücke in Ihrem Bewusstsein produziert und reproduziert wird.

Viele »Aussteiger« erleben das Leben, wie wir es kennen, als einen riesengroßen Traum, so wie es ein spanischer Dichter einmal schrieb: »Das Leben ist ein Traum, und Träume sind Träume ebenfalls.« Die Erkenntnis, dass das Leben eigentlich »nur« ein Spiel ist, klingt jedoch verführerisch. So mancher LSD-Junkie, der die Pforten der Wahrnehmung mit Hilfe von Drogen gewaltsam und bevor er dazu reif gewesen wäre, geöffnet hat, so mancher Meditierende, der seine erste Samadhi-Erfahrung gemacht hat, meint, er bräuchte sich um Weltliches nicht mehr zu kümmern, da es sich hierbei ja ohnehin um »Spielsachen« handeln würde. Doch hierbei wird eines übersehen:

Auch wenn diese Welt aus der Sicht eines umfassenderen Bewusstseins nur eine von vielen Welten ist, auch wenn sie eigentlich eher einem Spielbrett gleicht als einer handfesten Realität, ist unser Aufenthalt als Mensch durchaus ernst zu nehmen. Denn es gibt etwas zu gewinnen, das uns bleibt, wenn wir dieses Spielfeld verlassen, nämlich unser Bewusstsein, durchdrungen mit Liebe, Weisheit, Erkenntnis, Einsicht usw. Und es gibt etwas zu verlieren, nämlich ebenfalls das Bewusstsein. Wir können auf dieser Ebene des Menschseins zu Gott erwachen oder in dumpfen Bewusstseinsschlaf zurücksinken. Ja, diese Ebene ist ein Spiel, bei dem es etwas zu gewinnen gibt. Jesus sagt: »Was nützt es dem Menschen, wenn er die Welt gewönne und nähme doch Schaden an seiner Seele!«

Die Erkenntnisse und Gewohnheiten, die Sie in diesem Spiel annehmen, bleiben Ihnen erhalten, auch wenn das Spiel beendet ist. Deshalb ist es auch so wichtig, welchen »Geist« Sie im Laufe dieses Spiels züchten – einen Mephistopheles oder einen wahrheitsliebenden Geist. Wie Thorwald Dethlefsen*[2] zutreffend beschreibt, bemühen sich »Geister« aus höheren wie aus niederen Welten um den Menschen. Jeder Einzelne muss selbst zusehen, wie er mit dem Geist klarkommt, den er sich eingefangen hat. Es ist wie beim Zauberlehrling, der eines Tages erkennt: »Die Geister, die ich rief, werd ich nun nicht (mehr) los!« Man sagt, dass der Mensch nach dem Tode zu dem wird, was er am meisten verehrt. Er wird zu dem, worauf er am meisten meditiert, d. h. sich konzentriert hat. Darum ist es so wichtig, die Aufmerksamkeit zu beherrschen und das Rechte zu tun. Das Niedere in uns flüstert uns ein: »Es ist alles nicht so wichtig, es ist nur ein Spiel, du kannst tun und lassen, was du willst, es macht keinen Unterschied!« Doch dies ist eine Illusion. Solange wir nicht zu uns selbst erwacht sind, müssen wir früher oder später die Folgen für unser Tun abtragen. Darum ist es so wichtig, die geistigen Gesetze zu beachten. Lügen schmecken am Anfang süß und am Ende bitter. Die Wahrheit mag am Anfang bitter schmecken, aber am Ende süß.

Der Besuch in der »Schule des Lebens« ist sinnbildlich dargestellt im Märchen von Frau Holle. Frau Holle ist dabei nichts anderes als »Mutter Erde«; der Name stammt vom Keltischen »hel«, er ist dort der Name für die Göttin »Hel, welche »Mutter Erde« repräsentiert – ihm entnehmen wir das deutsche Wort »hell«, aber auch »holla«. Der Brunnen, in den die beiden Mädchen Goldmarie und Pechmarie fallen, ist nichts anderes als der Geburtskanal. Sie landen in der Welt von Mutter Erde. Im Reich von Hel werden Goldmarie und Pechmarie (und natürlich auch uns) Aufgaben gestellt. Da gibt es Apfelbäume, an denen zu rütteln ist, Brot, das aus dem Backofen zu nehmen ist, und Betten, die aufgeschüttelt werden müssen. Goldmarie macht ihre Schulaufgaben gut, schüttelt die Betten auf, erntet die Äpfel usw., Pechmarie dahingegen lebt ihr Phlegma. Am Ende des Lebens – im Märchen wird dieser Übergang dargestellt als ein Tor – wird Goldmarie mit Gold, symbolisch für Weisheit, überschüttet, während Pechmarie im wahrsten Sinne des Wortes »Pech gehabt« hat.

Im Spiel des Lebens werden auch Sie immer wieder mit Aufgaben und Versuchungen konfrontiert, doch was Sie daraus machen, liegt bei Ihnen, ebenso welchen Geist Sie in diesem Spiel heranzüchten und mit welcher Haltung Sie dem Leben begegnen. Ich möchte dies mit einem Brettspiel vergleichen, sagen wir einmal Monopoly. Ihre Spielfigur wird vielleicht ins Gefängnis kommen oder die Schlossallee kaufen, aber das ist nicht so wichtig. Aber ob Sie sich beim Spielen betrinken und am nächsten Tag einen Kater haben oder aus Ihrem Spiel Liebe, Weisheit und Bewusstheit gewinnen – das macht einen Unterschied*[3]. Die geistigen Gesetze sind eine Hilfe, damit Sie in Ihrem Spiel das Wesentliche gewinnen, sich selbst, Erwachen, Erleuchtung, wie immer Sie es bezeichnen mögen. Um in diesem Spiel zu gewinnen, ist es nicht notwendig, sein Leben als Märtyrer zu begehen oder sich aufzuopfern.

Wenn die Erwachten sagen: »Wer nicht spielen will, muss arbeiten!«, fordern sie damit nicht zu Leichtsinn auf, sondern zu spielerischer Bewusstheit. Aus der Erinnerung daran, dass das Leben in Wahrheit ein Spiel ist, sollten Sie bei aller Ernsthaftigkeit, mit der Sie leben, eine spielerische Einstellung zu den Dingen gewinnen. Diese macht vieles leichter. Nicht umsonst sagt man: »Leicht ist richtig, richtig ist leicht!« Wann immer Sie bemerken, dass Ihr Leben gerade kein Spiel ist, sondern »blutiger Ernst«, sind Sie in einer Illusion verfangen. Diese hat meistens mit einer falschen Selbst-Identifikation zu tun. Wir werden an späterer Stelle noch darauf zu sprechen kommen. Das Leben meistern Sie entweder spielerisch oder gar nicht. Im spielerischen Umgang mit der Welt liegt Eleganz, liegt Verantwortung und liegt auch Liebe. Wahre Liebe ist kein Leiden, sondern ein liebevolles »Im-Spiel-bleiben«.

Ich vergleiche unser Lebensspiel gerne mit dem Windsurfen. So wie ein guter Windsurfer Geschicklichkeit einsetzt, damit er nicht in das Meer (der Illusionen) fällt, meisterhaft mit Wind und Wetter umgeht, den Weg und das

Ziel kennt, Wellentäler und Wellenberge durch Kniebeugen und -strecken ausgleicht, so erfordert dieses Lebensspiel für Sie dieselbe Beweglichkeit, Geschicklichkeit, Bewusstheit – das Ganze aber spielerisch.

Es gibt viele mögliche Ziele und Zwischenziele auf diesem Weg. Ein durchgehendes Ziel könnte sein »im Spiel zu bleiben«. Dies bedeutet: »Nichts begehren, nichts zurückweisen!« Dort wo Sie anhaften, wird es ernst, aber dort, wo Sie verweigern, ebenfalls. Lernen Sie die Kunst des Surfens – und wenn Sie möchten, üben Sie diese Kunst dann auch mit mehreren im Buddhafeld oder zu zweit in der Partnerschaft!

Übung: Stellen Sie sich vor, Sie seien ein wildes Tier im Dschungel, getrieben von Ihren Instinkten. Spüren Sie den Schmerz des Hungers und der Kälte, den Genuss eines guten Essens und die Wohltat der Pause zwischen dem Jagen und Gejagtwerden. Erleben Sie, was es heißt, im »tierischen Ernst« der Unerbittlichkeit des »Stirb-und-werde« ausgeliefert zu sein. Dann stellen Sie sich vor, Sie seien ein sehr unbewusster Mensch, geschoben und gezogen von dem Konflikt zwischen dem, was Sie wollen, und dem, was die Welt da draußen von Ihnen verlangt. Spüren Sie noch einmal ganz bewusst Ihre Identifikation mit dem, was Sie denken, dass Sie es erreichen müssen, und Ihre menschlichen Ängste und Neigungen dabei.

Nehmen Sie dann einen tiefen Atemzug und treten Sie hinter sich. Beobachten Sie sich, wie Sie durch Ihr Leben gehen, Ihre Gedanken, Gefühle, Empfindungen. Beobachten Sie diese so, wie Sie eine Spielfigur auf dem Spielbrett beobachten würden. Sie sind der Beobachter. Erleben Sie die Schönheit und Freiheit, das Leben als Spiel zu sehen.

Mit einem weiteren Atemzug sehen Sie sich von oben, nicht nur sich selbst und Ihr ganzes Umfeld. Erkennen Sie, dass dieses Spiel einen Sinn hat, den Sie in der Essenz des Spieles selbst entdecken können. Erkennen Sie aber auch, dass Ihre Spielfigur das einzige Instrument ist, das Ihnen zur Verfügung steht, um in diesem Spiel mitzuwirken. Nach dem Gesetz der Resonanz sind Sie nur mit diesem Körper stets zur rechten Zeit am rechten Ort, um das zu erfahren, was für Sie wichtig ist. Seien Sie dankbar dafür, dass Sie Ihren Körper bekommen haben. Nehmen Sie einen tiefen Atemzug und verschmelzen Sie mit diesem Körper, angereichert mit dem Bewusstsein, dass der Sinn Ihres Lebens sich mit und durch Ihren Körper entfalten wird.

Wie Sie das eigene Bewusstsein positiv verändern können

Kernbotschaft: Ich kann keine Kraft in mein Bewusstsein aufnehmen, ohne gleichzeitig mein Bewusstsein um diese Kraft zu erweitern.

Im Spiel des Lebens können Sie den Grad Ihres Bewusstseins beeinflussen. Dies ist wichtig, da sich viele Probleme mit dem gegenwärtigen Bewusstsein nicht lösen lassen. Bereits Einstein sagte: Ein Problem kann nicht auf der Ebene gelöst werden, auf der es entstanden ist.

Gott sei dank sind Sie in der Lage, Ihr Bewusstsein um weitere Grundeigenschaften zu erweitern und so Ihre Probleme zu lösen, einfach indem Sie an die benötigte Grundeigenschaft denken. Denn die Sprache des Lebens ist universell.

Natürlich werden Sie kein Türkisch können, nur indem Sie an die Türkei denken, aber Sie sind sehr wohl in der Lage, Ihr Bewusstsein um die Qualität »Weisheit« oder

»Wachsamkeit« zu erweitern, wenn dies Ihre Aufgabe gerade erfordert.*4

Beispiel: Sie stehen vor einem wichtigen Gespräch mit einem cleveren Geschäftspartner, der Ihnen rhetorisch überlegen scheint. Erweitern Sie Ihr Bewusstsein, indem Sie die folgenden Bejahungen denken und innerlich vollziehen, z. B. begleitet durch jeweils einen Atemzug:
1. Ich bin Gelassenheit und strahle sie aus.
2. Ich erfülle mich mit Gelassenheit und Zuversicht und strahle diese aus.
3. Ich erfülle mich mit Gelassenheit, Zuversicht und Wachsamkeit.
4. Ich erfülle mich mit Gelassenheit + Zuversicht + Wachsamkeit + Überzeugungskraft.
5. Ich erfülle mich mit Gelassenheit + Zuversicht + Wachsamkeit + Überzeugungskraft + Weisheit.

Dann stellen Sie sich vor, wie Sie das Gespräch souverän führen und dass es zu Ihren Gunsten ausgeht. Vollziehen Sie dieses Gespräch mehrmals und schließen Sie es jedes Mal gedanklich mit Erfolg ab. Unmittelbar vor dem Termin erfüllen Sie sich nochmals mit den Qualitäten und erleben Sie, wie gut Sie das Gespräch daraufhin führen.

Zusammenfassend hier noch einmal die drei entscheidenden Schritte zur Bewusstseinserweiterung:
1. Welche Qualität/Eigenschaft/Werte brauche ich zur Lösung des Problems? (Achtsamkeit, Wissen, Gelassenheit ..., ggf. mehrere Qualitäten ausprobieren)
2. Sich mit dieser Eigenschaft/diesen Qualitäten/Werten gedanklich erfüllen.
3. Das Problem lösen, erst gedanklich (mental), dann tatsächlich.

Übung: Lösen Sie ein Thema, das Ihnen am Herzen liegt, indem Sie vorher in die positiven Eigenschaften gehen, die Sie dafür benötigen.

Loslassen

Kernbotschaft: Wird ein Aspekt des Lebens nicht zugelassen, entsteht ein Stau: auf der einen Seite Druck, auf der anderen Seite ein Mangel.

Wo immer Sie unter Druck stehen oder einen Mangel verspüren, weist Sie das Leben darauf hin, dass Sie etwas unterdrücken oder nicht zulassen. An der Art und Weise des Drucks und des Mangels erkennen Sie, was zu tun ist und in welchem Bereich. In diesem Fall ist wirklich der Schmerz der beste Lehrer.

Beispiel: Wenn Sie sich von Ihrem Partner unterdrückt und eingeengt fühlen, müssen Sie sich fragen, was Sie in sich unterdrücken. Warum lassen Sie zu, dass Sie unterdrückt und eingeengt werden? Liegt es daran, dass Sie die Bereitschaft zur Auseinandersetzung nicht zulassen, Ihr Recht auf einen eigenen Standpunkt? In dem Fall sollten Sie deutlich überprüfen, was für Sie und die ganze Situation stimmt. Aufopferung, um das Ego des Partners zu bedienen, ist kein Weg, der zu gegenseitiger Befreiung führt. Sie sollten die gestaute Energie lösen, indem Sie genau das leben, was Sie sich momentan aus Angst vor den Reaktionen Ihres Partners nicht trauen. Natürlich gilt es dabei einen »stimmigen« Weg zu finden, nämlich einen, welcher Ihnen – und vielleicht sogar auch dem anderen – Freude bereitet.

Wann immer Sie sich unterdrückt fühlen, sollten Sie diese Unterdrückung loslassen und sich bewusst sein, dass Sie in Ihrem Innersten frei sind.

Übung: Erstellen Sie eine Liste über die Bereiche, in denen Sie sich unter Druck gesetzt fühlen, und eine Liste über die Bereiche, in denen Sie Mangel verspüren. Erkennen Sie zu jedem einzelnen Punkt, welcher Aspekt der einen Energie, die wir Leben nennen, nicht zugelassen wurde und wodurch dieser Mangel bzw. Druck entstanden ist.

Es gibt nur ein Leben

Kernbotschaft: Es gibt nur ein Leben, aber unendlich viele Körper.

Die Frage »Was ist ein Leben?« lässt sich auf vielen Ebenen beantworten. Zuerst einmal ist alles, was auf der Erde west, »ein Leben«. Das bedeutet, alle Pflanzen, Tiere, Menschen können wir als *ein* Leben betrachten. So wie in einem Körper Milliarden von Zellen Platz haben, so beheimatet »Mutter Erde« Milliarden von Lebewesen, die alle Ausdruck des *einen* Lebens sind. Es gibt in Wahrheit nicht viele Leben, sondern nur *ein* Leben, und dieses Leben sollte geachtet werden. Wir sind Ausdruck dieses einen Lebens, aber auch jede Ameise, jeder Baum, jeder Delphin, einfach alles. Indem wir das *eine* Leben achten, achten wir den Schöpfer allen Lebens, wie immer wir ihn nennen.

Beispiel: Es gibt eine nette Geschichte von einem Mann, der jeden Abend zu Gott betete, er möge ihn doch besuchen kommen. Eines Tages hörte er ein Geräusch an der

Haustüre, doch als er aufmachte, stand dort nur ein alter, abgemagerter Hund. Der Mann beförderte ihn mit einem Fußtritt ins Freie. Am nächsten Tag kam der Hund wieder und auch am dritten Tag, doch jedes Mal hatte der Mann nur einen Fußtritt für ihn übrig. Als der Mann am dritten Abend zu Gott betete, er möge doch endlich ihn besuchen kommen, vernahm er in seinem Innersten eine Stimme, die zu ihm sagte: »Ich war dreimal bei dir, aber jedes Mal hattest du nur einen Tritt für mich!« Wenn wir die Frage »Was ist ein Leben?« *universell* angehen, gibt es also nur dieses eine Leben, in das wir bei der Geburt inkarnieren und aus dem wir beim Tode exkarnieren.

Wir können die Frage »Was ist ein Leben?« natürlich auch *individuell* betrachten, aus Sicht der Körpers. Dann ist »ein Leben« gleichzusetzen mit einer Inkarnation. Die Seele bekommt bei der Geburt einen Körper zur Verfügung gestellt, der ihr quasi als Fahrzeug dient. »Ein Leben« bezeichnet in dem Fall die Lebensdauer dieses Fahrzeuges. Es ist dem Einzelnen überlassen, was er mit diesem Fahrzeug anstellt, ob er es pflegt, verkommen lässt oder gar gegen einen Baum fährt. Letzteres kommt vor, wenn der Betreffende den Sinn des Fahrzeugs nicht erkennen und leben kann. Darum ist es so wichtig, dem Sinn seines Daseins auf die Spur zu kommen. Denn wie der Sinnforscher Viktor Frankl zutreffend feststellt: »Alleine die Erkenntnis, dass das ›Da-sein‹ und ›Hier-sein‹ einen Sinn hat, gibt die Kraft zu leben, wie auch immer die Lebensumstände sind!« Zum Sinn des Lebens gehört zunächst einmal, das Lebensspiel zu begreifen. In letzter Konsequenz bedeutet der Sinn des Lebens, die Vollkommenheit Ihres wahren Wesens durch sich wirken zu lassen. Dafür müssen wir manchmal tief in das Leben eintauchen, um die Juwelen, die dort verborgen sind, bergen zu können.

Das Leben ist ein Spiel, dessen Regeln wir erst beim Spielen erkennen.

Kernbotschaft: Das Leben zu meistern bedeutet, von der Verwicklung in die Entwicklung zu gelangen!

Das Leben ist ein Spiel, das ohne Kenntnis der geistigen Gesetze nicht erfolgreich und glückbringend gespielt werden kann. Jedes Spiel zeichnet sich durch Spielregeln aus. Das Besondere am »Spiel des Lebens« ist, dass die Spielregeln erst im Laufe des Lebens erkannt werden können – und dies auch nur von dem, der sich redlich darum bemüht. Insofern ist das Leben ein »Lernspiel« oder auch ein »Lernabenteuer«. Dies lässt sich ganz konkret mit dem Autofahren vergleichen: Solange wir nicht wissen, dass »das runde Ding da vorne« ein Lenkrad ist, werden wir uns darüber beklagen, dass wir immer wieder dort landen, wo wir am wenigsten sein wollen. Irgendwann aber nehmen wir das Steuer in die Hand und erkennen seine Funktion. Dies heißt nicht, dass wir das Autofahren von nun an perfekt beherrschen, doch wir üben. Durch Erfahrungen und Erkenntnisse reifen wir, und in der Folge kollidieren wir immer weniger mit dem Leben, bauen immer weniger Unfälle und fahren eines Tages wirklich unfallfrei.

Sobald wir mit uns und den Spielregeln des Lebens (sinnbildlich: unserem Auto und der Straßenverkehrsordnung) einigermaßen zurechtkommen, beginnt das eigentliche Spiel: zu erkennen, wer wir wirklich sind, und unserem wahren Selbst immer mehr Raum zu lassen, sich durch uns auszudrücken. Dies bedeutet, sich selbst immer weniger im Weg zu stehen, so dass die geistigen Gesetze – unbelastet vom Ego – durch uns wirken können. Als Meister in unserem Lebensspiel sind wir dann nicht mehr verwickelt in Dramen, sondern tragen die »Kraft der Erinnerung« in jede Lebenssituation hinein.

Übung: Denken Sie noch einmal zurück an Ihre Vergangenheit.

a) Was waren die wesentlichen Erkenntnisse, die Sie im Laufe Ihres Lebens gemacht haben?
b) In welchen Bereichen sind Sie reifer geworden?
c) Welche für Sie selbst wichtigen Regeln, Gesetzmäßigkeiten haben Sie erkannt?

Übung: Betrachten Sie Ihr Leben aus der universellen Perspektive.

a) Wenn Sie sich von außen sehen, welche Rolle nehmen Sie im Gesamtgefüge ein?
b) Welches sind Ihre Hauptlernfelder, auf welchem Gebiet sammeln Sie Erfahrungen? Ehren Sie sich für die Erfahrungen, die Sie machen.
c) Wozu dient Ihr Leben? Welche Qualität wird durch Sie entwickelt? Ist es Liebe, Bewusstheit, Weisheit?

Übung: Gab es in Ihrem Leben einen »vollkommenen Augenblick«? Notieren Sie eine Situation, …

a) in der Sie die vollkommene Schönheit der Natur erfahren haben, zum Beispiel bei einem Sonnenuntergang.
b) in der Sie die Vollkommenheit Ihres wahren Wesens gespürt haben, z. B. in der Meditation, im Gebet oder im praktischen Leben.
c) in der Sie zusammen mit einem oder mehreren Menschen Vollkommenheit erlebt haben, z. B. in der Liebe, in der Begegnung, im Gespräch, bei einem gemeinsamen Projekt.

Die Überlebensstrategien des Ego

Kernbotschaft:

a) Das Ego hält uns in der Illusion des Getrenntseins.
b) Es hilft uns beim Überleben in dieser Welt durch Dominieren, Sich-unterwerfen, Zusammenhalten, Vermeiden, Anpassen.

Was das Ego eigentlich ist, darüber streiten sich die Gelehrten. Und nach der Begrifflichkeit des Egos richtet sich auch seine Bewertung. Ich biete Ihnen an dieser Stelle eine wertneutrale Definition an: Das Ego ist das, was uns in der Illusion des Getrenntseins hält.

Es ist der uralte Traum Gottes, mit sich selbst zu kommunizieren, sich in sich selbst zu erkennen. Und so begann unsere Reise jenseits unserer menschlichen Zeit in einer anderen Dimension, in welcher der Eine beschloss, viele zu werden.

Es war ein Prozess der Abgrenzung, der Abspaltung. Ausgeliefert in einer Welt der Bedrohung lernten wir unsere Instinkte zu entwickeln, um als Gattung zu überleben. Wir erfuhren, dass die Umwelt feindlich ist und wir uns gegen sie durchsetzen müssen. Wir eigneten uns die verschiedenen Strategien des natürlichen Überlebens an, welche da heißen: dominieren, sich unterwerfen, zusammenhalten, vermeiden, anpassen.

Der Stärkere überlebt, indem er sich den Schwächeren untertan macht; im Tierreich frisst er ihn auf. Der Schwächere überlebt, indem er sich dem Stärkeren unterwirft. Wir sehen dies beispielsweise an der Demutsgeste, mit der ein unterlegener Hund dem Artgenossen seine Kehle darbietet. Viele Tiere schützen sich, indem sie als Rudel zusammenhalten – »gemeinsam sind wir stark«. Gefahren und unangenehmen Situationen suchen die meisten Tiere aus dem Weg zu gehen. Darüber hinaus erweist sich die Evolution im Tierreich als die automatische Anpassung an die sich stets verändernden Gegebenheiten der Schöpfung.

Auch wir tragen eine Tierseele in uns. Die moderne Biologie weist nach, dass wir 99 % unserer Gene mit den Menschenaffen gemeinsam haben, und sogar von der Stubenfliege sind wir genetisch nur geringfügig zu unterschieden. Von den Tieren übernommen haben wir ihre Überlebensstrategien, darunter ganz rudimentär die Angst. Tiere haben zwar kein Ego-Bewusstsein, aber sie erleben sich instinktiv als getrieben zwischen Bedrohung und Verlangen, genau wie unser menschliches Ego. Nachfolgend wollen wir untersuchen, wie sich dies bei uns Menschen zeigt:

Wir suchen zu überleben, indem wir uns gegen andere durchsetzen. Doch dann erfahren wir oftmals schmerzhaft die Disharmonie, die wir dadurch schaffen. Wir werden durch einen Stärkeren besiegt oder erleben den Schmerz, dass uns andere meiden, weil sie uns fürchten. Wo wir schwächer sind, suchen wir zu überleben, indem wir uns dem Stärkeren unterwerfen, insbesondere indem wir starke Freunde suchen, die wir als Verbündete einsetzen. Wir versprechen ihnen unsere Treue im Gegenzug für ihre Stärke und schaffen so Abhängigkeiten, die nur schwer aufzulösen sind. Viele von uns leben aus diesem Grund in selbst geschaffenen (goldenen) Käfigen, die oftmals immer enger und bedrückender werden, je weiter das Leben voranschreitet. Im Rudelbewusstsein zu leben ist schön und verbindet uns, indem es an unseren Gemeinschaftssinn appelliert. Doch dort, wo wir unsere Eigenarten und

Andersartigkeiten glattbügeln müssen bzw. auf sie keine Rücksicht genommen wird, besteht die Gefahr, an Profil zu verlieren, sich selbst aufzugeben oder sogar krank zu werden. So manche große Geister von Bonnhöfer bis Ghandi, von Jesus bis Osho waren Querdenker, die sich klar vom Rudelbewusstsein distanziert haben, weil sie ihren eigenen Weg gehen mussten. Was uns von den Tieren unterscheidet, ist das »Ich-Bewusstsein«, das wir entwickelt haben, die klare Abgrenzung zwischen dem, was »mein« und dem, was »nicht mein« ist. Mit Hilfe dieses Ich-Bewusstseins verfügen wir über einen Erfahrungsmittelpunkt, über den wir reflektieren können. Und dieses »Ich-Bewusstsein« ist Bestandteil des Problems und zugleich Bestandteil der Lösung des menschlichen Weges.

Das »Ego« des Menschen ist unterschiedlich individualisiert. Es gibt Völker, insbesondere im fernen Osten, die sehr kollektiv denken und empfinden. Dort existieren weniger »Querdenker« als bei uns. Das eigene Wirken wird in den Dienst der Gruppe, Rasse oder des Volkes gestellt. Doch dies bedeutet nicht, dass diese Menschen egolos sind. Sie sind lediglich eher bereit, die Teilnahme an einem Gruppenego einzugehen. Über so ein Gruppenego zu verfügen kann dem Einzelnen ein Gefühl der Stärke geben. Das Gruppenego kann sich auf unterschiedliche Arten zeigen:

Beispiel: Im Fußballstadion erleben wir in der Verbrüderung mit Fans der gleichen Mannschaft vielleicht noch einmal die Rückverbindung mit unseren animalischen Wurzeln.

Beispiel: Im Krieg für das Vaterland werden die gemeinsame Tradition und das gemeinsame genetische Erbe beschworen.

Beispiel: In der Religionsgemeinschaft erleben wir die Gemeinschaft der Menschen gleicher spiritueller Ausrichtung als unterstützenden Gruppeneffekt.

Doch unabhängig davon, wie animalisch oder spirituell die Gemeinschaft gehalten ist – ein Gruppenego ist und bleibt ein Ego. So wie es im Tierreich Rudeltiere und Einzelgänger gibt, finden wir auch unter den Menschen Individualisten und Gemeinschaftsbezogene. Individualisierte Egos befinden sich oftmals im Widerspruch mit der herrschenden Meinung oder Mentalität. Sie müssen mit dem Schmerz der Andersartigkeit zurechtkommen und sind gewohnt, »auf sich gestellt zu sein«. Das weltliche Individual-Ego zeigt sich hier als die Notwendigkeit, sich gegen eine feindliche Umwelt durchzusetzen, auf welchem Weg auch immer. Das spirituelle Individual-Ego muss mit der Problematik kämpfen, von anderen geächtet, ausgestoßen oder angefeindet zu werden. Die Gefahr ist groß, als Märtyrer oder Ketzer gebrandmarkt zu werden. Angesichts der Unannehmlichkeiten, die das Ego für den menschlichen Weg bereitet, liegt die Versuchung nahe, dieses vorschnell loswerden zu wollen. Hierfür gibt es vielerlei Strategien:

Beispiel: Drogen und Alkohol: Durch den Konsum von Alkohol oder Drogen wird die Kontur des Egos aufgeweicht. Man trinkt sich die Welt schön. Doch leider ist man danach nicht mehr bei Sinnen.

Beispiel: Sex und Liebe: Indem man sich in eine Beziehung hineinbegibt und dort die Auflösung und Verschmelzung sucht, sich ggf. dabei dem Partner anpasst und den eigenen Standpunkt aufgibt, spürt man einen Verlust an Ich-Haftigkeit. Zugleich entsteht jedoch oftmals eine erhebliche Abhängigkeit.

Erst wenn wir uns selbst erkannt haben, können wir unser Ego loslassen und aus einer Quelle heraus leben, die weitaus größer ist: unser wahres Selbst.

Ego und Beziehungen

Kernbotschaft: Beziehungen können eine Fessel oder ein Sprungbrett zum Erwachen sein – dies hängt nicht so sehr vom Partner ab als vielmehr von Ihnen selbst.

In vielen Fällen wird das Einzel-Ego durch ein doppelt so starkes Gemeinschaftsego ersetzt. Bei unerlösten Beziehungen, dort, wo die Liebe zu einer Fessel wird, kann sich dieses als extrem destruktiv erweisen. Auf der anderen Seite lässt sich jede Beziehung in den Dienst des Erwachens stellen. Die Unterschiedlichkeiten und Andersartigkeiten des Partners können als Anreiz genutzt werden, das Ego zu transzendieren. Zu einer idealen Beziehung gehört nur einer, der ein idealer Partner ist, der andere kann sein, wie er will. Indem der ideale Partner jede Schwierigkeit in der Beziehung nutzt, um sich seine Widerstände, sein Klammern, seine Bedürftigkeiten bewusst zu machen und aufzulösen, wird für ihn der Weg der Beziehung zu einem Instrument der Selbst-Erlösung.

Ein nettes Beispiel aus der Geschichte liefert Sokrates. Jener wurde einst gefragt, ob man heiraten solle. Nun hatte Sokrates Xantippe zur Frau, die alles andere als angenehm mit ihm umging. Einmal schüttete sie ihm sogar heiße Suppe ins Gesicht. Doch Sokrates blieb gelassen und antwortete: »Heirate auf jeden Fall! Wenn deine Frau dich lobt und preist, wirst du ein großer Feldherr, und wenn deine Frau dich peinigt und an dir herumnörgelt, wirst du ein großer Philosoph, doch heiraten solltest du auf jeden Fall!« Sokrates ist das Beispiel eines möglicherweise idealen Partners, der den Weg der Beziehung nutzte, um sein Selbst zu transzendieren. Zugegebenermaßen gibt es angenehmere Wege, dies zu tun – jede dauerhaft glückliche Beziehung, die auf Ebenbürtigkeit basiert und einander Freiheit schenkt, ist über das Ego hinausgegangen, denn das Ego verträgt sich weder mit Glücklichsein noch mit Ebenbürtigkeit noch mit Freiheit.

Ego und Erwacht-Sein

Kernbotschaften:

a) Es ist bedenklich, sein Ego vorschnell loswerden zu wollen.
b) Auch wenn das Ego ein wertvoller Begleiter auf dem Weg ist, sollten wir uns nicht mit ihm identifizieren.
c) Es liegt an uns, ob wir unser Ego auf eine zerstörerische oder eine entwicklungsfördernde Weise nutzen.
d) Das Ego erfüllt seinen Sinn in der Evolution, da es uns einen Erfahrungsmittelpunkt anbietet, den wir für unser eigenes Erwachen nutzen können.

Karl Marx sagte einmal, Religion sei Opium für das Volk. Viele Menschen wollen mit Hilfe der Religion ihr Ego bekämpfen und erkennen nicht, dass genau dieser Ego-Kampf selbst das größte Ego darstellt. Es ist, als wollten Sie den Teufel mit dem Beelzebub austreiben. In Wahrheit kämpfen Sie wie Don Quixote sinnlos gegen Windmühlen. Andere wollen ihr Ego mit Hilfe der Religion auflösen, so wie Salz in einem Glas voller Wasser, und laufen dann egolos durch die Welt, ohne zu wissen, wie sie in ihr zurechtkommen sollen. All das, was die Betreffenden an sich nicht mögen, wird dabei ausgelagert und einem projizierten Feindbild zugeschrieben, wie zum Beispiel den Juden im Dritten Reich, der freizügigen Sexualität oder unserer westlichen Demokratie aus der Sicht von moslemischen Fundamentalisten.

Das Ego, so wie wir es kennen, ist jedoch nicht verdammenswert. Es ist ein wertvoller Freund und Begleiter. Dadurch, dass es uns in der Illusion des Getrenntseins hält, ermöglicht es uns, einen individuellen und einzigartigen Weg zu gehen. Das Ego bietet uns einen wertvollen Erfahrungsmittelpunkt.

Viele Wissende gehen davon aus, dass diese Erde ein Erlösungsplanet sei. Das Ego stellt dabei den Brennpunkt unseres Bewusstseins dar, durch den das Ungelöste erlöst wird: Bewusstsein verzehrt Unbewusstsein. Im Klartext: Etwas wird durch uns erfahren, erlebt, manchmal auch erlitten, daraus werden Erkenntnisse gewonnen, und das Thema löst sich dadurch von uns.

Wir sollten uns das Ego zum Freund machen, es annehmen, um uns dann darüber hinaus zu entwickeln. Dies bedeutet erst einmal, sich selbst anzunehmen mit allem, was Sie sind. Indem Sie sich selbst annehmen, beginnen Sie sich zu entwickeln. Eine Entwicklung aus einem Selbsthass heraus ist gar nicht möglich. Wir müssen uns annehmen, es gibt keinen anderen Weg für uns.

Vielleicht strebt unsere Seelenpflanze erst einmal nur nach dem Licht, dem Schönen, Guten, Wahren. Doch eines Tages muss sie erkennen, dass Luftwurzeln keine Nahrung aus der Tiefe zu holen vermögen. Nachdem die Seele mit dem Licht in Kontakt gekommen ist, sucht sie die eigene Tiefe, trachtet danach, das Ungelöste umzuwandeln, es zu lieben, um heil und ganz zu werden.

Das Annehmen der Ganzheit unseres Selbst ist wie das Gießen eines Samens, der daraufhin beginnt zu keimen und zu sprießen. Es kann sein, dass dabei erst einmal das Ego größer wird, wie ein Same, der aufquillt. Wir erleben dies dann als weltliches oder spirituelles Superego. Irgendwann beginnt die Schale des Egos zu platzen – eine Art »Supergau« für unser Ego findet statt. Etwas Neues beginnt sich durch uns zu entwickeln. Dieses Neue lebt dann mehr und mehr die »Wahrheit der Liebe«, die in unserem Kern eingeboren ist, im Ausdrucksfeld einer scheinbar egoistischen und feindlichen Welt. Irgendwann ist dieses Bewusstsein so weit und umfassend geworden, dass es die ganze Welt lieben und umarmen kann, mit allen Licht- und Schattenseiten. Erst in dem Augenblick, in dem Sie Ihr Selbst erkannt und erlebt haben, fällt die Polarität von Ihnen ab, es gibt kein Gut und Böse, kein Licht und Schatten mehr für Sie, sondern nur noch das, »was ist«. Dann ist der Erfahrungsmittelpunkt zwar nach wie vor vorhanden, das Gefühl des Getrenntseins vom Ganzen hat sich jedoch aufgelöst.

Doch die Reise ist damit noch nicht beendet. Indem Sie eins mit dem Ganzen geworden sind, sich in jedem und allem, was Ihnen begegnet, wiederfinden, sind Sie in Frieden mit dieser Welt gekommen. Doch die Welt, in der Sie leben, wartet noch auf mehr. Sie möchte erfüllt werden von dem Glanz der Einen Kraft, die sich jenseits des Nadelöhrs des Bewusstseins befindet, das diese Welt mit dem Lichtreich der *Quelle* verbindet. Erwachen ist erst der Anfang.

Für die Eine Kraft ist es nicht möglich, ohne Körper zu wirken. Sie benötigt Ihren (menschlichen) Körper, um sich auszudrücken.

Sie als Mensch agieren im Auftrag zweier Welten. Dem weiblichen Prinzip, der göttlichen Mutter, dienen Sie, indem Sie Liebe und Mitgefühl für alle Wesen und alles, was ist, entwickeln, die Einheit mit der Matrix, in der Sie leben, bekunden. (Das Wort »Matrix« entstammt dem Wort »Mutter«, lat. *Mater* und ist Ausdruck der Synchronisation der ganzen Existenz.) Dies ist die Qualität, welche sich in den geistigen Gesetzen ausdrückt. Auch das Tao de King stellt eine Beschreibung dieser Matrix dar, mit der Möglichkeit, sie zu durchschreiten und dann über sie hinauszugehen und die Mutter mit dem Vater zu verbinden. Was bedeutet dies?

In Einklang mit diesem Lebensspiel dienen Sie durch Ihr Dasein auch dem höchsten männlichen Prinzip, indem Sie Licht aus höheren Ebenen hier auf der Erde verkörpern. Jesus sagt dazu: »Mein Reich ist nicht von dieser Welt!«

Um hier auf diesem Spielfeld von Zeit und Raum existieren zu können, hat Ihre Seele verschiedene Kleider angelegt. Diese wirken wie Raumanzüge für Astronauten und schützen Ihre Seele, damit sie hier auf Erden agieren kann. Doch die menschliche Existenz in Zeit und Raum ist nicht die einzige Daseinsform. Jesus sagt in diesem Zusammenhang: »Des Vaters Haus hat viele Wohnungen.« Das Zeit-Raum-Kontinuum, in dem wir als Menschen leben, entspricht nur einer möglichen Dimension des Daseins. Es gibt höhere Welten, welche durch Gebet, Meditation, Konzentration, Gnade erspürt werden können. Das Licht dieser Welten kann durch das Nadelöhr des erhobenen menschlichen Bewusstseins erfahren und hereingebracht werden, während wir uns zugleich in dieser Matrix bewegen und eins sind mit »allem, was ist«. Es ist die Aufgabe unseres menschlichen Bewusstseins, nicht nur Raum zu sein für das Spektrum menschlicher Erfahrung, sondern auch Kanal zu sein für das Licht dieser höheren Welten, welches je nach Tradition Soma, Amrita, Aurum Potabile, göttlicher Wein etc. genannt wird. Das Potenzial unseres Ego liegt darin, uns in Kontakt mit etwas Höherem zu bringen, das dann die Führung für unser Leben und die Kontaktaufnahme mit umfassenderen Ebenen des Daseins übernimmt.

Im »Evangelium der Pistis Sophia« beschreibt Jesus die verschiedenen Ebenen zwischen der Urquellpulsation und der physischen Ebene. Auch die Werke von Sri Aurobindo, die Jenseitsschau Swedenborgs, die Kaballah und die Tradition der Sikhs beschreiben, dass es verschiedene niedere und höhere Himmel gibt. Das Gebet ist ein Weg der verschiedenen Religionen, mit den höheren Bewusstseinsebenen in Kontakt zu kommen, sie anzurufen. Hierfür wird oftmals die Bitte oder Verehrung an einen personifizierten Gott gerichtet.

Der Buddhismus erscheint uns dahingegen als eine Religion ohne personifizierten Gott. Doch auch dort weiß man um die verschiedenen Ebenen, spricht vom »großen Licht«. Das buddhistische Mantra von Bodhisattva, Avalokitesvara, »gate, gate, parasamgate, bodhi swaha« (»gegangen, gegangen, darüber hinausgegangen«) fordert den Gläubigen dazu auf, nicht auf einer einmal erreichten Bewusstseinsebene stehen zu bleiben, sondern sich weiter zu entwickeln. Das Sein, die Stille ist nur eine Zwischendimension, ein Korridor zwischen dieser Welt und höheren Welten. Jenseits der Leere wartet die Fülle. Unsere Lebenskunst besteht hierbei darin, das Sein und das Werden miteinander zu verbinden, so dass Evolution durch uns geschieht. Sri Aurobindo schreibt in diesem Zusammenhang, dass der Mensch ein »Übergangswesen« sei, welches noch nicht fertig ist. Viele Menschen haben dies missverstanden: Es geht bei der menschlichen Evolution nicht darum, eine Art »Supermann« zu züchten, sondern Zeuge einer Entwicklung zu sein, in der sich der Mensch über den Menschen hinaus entwickelt – zu mehr Liebe, mehr Weisheit, sicherlich aber nicht zu mehr Ego.

Fazit: Das Ego ist für uns ein Fahrzeug auf dem Weg. Es ist wertvoll, doch wir sollten uns nicht mit ihm identifizieren. Während sich unser Ego-Fahrzeug im Laufe unserer Evolution im großen Ganzen auflöst, legt es in uns doch einen

Erfahrungsmittelpunkt, den Sie nützen können, um die Einheit mit allem Leben ebenso zu erfahren wie die Kontaktaufnahme mit höheren Welten. Liebe und Licht möchten dabei in uns ausbalanciert werden. Licht ohne Liebe ist brutal, wie wir am Religionsfanatismus sehen können. Liebe ohne Licht ist unerfüllt, wie wir an dem unendlichen Leiden in der Welt erkennen können. Das Licht braucht die Liebe, und die Liebe braucht das Licht.

Übung1: Erinnern Sie sich an einen Moment tiefer Berührung durch eine höhere Macht im Gebet, der Andacht, und notieren Sie diesen.
Übung 2: Erinnern Sie sich an einen Moment tiefer Liebe und Verbindung mit einem Menschen, einem Tier, einer Pflanze oder einem Stein und notieren Sie diesen.
Übung 3: Gehen Sie in sich und finden Sie Ihre Mitte, wo immer Sie diese erleben mögen.

Unser wahres Selbst kennt kein Leiden

»Wann immer Du leidest, ich versichere Dir,
es ist stets Dein Ich, das leidet.
Dein Ich ist es, das enttäuscht ist.
Dein Ich ist es, das sich betrogen und
vernachlässigt fühlt.
Dein Ich ist es, das sich unverstanden und
unbeachtet glaubt.

Sobald Du Dein Ich aufgibst und nichts mehr
begehrst,
nichts mehr verlangst, um nichts mehr bittest,
hört Dein Leiden auf.

Glaube nicht, dass Dein Leben dann leer und
sinnlos werde.
Im Gegenteil, Du wirst freudig überrascht sein,
wie viel Schönes unerwartet Dich beglückt.
Wie viel Zuneigung Du ungebeten empfängst,
wie viel Liebe Dir ungerufen zukommt.

Und Du wirst nichts mehr als selbstverständlich
hinnehmen,
weil Du nichts mehr erwartest.
Und was Dir begegnet, nimmst Du dankbar hin,
wie ein Wunder, das Dir geschieht.
Wenn Du Dein Ich aufgibst, eröffnet sich Dir erst
die Welt, und Dein Blick tut sich auf für das, was
hinter den Dingen verborgen ist.
So erfährst Du den Reichtum und das Glück Deines
Daseins
wie nie zuvor.

Weil Du nichts verlangst, hast Du alles, was Du
brauchst.
Weil Du nichts erhoffst, bleibt Dir jede Enttäuschung
erspart.
Du entbehrst nichts, weil Du nichts begehrst.
Und weil Du genügsam bist, hast Du von allem
genug.

So gibst Du den anderen ständig aus Deinem
Überfluss
und lebst glücklich in Deiner Wunschlosigkeit.«

(Dr. Beat Imhof, erschienen in der Zeitschrift ›Wegbegleiter‹ Nr. 2/2004, S. 80.)

So erkenne und lebe ich, wer ich wirklich bin

Kernbotschaften:

a) Ich bin nicht mein Körper, meine Emotionen, meine Gedanken, meine Empfindungen, meine Lebensumstände und all das, womit ich mich identifiziere.
b) Ich bin ewiges, unsterbliches Bewusstsein, reiner Raum.
c) Indem ich erkenne, wer ich wirklich bin, kann ich Befreiung erleben.

Stets erlebe ich mich als das, mit dem ich mich identifiziere. Identifiziere ich mich mit einer Krankheit, erlebe ich mich als krank. Identifiziere ich mich mit meinem Beruf, teile ich ganz stark die Freuden und Leiden meines Berufes. Identifiziere ich mich mit meiner Beziehung, erlebe ich mein Wohlergehen, aber auch meine Schwierigkeiten ganz stark im Zusammenhang mit meiner Beziehung. Unsere Identifikation ermöglicht uns in eine Resonanz zu gehen, daraus zu lernen. Aber wir sind all dies nicht. Denn wenn unsere Beziehung, unser Beruf, unsere Aufgabe sich erfüllt hat, existieren wir noch weiter.

Viele Menschen identifizieren sich mit ihrem Körper. Dies erscheint logisch, denn durch den Körper erleben wir die Welt. Wenn wir uns aber fragen, ob wir der Körper *sind,* müssen wir dies verneinen. Wir sind etwas, das durch diesen Körper wirkt. Wir können unseren Körper als den Tempel des Bewusstseins, das wir sind, hegen, pflegen und zu seiner Gesundheit beitragen. Aber wir sind nicht der Körper. Deshalb werden wir auch noch existieren, wenn dieser Körper einst seine Schuldigkeit getan hat.

In der Identifikation des Menschen mit seinem Ego entsteht sehr viel unnötiges Leiden. Denn das Ego allein ohne Führung durch unser wahres Selbst steht den Problemen des Lebens ungelöst gegenüber. Da das Problem stets die Angelegenheit des Egos ist, brauchen Sie den Kontakt zu einem umfassenderen Bewusstsein, Ihrem wahren Selbst, um ein Problem zu lösen.

Wenn Sie der Frage nachgehen, wer Sie sind, werden Sie erst einmal mit all dem konfrontiert, was Sie nicht sind. Es gibt eine Methode, die im Westen unter dem Begriff »enlightenment intensive« bekannt ist. Zusammen mit einem Partner fragen Sie sich ständig: »Wer bist du?« Die Aufgabe ist, in die Tiefe zu gehen und nachzuspüren, welcher Gedanke, welches Empfinden dort aufsteigt. Es geht also nicht darum, aus dem Verstand heraus Begriffe zu produzieren, es ist vielmehr ein »Einsinken in das eigene Sein«, was gefordert ist. »Wer bist du?« dient als ein Wegweiser oder eine Lampe im Dunkeln. Die Energie dieser Frage wirkt wie ein homöopathisches Medikament, das bei der Entdeckung Ihrer eigenen vollkommenen Natur hilft. Sie bringt all das hervor, was der Erkenntnis dessen, was Sie sind, noch im Wege steht. Die Antwort auf die Frage kann sein:

- ein Objekt (z. B. »mein Körper«)
- eine Empfindung (z. B. »Stress«)
- eine Emotion (z. B. »Wut«)
- ein Gedanke
- eine Erinnerung

Es ist sinnvoll, nach jeder Antwort in die Stille zu gehen und zu spüren, was unter der Schicht des soeben Ausgedrückten liegt, Schicht für Schicht.

Beispiel: (Klient): »Wer bist du?« – Klient spürt in sich hinein: »Schmerz, Belastung!« – »Wer bist du?« – »Nervosität und Angst!« – »Wer bist du?« – »Eine unendliche Traurigkeit!« – »Wer bist du?« – »Eine Trennung von Kopf und Körper!« – »Wer bist du?« – »Ein innerer Raum!« – »Wer bist du?« – »Ein denkendes Etwas!« – »Wer bist du?« – »Reine Wahrnehmung!« – »Wer bist du?« – »Ein Wunder!« – »Wer bist du?« – »Nicht all das, mit dem ich mich identifiziere!« – »Wer bist du?« – »Erlösung!«

Die Erlösung, die wir suchen, finden wir nicht im Leugnen von dem, was wir wahrnehmen, sondern in der Annahme all dieser Dinge. Wir müssen uns selbst »be-eltern«, d. h. für sämtliche Angelegenheiten, die uns beschäftigen, da sein, wie ein liebevoller Vater, eine liebevolle Mutter, um unterstützt durch diese Annahme zu erkennen, dass wir dieses nicht sind. Denn alles, was uns belastet, wird durch Selbst-Annahme erlöst. Diese Heimholung von Identifikationssplittern in unser wahres Selbst ist ein Prozess, der seine befreiende Wirkung mehr und mehr im Alltag zeigt, auch wenn sich die Erlösung stets im Jetzt einstellt.

Unaufhörlich geht es im Leben darum, »wer Sie sind«. Viele Entscheidungen, die Sie zu treffen haben, fallen Ihnen wesentlich leichter, wenn Sie dies erkennen. Sie spüren dann automatisch, welcher Gedanke, welches Gefühl, welche Handlung, welche Entscheidung, welche Einstellung zu Ihnen passt und welche nicht. Sie erkennen, welche Identifikation Sie sich aufladen, wenn Sie sich für A entscheiden, und welche Ihnen bei B zufällt.

Beispiel: Ein Klient bekam zufälligerweise einen großen Betrag an die Hand, der seiner Firma gehörte. Niemand hätte gemerkt, wenn er das Geld für sich behalten hätte. Als er aber erkannte, dass es bei dieser Sache darum ging,

»wer er wirklich ist«, entschied er sich, das Geld seiner Firma zu geben.

Es geht mir in diesem Fall nicht darum, moralisch zu sein – Moral ist eine kollektive Norm, die der individuellen Überprüfung bedarf. Es geht darum, durch die Erkenntnis, dass es in jeder Lebenssituation darum geht, wer Sie wirklich sind, das jeweils für Sie Stimmige herauszufinden.

Übung: Wann immer Sie ein Problem haben oder glauben, ein Problem zu haben, sollten Sie sich fragen: »Wer ist es denn überhaupt, der hier ein Problem hat?« Ihr wahres Selbst hat nämlich kein Problem.

Um in allen drei Ebenen (Kopf, Herz, Bauch) in Kontakt mit der Wahrheit zu kommen, empfiehlt sich die Anwendung des Lebe-Prinzips von A. Gottwald*[5], das in diesem Zusammenhang drei essentielle Fragen kennt:

- Wer bin ich?
- Was ist jetzt hier?
- Was ist wirklich?

Übung:

1. Fragen Sie sich: »Wer bin ich wirklich?«, und benutzen Sie diese Frage als Wegweiser in die eigene Tiefe, wie im Text beschrieben.
2. Wann immer Sie im Leben eine Entscheidung zu treffen haben, machen Sie sich bewusst, dass es in dieser Entscheidung darum geht, wer Sie wirklich sind – und die Antwort wird Ihnen leichtfallen.
3. Wann immer Sie mit einer Schwierigkeit identifiziert sind, fragen Sie sich, wer hier überhaupt ein Problem hat. Indem Sie sich diese Frage stellen, wird es Ihnen leichtfallen, das problembehaftete Bewusstsein freizugeben und aus Ihrem wahren Selbst die Lösung erwachsen zu lassen.

Der innere und der äußere Sinn des Menschseins

Kernbotschaft: Es gibt einen äußeren und einen inneren Sinn des Menschseins, beide sind zusammenzubringen.

Der Sinn des Menschseins ist im Menschsein verborgen. Er liegt nicht darin, dem Menschsein zu entkommen, sondern darin, durch das Menschsein hindurchzugehen. Als Mensch bergen Sie einen irdischen Aspekt in sich, Ihr genetisches Erbe, sowie eine himmlische Seele. Ihre Aufgabe ist es, beiden Aspekten, dem irdischen wie dem himmlischen, gerecht zu werden. Jesus drückt dies mit den Worten aus: »Gebt dem Kaiser, was des Kaisers ist, und Gott, was Gottes ist!«

Viele Menschen auf dem so genannten »spirituellen Weg« versuchen der Welt zu entfliehen, indem sie sich von allem Irdischen zurückziehen. Es ist die Positur des Eremiten, der in der Abgeschiedenheit sein eigenes Licht sucht. Dies mag vorübergehend eine wertvolle Erfahrung sein. Doch ist das Licht gefunden, muss es sich im Umgang mit der Welt bewähren. Lichterfahrungen ohne Dienst an der Welt tragen den Keim des spirituellen Dogmatismus in sich. Die Gefahr der Verblendung liegt nahe. So wie Luzifer sich in seinem eigenen Glanz sonnte und nicht bereit war, sein spirituelles Ego zu transzendieren.

Das Sinken, die Auseinandersetzung mit dem Weltlichen, geschieht um des Steigens, der Höherentwicklung willen. Die Kraft des Lichtes soll und darf immer wieder gesucht werden, aber im Dienste von etwas Größerem.

Natürlich obliegt es dem Einzelnen, wie er sein Licht im Dienste des Ganzen einsetzt. Er kann dies beispielsweise tun, indem er Liebe für die ganze Menschheit entwickelt, sich um andere kümmert oder auch, indem er Schattenaspekte seiner selbst erlöst. Die Legende erzählt, dass Gott die Engel einst anwies, sich vor dem Menschen zu verbeugen, eben weil der Mensch als Mittler beider Welten dient. Die Selbst-Verwirklichung möchte in dieser Welt zum Ausdruck kommen. Dies bedeutet es, *in,* aber nicht *von* dieser Welt zu leben. Hierauf weist auch das Wort »Gebet« hin, wenn wir es auf der ersten Silbe betonen – als Erfüllung, die sich verwirklicht im »Geben«.

Das Weltliche hat seine Berechtigung, weil es uns sehr vieles über uns selber lehrt. Wir können die Welt als Spiegel unseres Bewusstseins einsetzen, um zu erkennen, wo es bei uns noch etwas zu bereinigen gilt. Doch wenn wir die Welt benutzen, um uns Dinge anzueignen, an denen wir dann festhalten, kommen wir in den Sog des beengenden Prinzips (Satan). Luzifer, der Missbrauch von Licht im Dienste der Eitelkeit demonstriert, und Satan, der Missbrauch der Materie im Dienste des Stoffwahns zeigt, sind Paradebeispiele dafür, wie es nicht geht. Der Weg des Menschseins geht in der Mitte durch beides hindurch.

Der Sinn des Lebens zeigt sich in dem Augenblick und in den Lebensumständen, in denen Sie leben. Er zeigt sich auch in Ihren innerseelischen Regungen und in Ihrer Hingabe an etwas, das größer ist als Ihr Ich. Er zeigt sich in Ihrem äußeren und in Ihrem inneren Leben. Er zeigt sich in jedem Augenblick.

Unabhängig von dem universellen Sinn des Lebens gibt es in Ihrem Leben eine besondere Sinnhaftigkeit, die Sie und nur Sie auszeichnet, quasi ein Auftrag, den Sie durch Ihr bewusstes »Dasein« erfüllen. Diese Sinnhaftigkeit wird deutlich, wenn Sie Ihr Leben, Ihre Lebensumstände und die Herausforderungen, die auf Sie zukommen, insbesondere die »Lektionen«, welche das Leben stets aufs Neue wiederholt, unter die Lupe nehmen.

Beispiel: Wenn Sie im äußeren Leben Zahlungsaufforderungen bekommen, sollten Sie diesen nachkommen, da Sie sonst mit dem Leben in Konflikt geraten.

Beispiel: Bei einer Krankheit sollten Sie sich fragen, was Ihnen diese sagen will. So sollten Sie bei Magenbeschwerden überprüfen, was Ihnen schwer im Magen liegt und was Sie tun können, damit dieser Aspekt für Sie leichter verdaulich wird.

Schwächen und Schwierigkeiten möchten durch Sie verwandelt werden. Gerade dort, wo die meisten Schwierigkeiten im Leben bestehen, liegen Ihre größten Entwicklungschancen. Doch auch Ihre Talente weisen auf Ihren Lebenssinn hin. Wenn Sie gut zuhören können, trägt diese Gabe Ihren Lebenssinn, wenn Sie mit dem Wort gut umgehen können, finden Sie möglicherweise dort Ihre Erfüllung.

Übung: Fragen Sie sich einmal, was Ihr Lebenssinn sein könnte? Was haben Sie gedacht, wäre Ihr Lebenssinn, als Sie jung waren, und was meinen Sie heute, worum es in Ihrem Leben geht?

Die zwei Naturen des Menschen in sich versöhnen

Kernbotschaften:

a) In uns leben zwei Grundarchetypen, Kain und Abel, mit denen wir uns auseinandersetzen müssen.
b) Das Sinnbild von Kain und Abel lehrt uns anzunehmen, was uns vom Leben gegeben wird, und nicht neidisch auf das zu schauen, was dem anderen beschieden ist.
c) Es genügt nicht, uns Abel zuzuwenden, wir müssen auch Kain in uns versöhnen und heimholen.
d) Jedes scheinbar Böse birgt in sich ein verkleidetes Gutes.

Es gibt viele Möglichkeiten, das Gleichnis von Kain und Abel zu verstehen. Kain war der Erstgeborene. Seine Mutter bezeichnete ihn gleich nach der Geburt als Mann, es müsste sich also um einen kräftigen Menschen gehandelt haben. Abel dahingegen war der Zweitgeborene und auch von der Natur her offenbar eher der Schwächere.

Kain wurde ein Ackerbauer und Abel ein Hirt. Die Ackerbauern in der Frühzeit bestellten das fruchtbare Land, konnten Vorräte anlegen, lebten sicher und in materiellem Wohlstand. Die Ackerbauern waren damals mächtig genug, um die Hirten in die Steppe abzudrängen, wo wenig wuchs und wo man bei Trockenheit neue Weidegründe suchen musste. Aus weltlicher Sicht ist Kain dem Abel überlegen. Er ist der Stärkere, der Erstgeborene und verfügt über Besitz, während Abel ein Nomade ist.

Auf der anderen Seite macht ein Leben als Schwächerer und als Nomade auch demütig. Abel bescheidet sich mit dem, was die Natur freiwillig gibt, und er ist dadurch auch beweglich im Geiste. Er hortet nicht Getreide, sondern wandert dorthin, wo er Futter für seine Schafe findet. Er geht den Weg der weißen Wolke, zieht mit dem Wind.

Diese beiden Grundlebensformen existieren auch in uns. Wir haben den Anteil in uns, der sät und erntet, und jenen, der nicht nach dem Morgen trachtet. Beide Daseinsformen stehen erst einmal gleichberechtigt nebeneinander und haben ihre eigene Aufgabe.

Wer zu sehr Kain ist, der ist besitzgierig, ist zu sehr auf Säen und Ernten versessen und verliert dadurch den Kontakt zu der ursprünglichen Natur. Wer zu sehr Abel frönt, verlässt sich zu sehr auf das »Hier und Jetzt« und wird von der Notwendigkeit, für ein Morgen zu sorgen, erschlagen, bzw. er verdrängt sie. Im Extremfall finden wir heute im Kain jenen Menschen, der sein Vermögen hortet, Bausparverträge anlegt und in Lebensversicherungen einzahlt, während Abel sich als der Lebenskünstler darstellt, der von Weideplatz zu Weideplatz zieht, ohne für sein Alter vorzusorgen. Es ist der scheinbare Widerspruch vom Künstlichen und Natürlichen, Selbstbestimmung und Selbsthingabe, der sich in der Analogie von Kain und Abel ausdrückt.

Ein zweiter Aspekt dieser Analogie liegt in dem Thema des Bruderneides. Es liegt zu einem großen Teil in den Geheimnissen der Schöpfung verborgen, warum der eine dieses und der andere jenes Schicksal bekommt. Immer wieder glauben wir, das Gras auf der anderen Seite des Zauns sei grüner. Doch auch wenn wir nicht wissen, warum unser Nachbar dieses oder jenes Schicksal erlebt, wissen wir, dass sein Schicksal ein Maßanzug ist. Das Geheimnis liegt darin, anzunehmen, was einem vom Leben oder von der Einen Kraft/Gott gegeben wird. Kain war nicht einverstanden, er war neidisch. Er war insbesondere neidisch auf die Anerkennung, die Abel durch die Eine Kraft/Gott zuteil wurde. Anstatt diese Anerkennung in der eigenen Rechtschaffenheit zu suchen, wollen wir sie von außen erfahren. Kain und Abel ist also auch ein Thema der Missgunst. Am Beispiel des Kain lernen wir, unserem Bruder das Gute zu gönnen, das ihm zuteil wird. Nur so können wir Frieden mit uns und der (Um-)Welt finden.

Wir können das Gleichnis von Kain und Abel auch als Auseinandersetzung unserer inneren Widersacher verstehen. Jeder Mensch trägt einen zerstörerischen, besitzgierigen Aspekt in sich und einen altruistischen Aspekt, welcher in tiefer Anbindung an das Höhere lebt. Auch wenn wir von unserem ethischen Empfinden den Abel gegenüber dem Kain bevorzugen, müssen wir über die Entscheidung »Abel statt Kain« hinausgehen. Es geht in letzter Konsequenz nämlich darum, beide Archetypen in uns zu versöhnen und einem höheren Dritten zuzuführen. Unser wahres Selbst ist nicht Kain und ist nicht Abel, sondern etwas jenseits davon, das die Aufgabe hat, mit diesen beiden inneren Personen angemessen umzugehen, sie zu durchdringen und dieses Symbol einer Lösung zuzuführen. Welchen Platz nehmen Abel und Kain in unserer Psyche ein, und worin liegt unser eigentlicher Konflikt?

Das Wort »Abel« bedeutet Hauch – hier berühren wir einen weiteren Aspekt der Analogie. Abel steht für den Geistmenschen in uns. Wenn wir uns nur dem Wahren, Schönen, Guten zuwenden und dabei übersehen, dass es das Ungelöste überhaupt gibt, verdrängen wir allzu leicht den Schatten in uns und werden von ihm erschlagen. In der biblischen Geschichte lockt Kain den Abel in den Hinterhalt. Um dem hinterhältigen Aspekt zuvorzukommen, müssen wir den Dingen, die noch ungelöst sind, direkt ins Auge sehen. Die Anbetung der Einen Kraft/Gott soll nicht zur Weltflucht benutzt, sondern hier auf der Erde ausgedrückt werden im Sinne des Bibelwortes: »Macht euch die Erde untertan!«

Das Wort »Kain« bedeutet Besitz, aber auch Lanze, und repräsentiert den Anteil in uns, der an dem Geschaffenen festhalten möchte. Kain ist auf der Erde zuhause und sucht seine Zukunft im Besitz zu sichern, nicht im Geist. Der Erdhaftigkeit des Kain liegt jedoch auch ein positiver Gedanke zugrunde, sie muss nur von ihren Entartungen, ihrer falschen Identifikation befreit werden.

Im Gleichnis von Kain und Abel geht es nicht darum, Kain zu verdammen und ganz wie Abel zu werden. Es geht darum, das Gute von jedem Archetyp zu nehmen und sie beide in der eigenen Psyche sinnvoll zu führen und zu lenken. Das, was vom Leben/von der Einen Kraft gegeben wurde, ist anzunehmen. In Wettbewerb treten wir eigentlich nur mit uns selbst, nicht mit dem anderen: Indem wir uns bemühen, heute ein wenig stimmiger zu leben als gestern, sind wir auf dem richtigen Weg.

Das Gleichnis von Kain und Abel ist auch ein Sinnbild für die scheinbare Ungerechtigkeit der Welt. Immer wieder werden wir damit konfrontiert. Wir erleben, dass der eine mit einem goldenen Löffel im Mund geboren wird und ein scheinbar sorgloses Leben führt. Ein anderer gibt vielleicht sein Bestes, dennoch ist sein Leben voller Leid und Plagen. Wenn wir uns auf diese Weise vergleichen, liegen wir meistens irgendwo in der Mitte. Doch diese Vergleiche erkennen die heilende Ebenbürtigkeit ab. Denn es geht im Leben nicht darum, was man *hat,* sondern wer man *ist* und wie man das vollkommene Sein, das aus der Mitte unseres wahren Wesens entspringt, in dieser Welt ausdrückt und lebt.

Das Sinnbild der Bevorzugung, wie wir es durch den biblischen Gott erleben, findet natürlich auch im alltäglichen

Leben seine Entsprechung, in der Bevorzugung eines Geschwisters vor einem anderen durch die Eltern, welche aus der Sicht des Kindes oftmals gottähnlichen Status einnehmen, eines Spielkameraden vor einem anderen, der Bevorzugung anderer durch Lehrer, Klassenkameraden, Freunde oder Liebhaber und den daraus erwachsenden Neid.

Neid, der aus dem Vergleichen entsteht, gilt als eine der sieben Todsünden. Durch das Vergleichen richten wir die Aufmerksamkeit auf das Haben und nicht auf das wahre Selbst, dem beide, Kain wie Abel, entspringen und das sie eigentlich verbindet. Wenn es etwas gibt, das jemand anderes uns voraus hat, sollten wir uns erst einmal bewusst machen, dass wir nicht wissen, wie viel Mühe in diesem oder früheren Leben er dafür aufwenden musste, um an jenes zu kommen. Wollen wir wirklich unser Leben mit dem dieses Menschen tauschen?

Dass wir den anderen das Gute gönnen, das ihnen widerfährt, können wir aber auch als Motivation nutzen, diesen Aspekt bei uns selbst zu verwirklichen. Dann dient derjenige, der mehr hat, dem, der weniger hat, als anregendes Beispiel. Die Verwirklichung muss stets über das innerste Selbst erfolgen. Denn wahrer Erfolg ist etwas, das aus uns kommt, als Belohnung der Zentriertheit im Selbst. Neid hingegen erweist sich als Bremse für die Erfüllung, die wir eigentlich suchen. Indem wir dem anderen das Schöne, Gute, Wahre missgönnen, versagen wir es uns unbewusst selbst. Doch wenn wir den anderen für seine Errungenschaften ehren, sitzen wir mit ihm im Boot, unabhängig davon, ob wir das Gute, über welches der andere bereits verfügt, schon besitzen.

Wir können das Gleichnis von Kain und Abel noch auf eine weitere Art verstehen: Kain war der Erstgeborene, Abel der Zweitgeborene. Damit symbolisiert Kain den Menschen, der die Aufgabe hat voranzugehen und eine

Lanze zu brechen für die, welche nach ihm kommen. Er ist der Stärkere, aber auch der Gröbere von beiden. Auf die Kainsfrage »Soll ich meines Bruders Hüter sein?« gibt es eine klare Antwort: »Ja!« Der Erstgeborene darf den Zweitgeborenen nicht verdrängen, sondern hat die Aufgabe, ihn in seiner Entwicklung zu unterstützen und zu fördern, damit jener eines Tages über ihn hinauswachsen und die Erde so mit einem feineren und differenzierteren Bewusstsein hinterlassen kann, als er selbst es vermochte. Unsere älteren Brüder haben vielleicht noch den Weltkrieg miterlebt mit all seinen Grausamkeiten. Nun sind jüngere Menschen geboren worden, welche vielleicht von der physischen Konstitution her feiner sind, aber nicht so durchsetzungsstark. Wenn der Ältere jedoch den Jüngeren verdrängt und nicht wachsen lässt oder ihn gar erschlägt, dann bleibt die Erde so grob, wie sie war. Das Ältere in uns, die Kriegserinnerungen, die vielleicht schwierige Vergangenheit muss zur Seite treten, Platz machen für das heranwachsende jüngere Leben und ihm gönnen, dass es von so manchem Leiden verschont wurde.

Betrachtet man das Thema als dualen Konflikt, geht es wie bereits erwähnt jedoch nicht um Kain oder Abel, sondern darum, in Bewusstheit und Liebe beide Archetypen ihrer wahren Bestimmung zuzuführen. Die Kraft, welche dies vermag, ist die Liebe. Erst in der Verbrüderung, die auf wahrem Respekt beruht, vereinigen sich die Gegensätze zu etwas Höherem und wird die duale Spaltung zwischen Primitiv und Entwickelt, Gut und Böse überwunden. Die Zerreißprobe »Kain oder Abel«, »oben oder unten« wird aufgelöst in der Verbrüderung, welche wie die Alchemie etwas Neues schafft.

Übung 1: Spüren Sie einmal Ihren inneren Kain auf. Dafür genügt es, den Namen »Kain, Kain, Kain« immer wieder zu sprechen. Fragen Sie ihn, was er will. Vielleicht hören Sie aus Ihrem Inneren Antworten wie: »Ich will der Größte sein!«, »Ich will weltliche Vergnügungen, Sinnesreize!«, »Ich will stark sein und mich durchsetzen!« Lauschen Sie den Worten des Kains wertneutral, achten Sie auf den Klang seiner Stimme und spüren Sie, in welcher Körperregion Kain wohnt. Vielleicht nehmen Sie Kain als eine schwere Energie im Beckenboden wahr, die nach unten zieht. Dann rufen Sie Ihren inneren Abel, indem Sie das Wort »Abel, Abel, Abel« immer wieder aussprechen. Abel wird von Ihnen möglicherweise als eine nach oben strebende Energie vom Herzen aus aufwärts wahrgenommen, die Ihnen antworten wird: »Ich will nur nach oben, zu der *Einen* Kraft, in die Erlösung, ins Licht! Ich will mit dem ganzen Bösen da unten nichts zu tun haben.« Sprechen Sie dann mit Ihrem inneren Kain und sagen Sie ihm: »Ich rufe dich. Du bist wertvoll. Ich rufe dich in die Ordnung. Ich wünsche mir deine Kraft wie eine Säule, die mich aufrichtet im Dienste der Einen Kraft. Du sollst nicht länger verflucht oder verdammt sein. Du hast eine wertvolle Aufgabe: zu schützen, zu dienen und zu tragen im Dienste der Schöpfung!« Spüren Sie in Ihren Körper hinein, welche Veränderungen dadurch geschehen. Dann sprechen Sie mit Abel und sagen zu ihm: »Abel, ich brauche deine Weite und deinen Hauch. Ich wünsche mir, dass du dich mit deinem Bruder versöhnst und genau diese Energien, die du zu fliehen suchst, durchdringst!« Spüren Sie, wie die Energie von Abel sich herabsenkt und seine Feinheit und Durchlässigkeit nutzt, um höheres Bewusstsein in den niederen Körper zu bringen. Führen Sie Kain und Abel in Ihnen damit einer Versöhnung, einer Verwandlung zu, in der die bisher widerstreitenden Elemente Ihrer selbst in sich Frieden und eine neue Bewusstheit finden.

Übung 2: Auf wen oder was sind oder waren Sie neidisch? Wann mussten Sie gegenüber einer anderen Person zurückstecken, wurden neben ihr gedemütigt oder fühlten sich nicht gesehen oder zur Seite gedrängt? Gehen Sie geistig in Kontakt mit der damaligen Situation. Verzeihen Sie gedanklich allen Beteiligten, die jemand anderen als Sie bevorzugt, gelobt, hervorgehoben haben. Sagen Sie ihnen allen gemeinsam und jedem Beteiligten einzeln in Gedanken: »Ich verzeihe dir!« Denken Sie dann an den damals Bevorzugten und sagen Sie ihm: »Es hat mir sehr weh getan, dass du mir gegenüber damals bevorzugt wurdest. Ich habe gelitten wie ein Hund. Ich empfand Gefühle wie … (z. B. nicht zu genügen, Demütigung, kein Platz für mich auf der Welt, verdrängt werden, Respektlosigkeit mir gegenüber, Wut, Härte). Ich ehre Dich als meinen … (Bruder/Schwester, Kameraden, Konkurrenten, Freund, Nebenbuhler, Klassenkameraden …) und bitte dich, meinen Schmerz zu sehen und wahrzunehmen. Ich lege dir meinen Schmerz zu Füßen und bitte dich, mit mir gemeinsam diesen Schmerz aufzulösen, zu verbrennen, loszulassen, wegzuspülen.« Erleben Sie, wie Sie in gemeinsamer Betroffenheit mit diesem Menschen zusammen atmen. Spüren Sie den Herzschlag der anderen Person und Ihren eigenen. Sagen Sie ihm: »Ich entlasse dich aus der Schuld für meinen Schmerz. Du bist nicht länger verantwortlich für mein Leiden. Ich ehre dich für dein Sein und die Gaben, die du von der *Einen* Kraft bekommen hast. Ich kann das Wunderbare in dir sehen und ehren.« Gehen Sie dann gedanklich zu einem klaren Teich, in dem sich Ihr Antlitz spiegeln kann. Waschen Sie sich mit dem Wasser dieses Teiches und stellen Sie sich dabei vor, dass dieses Wasser all den Makel von Ihnen abwäscht, den Sie aufgrund der damaligen Zurückstellung angenommen haben. Sagen Sie sich und anerkennen Sie: »Ich bin frei von Makel!« Lassen Sie alle Negativprojektionen los, die auf Sie geworfen wurden. Erkennen Sie: »Ich bin« und »Er/Sie ist«, und eigentlich sind wir eines. Lassen Sie in diesem Zusammenhang auch die ganze Thematik von Bevorzugen, Zurückstellung, Neid usw. los. Spüren Sie angesichts Ihrer Reinheit auch Ihre eigene Lebensaufgabe und nehmen Sie diese gerne und in Freuden an, ohne jemand anderem etwas zu neiden.

Dann erinnern Sie sich an eine Situation, in der Sie gegenüber einer anderen Person bevorzugt, in der jemand *anderes* Ihnen zuliebe zurückgestellt wurde. Das kann ein Kollege sein, der bei der Beförderung übergangen wurde, ein Liebhaber, der von seiner Angebeteten verschmäht wurde, weil *Sie* der Star waren. Es kann auch eine Situation sein, in der Sie von einem Elternteil, Verwandten, Freund, Kameraden, Lehrer gegenüber anderen bevorzugt wurden. Gehen Sie in die damalige Situation und stellen Sie sich vor Ihrem geistigen Auge den anderen vor, der zu Ihren Gunsten benachteiligt wurde. Sehen Sie seinen Schmerz, fühlen Sie ihn, ohne ihn zu Ihrem eigenen zu machen. Signalisieren Sie dem anderen: »Es tut mir leid, dass du wegen der Bevorzugung solche Schmerzen erleiden musstest. Ich sehe und fühle deinen Schmerz mit dir als mein Bruder im Geiste!« Atmen Sie mit dem anderen, spüren Sie seinen Herzschlag. Sehen Sie den anderen mit Würde und Respekt an und sagen Sie ihm: »In meinen Augen bist du ebenbürtig. Ich sehe das Große in dir und achte und ehre es. Bitte lass all deinen Schmerz und deine Verzweiflung los und lass uns die Vollkommenheit im Geiste ehren!« Dann spüren Sie in sich hinein, ob bei Ihnen wegen der Bevorzugung noch Schuldgefühle vorhanden sind. Lassen Sie diese los. Gibt es etwas, das Sie sich *selbst* versagen, quasi als Sühne für Ihr Bevorzugt-worden-sein? Was ist es? Nehmen Sie es wieder in Besitz, indem Sie sich selbst verzeihen, dass durch Ihr Bevorzugtsein Schmerz bei Dritten entstanden ist. Sagen Sie sich: »Ich verzeihe mir selbst, und ich nehme das Gute, die Kräfte und Fähigkeiten, die ich in meiner Selbstverurteilung gebunden hatte, wieder in Besitz. Ich lasse es los, mich klein machen zu wollen, und stelle meine Kräfte und Fähigkeiten, die mir jetzt zuwachsen, in den Dienst der Schöpfung und eines Glück bringenden Lebens. Ich gebe den falschen Glaubenssatz auf, dass mein Glück zu Leiden bei Dritten führt, und lebe mein eigenes Glück nun so, dass ich andere dadurch erinnere und erhebe an das, was sie wirklich sind.«

Nun vergegenwärtigen Sie sich eine Situation, in der Sie selbst jemanden oder etwas bevorzugt *haben.* Das Muster von »bevorzugen« geben wir oftmals auch aktiv weiter. Wen oder wessen Liebe haben Sie abgelehnt? Manchmal kommen wir nicht umhin zu wählen und dabei den einen gegenüber dem anderen zu bevorzugen. Und doch sollten wir liebe- und respektvoll wählen. Erinnern Sie sich eines Menschen, den Sie durch Ihre Wahl zurückgestellt oder gar vor den Kopf gestoßen haben. Sehen Sie diesen Menschen vor Ihrem geistigen Auge und sagen Sie ihm: »Es tut mir leid, dass du Schmerzen erleiden musstest, weil ich dich nicht gewählt habe. Du brauchst dich deshalb nicht entwürdigt oder benachteiligt zu fühlen. Meine Wahl hatte damals mit Prioritäten zu tun, die mir wichtig waren. Ich ehre dich und fühle mich trotzdem mit dir verbunden. Ich bitte dich um deinen Segen für meine damalige Entscheidung. Und ich verspreche dir, dich im Geiste in deiner Größe zu halten, die du bist. Ich bitte dich, schau freundlich auf mich, wenn ich jetzt in Frieden meinen Weg gehe. Auch ich wünsche dir Liebe und Segen für deinen Weg!« Kommen Sie dann wieder zurück ins »Hier und Jetzt« und notieren Sie das Erkannte.

Abel steh auf

»Es muss neu gespielt werden – täglich muss neu gespielt werden – täglich muss die Antwort noch vor uns sein. Die Antwort muss ›ja‹ sein können. Wenn du nicht aufstehst, Abel, wie soll die Antwort – diese einzig wichtige Antwort – sich je verändern. Wir können alle Kirchen schließen und alle Gesetzbücher abschaffen in allen Sprachen der Erde, wenn du nur aufstehst und es rückgängig machst – die erste falsche Antwort auf die einzige Frage, auf die es ankommt. Steh auf, damit Kain sagt, damit er es sagen kann: ›Ich bin dein Hüter, Bruder – wie sollte ich nicht dein Hüter sein!‹ Täglich steh auf, damit wir es vor uns haben, dies ›Ja, ich bin hier – ich – dein Bruder!‹ Damit die Kinder Abels sich nicht mehr fürchten, weil Kain nicht Kain wird. Ich schreibe dies, ich, ein Kind Abels, und fürchte mich täglich vor der Antwort. Die Luft in meiner Lunge wird weniger, wie ich auf die Antwort warte. Abel, steh auf, damit es anders anfängt zwischen uns allen. Die Feuer, die brennen, das Feuer, das brennt auf der Erde, soll das Feuer von Abel sein. Und am Schwanz der Raketen sollen die Feuer von Abel sein.« (Hilde Domin)

Den Gegensatz von Gut und Böse transzendieren

Die Polarität zwischen dem scheinbaren Gegensatz von Gut und Böse beschäftigte nicht nur die Religionen, sondern auch die Philosophie und Dichtkunst, insbesondere in der Moderne. Ein Paradestück dieser Auseinandersetzung bietet Goethes »Faust«. Bezeichnend ist hier die Wette zwischen Gott und dem Teufel, dargestellt als Mephistopheles.

Mephisto glaubt, dass der Mensch von Natur aus böse sei. (»Denn alles, was besteht, ist's wert, dass es zugrunde geht!«) Er sieht auf den Menschen herab: »Er nennt's Vernunft und braucht's allein, nur tierischer als jedes Tier zu sein.« Die Eine Kraft, die wir Gott nennen, weiß in Goethes »Faust« um die Fehlerhaftigkeit des Menschen, verurteilt diese aber nicht: »Es irrt der Mensch, solang er strebt.« Sie vertraut darauf, dass auch der irregeleitete Mensch von innen her geführt wird, und antwortet dem Mephistopheles im Dialog im Himmel: »Ein guter Mensch in seinem dunklen Drange ist sich des rechten Weges wohl bewusst.« Mephistopheles will aber durch die Verführung des Faust, der sich übrigens in der Zeit von 1480–1540 als reale Gestalt Dr. Georg Faust in Universitätsstädten wie Erfurt, Heidelberg, Ingoldstadt und Wittenberg mit Alchemie, Astrologie und Medizin auseinandersetzte und noch zu seinen Lebzeiten die Faust-Sage schuf, das Gegenteil beweisen: »Was wettet Ihr? Den sollt Ihr noch verlieren, wenn Ihr mir die Erlaubnis gebt, ihn meine Straße sacht zu führen.«

Gott schlägt in die Wette ein und offenbart nach dem Abgang des Mephisto, dass auch der Teufel nur ein Teil von Gottes Kräften ist, der dazu anregen soll, dass der Mensch »strebt, solang er lebt«: »Des Menschen Tätigkeit kann allzu leicht erschlaffen, er liebt sich bald die unbedingte Ruh; drum geb ich gern ihm den Gesellen zu, der reizt und wirkt und muss, als Teufel, schaffen.« So wirkt der Teufel, ohne dies bewusst zu wollen, »als Teil von jener Kraft, die stets das Böse will und stets das Gute schafft!«

Das Suchen und Finden vom Sinn meines Lebens

Kernbotschaften:

a) Es gibt viele Möglichkeiten, den Lebenssinn zu beschreiben, aber nur einen Lebenssinn.
b) Gezielte Fragen können bei der Sinnsuche helfen.
c) Nur der Mensch ist in der Lage, sich der Sinnfrage zu stellen.

Sinnfrage und Sinnkrise hängen unmittelbar miteinander zusammen. Solange unser Leben im Rahmen unserer Konditionierungen verläuft und wir damit zufrieden sind, stellt sich die Sinnfrage nicht. Wir leben dann einem Sinn nach, den wir nicht hinterfragen, wie z. B. Geld verdienen, Ansehen erwerben, Schönheit, Gesundheit, Reisen usw.

Es adelt den Menschen, dass er sich überhaupt fragen kann, was der Sinn seines Lebens ist. Nicht jeder Mensch muss sich dieser Frage stellen. Oftmals taucht das Sinnthema auch nicht als Frage auf, sondern wir erfahren einen neuen Lebenssinn, nachdem die bisherige Lebensausrichtung durch Enttäuschungen, Unglück, Versagen etc. einen Einbruch erlebt hat. Die Suche nach einem neuen Sinn, die oftmals auch unbewusst verläuft, hilft dem Menschen, auch dann zu überleben, wenn alles zusammenbricht.

Dort, wo wir in uns spüren, dass irgendetwas nicht (mehr) stimmt, müssen wir uns der Sinnfrage stellen. Ansonsten leben wir in Frustration und Verdrängung. Solange wir unbewusst sind und beispielsweise glauben, im Sinnengenuss Erfüllung zu finden, können wir diesen Weg gehen. Doch wenn wir auf diesem Weg enttäuscht, d. h. von einer Täuschung befreit, sind, müssen wir erkennen, dass Sinnengenuss zwar angenehm, aber für sich genommen nicht sinnstiftend sein kann.

Selbst der Hedonist, welcher sein Lustprinzip lebt, erkennt irgendwann, dass er dieses nur erfüllt erleben kann, wenn er seine Sinnesfreuden mit der Verehrung von Göttin Natur/etwas Höherem in Verbindung bringt. Ansonsten bleibt ihm nur Schalheit und Leere.

Unabhängig davon, welchen Weg Sie wählen, will die Sinnfrage Sie auf Sie selbst verweisen. Es liegt in der Frage nach dem Sinn des Lebens ein Geschenk verborgen, das nur Sie auspacken können. Um dieses zu entdecken, müssen Sie in sich gehen. Die Antwort auf die Frage nach dem Sinn des Lebens offenbart sich Ihnen nicht verbal, wenngleich Sie vielleicht versuchen werden, ihr Worte zu geben. Die Suche nach dem Sinn ist in ihrer Wirkung vergleichbar mit einem Zen-Koan. Es gibt keine logische Antwort auf diese Frage, zumindest keine endgültige, sondern die Suche nach dem Sinn führt zu einem Finden ganz anderer Art – zu Ihnen selbst.

Natürlich können Sie sich sagen, dass Ihre Kinder, Ihre Beziehung, Ihr Beruf Ihren Lebenssinn ausdrücken, und dies mag auch zutreffend sein, aber sie *sind* nicht der Lebenssinn. Denn wenn sie der Lebenssinn wären, würde Ihr Lebenssinn zusammenbrechen, sobald es mit Ihren Kindern, Ihrer Beziehung oder Ihrem Beruf schlecht läuft – und leider geht es vielen Menschen so, die sich mit einem äußeren Sinn identifizieren, statt die Quelle ihres Lebenssinnes in sich selbst zu entdecken.

Viele Menschen weichen der Suche nach sich selbst aus. Sie verdrängen das Thema und übertünchen die aufkommende Leere und Sinnlosigkeit mit Suchtmitteln. Hier hängen Sucht und Suche unmittelbar miteinander zusammen. Dort, wo uns das Leben zu einer Suche auffordert und wir dieser Suche aus dem Weg gehen, werden wir süchtig. Und es gibt vieles, nach dem wir süchtig werden können: Erfolg, Ruhm, Sex, Anerkennung, Reisen usw.

Aus dieser Enttäuschung und Schalheit heraus wenden sich manche dann vom Sinnengenuss ab und suchen Erfüllung in der Askese. Doch beides, Sucht nach Sinnesreizen wie zwanghafte Entsagung, sind Fallen. Es mag sinnvoll sein, einmal beide Extreme auszuprobieren, um sie zu »schmecken«. Doch sie bieten beide keine Lösung auf die Sinnfrage an. Nietzsche schreibt in dem Zusammenhang treffend: »Viele raten euch, den Sinnen zu entsagen, ich aber rate euch zur Unschuld der Sinne!« Es sind nicht die Sinne, die Sie vom Sinn fernhalten, sondern höchstens Ihr falscher (süchtiger) Umgang mit ihnen. Sinne können Ihnen Sinnesreize und Sinnengenuss geben. Dies ist eine wunderbare Sache. Wenn Sie jedoch von Ihren Sinnen erwarten, dass sie Ihnen Lebenssinn geben, dann erwarten Sie etwas von ihnen, das sie nicht vermögen. Askese als Gegenbewegung zur Sucht kann eine wertvolle Erfahrung bieten, führt aber letztendlich nicht zur Lösung der Sinnfrage, zur endgültigen Erfüllung.

Buddha lebte eine Zeitlang unter Asketen. Dies war seine innere Gegenbewegung zu seinem Leben als reicher Königssohn. Doch er sah, dass auch die Asketen voller Wut, Zorn und Unzufriedenheit waren. Als Antwort auf die Sinnfrage entdeckte er letztendlich den Pfad der goldenen Mitte.

Dort, wo wir uns angesichts innerer Leere mit Ersatzbefriedigungen zufriedengeben, statt nach dem Lebenssinn zu suchen, machen wir uns etwas vor. Wir verlieren unsere Wahrhaftigkeit. Als wir vom Leben nicht mehr erwartet haben als ein Tier auf Futtersuche, entsprachen diese Ersatzhandlungen unserer Wahrhaftigkeit. Wir waren mit uns identisch. Doch sobald uns die Befriedigungen des Alltags nicht mehr erfüllten, mussten wir anfangen weiterzusuchen.

Es ist wie bei einer Treibstoffrakete, die in mehreren Stufen gezündet wird. Eine Stufe war die Triebbefriedigung, sie hat uns eine gewaltige Schubkraft ins Menschsein gegeben und uns u. a. den Komfort einer modernen Zivilisation beschert.In jedem Menschen erwacht ein höherer Trieb, dem er folgen muss. Bleiben wir weiter in der alten Positur stehen, kommen wir immer mehr von unserem eigentlichen Kurs ab und verlieren uns in dem, was der große Philosoph Heidegger »das uneigentliche« Leben nennt.

Viele Menschen reagieren auf die innere Leere statt mit Sinnsuche lieber mit Zynismus. Der Zyniker macht sich über andere oder die Welt an sich lustig und lenkt dadurch von der inneren Auseinandersetzung ab. Er wird von anderen wegen seiner spitzen Zunge bewundert, manchmal sogar gefürchtet. Das Wort Zynismus kommt vom griechischen Kynismos und bedeutet Bissigkeit, abgeleitet von griech. *kyon*, Hund. Der Zyniker ist zwar in der Lage, mit bissigen Bemerkungen den Unsinn verschiedenster Normen, Moralismen und Lebensweisen aufzudecken, hat aber für sich selbst noch keine Antwort gefunden. Er schwelt in innerer Unzufriedenheit. Und so zeigt sich Zynismus oft auch als Ausdruck von Resignation, als Abwehr, Blockade einer eigentlich notwendigen Suche.

Der Sinn Ihres Lebens ist in Ihnen selbst tief eingeboren und kann nur durch Sie selbst hervorgebracht werden, indem Sie sich selbst leben und daraus lernen. Sie beginnen damit, indem Sie das leben, was Sie für Ihr Selbst halten. Durch die Erfahrungen werden Sie im Laufe der Jahre geschliffen und von Irrtümern über Ihre wahre Identität befreit. Dem Schmerz dieser Enttäuschung können Sie in gewissem Maße zuvorkommen, indem Sie sich um Erkenntnis bemühen und versuchen, mit Ihrem Bewusstsein Ihren eigenen Lebenssinn zu »treffen«. Doch werden Sie darum nicht herumkommen, Ihren Weg selbst zu gehen.

Auf die Frage nach dem Sinn werden Ihnen viele vorgefertigte Antworten begegnen. Die Sinnfrage ist so alt wie die Menschheit selbst und beschäftigt seit der Antike Philosophie wie Religion. Vorgegebene Sinnantworten wirken dabei wie Schiffe, die Sie besteigen können. Manche dieser Schiffe werden Sie in die Nähe Ihres Lebenssinnes tragen. Da aber letztendlich Ihr Lebenssinn eine innere Erfahrung, eine innere Erfüllung, ja die Beantwortung der Frage Ihrer eigenen Existenz selbst ist, werden Sie sich in letzter Konsequenz die Frage selbst beantworten müssen. Dies meinen die Meister, wenn sie sagen: »Triffst du Buddha auf dem Weg, töte ihn!« Dies bedeutet: Machen Sie sich kein Vorbild, sondern verwirklichen Sie Ihr Inbild.

In der Verwirklichung des eigenen Lebenssinnes ist die Kollision mit den Werten und Prinzipien organisierter Philosophien oder Religionen unausweichlich. Dies liegt weniger daran, dass diese »falsch« liegen, als vielmehr an der Individualität unseres Sinnauftrages. So angenehm es sein mag, von einer Gruppe gleich denkender und gleich empfindender Menschen getragen zu sein: Vom flügge gewordenen Vogel wird erwartet, dass er das Nest verlässt. Sehr schön ist dies übrigens in der Geschichte der Möwe Jonathan dargestellt.

Zu Beginn Ihrer Suche ist es wichtig, den Normen und Prinzipien der Gesellschaft, in der Sie leben, der Philosophie oder religiösen Gemeinschaft, der Sie sich anschließen, zu folgen, um in ihrem Schutz reifen zu können. Doch irgendwann spüren Sie im inneren Kern Ihre Andersartigkeit. Da es Ihnen nur selten gelingt, die Umwelt gemäß Ihren neuen Erkenntnissen umzugestalten, werden Sie nicht umhinkommen, Ihren eigenen Weg zu gehen. Irgendwann aber, erfüllt mit eigenem Lebenssinn, werden Sie wieder zurückkehren und erkennen, dass Ihr innerster Sinn mit den Normen des Kollektivs nicht zwingend kollidiert, sondern in ihm enthalten ist, so wie alles in allem enthalten ist. Die Zen-Meister sagen dazu:

»Wenn du den Weg beginnst,
sind Berge Berge und Flüsse Flüsse.
Bist du auf dem Weg fortgeschritten,
sind Berge keine Berge und
Flüsse keine Flüsse mehr.
Am Ende des Weges sind Berge
wieder Berge und Flüsse wieder Flüsse.«

Der Lebenssinn in den verschiedenen Traditionen

Reisen wir einmal gemeinsam durch Stationen von Religion und Philosophie, um dabei Elemente unseres eigenen Lebenssinnes aufzuspüren:

Für den *Hindu* liegt der Lebenssinn in der Überwindung von Karma, indem das Denken und Handeln dem Göttlichen geweiht wird. Gute Taten führen zu gutem Karma, durch Hingabe an das Göttliche wird kosmisches Bewusstsein und Befreiung von Karma erlangt.

Im *Buddhismus* wird die Befreiung vom Rad der Wiedergeburt angestrebt. Zu den edlen Wahrheiten des Buddha gehört die Tatsache, dass alles Leben auf der Erde letztendlich Leiden bedeutet, dieses Leiden aber durch Meditation und rechte Lebensweise (»nichts begehren, nichts verweigern«) überwunden werden kann.

Im *Judentum* existiert als Lebenssinn die Idee vom auserwählten Volk, welches von Gott ins gelobte Land geführt wird, die Hingabe an die göttliche Führung und die Herabkunft des neuen Jerusalem.

Im *Christentum* finden wir als Lebenssinn die Erlösung

des Menschen in der Ausrichtung auf Jesus Christus als Erlöserfigur. Gebet, Umkehr und ein gottgefälliges Leben gelten hierbei als rechte Wege, die zum Himmel führen.

Der *Islam* gebietet als Lebenssinn, schlechte Eigenschaften zu überwinden und durch aktiven Gottesdienst Allah gnädig zu stimmen. Der Gedanke der Brüderlichkeit und die Hingabe an Gottes Willen, I'nch Allah (so Gott will), bringen den Gläubigen in Berührung mit der Einen Kraft.

Für den *Taoismus* ist die ganze Schöpfung Ausdruck eines universellen Gesetzes. Der unausgesprochene Sinn des Lebens liegt demzufolge darin, eins mit dem Tao zu werden.

Die meisten religiösen oder philosophischen Richtungen sind sich darin einig, dass der Sinn des Lebens nicht in materiellem Besitz, sondern in etwas anderem besteht:

Gemäß *Aristoteles* liegt der Lebenssinn in der Erlangung von Glückseligkeit. Er selbst erlebte diese allerdings nicht als einen einmal erreichten Zustand, sondern als Ausdruck eines ständigen Suchens und Findens im Sinne von »der Weg ist das Ziel, es ist Sinn des Lebens, auf dem Weg zu sein«. Durch Ausrichtung des Geistes auf die Seele und den göttlichen Ursprung erwirbt der Mensch einen übernatürlichen Geist (griech. *eudaimonia*).

Auch die *Epikuräer* befürworten *eudaimonia* als Lebenssinn, fügen jedoch die Lust zu ihr hinzu. Hierbei unterscheidet ihr Begründer Epikur niedere (»kinetische«) und höhere (»katastematische«) Lust. Niedere Lust, Sinnengenuss, Sexualität, wird bei Epikur nicht verdammt, sondern als Basisversorgung gesehen, auf die höhere Lust, Erkenntnis, aufgesetzt werden sollte. Sie sollte nicht exzessiv, sondern bewusst genossen werden. Das Lustprinzip Epikurs will dabei nicht als Abhängigkeit von der Lust verstanden werden, sondern als Aufforderung, alles, was man tut, mit Lust und Freude zu bewerkstelligen und so aus der Tätigkeit, sich selbst Erfüllung zu schenken. Ziel des Lebens sei die höhere Lust, die sich aus dem erfüllten Dasein ergibt, indem der Mensch freudvoll »tut, was er tut«. Im Gegensatz zu seinen Zeitgenossen empfiehlt Epikur, den Sinn nicht in Politik und Öffentlichkeit zu suchen, sondern das kleine, private Glück im eigenen Heim zu verwirklichen: *Lathe bioses!* (griech.: »Lebe im Verborgenen.«) Damit meint Epikur nicht das Eremitentum, sondern das Zusammenleben im kleinen Kreis von Freunden und Gleichgesinnten. Epikurs Haus zierten bezeichnenderweise folgende Worte: »Tritt ein, Fremder! Ein freundlicher Gastgeber wartet dir auf mit Brot und mit Wasser im Überfluss, denn hier werden deine Begierden nicht gereizt, sondern gestillt!« Die Philosophie Epikurs galt zu einer Zeit, in der alles in die Öffentlichkeit strebte, als revolutionär und beinahe asozial, ebenso seine Aussprüche:

- »Ich versuchte nie, anderen zu gefallen. Was sie von mir wollten, habe ich nicht gelernt, und was ich gelernt hatte, wollten sie nicht!«
- »Ohne Freundschaft ist das Leben wie das Fressen von Löwe und Wolf!«
- »Was kümmert mich der Tod. Bin ich da, ist der Tod nicht da. Und ist der Tod da, bin ich nicht mehr da.«
- »Wem das seine nicht ausreicht, der ist arm, und wenn er der Welten Herr wäre.«
- »Wer Brot und Wasser hat, darf sich mit Zeus an Glückseligkeit messen!«

Ganz anders die *Stoiker:* Bei ihnen gilt das Leben in Einklang mit der universellen Gesetzmäßigkeit unabhängig von Freude, Leid und Sinnengenuss als Lebenssinn, da all diese Dinge doch vergänglich seien. Das Lebensschiff erhält durch Vertiefung auf das Wesentliche einen Kiel, der es vor den Gezeiten schützt, und statt Affektiertheit erwirbt der Stoiker im Rahmen seiner Höherentwicklung die sogenannte »stoische Ruhe«, die ihn gerade in Krisenzeiten schützt. Durch Ausrichtung auf die »universelle Tugend« wird der Mensch nicht länger von Freude und Leid hin- und hergeworfen.

Auch in der Moderne wird in der Vertiefung Lebenssinn gefunden, beispielsweise bei *Schopenhauer,* der in der Versenkung in Malerei, Kunst und Musik Sinn und Erfüllung findet – im Gegensatz zur Eigenwilligkeit des Menschen, die ihn unabhängig von Erfolg oder Misserfolg letztendlich immer ins Leiden führe.

Bei den *Existenzialisten,* insbesondere bei Sartre, wird im Kontrast zu Schopenhauer nicht nur die Vertiefung begrüßt, sondern auch die Selbstschöpfung und Selbstverantwortung des Menschen. Der Mensch sei in die Existenz hineingeworfen und wurde dabei zu dem, was er aus sich selbst macht. Nicht eine höhere Instanz, sondern er selbst sei verantwortlich für sein Schicksal. Der Sinn des Lebens liegt ihm zufolge darin, sein Leben individuell gemäß dieser Verantwortung zu führen.

Nietzsche hatte Größeres im Auge, als er in dem jetzigen Menschen ein Übergangswesen auf dem Weg zu einer höher entwickelten Wesenheit sah. Er fragte sich, was »nach dem Menschen« komme, und entwickelte die Idee vom Übermenschen, der im kollektiven Gedankengut bereits angelegt sei. Die Idee des Übermenschen wurde im Dritten Reich oftmals im Kontext des Rassenhasses missbraucht. Unverfänglicher erscheint hier die Philosophie des Inders *Sri Aurobindo**[6], welcher den Übermenschen nicht als Einzelperson, sondern als Vermittler einer höheren Bewusstseinsstufe, des Supramentalen, sieht.

Seher wie Emanuel *Swedenborg**[7], aber auch moderne Bewusstseinslehrer wie Chuck *Spezzano**[8] sehen in der Liebe zwischen Mann und Frau einen Ausdruck von Sinnerfüllung, Swedenborg mehr aus christlich-dogmatischer, Spezzano mehr aus universal-religiöser Sicht.

Für die *Kahunas,* die Weisen von Hawaii, ist es Lebenssinn, die Verbindung zwischen niederem und hohen Selbst auf eine stimmige Weise zu leben*9. Das niedere Selbst wird dabei in seinem Wert erkannt und dient dazu, die Verbindung mit dem hohen Selbst herzustellen.

Für moderne Bewusstseinsforscher wie *Teilhard de Chardin**10 ist der ganze Kosmos Ausdruck einer »Schwangerschaft Gottes«, die sich in der Organisation der göttlichen Ordnung von den Atomen bis hin zu den Galaxien ausdrückt. Den Sinn der Evolution sieht er in der Verwirklichung der Liebe, die sich in einer »Herz-Jesus-Spiritualität« ausdrückt. Gott ist gemäß seiner Anschauung durch uns am Werden, unterstützt vom Heiligen Geist, auf den wir alle dabei Zugriff nehmen können.

Gemäß der Auffassung von *Kosmologen* wie Frank Tipler*11 sind wir alle dabei, kollektiv die Gottheit zu erschaffen. Nicht die Flucht in Jenseits, sondern die Hingabe an den »göttlichen Willen zum Werden« sei Lebenssinn, unterstützt vom Heiligen Geist, den er als Kosmologe als »quantenmechanische universelle Wellenfunktion« erklärt. So manch ein Erwachenserlebnis würde sich so als ein »Vom-heiligen-Geist-gestreift-worden-Sein« erklären.

Für viele Evolutionsforscher liegt der Sinn des Lebens in der Verfeinerung des Bewusstseins. Beängstigend erscheint mir die Sinnstiftung des Informatikers *Hans Moravec**12, der als Lebenssinn die Erschaffung von hyperintelligenten Biocomputern ansieht, welche frei von niederen Emotionen sind.

Ganz anders *Osho* und seine lebensbejahenden Sanjassins, welche die Erfüllung auch in den kleinen Dingen des Lebens erkennen: »Das Leben selbst ist so wunderschön, dass die Frage nach der Bedeutung des Lebens einfach unsinnig erscheint. ... Menschen, die nach dem Sinn des Lebens fragen, sind solche, die das Leben verpasst haben. In einem solchen Zustand fragt man sich natürlich, was hat das Leben für einen Sinn? Menschen, die wirklich leben, lieben das Leben, sie lieben die kleinen Dinge des Lebens und sehnen sich nicht nach irgendetwas Großem.«*[13] Körperbezogene Richtungen, wie z. B. der Traumaexperte *Peter Levine,* Bodybuilder oder so manche Tantralehrer, finden im stimmigen Umgang mit dem eigenen *Körper* einen sich stets neu entfaltenden Lebenssinn. Auch wenn Ästhetik und Verschönerung des Körpers eine Begleiterscheinung dieses Weges ist, dient der Körper im Idealfall hier nicht dem Narzissmus, sondern als Spiegel des eigenen Bewusstseins im Dienste der Selbsterforschung.

Für andere Menschen liegt der Sinn des Lebens darin, viel zu wissen. Ich halte dies jedoch für einen Irrtum. Denn es ist nicht die Menge an Wissen, sondern seine Qualität, die der eigenen Lebensbewältigung dienlich ist. Es mag interessant sein, bei der Sendung »Wer wird Millionär?« mitzuraten, wann August der Dicke geboren wurde und wie viele Kinder Johann Sebastian Bach hatte, aber dieses Wissen wird Ihrem Leben keinen Sinn geben. Wenn Sie sich schon für Wissen interessieren, dann sollten Sie sich mit »wesentlichem Wissen« beschäftigen, also solchem, das mit Ihrem Wesen zu tun hat. Und diese Art von Wissen ist mehr als eine »Erinnerung«, sie ist nicht als Anhäufung von esoterischen Fakten gedacht.

So manch ein belesener Kopf lebt völlig an seinem Leben vorbei. Wissen kann als Inspiration zur Erkenntnis und zur eigenen Lebensbewältigung dienen, um mit seiner Hilfe Einstellungen und Haltungen gegenüber dem Leben zu entwickeln. Wenn es diesem Anspruch nicht gerecht wird, wenn es nicht inspiriert oder erfüllt, sollten Sie davon Abstand nehmen.

Welch eine Unschuld liegt im Gegensatz zu so manchem Kopflastigen in dem »beginners mind« des Zen-Praktizierenden, der jeden Augenblick mit einer Bewusstheit zelebriert, als wäre er sein erster und zugleich sein letzter.

Unabhängig von den vielen Facetten aus Religion und Philosophie, die wir in diesem Kapitel kennen gelernt haben und die allesamt irgendwo ihre Berechtigung haben, liegt Ihr Lebenssinn natürlich darin, zu sich selbst zu erwachen. Dies bedeutet auch, Ihre eigene Wahrheit zu finden und zu leben. Erkennen Sie:

- Der beste Platz, um mein Leben zu erfüllen, ist der Platz, an dem ich momentan stehe.
- Die besten Lebensumstände, um meinen Lebenssinn zu verwirklichen, sind die Lebensumstände, die ich vorliegen habe.
- Die idealen Menschen, die mich darin unterstützen, meinen Lebenssinn zu finden und zu verwirklichen, sind die Menschen, die mich momentan umgeben.

Fazit: Der Sinn Ihres Lebens zeigt sich in der Hingabe an die Eine Kraft und darin, in Kontakt mit der Einen Kraft zu sein, die wir auch Gott nennen können. Dies bedeutet, den Geist zu verkörpern und den Körper dadurch zu vergeistigen. Sie tun dies, indem Sie Liebe und Weisheit entwickeln und Erkenntnis, also Qualitäten, die wir durch den Tod hindurch mitnehmen können. Auch der Aufruf, die eigene Vollkommenheit zu leben, erfüllt den Lebenssinn getreu des Bibelwortes: »Ihr sollt vollkommen sein, wie auch der Vater im Himmel vollkommen ist!« Auf dem Weg zur Vollkommenheit erleben wir, dass sich das, was in uns steckt, entfaltet, getreu dem Motto so mancher Homöopathen: »Was drin ist, muss raus!« Wie im Märchen vom Froschkönig möchte dabei das Unvollkommene angenommen (»geküsst«) und losgelassen (»an die Wand des Bewusstseins geworfen«) werden, so dass das darunter liegende Geschenk, die Erkenntnis, gelebt werden kann. Natürlich können wir das Bibelwort auch als Aufforderung verstehen, »vollkommen zu *sein*«, d. h. sich nicht vom »Hier und Jetzt« weglenken zu lassen.

In letzter Konsequenz kann der Lebenssinn nicht beschrieben werden. Hinweise auf den Lebenssinn sind wie Finger, die zum Mond zeigen, aber niemals der Mond selbst. Es verhält sich dabei wie mit dem Gleichnis von den fünf Blinden und dem Elefanten: Fünf Blinde betasten einen Elefanten und versuchen dem anderen zu erklären, um was es sich handelt. Der eine hält den Bauch und sagt: »Ein Elefant, das ist so etwas wie ein Ball, rund und voll!« Ein zweiter hält den Schwanz des Elefanten und sagt: »Nein, nein, ein Elefant, das ist wie ein Pinsel, beweglich, fein.« Ein dritter ertastet die Stoßzähne und erkennt: »Ein Elefant, das ist etwas Hartes und Spitzes, wie ein Dolch!« Der vierte berührt den Rüssel und empfindet den Elefanten wie eine Schlange. Und der fünfte ergreift die Ohren und stellt sich den Elefanten als flach und beweglich vor, wie ein Segel.

Jede der o. a. Reflektionen kann Ihnen als Spiegel zur Eigenreflektion dienen.

Übung: Gehen Sie die o. a. Sinngebungen einmal durch und prüfen Sie jede einzelne von ihnen. Fragen Sie sich:

- Welche der o. a. Anschauungen kommt meinem Lebensstil am nächsten?
- Sind Sie mit dem, was Sie leben, einverstanden, oder befinden Sie sich in einer Kollision zwischen dem, wie Sie leben, und dem, wie Sie meinen, dass Sie leben sollten?

Falls Idealbild und Realbild kollidieren, empfiehlt es sich, die beiden anzunähern. Erkennen Sie, wo Ihre Ideale auf einer Illusion beruhen, auf Vorstellungen, aber auch, wo Sie Ihr Leben verändern können, um mehr mit Ihren Idealen in Einklang zu sein.

Übung: Beschreiben Sie Ihre Lebensumstände, Mitmenschen, beruflichen Aufgaben. Wenn es einen gütigen Schöpfer gäbe, der mit genau diesen Umständen Ihnen die bestmöglichen Chancen geben wollte, Ihren Lebenssinn zu finden und zu verwirklichen, was könnte dieser damit im Sinn gehabt haben?

Erfüllung als Maßstab für Sinn

Kernbotschaften:
a) Der Sinn des Lebens ist individuell unterschiedlich.
b) Das Geschenk eines sinnvoll geführten Lebens ist die Erfüllung.
c) Sobald ich eins bin mit dem, was ich tue, erlebe ich meinen Sinn.

Ein kleines Mädchen fragte einmal: »Mutti, woran erkennt man, dass man verliebt ist?« Und die Mutter antwortete: »Woran man das erkennt, kann ich dir nicht so genau sagen, aber wenn du verliebt bist, spürst du es!« Ebenso ist es auch mit der Sinnfindung. Es gibt eine ganze Reihe von Fragen, welche Sie mit der eigenen Sinnfindung in Kontakt bringen können, aber ob Sie Ihren Lebenssinn leben oder nicht, müssen Sie spüren. Wann immer sich ein Gefühl von Unzufriedenheit meldet, ist es ein Zeichen, weiterzugehen, zu suchen.

Ausdruck der Sinnfindung ist die Erfüllung. Erfüllung ist etwas anderes als Erfolg. Es gibt Menschen, die ihr Leben als tief erfüllt empfinden, obwohl es alles andere als erfolgreich verlaufen ist. Und es gibt andere, welche ihr Leben zwar als erfolgreich, aber nicht als erfüllt erleben. Erfüllung entspricht dem weiblichen Schöpfungsprinzip und ist Ausdruck eines Empfindens. Erfolg hingegen ist Ausdruck des männlichen Prinzips in uns und zeigt sich an messbaren Ergebnissen. Jedoch auch beim Erfolg ist es so, dass dieser nicht universell gleich bemessen wird. Erfolg bedeutet lediglich, dass etwas »erfolgt«. Doch Erfolg hat nicht unbedingt mit Geld zu tun, Erfolg kann auch Liebe bedeuten, Zeit für sich selbst, sich in seinem eigenen Leben wiederfinden.

Besonders schön ist es, wenn Erfolg und Erfüllung sich die Hand geben. Dann sind männliches und weibliches Prinzip in uns vereint. Wir empfinden tiefe Zufriedenheit bei dem, was wir tun. Und unsere Tätigkeit bringt auch im Außen die ersehnten Ergebnisse.

Beides, Erfolg wie Erfüllung, sind auf einer höheren Ebene nicht Ausdruck des Ego, sondern Ihres wahren Selbst. Sobald sich das Ego mit seinen Vorstellungen einmischt, entsteht eine Störung, die wir als unangenehm empfinden. Der eigentliche Erfolg ist jener, der von innen kommt, selbstverständlich und aus einer stimmigen Haltung. Und so ist es auch mit der Erfüllung: Klammern wir uns an sie, versuchen wir sie dinghaft zu machen, missachten wir den »Geber der Gaben« – und sie wird in unseren Händen zerrinnen wie Sand.

In dem Grundlagenwerk »Die geistigen Gesetze« habe ich eine Reihe von Fragen beschrieben, welche in Richtung Erfüllung zeigen können. In diesem Fortsetzungsband soll es uns darum gehen, das Empfinden von Erfüllung zu kultivieren und der Essenz der Sinnstiftung für Sie ganz persönlich auf die Spur zu kommen.

Übung: Erinnern Sie sich einmal an drei verschiedene Momente tiefer Erfüllung. Bitten Sie Ihr Unterbewusstsein, in Ihnen die richtigen Bilder und Empfindungen aufsteigen zu lassen. Beschreiben Sie diese.

Beispiel (Klient): »Einmal ist da der Augenblick der zärtlichen Vereinigung mit meiner Geliebten. Ich fühle kosmische Energie, bin in meiner Kraft und mit mir meine geliebte Shakti – ich bin voller Ekstase, eins mit ihr, eins im All. Einen zweiten Moment der Erfüllung erlebe ich im Meditationszentrum von R. Mir ist, als wenn in mir Sphärenharmonien erklingen, und ich spüre, wie eine tief erfüllende Kraft mich durchdringt. Den dritten Moment der Erfüllung erlebe ich beim Skilanglaufen in den Bergen. Ich bewohne eine kleine Hütte in der Natur und fühle mich angekommen.«

Am Beispiel dieses Klienten erkennen wir, was ihm wichtig ist. Nicht Ruhm, Erfolg, Macht und Ansehen geben ihm Erfüllung. Sein Lebenssinn scheint eher mit einem sinnlichen Leben und einer gewissen Naturverbundenheit zu tun zu haben, auch mit religiösem Empfinden. Es wäre sinnlos, diesem Klienten zu einer weltlichen Karriere zu raten.

Übung: Schauen Sie einmal in Ihr Leben. Lassen Sie den Film der Vergangenheit ablaufen und nehmen Sie einmal wahr, womit Ihr Leben immer wieder zu tun hatte. Was war das wesentliche Thema?

Beispiel (Klientin): »Immer wieder hat mein Leben mit Männern zu tun. Männer und was sie in mir emotional auslösen, emotionale Freuden und Schmerzen, Traumata und Hingabe, Erhebendes und Demütigendes begleiten mich seit Jahrzehnten.«

Am Beispiel dieser Klientin erkennen wir, dass das Leben sie offenbar zu einer Spezialistin in Beziehungsfragen ausbilden will. Wir erkennen an dem vorliegenden Beispiel, dass die Reise der Klientin noch nicht zu Ende ist. Doch das Thema wird sie nicht loslassen, bis sie im Umgang mit der männlichen Energie und ihrer Botschaft eins geworden ist. Es kann sein, dass diese Botschaft Liebe ist. Erfolg könnte sich bei dieser Klientin in einer erfüllten Mann-Frau-Beziehung zeigen, Erfüllung als das Empfinden, als Frau gesehen, geachtet und geliebt zu sein.

Die Sinnfrage stellt sich spätestens dann, wenn wir diesen Körper, den wir bewohnen, loslassen werden. Dann müssen wir vor uns selber Rechenschaft ablegen, in welchem Maße unser Leben aus Sicht unserer Seele lebenswert war. Können Sie zu jenem Zeitpunkt diese Welt freudig loslassen? Zur Einstimmung auf diese endgültige Frage soll an dieser Stelle das Lied des Türmers aus Goethes »Faust« dienen:

»Zum Sehen geboren,
Zum Schauen bestellt,
Dem Turme geschworen,
Gefällt mir die Welt.
Ich blick' in die Ferne,
Ich seh' in der Näh'
Den Mond und die Sterne,
Den Wald und das Reh.
So seh' ich in allen
Die ewige Zier,
Und wie mir's gefallen,
Gefall' ich auch mir.
Ihr glücklichen Augen,
Was je ihr gesehn,
Es sei, wie es wolle,
Es war doch so schön!«

Können Sie, wenn Ihr Leben hier und jetzt zu Ende wäre, in das Lied des Türmers mit einstimmen, oder würden Sie hadern? In letzterem Falle sollten Sie sich fragen, was Sie noch erleben müssten, damit sich dieses Leben als erfüllt zeigt.

Übung: Stellen Sie sich vor, eines Tages liegt Ihr Leben hinter Ihnen, und Sie lassen es mit einem letzten Atemzug los. Was möchten Sie, dass Sie über sich und Ihr Leben sagen können?

Beispiel (Klient): »Ich habe gelebt. Ich habe geliebt. Ich habe die ganze Erde mein Eigen genannt. Ich habe die Welt durchliebt. Ich habe die Welt mit meiner Liebe durchdrungen. Ich habe die ganze Welt als ein liebendes Wesen erfahren, bei dem ich zu Gast sein durfte. In tiefer Liebe und Dankbarkeit trenne ich mich nun von der geliebten Erdenmutter und kehre in tiefem inneren Frieden heim zu meinem himmlischen Vater!«

In dem vorliegenden Beispiel erkennen wir die große Bedeutung, welche die Liebe für den Klienten hat, aber auch den hohen Rang, den die Spiritualität in seinem Leben einnimmt. Nicht Rang und Titel stehen hier im Vordergrund, sondern das Bestreben, die Welt mit der eigenen Liebe zu durchdringen. Angedeutet finden wir bei diesem Klienten auch eine gewisse Opferbereitschaft, zugunsten der Liebe auf Eigenvorteile zu verzichten, auch wenn das für die Erfüllung dieses Sinnanspruchs nicht unbedingt notwendig ist.

Viele Menschen haben tiefe Sinnerfüllung erfahren, glauben diese aber später wieder verloren. Dies ist oftmals dann der Fall, wenn die Umstände, die mit der Sinnerfahrung zusammenhingen, nicht mehr gegeben sind: der Urlaubsort, die wunderschöne Geliebte, der berufliche Erfolg, die hervorragende Gesundheit, die sportliche Leistung usw. Das nachfolgende Lied aus den vierziger Jahren beschreibt dies sehr schön:

»Im Leben geht alles vorüber,
auch das Glück, doch zum Glück auch das Leid!
Erst weinst du, dann lachst du darüber,
und zum Schluss wird aus Leid Seligkeit.
Mit zwanzig liebst du nachts den Mondenschein,
mit vierzig Sonnenschein,
mit sechzig nur den Wein.
Im Leben geht alles vorüber.
Nütz' die Zeit, lass uns heut glücklich sein.
Wenn man so recht bedenkt,
wie's oft am Fädchen hängt,
ob man sich hasst oder sich liebt,
nimmt man den Standpunkt ein,
stets Philosoph zu sein,
weil's diesen Punkt ›punkt-frei‹ noch gibt.«
*14

Sich wandelnde Umstände sollen nicht zur Resignation führen, sondern dazu, dass Sie sich von dem bisherigen Objekt Ihrer Sinnerfüllung lösen und sich erneut auf die Suche begeben. Viele Menschen stehen am Bahnhof ihres Lebens und schauen voller Sehnsucht auf die Züge, die bereits abgefahren sind, statt auf jene Züge zu achten, die gerade frisch einfahren und in die sie jetzt und nur jetzt einsteigen können.

Übung: Wenn Sie wüssten, wie sich tiefe Sinnerfüllung anfühlt, woran würden Sie diese erkennen? Möglicherweise erinnern Sie sich zu diesem Zweck an sinnerfüllte Augenblicke der Vergangenheit, vergegenwärtigen sich hierbei jedoch lediglich das Gefühl. Sie haben damit ein zuverlässiges Indiz, das Sie in Ihrer Sinnfindung und Sinnverwirklichung führt.

Für die Erfahrung von Sinnerfüllung ist es nicht wichtig, ob es sich um freie Rede, Malen, Schreiben oder Sexualität handelt. Sogar einfachste und scheinbar unbedeutende Tätigkeiten können sich als erfüllend zeigen, wenn sie mit der entsprechenden Bewusstheit vollbracht werden und zu dem Betreffenden gehören, also ihm. Nicht *was* man tut, sondern *wie* man es tut und die Möglichkeit, sich in der eigenen Tätigkeit wiederzufinden, in ihr aufzugehen, erweisen sich als sinnstiftend.

Beispiel (Klientin): »Ich bin durchströmt von Energie, fühle mich im Fluss. Ich bin eins mit mir und meiner Umgebung. Da ist nichts, was anders sein sollte, als es ist. Ich bin in mir zentriert und weiß, was ich zu tun habe. Eine tiefe Seligkeit breitet sich in mir aus. Eine Liebe zur Erde. Alles ist gut, so wie es ist. Ich erfülle meinen Platz gerne und liege nicht im Kampf mit ihm. Da ist auch kein Ich, es ist eher ein Es, das sich erfüllt.«

Die Erfahrung der Klientin kommt dem sehr nah, was Mihaly Csikszentmihalyi, Professor für Psychologie in Chicago, den »Flow« nennt*[15]. Im Flow wandern die Gedanken nicht vagabundierend durch die Gegend, sondern gehen völlig im eigenen Tun auf. Man fühlt sich zugleich entspannt und konzentriert, angenehm und voller Energie. Es ist ein Irrtum zu glauben, Vitalität käme vom Ausruhen. Denn dann müsste ein Penner ein wandelndes Energiebündel und ein Mann wie Einstein mit seinem 16-Stunden-Tag ein Wrack gewesen sein. Das Gegenteil ist der Fall: Im Flow denkt man nichts anderes als das, was man tut. Im »Sich-Fordern« bei einer sinnvollen Tätigkeit liegt offenbar mehr Glück verborgen als im Nichtstun des pensionierten Millionärs. In vielen Fällen hängen offenbar Flow und Sinnerfahrung eng miteinander zusammen.

Um in den Flow zu kommen, brauchen wir realistische Ziele, die erreichbar, aber nicht selbstverständlich sind, d. h. wir müssen uns fordern. Sind die Ziele zu hoch, resignieren wir, sind sie zu niedrig, erschlaffen wir. Es ist ein Surfen in der Zeit. Im Flow spüren wir auch nicht mehr die Tyrannei der Uhr, sondern die freudige Erregung der Einheit mit der Erfahrung, die wir machen. Nur wer sich angemessen fordert, empfindet Freude.

Sieben Elemente gehören gemäß Mihaly Csikszentmihalyi zum Glück:

1. Eine Aufgabe, mit der wir uns identifizieren können und der wir uns gewachsen fühlen.
2. Die Fähigkeit, sich auf diese Aufgabe zu konzentrieren.
3. Etappenziele, welche uns positive Rückmeldungen geben.
4. Tiefe Hingabe an die Tätigkeit, welche uns vom Gedankenterror befreit.
5. Das Empfinden, ein Können auf dem Gebiet der Tätigkeit auszuüben, ein »Gewusst-wie«.
6. Aufhebung der Spaltung zwischen Ego und Selbst, dem »Ist« und dem »Sollte-sein«.
7. Eintauchen in eine andere Dimension von Zeitempfinden.

Der sinnerfüllt lebende Mensch ist in erster Linie nicht um des Geldes willen tätig, sondern wegen des Glücksempfindens, das er aus seinem Tun gewinnt. Sobald ich meinen Sinn lebe und ganz in ihm aufgehe, verschwindet die Sinnfrage.

»Eröffn' ich Räume vielen Millionen,
Nicht sicher zwar, doch tätig-frei zu wohnen ...
Ja! Diesem Sinne bin ich ganz ergeben,
Das ist der Weisheit letzter Schluss:
Nur der verdient sich Freiheit wie das Leben,
Der täglich sie erobern muss.
Und so verbringt, umrungen von Gefahr,
Hier Kindheit, Mann und Greis sein tüchtig Jahr ...
Zum Augenblicke dürft' ich sagen:
Verweile doch, du bist so schön!
Es kann die Spur von meinen Erdetagen
Nicht in Äonen untergehn.--
Im Vorgefühl von solchem hohen Glück
Genieß' ich jetzt den höchsten Augenblick.«
(Goethe, Faust II)

Die eigene Berufung leben

Kernbotschaft: Berufung hängt mit einem inneren Ruf zusammen. In meiner Berufung setze ich meine Fähigkeiten freudig im Dienst einer Aufgabe, die zu mir gehört, ein.

Ruf und Berufung hängen eng miteinander zusammen. Auf dem Weg zu ihrer Berufung beginnen die meisten Menschen ihre Konditionierung zu leben, die ihnen von anderen eingegeben wurde. Nur wenige Menschen wissen bereits in frühester Kindheit, was sie später werden wollen, und führen dies dann auch aus. Wolfgang Amadeus Mozart war so eine Ausnahme. Doch auch unter denen, welche ihren Kindheitstraum verwirklichen, gibt es immer wieder Menschen, die im Laufe ihres Lebens feststellen, dass sie eine neue oder zusätzliche Berufung benötigen, denken wir nur an Köhnlechner, der vom Manager zum Heilpraktiker wurde, an Albert Schweitzer oder Karlheinz Böhm.

Ein neuer Berufungswunsch zeigte sich beispielsweise auch bei einer Klientin, deren größter Wunsch es lange Zeit war, Hausfrau und Mutter zu werden. Spätestens dann, wenn die Kinder aus dem Haus oder gar der Mann gestorben ist, drängt sich die Frage der Berufung erneut auf.

Oft wird auch die Kompensation von Kindheitsdefiziten mit wahrer Berufung verwechselt. Da ist dann der von den Mädchen verschmähte Junge, der später Zuhälter wird, oder das Aschenputtel, das einen reichen Prinzen heiratet und sich in der Folge über ihren selbst erschaffenen goldenen Käfig beklagt, der keine Sinnerfüllung zulässt.

Wahre Berufung erfolgt von innen. Sie bedient sich der äußeren Gaben, die wir vom Leben erhalten haben, und versucht sie weiter auszubilden. Und doch ist Berufung nicht einfach das, was uns Spaß macht.

Es ist das Verspüren einer inneren Stimme, eine »Beseligung im Geiste«, die einen zu einer ganz bestimmten Lebensaufgabe drängt. Berufung ist weitaus mehr als intellektuell geprägte Berufswahl. Um vom Beruf zur Berufung zu gelangen, ist es manchmal notwendig, den Beruf zu wechseln, ein andermal jedoch genügt es, die Einstellung, mit der Sie bisher an Ihren Beruf herangegangen sind, zu verändern.

Ein sehr schönes Sinnbild für Berufung finden Sie in der Dornbuschszene im 3. Kapitel Mose: »Mose aber hütete die Schafe Jitros, seines Schwiegervaters, des Priesters in Midian, und trieb die Schafe über die Steppe hinaus und kam an den Berg Gottes, den Horeb. Und der Engel des Herrn erschien ihm in einer feurigen Flamme aus dem Dornbusch. Und er sah, dass der Busch im Feuer brannte und doch nicht verzehrt wurde. Da sprach er: Ich will hingehen und die wundersame Erscheinung besehen, warum der Busch nicht verbrennt.« Im weiteren Verlauf der Passage gibt sich Gott/die Eine Kraft mit den Worten »Ich bin, der ich bin« zu erkennen, und Moses erkennt seine Berufung. Berufungsforscher sprechen deshalb auch von einem »Dornbuscherlebnis«, das den Berufenen inspiriert.

Übung: Stellen Sie sich vor, vor Ihnen brennt ein Dornbusch, der sich selbst nicht verzehrt. Sie stehen vor diesem Dornbusch und schauen andächtig in seine Flammen. Vielleicht nehmen Sie auch geistig Kontakt mit der Energie von Moses auf und bitten ihn um Unterstützung bei der nachfolgenden Inspiration. Oder Sie stellen sich vor, Sie seien selbst Moses oder würden in seinen Fußstapfen wandeln. Imaginieren Sie, dass die *Eine* Kraft höchstselbst durch diesen Dornbusch spricht, und stellen Sie dem Feuer im brennenden Dornbusch die folgenden Fragen:
- Warum bin ich hier?
- Was ist meine wahre Berufung?
- Was ist mein Platz in der Gesellschaft?
- Woran erkenne ich, wenn ich mit meiner Berufung in Einklang bin?

Der Archetyp des »brennenden Dornbusches« dient vielen Berufungsforschern als psychisches Leuchtfeuer, das im Kontrast zu exoterischen Hinweisen wie Geburtsland, kulturelle Zeitepoche, Familie, Lebensumstände, Fähigkeiten, Freunde, Chancen, Träume usw. steht. Nicht bei jedem Menschen fällt die Antwort auf die vorgestellte Dornbuschszene so religionsbezogen aus wie bei dem nachfolgenden Klienten, einem Benediktinermönch:

Beispiel Klient: Das Feuer im brennenden Dornbusch antwortet: »Du bist ausersehen, du selbst zu sein. So viele Leben wandertest du in der Irre, vollgeladen wie ein Maulesel mit den falschen Konzepten anderer Menschen, wie ein Irrender in der Wüste. Du sollst in Zukunft nur noch mit dir selbst sprechen und nicht mit dem, was dir andere sagen, eine Abhängigkeit erzeugen. Deine wahre Berufung ist es, Kraft und Liebe zu verwirklichen. Es ist noch vieles zu tun. Momentan bist du aber zu abgehoben für das, was du leisten sollst, und du weißt nicht, woher du die Kraft für deine Berufung nehmen sollst. Du musst dich in die Mitte des Feuers begeben und aus ihm erstrahlen und neu geboren werden. Dein Platz in der Gesellschaft ist irgendwo in der Mitte, ein Mitt-ler zu sein ist deine Aufgabe. Du erkennst deinen Einklang mit deiner Berufung, wenn du im tiefen inneren Gebet deine Arbeit tust.«

Was immer Ihre Berufung sein mag, leben Sie sie!

Wahre Heimat

»Du bist zu Hause, wo du liebst,
wo du verschenkst, verströmst, vergibst,
wo du ins Dunkel Licht entsendest,
wo du beseelte Wärme spendest.
Du bist zu Hause, wo du stehst,
wo du geworden und vergehst;
bedeutungslos sind Zeit und Ort;
das Licht der Liebe ist dein Hort.
Es ist das Deine und das Meine,
es ist die Fülle und das Eine,
woraus wir atmen, leben, streben:
Es kann uns allen Heimat geben.«
Gano Yah

Leben im Bewusstsein der Einheit

Kernbotschaft: Es gibt viele Welten und Betrachtungsweisen von Welten, aber sie alle sind Ausdruck des *Einen* Bewusstseins.

Aus der Quantenphysik wissen wir, dass der Beobachtende durch seine Beobachtung mit bestimmt, wie sich ein Wirkungsquantum verhält. Beobachtung, Beobachtender und Gegenstand der Beobachtung hängen miteinander zusammen. Der Weise Jiddu Krishnamurti geht sogar so weit zu behaupten, dass sie ein und dasselbe sind. Wir sind von der Welt, in der wir leben, nicht getrennt. Wir sind ein Bestandteil von ihr. Die Art und Weise, wie wir die Welt sehen, bestimmt die Art und Weise, wie wir sie erleben.

Beispiel: Anhand eines Großversuchs wurde nachgewiesen, dass die Art und Weise, wie Lehrer ihre Schüler ansahen, Einfluss auf ihren Erfolg im Unterricht hatte. Bei dem Versuch wurde den Lehrern, bevor sie mit dem Unterricht begannen, gesagt, welches die klugen und welches die dummen Schüler seien. Am Ende des Schuljahres mussten die Lehrer Noten für ihre Schüler abgeben. Bezeichnenderweise wurden die als klug eingestuften Schüler vorwiegend mit gut, die als dumm bezeichneten dagegen mit ausreichend oder mangelhaft bewertet. Das Fatale an der Sache allerdings war, dass die Eingruppierung der Schüler nicht aufgrund von Tatsachen, sondern durch einen Zufallsgenerator getroffen worden war.

In vielen heiligen Schriften steht, dass Gott die Welt erschuf, mehr noch, dass er die Welt *wurde.* Zugleich wird Gott als eine höhere Dimension wahrgenommen. Wir sprechen vom »siebten Himmel«, Sikhs sprechen von Satch Khand, der Heimat aller Wahrheit, Buddhisten vom Nirwana. Andere Traditionen leugnen die jenseitigen Ebenen und erleben Gott im »Hier und Jetzt«. Wohin soll man nun seinen Geist richten, um sich mit Gott rückzuverbinden? Zu dem Einen Gott in den höheren Welten oder zur Einheit aller Existenz, die wir hier auf der Erde vorfinden? Auch hier gilt der Leitsatz: Alles ist eins!

Übung: Stellen Sie sich einmal Gott in den höheren Welten vor und reisen Sie in Gedanken in diese höheren Welten, in denen reine Liebe und Wahrheit existiert. Baden Sie in einem Meer aus Licht. Lauschen Sie dabei in Ihrer Phantasie den Sphärenklängen, den heiligen Mantren der Schöpfung. Spüren Sie, wie Sie förmlich über das Kronenchakra aus Ihrem Körper hinausgezogen werden und Beseligung und Weite in den höheren Welten finden. Dann schauen Sie von »dort oben« auf die Welt mit ihren Spielchen, so als wäre diese etwas Fremdes, nicht zu Ihnen Gehörendes. Danach reisen Sie wieder zurück in Ihren physischen Körper. Fühlen sie in Ihren Körper, in alle Körper hinein. Verschmelzen Sie gedanklich mit der gesamten Existenz, ganz so, als gäbe es keine höheren Welten. Stellen Sie sich vor, die ganze Erde, jeder Stein, jeder Baum, jedes Tier seien Ausdruck der Einen Kraft, des Einen Wesens, das auch im Tempel Ihres Körpers wohnt. Nehmen Sie Ihr Erdendasein voll und ganz an. Wie wäre es für Sie, wenn es keinen jenseitigen Gott gäbe, sondern nur Ihr Dasein im Hier und Jetzt und die Liebe, die Sie in dieses Dasein geben? Erleben Sie Ihr »Ja« zu dem Erdenleben, so wie es ist. Und dann stellen Sie sich vor, Gott existiert sowohl in den höheren Welten als auch im »Hier und Jetzt«; bringen Sie in Gedanken beides zusammen. Erkennen Sie, dass die jenseitige Welt nur eine andere Form der Wirklichkeit ist.

> »In meines Vaters Haus sind viele Wohnungen.«
> (Johannes 14,2)

Die eigene Mitte finden

Viele Menschen suchen ihre Mitte. Sie sehnen sie in Kirchen, spirituellen Zentren oder Naturschönheiten herbei, doch all dies können nur »Erinnerungen« an die eigene Mitte sein, die jeder in sich finden kann und muss.

Wenn wir unsere innere Mitte suchen, stellt sich natürlich die Frage, wo in unserem Körper sie zu finden ist. Darüber sind sogar die spirituellen Lehrer diverser Richtungen verschiedener Meinung. Die Lehrer des Tao-Yoga behaupten, das Hara bzw. der Bauch sei die Mitte des Menschen. Sie führen an, dass das Hara eines Menschen genau in seinem geometrischen Mittelpunkt liegt und er dort über den Nabel von Geburt an ernährt wird. Sie raten dazu, im Bauch zentriert zu sein und dorthin Zuflucht vor Disharmonien und unliebsamen Emotionen zu nehmen. Andere Menschen erleben ihr Zentrum in ihrem Herzen. Immerhin steht das Herz für die Fähigkeit zu lieben. Das Herz ist der heißeste Punkt im Körper – sogar das »permanente Atom« wird dort vermutet. Wieder andere erfahren die Mitte im dritten Auge, das in der Schädelmitte liegt. Schließlich würde sich dort die Tür zu anderen Welten öffnen und zu der Lichtheimat der Einen Kraft, die wir auch Gott nennen können.

Übung: Gehen Sie mit Ihrem Bewusstsein in die Mitte Ihres Herzens. (Hierbei ist es Ihnen überlassen, ob Sie dafür das physische Herz oder das geistige Herz in der Brustmitte wählen.) Atmen Sie in Ihr Herz und spüren Sie dort Ihre Fähigkeit zu lieben. Seien Sie in Ihrem Herzraum zentriert. Fühlen Sie, wie Ihr Herz, Ihre Liebe das Zentrum ist von »allem, was ist«.

Dann lenken Sie Ihr Bewusstsein mit einem tiefen Atemzug auf Ihr Nabelzentrum. Sinken Sie ganz in Ihr Nabelzentrum hinein und erleben Sie, dass sich ca. 2 cm innerhalb Ihres Körpers vom Nabel aus gesehen, meist etwas tiefer als der Nabel selbst, ein Kraftpunkt befindet. Sollten Sie den Kraftpunkt nicht sofort erfühlen können, umkreisen Sie den beschriebenen Punkt, bis Sie spüren, dass Sie ihn geistig »treffen«. Wenn Sie sich in diesem Kraftpunkt befinden, erkennen Sie dies an der starken »Aufrichtekraft«, über die das Nabelzentrum verfügt. Sie werden erleben, dass sich allein dadurch, dass Sie im Nabelzentrum verharren, Ihre Wirbelsäule aufrichtet, Rückenschmerzen verschwinden und Ihr Körper Vitalenergie tankt. Sämtliche asiatischen Kampfsportarten berufen sich auf dieses Zentrum.

Nun nehmen Sie einen weiteren tiefen Atemzug und konzentrieren sich auf die Schädelmitte. Erleben Sie sich als reinen Beobachter in der Mitte Ihres Schädels. In diesem Zentrum wird es Ihnen leichtfallen, Ihre Gedanken zu beobachten, ohne sich auf sie einzulassen. Indem Sie in der Beobachterposition verharren, ohne mitzudenken, kommen Sie Ihren Denkvorgängen auf die Spur. Sie erleben die »Gedankenroutinen«, welche Ihr Verstand wälzt, und nehmen Ihre Gedanken wertfrei als reine Energien wahr. Sie spüren die Gedanken, erleben sie vielleicht wie ein Bombardement von Felsbrocken auf die Landschaft Ihres Bewusstseins und üben sich weiter im »Fühlen, ohne zu denken«. Mehr und mehr ruhen Sie in der Mitte Ihres Schädelzentrums, bis das Bombardement allein durch Ihre wertfreie Beobachtung nachlässt und Sie eine tiefe Stille wahrnehmen können, vielleicht ähnlich einem ruhigen See in einer Vollmondnacht. Bei weiterem Verharren in dieser Stille erleben Sie ein angenehmes weiches Strömen, vielleicht wie eine weiche Welle aus flüssigem Licht, die zu Ihnen findet. »Macht hoch die Tür, das Tor macht weit« – indem Sie in einer verfeinerten Bewusstheit verharren, findet diese Welle zu Ihnen, und Sie erleben sich als erfüllt von Lichtströmen, die Sie an die Urquelle erinnern, die Sie möglicherweise als »Lichtheimat« wahrnehmen. Sie erkennen, dass jeder orgiastische Zustand nur ein kleiner Abglanz dieser Lichtdurchströmung ist. Lassen Sie zu, dass Sie dieses weiche Licht aus höheren Welten durchströmt.

Dann imaginieren Sie, dass alle drei Lichter in Wahrheit eines sind. Erleben Sie sich selbst als dieses drei-einige Licht. Erkennen Sie: Alles ist eins, und notieren Sie Ihre Beobachtungen.

Das »Gesetz der Liebe« und seine positive Kraft

Kernbotschaft:

a) Es ist der Sinn unseres Lebens, zu lieben und die allumfassende Liebe zu lernen.
b) Liebe hat viele Facetten und Ausdrucksformen.
c) Lieben ist eine Kunst, eine Fähigkeit, die wir erlernen können, und nicht abhängig von einem Objekt der Liebe.
d) Lieben bedeutet auch ein verständnisvolles Annehmen der eigenen und fremden Unzulänglichkeiten.
e) Um jemand anderen lieben zu können, muss ich zuerst mich selbst angenommen haben.
f) Einen Menschen zu lieben bedeutet, sich selbst zu geben und für den anderen das Beste zu wollen, ohne eine Gegenleistung zu erwarten.
g) Liebe verwandelt alles, was sie berührt, ins Positive.

Die Liebe ist eines der Grundprinzipien dieses Universums. Untersuchungen zufolge bewirkt Liebe in genau den Gehirnregionen, die auch für Triebe und Motivationen zuständig sind, die höchste Aktivität, deshalb scheint die Liebe für uns Menschen als Antrieb sehr wichtig zu sein. Liebe ist das, was Gegensätze überbrückt, aber auch das, was unseren Körper am Leben erhält, denn was ist Liebe anderes als Anziehungskraft, als Gravitation? Letztendlich können wir davon ausgehen, dass wir selbst Liebe sind. Eigentlich gibt es nur Eine Liebe, wenngleich sie sich in vielen Aspekten zeigen mag. Wir wollen uns erst einmal anschauen, welche Ausdrucksformen der Liebe wir kennen, um uns dann näher mit ihrem Wesen zu befassen.

Da gibt es die Liebe der Eltern zu ihrem Kind bzw. des Kindes zu seinen Eltern. Es gibt die Liebe unter Freunden oder unter Gesinnungsgenossen. Es gibt die Liebe zum Vaterland und die Liebe zu Gott. Liebe kann sich zeigen als Partnerliebe, geschlechtliche Liebe, eheliche Liebe, Vielehe (Polygamie), Vaterliebe, Mutterliebe, Freundesliebe, Nächstenliebe, Tierliebe, Vaterlandsliebe, Liebe zu einem Idol, Liebe zu den Menschen (Philanthropie), als die im neuen Testament gebotene Feindesliebe, als die objektlose Liebe im Sinne von Meister Eckehart, die universale Liebe im Sinne von Jean Emile Charon.

Platon verdanken wir auch die Dreiteilung der Liebe in Eros, Philia und Agape:

- *Eros* ist die sinnlich bezogene Liebe, die Elemente wie Begehren, Leidenschaft, sexuelle Erfüllung und Freude an der Schönheit, dem Geruch, dem Kuss, dem Liebesaustausch mit dem Betreffenden beinhalten kann.
- *Philia* ist die Liebe jener Menschen, die sich gegenseitig verstehen, unterstützen und anerkennen.
- *Agape* ist der Aspekt der Liebe, der selbstlos fördern will, ohne auf Dank oder Gegenleistung angewiesen zu sein.

Verwandte Formen der Liebe sind:

- *Ludus*: die spielerisch-sexuelle Liebe
- *Mania*: die leidenschaftliche Liebe bis hin zur Manie
- *Pragma*: die nicht emotionale Liebe

Platon verdanken wir den Begriff der platonischen Liebe. Dieser entstammt der Schilderung der Beziehung des Sokrates zu seinem jungen, attraktiven Schüler Alkibiades. Im alten Griechenland wurde die Homosexualität als Kult verehrt. Sokrates jedoch lehnte die sexuelle Beziehung zu seinem Schüler ab und empfahl ihm, auf dem Weg der Suche nach Weisheit die Vereinigung mit seiner Seele zu suchen. Platon sah in der Beziehung des Sokrates das Vorbild der später so genannten »platonischen Liebe«. Für ihn war die Liebe zu den höheren Dingen des Lebens der sinnlichen Liebe überlegen, da sie keinen schalen Beigeschmack, sondern höchste innere Freuden verheiße. Der Eros sei Platon gemäß berechtigt, solange er seiner Funktion als Mittler zwischen dem Menschlichen und dem Göttlichen gerecht werde (Quelle: Das Gastmahl des Agathon).

Im Mittelalter wurde die so genannte »romantische Liebe« im Sinn des Minnedichters Walther von der Vogelweide gerade dann als besonders wertvoll erachtet, wenn sie sich einer körperlichen Erfüllung entzog. Die *hohe Minne* im Sinne der Minnedichtung und das Verweilen im sehnsüchtigen Zustand der Nichterfüllung wurde als höherwertig erachtet als erfülltes geschlechtliches Begehren, welches als niedere Minne oder auch als buhlerische Liebe geringgeschätzt wurde.

Doch was von alledem ist »wahre Liebe«? Vielleicht kommt es bei der Liebe gar nicht so sehr auf die Ausrichtung, auf das Objekt oder das Fluidum an, sondern vielmehr auf die Quelle des Liebens, die in uns selbst liegt?

Wahre Liebe ist nicht abhängig von einem Objekt oder anderen Menschen, denn sonst wäre die Liebe mit dem Verschwinden des anderen verschwunden. Natürlich gibt es Menschen oder auch Tiere, die mehr, und solche, die weniger Liebe in uns auslösen, aber die Liebe selbst geschieht stets durch uns.

Liebe ist auch mehr als ein Gefühl. Gefühle sind unbeständig. Wenn Liebe vorhanden ist, kann sich dies in einem angenehmen Gefühl zeigen, aber die Liebe selbst ist eher eine Fähigkeit oder eine geistige Grundhaltung als ein Wohlgefühl. Deshalb ist es auch unsinnig zu sagen: »Ich liebe dich nicht mehr!« – Wenn wir wirklich geliebt haben, können wir nicht mehr »nicht lieben«, wenngleich die Liebe ihre Ausdrucksform wandeln kann, wie beispielsweise bei einer Trennung: Man liebt sich weiterhin, respektiert aber, dass man nicht (mehr) zusammenpasst. Deshalb sagt man von der wahren Liebe auch: »Liebe hat nur einen Anfang«, d.h. sie endet nie.

Dort, wo sie frei vom Objekt ist und nicht auf eigenen Vorteil bedacht, sprechen wir von der bedingungslosen Liebe, der Liebe, die einfach liebt, ohne Erwartungen auf Liebeserwiderung zu stellen, getreu dem Motto: »Ich liebe dich – was geht es dich an?«

Beiderseitig erfüllte Liebe zeigt sich als eine auf Freiheit gegründete Beziehung zwischen zwei Wesenheiten, die ihren Wert nicht im Besitz des adressierten Objekts findet, sondern sich im dialogischen Raum *zwischen* den Liebenden entfaltet. Der Philosoph Hegel verbindet diese Freiheit mit der Idee der »wechselseitigen Anerkennung«.

Voraussetzung, um wirklich lieben zu können, ist es, sich selbst anzunehmen. Dies verkündet nicht nur die moderne Psychologie, sondern schon Jesus. So heißt es bei Matthäus 22, 34–40: »Ein Schriftgelehrter versuchte ihn und fragte: Meister, welches ist das höchste Gebot im Gesetz? Jesus aber antwortete ihm: Du sollst den Herrn, deinen Gott, lieben von ganzem Herzen, von ganzer Seele und von ganzem Gemüt. Dies ist das höchste und größte Gebot. Das andere aber ist dem gleich: Du sollst deinen Nächsten lieben *wie dich selbst.*«

Im Klartext bedeutet dies, zunächst sich selbst zu lieben

und dann die *gleiche* Liebe auch anderen zukommen zu lassen. Auch im Buddhismus kennt man die Selbstliebe. Dort ist folgendes Zitat überliefert: »Durchsuche das Universum nach einem Wesen, das Deine Liebe und Zuneigung mehr verdient als Du. Du wirst es nirgends finden. Du selbst verdienst Deine Liebe und Zuneigung ebenso sehr wie jedes andere Wesen im gesamten Universum.«

Selbstliebe wird oftmals mit Selbstsucht verwechselt, ist aber genau das Gegenteil davon. Der Selbstsüchtige will den anderen fesseln und in Besitz nehmen, Selbstliebe dagegen macht frei und gibt frei. Selbstliebe ist auch nicht Egoliebe, sondern bedingungslose Selbstannahme. Indem Sie sich so annehmen, wie Sie sind, können Sie auch den anderen annehmen, »wie er ist«. Sie kommen dann von der Toleranz (lat. tolere = dulden) über die Akzeptanz (lat. acapere = annehmen) zur Liebe. In dem Zusammenhang gibt es eine Aussage von Osho: »Liebe! Liebst du etwas und es ist schlecht, wird es durch deine Liebe verschwinden. Liebst du etwas und es ist gut, wird es durch deine Liebe noch besser werden. Daran erkennst du, ob etwas gut oder schlecht ist: Ob es verschwindet oder stärker wird, wenn du es liebst!« (Osho, Tantra – die höchste Einsicht).

Vier Facetten der Lebens wollen wir nachfolgend näher untersuchen: das Angenehme (»Gute«) sowie das Unangenehme (»Böse«) in uns und das Angenehme (»Gute«) und das Unangenehme (»Böse«) in der Welt. Wir wollen herausfinden, wie Liebe in der Lage ist, auf diese vier Bereiche positiv einzuwirken.

1. Die Liebe zu dem, was in Ihnen positiv ist: Indem Sie das lieben, was an Ihnen in Ordnung ist, kommen Sie auch selbst immer mehr in die Ordnung. Die Energie folgt der Aufmerksamkeit. Sie lieben sich in die Ordnung hinein, indem Sie sich anerkennen für den Weg, den Sie

gehen, indem Sie das Vollkommene in Ihnen anerkennen für das Gute, das es durch Sie hervorgebracht hat. Ob Sie einfühlsam sind oder kraftvoll, liebend oder intelligent – ehren Sie Ihre Gaben und bringen Sie diese als Ausdruck Ihrer Welt dar. Ihre innere Qualität wird überströmen wie ein Springbrunnen. Machen Sie daraus jedoch keinen Egotrip; wahre Liebe ist frei von Angeberei, Hochmut und ungesundem Narzissmus. Sie erfüllt bescheiden sich selbst.

2. Die Liebe zu dem in Ihnen, was Ihnen selbst Schwierigkeiten bereitet: Wir alle haben Eigenschaften, mit denen wir schwer zurechtkommen. Das kann Energielosigkeit sein oder geistige Enge, Armut oder Lieblosigkeit. In diesem Fall sollten Sie erst einmal erkennen, dass Sie all das nicht sind. Das Ungeliebte, Unerwünschte ist ein Filter, den Sie vor Ihr Erleben der Welt gestellt haben. Doch diesen Filter können Sie nicht mit Gewalt wegreißen. Sie können ihn jedoch durch Liebe erlösen. Hier drängt sich das Märchen vom Froschkönig auf: Der Frosch ist ein Tier, das wir vielleicht nicht als besonders attraktiv empfinden. Aber indem Sie »den Frosch küssen«, verwandeln Sie ihn in einen Prinzen. Indem Sie Ihre scheinbaren Makel annehmen, werden sich diese vor Ihren Augen auflösen und verwandeln. Liebe erlöst. Indem Sie Ihr Mitgefühl und Ihre Liebe auf sich selbst richten, erlösen Sie sich von den Eigenschaften und Belastungen, die bisher so stark an Ihnen geklebt haben. Sie können Ihre Makel durchlieben. Da Liebe eine allumfassende und vollkommene Kraft ist, werden diese Bereiche alsbald von Liebe und Weite durchströmt. Liebe wirkt hier wie eine warme Sonne, die das Eis der Verhärtungen auftaut und Ihr Schicksal positiv wandelt. All das, was Sie bisher belastet hat, fällt von Ihnen ab. Probieren Sie es aus.

3. Die Liebe zu dem, was Sie im Außen bewundern: Wenn Sie im Außen etwas vorfinden, das Sie bewundern, ist die Gefahr groß, dass sich bei Ihnen Gier meldet. Wir wollen das Bewunderte haben. So wollen wir einen Menschen, den wir bewundern, besitzen – oder auch Luxus, Errungenschaften, Ansehen. Doch Gier ist nicht Liebe. Gier hat die fatale Eigenschaft, dass sie das Leben entseelt. Sie macht zum Objekt. Entweder werden Sie selbst zum Objekt der Gier, dies nennt man dann Sucht. Oder Sie machen das Begehrte zum Objekt und werden enttäuscht, da das Objekt dadurch das Wunderbare verliert. Das Phänomen, das wir suchen, liegt nicht im Gegenstand der Bewunderung, sondern in der Bewunderung selbst. Es ist nicht das bewunderte Objekt, sondern das Bewundern selbst, was unser Leben so reizvoll macht. Indem wir das, was uns fasziniert, bedingungslos lieben, »wie es ist«, lösen wir uns und das Objekt der Bewunderung aus der Starre der Gierfixierung. Wir werden selbst beweglich, ein »Wunderer«. Liebe befreit uns davon, im Außen an einer einzigen Form zu kleben. Statt der Gier zu verfallen und der Schalheit, die der Gier folgt, bleiben wir durch die Liebe das, »was ist«. Dann können wir die Schönheiten, die uns das Leben gibt, genießen, ohne ihnen zu verfallen – weil wir sie überall finden. Der Dichterheilige Darshan Singh sagt in diesem Zusammenhang: »Wann immer ich von den erd-irdischen zu den himmlisch-himmlischen Bereichen glitt, fand ich Rosen unter meinen Füßen und Schönheit in jedem Blick!«
4. Die Liebe zu dem, was wir im Außen ablehnen: Das scheinbar Negative, das uns in der Form unerfreulicher Menschen oder Umstände entgegentritt, erweist sich nur deshalb als negativ, weil wir es fürchten. Durch unsere Ablehnung, unsere Angst, unseren Widerstand

errichten wir eine Sperre zwischen dem, »was ist«, und uns selbst. Es sind unsere Vorstellungen und Erwartungen, wie die Dinge unseres Erachtens sein sollten, welche in uns Schmerz und ungute Gefühle schaffen. Ein praktisches Beispiel: Nehmen wir einmal an, unser Nachbar ist primitiv und pöbelt uns an. Wir können mit ihm in Konflikt geraten und einen Krieg vom Gartenzaun brechen – aber hilft uns dies, friedvoller und erfüllter zu leben? Indem wir den Nachbarn lieben, »wie er ist«, entdecken wir in uns einen Raum, der so weit ist, dass er auch das ungute Verhalten des Nachbarn aufnehmen kann. Wir setzen diesem Verhalten keinen Widerstand mehr entgegen. Dies bedeutet nicht unbedingt, dass wir gleich unsere Wohnungstüre offen stehen lassen sollen. Wir sollten dennoch die Haustüre abschließen. Es bedeutet vielmehr, den eigenen Widerstand gegen das Verhalten des Nachbarn zu beobachten und ihn bewusst loszulassen. Erkennen Sie, dass Ihr Nachbar ein fühlendes und atmendes Wesen ist, so wie Sie auch. Aus Ihrer Liebe zu dem scheinbar Ungeliebten werden sich neue, kreative Wege entfalten, die Ihnen mehr Raum geben. Es kann passieren, dass der Nachbar auszieht und ein netterer Mensch nachfolgt oder dass er sich wandelt. Es kann auch sein, dass Sie selbst eine schönere Wohnung angeboten bekommen – auf jeden Fall wird die Sache zu Ihrem Vorteil ausgehen.

Übung:

1. Erstellen Sie vier Listen: Was lieben Sie an sich selbst? Was mögen Sie weniger an sich? Was lieben Sie an anderen? Was lehnen Sie an anderen ab?
2. Gehen Sie die Listen durch und fragen Sie sich:
   a) Wer hat Wertschätzung für meine Qualitäten übrig und nimmt sie gerne an? Kann ich diese Qualitäten

noch mehr einsetzen? Was wäre eine geeignete Plattform dafür?

b) Verdränge ich das Ungeliebte in mir? Was wäre ein Ort, an dem ich das Ungeliebte spüren, erlauben und heimlieben kann? Welche Menschen unterstützen mich womöglich dabei? Mit wem kann ich offen und ehrlich sein?

c) Wo finde ich das, was ich an anderen liebe? Wo kann ich ihm begegnen? Spüre ich Gier in mir oder eine freigebige Weite? Wo wäre ein Ort, an dem ich mit Hilfe der in mir wohnenden Liebe lernen kann, Gier und Wohlwollen in großzügige Weite zu verwandeln?

d) Wie verhalte ich mich, wenn ich mit Unliebsamem konfrontiert werde? Bin ich bereit, einmal die Erfahrung zu machen, meine eigenen Widerstände gegen das Ungeliebte aufzugeben? Wo wäre ein Ort, an dem ich mit Hilfe der in mir wohnenden Liebe meine Widerstände gegen das Ungeliebte spüren und es heimlieben kann?

5. Begeben Sie sich gezielt an die entdeckten Orte, ggf. mit Unterstützung wohlwollender Freunde.

Das eben ist der Liebe Zaubermacht,
dass sie veredelt,
was ihr Hauch berührt,
der Sonne ähnlich,
deren goldener Strahl Gewitterwolken
selbst in Gold verwandelt.
(Franz Grillparzer)

Ein Plädoyer für die Selbstliebe

Liebe verwandelt alles, was sie berührt, insbesondere Sie selbst. Damit sie ihre Wandlungskraft einsetzen kann, muss auch die Selbstliebe bedingungslos und absichtslos sein. Beginnen müssen Sie mit Ihrer Selbstliebe dort, wo Sie heute stehen, nicht dort, wo Sie morgen sein wollen. Deshalb sollten Sie sich lieben, wie und wo Sie sich befinden, und nicht Ihre Selbstliebe von Bedingungen abhängig machen wie z. B. »Ich liebe mich, wenn ich erfolgreich bin – aber ich hasse mich, wenn ich erfolglos bin!« – Das ist keine Selbstliebe. Selbstliebe »beeltert« sich selbst, d. h. ist bedingungslos für sich selbst da und durchliebt auch die scheinbar unguten Neigungen, Gewohnheiten, Charaktereigenschaften, Persönlichkeitsmerkmale und Erscheinungsformen. Bedingungslose Selbstliebe ist die unabdingbare Voraussetzung, um andere zu lieben. Sie können nämlich dem anderen nur das geben, was aus Ihnen selbst strömt. Wenn aus Ihrem Herzen bitterer Essig strömt, weil Sie sauer auf vieles in Ihrem Leben sind, wird dieser bittere Saft nicht viel Lebensglück anziehen, selbst wenn Sie sich noch so sehr bemühen. Jemandem lieb zu tun, um etwas von jenem zu bekommen, ist keine absichtslose Liebe, sondern eine buhlerische. Man lackiert sich nicht nur seine Fingernägel, sondern auch seine Persönlichkeit und hofft, jemand anderen einzufangen, bevor der Lack abblättert. So ein Verhalten kann nur unglückliche Beziehungen kreieren. Wenn Sie dagegen ehrlich zu sich selbst sind und auch zu dem anderen, dann geben Sie das Beste, was Sie haben – sich selbst. Sie müssen nicht perfekt sein, um sich selbst zu geben. Wenn Sie »Sie selbst sind«, sich erlauben zu sein, wie Sie sind, und dem anderen erlauben zu sein, wie er ist, kann es sein, dass viele bisherige Bekannte sich von Ihnen abwenden, weil diese

Ihr »So-sein« nicht ertragen. Aber es werden neue Freunde kommen, die Sie annehmen, »wie Sie sind«, und die bereit sind, von Ihnen bedingungslose Liebe – und nicht buhlerische – zu tanken. Diese bedingungslose Liebe stellt keine Bedingungen an den anderen, und sie ist auch kein Schöntun. Sie akzeptiert das »So-sein« und schafft weiten Raum, in dem sich jeder selbst spüren kann und keinem etwas vormachen muss. Dies ist wahre Liebe, die verwandelt.

Die ideale Partnerschaft leben

Kernbotschaften:

a) Der ideale Partner ist der, durch den beide angeregt werden, sich zu entwickeln, zu erwachen und das Selbst zu leben.
b) Ich sollte meinem Partner auf der Ebene der Seele/des Selbst, nicht der Ebene von Rollen, Erwartungen, Vorstellungen, Normen usw. begegnen.
c) Im Idealfall schafft die ideale Partnerschaft Freiheit und weitet den Horizont.
d) Freiheit ist auch ohne Liebe möglich, aber Liebe ist nicht ohne Freiheit möglich.
e) Zu einer idealen Beziehung gehört nur einer, der ideal ist – der andere kann sein, wie er will.
f) Genau derjenige, mit dem wir gerade zusammen sind, ist der ideale Partner, sonst wären wir nicht mit ihm zusammen.

Von Eva-Maria Zurhorst stammen die Worte: »Liebe dich selbst, und es ist egal, wen du heiratest!« An dieser Aussage ist etwas dran, auch wenn sie häufig missverstanden wird. Wir suchen gerne nach dem idealen Partner, statt unsere

Aufmerksamkeit darauf zu lenken, selbst ein idealer Partner zu sein. Dabei klammern wir uns an »Vorstellungen« davon, wie der ideale Partner beschaffen sein sollte, weil wir uns davor fürchten, uns wirklich einzulassen. Doch damit machen wir den anderen zu einem Objekt, einer Ware, die unseren Vorstellungen gerecht werden soll. Der Partner soll dafür sorgen, dass wir uns gut fühlen, Ansehen, Reichtum, Lebensqualität erlangen usw. Aber diese Ansprüche haben mehr mit eigenen Defiziten zu tun als mit echter Partnerschaft. Denn eine Partnerschaft ist kein Selbstbedienungsladen und auch kein geeignetes Instrument, um sich vor der Bearbeitung eigener Themen zu drücken. Eine ideale Partnerschaft dient nicht dem Ego, sondern der eigenen und fremden Entwicklung, Entdeckung, Befreiung.

Nach dem Gesetz der Resonanz ziehen wir dabei immer den richtigen Partner an. Doch erst wenn wir bereit sind, diesen (und unsere Beziehung) zu durchlieben, kann sich zeigen, was daraus werden möchte: eine vorübergehende Lernerfahrung oder etwas Dauerhaftes.

Viele Menschen meinen, der Partner, den sie gerade hätten, sei der zweitbeste, den es auf der Welt gäbe, den besten hätten sie leider verpasst, oder er würde noch kommen. Was für eine Illusion! Es ist der Verstand, der sich nicht einlassen, der nicht fühlen will, der so etwas vorgaukelt. Das Märchen vom »König Drosselbart« zeigt, dass Hochmut sich nicht auszahlt. In den meisten Beziehungen sind weder Sie noch der andere so, wie man es sich am liebsten gewünscht hätte. Darum ist es in einer Beziehung außerordentlich wichtig, Selbstannahme zu üben und dadurch das Wunder der Wandlung zu erleben.

Beispiel: Ein Klient lebte mit seiner Freundin zusammen, die er ganz nett fand, aber nicht überragend, da sie ihm nicht schön genug war. Inspiriert von Hochglanzmagazinen träumte er heimlich davon, ein Fotomodell als Freundin zu haben, mit der er überall groß auftrumpfen könne. Eines Tages lernte er die damals amtierende Miss Germany kennen und verliebte sich in sie. Er verließ aus diesem Grund seine Partnerin, doch die Beziehung mit der Miss ging schnell in die Brüche: Bereits beim ersten gemeinsamen Wochenendausflug entdeckte er, dass schöne Frauen nicht immer unterhaltsam sind und optische Schönheit nicht unbedingt sinnliche Erfüllung ermöglicht. Reumütig kehrte er zu seiner Ex-Freundin zurück und behandelte sie so liebevoll, als wäre sie die schönste Frau der Welt. Daraufhin geschah ein Wunder: Auf einmal entdeckte er die vielen schönen Stellen an ihrem Körper, die er so lange übersehen hatte, und wurde mit dieser Frau glücklicher, als er es mit dem Fotomodell je hätte werden können.

Wie wir bereits erkannt haben, geht es bei der idealen Partnerschaft nicht darum, den – gemäß unseren Vorstellungen – bestmöglichen Partner zu bekommen, sondern darum, selbst der bestmögliche Partner zu sein. Behandeln Sie den anderen also genau so, als wäre er bereits der ideale Partner – und beobachten Sie, was dadurch passiert. Seien Sie kein emotionales Sparschwein, das seine Gefühle für einen späteren Partner aufhebt, weil der aktuelle ja sowieso der falsche ist. Üben Sie sich in Hingabe an die Beziehung, ohne sich selbst dabei zu verkrampfen, indem Sie sich und den Partner stets an sich selbst erinnern. Dies ist eine Kunst, die niemand sofort beherrscht, aber die Sie sehr wohl immer besser lernen können.

Nur wenn Sie sich einlassen, können Sie herausfinden, worum es sich bei Ihrer Beziehung handelt und was die wesentlichen Lern- und Erfahrungselemente sind. Gehen Sie (als Arbeitshypothese) einfach davon aus, dass die Eine Kraft/Gott keine Fehler macht mit dem Partner, den Sie vom Leben zugeteilt bekommen haben. Und sollten Sie gerade keinen Partner haben, dann öffnen Sie sich für die Bereitschaft, *den* Menschen als Partner oder zumindest als Freund anzunehmen, der Ihnen möglicherweise bald geschickt wird. Seien Sie bereit, Ihre Vorstellungen und Vorbehalte darüber loszulassen, wer dies wohl sein mag.

Partnerschaft und seelische Entwicklung

Eine Partnerschaft kann sehr hilfreich sein, um die eigene Entwicklung zu fördern. Warum? – Weil wir über die Beziehung mit einer geliebten Person lernen, nicht nur dem anderen, sondern vor allem auch *uns selbst* ein idealer Partner zu sein.

Indem wir lernen, liebevoll mit unserem Partner umzugehen, üben wir uns automatisch darin, eine liebevolle Beziehung mit unserem Inneren zu pflegen. Dadurch, dass wir lernen, damit umzugehen, wenn der Partner grantig, muffelig, depressiv oder zornig ist, reifen wir in unserer eigenen emotionalen Kompetenz. Wir üben uns, damit umzugehen, wenn der Partner anderer Meinung ist, unterschiedliche Vorstellungen hat, eng, borniert, besserwisserisch oder belehrend ist. Dadurch weiten wir unseren eigenen Horizont, lassen eigene überholte Vorstellungen los und werden insgesamt toleranter, liebes- und beziehungsfähiger.

Viele Menschen machen aus einer Beziehung einen Machtkampf. Sie denken: »Wenn ich die Hosen anhabe, dann ist meine Beziehung nicht schmerzhaft, sondern ein Genuss!« Leider müssen sie feststellen, dass eine Beziehung, in der sie dominieren, nicht ideal ist, denn der unterlegene Partner zieht sich zurück, gibt seinen eigenen Standpunkt auf, und man wird seiner früher oder später überdrüssig – es sei denn, man suchte einen Sklaven und keinen Partner.

Andere ordnen sich freiwillig unter. Sie denken: »Wenn ich tue, was der andere von mir verlangt, schimpft er nicht mit mir, ich erhalte Liebe und muss nicht die Last ständiger Auseinandersetzungen tragen!« Doch dieser Typus wird ebenfalls enttäuscht: Auch wenn man sich unterordnet, kann es passieren, dass der Partner zornig wird und schimpft – und in der Devotion hat man nicht das Rückgrat, um dem standzuhalten. Der Weg in die Abhängigkeit ist vorprogrammiert. Der Griff nach der Macht ist in jedem Fall nur die zweitbeste Lösung, denn das, was eine Beziehung »juicy«, also erfüllt macht, geht dadurch verloren.

Erfüllte Partnerschaft ist nur in der Ebenbürtigkeit möglich. Dies bedeutet, dass keiner der beiden Partner versucht, den anderen zu dominieren oder sich freiwillig unterzuordnen, sondern dass sich beide Partner um Stimmigkeit bemühen. Alleine die Frage, wer in der Beziehung die Hosen anhat, ist ein Egospiel und damit eine falsche Identifikation. Das Ego liebt es, dominant zu sein – oder wenn dies nicht geht, devot –, es mag nur eines nicht: Ebenbürtigkeit.

Ebenbürtigkeit ist der Schlüssel, um zu vermeiden, dass eine Beziehung auf Egospielen aufbaut. In der Ebenbürtigkeit entsteht eine »Schwebung«, eine gegenseitige Erhebung, eine Erinnerung. Das Prinzip der Schwebung ist uns aus der Musik bekannt, beispielsweise dort, wo mittels Musik die Hemisphärensynchronisation eingeleitet wird, so dass rechte und linke Gehirnhälfte zusammenarbeiten. Vielleicht stellen Sie sich vor, dass zwei Zimbeln gegeneinander schlagen und ein feiner Ton entsteht. Dieser feine Ton, den Sie wahrnehmen, ist möglicherweise vergleichbar mit der Schwebung, wenn in der Kommunikation beide Partner auf Ebenbürtigkeit bedacht sind.

Natürlich kann in einer Beziehung im Rahmen der Aufgabenteilung der eine bezüglich Haushalt und Küche und der andere bezüglich Geldverdienen und Beruf die Führungsrolle übernehmen, doch es ist wichtig, daraus keinen Machtkampf und keine Frage der Wertigkeit zu machen. Ebenbürtigkeit bedeutet, im anderen das Selbst zu sehen bzw. für den, der es prosaischer empfindet, den Gott/die Göttin. Um auf den Griff nach der Macht und auf die devote Unterordnung zu verzichten, brauchen wir Mut und die Rückverbindung zu einer Kraft, die größer ist als die Vorstellungen beider. Wir können diese Kraft Liebe nennen oder inneres Gebet, Stimmigkeit oder Herzensweite, aber ohne Besinnung auf etwas Größeres ist keine Ebenbürtigkeit möglich.

Es ist die Kunst der Partnerschaft, den anderen in seiner Vollkommenheit zu halten, auch wenn dieser gerade einmal auf ein Muster hereingefallen ist, also mit der scheinbaren Unvollkommenheit des anderen vollkommen umzugehen.

Beispiel: Wenn Ihre Partnerin schlecht gelaunt ist, dann sehen Sie in ihr einfach das vollkommene Wesen, das gerade die Erfahrung macht, muffelig oder zornig zu sein – es besteht deshalb kein Grund zur Unruhe.

Wer niemals die Trauben wahrer
partnerschaftlicher Liebe gekostet,
dem schmecken sogar Holzbirnen süß.

Einfühlsames Zuhören in der Partnerschaft

Ein wichtiger Schlüssel zur idealen Partnerschaft ist »einfühlsames Zuhören«, wie es u. a. von Peter Hwosch oder in etwas anderer Form von Marshall B. Rosenberg bzw. Thich Nhat Hanh gelehrt wird*[16]. Wenn Sie »einfühlsames Zuhören« beherrschen, haben Sie einen Meisterschlüssel in der Hand. Worin liegt dieser?

Normalerweise sind wir geneigt, uns von unserem Partner die Laune vermiesen zu lassen, wenn dieser in Missstimmung ist, und unsere eigenen Missstimmung dann dem anderen um die Ohren zu hauen. Wir reagieren auf das »Angebot zum Negativen« des Partners auf zerstörerische Weise und gefährden so die Harmonie der Beziehung. Natürlich kann man von dieser Beziehung dann sagen, dass sie authentisch ist, aber es gibt einen besseren und erfüllenderen Weg dazu, als ständig gegenseitig seine Traumata wiederauszulösen und auszuagieren.

Wir müssen erkennen, dass der andere offenbar in Not ist, sonst wäre er nicht so zornig, muffelig oder belehrend. Daraufhin können wir unser Herz weit öffnen, gerade wenn der andere rotiert, und mit einem weiten Herzen fühlen, *welche* Not, welches tiefstes Bedürfnis er gerade hat. Vielleicht ist es Sicherheit, Geborgenheit, Ruhe, Verständnis oder Frieden. Wir brauchen nichts zu antworten, wenn der andere in Missstimmung ist. Alleine dadurch, dass wir die hilfreiche Qualität *selbst* verkörpern, tragen wir zur Erlösung der Situation bei. Wo früher schlimmster Ehestreit war, entsteht auf einmal Dankbarkeit, nicht nur dafür, dass Sie den anderen mitsamt seinen »Dämonen« von Ärger und Projektion angenommen haben, sondern auch dafür, dass Sie ihm durch Ihr Verhalten geholfen haben, einen Schleier von sich zu erkennen und zu lösen.

Tipp: Wann immer Ihr Partner sich lieblos verhält, gehen Sie, so gut Sie es vermögen, in Ihre Mitte, Ihren innersten Kern, jenen Ort der Tiefe und der Meditation, der von der Missstimmung nicht berührt wird. Fühlen Sie aus diesem Ort heraus das dringende Bedürfnis, das Ihr Partner hat, damit er wieder in Frieden mit sich kommen kann, und seien Sie voller Mitgefühl.

Sollte Ihnen dies nicht gelingen, dann teilen Sie Ihrem Partner mit, welche Schmerzen sein Verhalten gerade in Ihnen auslöst und wie Sie sich nun fühlen – dies aber als reine Ich-Botschaft (»Ich fühle bei mir gerade …«), ohne den anderen dafür zu verurteilen.

Das ist der Unterschied zwischen einer idealen Partnerschaft, die gemeinsam mit dem anderen danach trachtet, die Wahrheit und das Selbst hervorzubringen, und einer Beziehung, welche der Aufpäppelung des Egos und nicht der Entwicklung von Mitgefühl gewidmet ist.

Eine andere wichtige Komponente besteht darin, im anderen das »Wesen« zu sehen und nicht seine Persönlichkeit. Jede Persönlichkeit hat ihre netten und ihre unerfreulichen Seiten, und da sich diese permanent ändern, ist mit ihnen keine stabile Liebe möglich. Mit den Augen der Persönlichkeit gesehen, empfinden wir unseren Partner im Extremfall mal als Schönheit und mal als Scheusal, mal als Wohltat und mal als Zumutung. Doch hinter all dem, was Ihr Partner glaubt und was er fühlt, wie er sich verhält und wie er aussieht, wie er sich kleidet und welche Anschauungen er hat, an wen oder was er glaubt und woran nicht, liegt sein »Wesen«, seine vollkommene Natur verborgen und wartet darauf, von Ihnen entdeckt zu werden. Wenn Sie sich damit verbinden, wird es Ihnen mehr und mehr gelingen, in *jeder* Situation Liebe zu empfinden.

Ein Schlüssel zum gemeinsamen Glück

Wahre Treue in der Beziehung findet sich in der Treue zum Selbst. Dazu gehört, in dem Partner, zu dem man ja gesagt hat, das Vollkommene zu sehen und zu ehren, unabhängig vom Verhalten und den Vorlieben des Betreffenden. Wie toll Ihr Partner in Ihren Augen ist oder auch wie schlimm, hängt davon ab, mit welchen Augen Sie ihn wahrnehmen. Es sind Ihre Augen, welche Ihr Erleben am stärksten prägen. Gerade die Andersartigkeit Ihres Partners kann ein großes Geschenk für Sie sein, weil diese Sie zwingt, sich nicht an Vorstellungen zu klammern, sondern Ihren Horizont zu weiten, eigene Standpunkte zu formulieren und Fixierungen zu überdenken. Deshalb gehört zu einer idealen Beziehung auch das Loben und Ehren des Partners. Dies beinhaltet, sich abträglicher Gespräche über die Beziehung gegenüber Dritten zu enthalten. Sollten Sie einmal ein Problem mit Ihrem Partner haben, besprechen Sie es mit ihm oder einem Therapeuten, aber seien Sie behutsam gegenüber gemeinsamen Bekannten. Ein negatives Bild über Ihren Partner, das Sie einmal in den Kopf eines Bekannten gesetzt haben, bekommen Sie dort so schnell nicht mehr heraus. Wer sich über seinen Partner »beschwert«, statt einen Weg der Wandlung zu suchen, der bürdet sich, wie es das Wort »beschweren« schon sagt, eine unnötige Last auf.

Im Vordergrund Ihrer Partnerschaft sollte das gemeinsame Anliegen stehen, einander in die Freiheit zu führen – jenseits von Egoansprüchen an die Beziehung. Dies bedeutet, sich zu freuen, wenn der Partner glücklich ist, was auch immer der Anlass dafür sein mag. Und es bedeutet, dem Partner den Raum zu lassen, sich auch einmal nicht glücklich zu fühlen, überhaupt sein »So-sein« zu bejahen und dadurch auch das eigene »So-sein« zu umarmen und die eigene Stimmigkeit zu finden. All dies lässt sich zusammenfassen in dem Satz: »Schatz, ich weiß, dass du da bist, und das macht mich glücklich!«

Übung – Meditation für eine ideale Partnerschaft: Wenn Sie morgens wach werden, setzen Sie sich in Ihr Bett, bevor Sie mit den Tagesaktivitäten beginnen. Wenn Sie mögen, putzen Sie sich vorher die Zähne, oder kochen Sie einen Tee, aber bleiben Sie im Zustand des Erwachens. Denn in dieser Verfassung ist das Bewusstsein noch in einer Zwischenebene, auf der sowohl das Bewusste als auch das Unbewusste ereicht wird. Die Energien des Tages haben sich noch nicht festgesetzt. Beobachten Sie nun Ihren Atem, ohne ihn voranzutreiben oder zu unterdrücken. Werden Sie geatmet. Sie vertrauen sich der Einen Kraft an, die Sie atmet, und sinken immer tiefer in Ihr Herz. Ihr Herz wird weit und offen. Sie sinken in seine weite, lichte Innenwelt. Dann denken Sie die Worte: »Schatz, ich weiß, dass du da bist, und das macht mich glücklich!« Sie können natürlich das Wort Schatz ersetzen durch Geliebter oder den Namen Ihres Geliebten. Wer statt eines realen Partners die ideale Partnerschaft zu Gott/seinem spirituellen Lehrer sucht, kann auch den Namen seines Gurus, Gott oder sein höheres Selbst einsetzen. Wer alleine ist und sich nach einem Partner sehnt, kann in dieser Übung Kontakt mit seinem zukünftigen Partner aufnehmen. Für jenen ist dieser Satz vielleicht die schnellste Möglichkeit, den/die richtige(n) Partner anzuziehen – denn wer freut sich nicht, wenn er erfährt, dass der andere glücklich darüber ist, dass man selbst da ist.

Besonders gut funktioniert diese Übung, wenn Sie den Namen Ihres physischen Geliebten einsetzen. Wer in einer festen Beziehung ist, kann diese mit der Übung immer wieder neu beleben – täglich: »Peter, ich weiß, dass du da bist, und das macht mich glücklich!« Denken Sie diesen Satz immer wieder, wie ein Mantra. Vollziehen Sie den Satz innerlich. Fühlen Sie ihn, lassen Sie ihn zu einer Wahrheit werden. Es kann sein, dass Ihr Ego den Satz nicht besonders mag, denn das Ego tut sich schwer mit dem Lieben. Dann schmelzen Sie dahin.

Manchmal brauchen wir Demut, um zu dem Satz zu werden, um den Satz mit der Kraft unserer Aufmerksamkeit zu gießen und wachsen zu lassen. Doch es lohnt sich: »Schatz, ich weiß, dass du da bist, und das macht mich glücklich!« Ein weites, offenes, unschuldiges Herz, wie wir es bereits in der Liebe oder angesichts einer/eines Erwachten, z. B. Mutter Meera aus Thalheim, erfahren, erinnert an diese Qualität, doch die Qualität gehört zu *Ihnen.* Denken Sie den Satz immer wieder.

Und wenn Sie einmal zornig auf Ihren Geliebten sein sollten oder auch wenn Sie einsam sind, weil Ihr Geliebter auf Reisen ist oder nicht anruft, denken Sie diesen Satz dreimal so intensiv: »Schatz, ich weiß, dass du da bist, und das macht mich glücklich!« Sie erschaffen dadurch nämlich eine positive Wirklichkeit. So können Sie der rauen Wirklichkeit Ihre Liebe entgegenstellen. Ihre Liebe verwandelt. Nicht wie die Dinge scheinbar wirklich sind, sondern wie Sie diese betrachten, ist entscheidend. Sie verwandeln Ihre Welt in jedem Augenblick. In jedem Moment geht es darum, wer Sie sind – nicht darum, ob Sie das gut finden, was gerade in Ihrer Beziehungswelt geschieht. »Da draußen« ist nur Ihr Spiegel, und den können Sie putzen mit einem Satz: »Schatz, ich weiß, dass du da bist – und das macht mich glücklich!«

Wenn Sie wirklich fühlen, dass dieser Satz wahr ist, schreiben Sie Ihrem Geliebten eine Karte mit genau diesem Satz – »Schatz, ich weiß, dass du da bist, und das macht mich glücklich« – und legen Sie ihm diese auf den Frühstückstisch.

Liebespartner sind dafür da, um lieben zu lernen, um einander zu »erinnern«, bis sie eines Tages die ganze Welt als unseren Geliebten erkennen. Wer selbst glücklich ist, will allen anderen Menschen alles Gute, denn stets wollen wir aus den anderen das machen, was wir selbst sind. Sorgen wir also dafür, dass *wir* glücklich sind – beispielsweise unterstützt durch diesen einzigen Satz, der Wahrheit ist – weil der Gott/ die Göttin im anderen uns immer liebt, weil Er/ Sie unsere größte Chance ist, lieben zu lernen, weil Er/Sie uns immer glücklich macht, wenn *wir* da sind. Es gibt so viele Millionen Partner auf der Welt, und der, den Sie bekommen haben, ist genau der Richtige, um diesen einen Satz zu leben: »Schatz, ich weiß, dass du da bist, und das macht mich glücklich!«

Übung 1: Notieren Sie einmal die Antwort auf die folgende Frage: Mir selbst ein idealer Partner zu sein, was bedeutet das für mich? Bin ich bereit, mich anzuerkennen für das, was ich bin, für die Ernsthaftigkeit meines Bemühens, meine Gaben und die Art und Weise, wie ich das Leben angehe?

Übung 2: Ihr Partner, was ist an ihm in Ordnung? Was stimmt bei ihr? In welchen Lebensbereichen verfügt Ihr Partner über Qualitäten, die Sie bewundern können? Notieren Sie zehn Punkte, und wenn Sie mögen, teilen Sie Ihrem Partner diese mit.

Übung 3: Wenn ein weiser Gott Ihnen genau den Partner zugeführt hätte, mit dem Sie derzeit zusammen sind, weil er genau diesen für ideal hält – was könnten die tieferen Gründe dafür sein? Welche positive Entwicklung könnten

Sie, der andere, die Beziehung günstigstenfalls nehmen, wenn Sie beide einander ein idealer Partner sind?

> »Loka samasta sukino bavantu!«
> (Aus dem Sanskrit: Mögen alle Menschen in allen Welten glücklich sein.)

Die Kunst des Alleinseins pflegen

Kernbotschaft: Alleinsein ist eine Aufgabe, die sich jedem Menschen irgendwann einmal stellt und vor der er nicht weglaufen kann. Wenn ich die Kunst des Alleinseins beherrsche, bin ich dem anderen und damit dem Ganzen auf eine tiefe und intensive Art verbunden, die alle Bereiche des Seins umfasst.

Es gibt zwei Sorten von Menschen: Die einen haben Angst vor einer Beziehung, die anderen haben Angst vor dem Alleinsein. Eigentlich betreffen beide Ängste das gleiche Thema. Sie sind lediglich zwei Seiten derselben Medaille. Der beziehungsphobische Mensch hat Angst davor, was eine Beziehung in ihm auslösen könnte. Er benutzt eine Beziehung, um sich eingeengt zu fühlen oder dominiert, Neurosen oder ungeliebte Emotionen triggern zu lassen oder Dramen zu erleben. Er traut sich (seinem) selbst in seinem Inneren nicht und hat deshalb Angst vor dem, was sein Partner in ihm auslösen könnte: Hass, Wut, Zorn, Verzweiflung oder auch unstillbare Liebessehnsucht, mit der er nicht fertig wird. Er scheut die feste Beziehung wie der Teufel das Weihwasser. Ein kleines Techtelmechtel, bei dem man sich nur von der besten Seite zeigt und sich unverbindlich wieder trennt, mag für ihn angenehm sein, doch sobald es verbindlich oder gar unangenehm wird, sucht der Beziehungsphobiker das Weite. Dort, wo Menschen aufgrund einer Neurose oder eines Autismus im Alleinsein verharren, missbrauchen sie das Geschenk des Alleinseins. Es besteht die Gefahr, sich zu einem Hagestolz oder einer eisernen Jungfer zu entwickeln.

Ganz anders der Mensch, welcher das Alleinsein scheut. Sobald er auch nur für kurze Zeit niemanden um sich herum hat, empfindet er Trostlosigkeit, Kälte, Ungeliebtsein, Mangel und Entzug. Er kommt nicht mit sich allein zurecht. Deshalb sucht er die Gesellschaft eines festen Partners, einer Gruppe oder auch einer Horde von Menschen. Die Präferenzen des Beziehungssüchtigen sind verschieden: Der eine träumt von exklusiver Zweisamkeit – ohne Partner erscheint ihm das Leben sinnlos. Der andere braucht einen festen Freundes- und Bekanntenkreis – ihm ist nicht die Intimität mit *einem* Menschen wichtig, sondern eine vertraute und ähnlich empfindende Gemeinschaft, die da ist und ihn auffängt. Der dritte Typus braucht die Masse – das sind die Menschen, welche ins Fußballstadion gehen oder auf den Rummelplatz, auf eine Party oder auf Versammlungen, um sich nicht alleine fühlen zu müssen. Natürlich gibt es auch Zwischenstufen.

Jemand, der Angst vor dem Alleinsein hat, weil er ohne jemand anderen nicht mit sich zurechtkommt, ist sicher nicht der ideale Partner, so liebevoll er auch tun mag. Denn der Druck oder Zwang, jemand anderen zu brauchen, macht beide abhängig. Er ist wie jemand, der selbst nicht schwimmen kann und jemand anderem zumutet, ihn zu retten, damit er nicht ertrinkt. Natürlich kann er seine Unfähigkeit, allein zu sein, kaschieren, indem er sich nützlich macht, die eigene Unreife auf den anderen projiziert oder sich eine Beziehung sucht, in der er sich aufopfern kann. Er wird dann oftmals die Erfahrung machen, dass er, bevor er eine Beziehung einging, unglücklich alleine war – und nun ist er unglücklich zu zweit.

Viele kaschieren ihre Unfähigkeit, allein zu sein, indem sie sich einer ganz bestimmten Gemeinschaft oder Organisation anschließen und mit diesen Wölfen heulen. Dort können sie dann ihrem Herdentrieb nachgehen – doch die Angst vor dem Alleinsein wird ihnen bleiben.

Mindestens einmal im Leben sollten Sie ganz bewusst den Wert Ihres Mit-sich-Alleinseins erfahren. Nach dem Ende eines Lebensabschnittes oder einer Beziehung, aber auch, wenn Ihr Partner für einige Tage verreist ist, sollten Sie sich die Erfahrung gönnen, ganz mit sich zu sein. Gehen Sie in ein Exerzitium oder ein Retreat, auf eine Wanderschaft oder im Extremfall in eine Wüste. Wenn Sie einmal den Wert Ihrer eigenen Einsamkeit erfahren haben, haben Sie einen inneren Rückzugsort entdeckt, den Sie nun von jedem Platz der Welt, in jeder Situation, aufsuchen können, in jeder Beziehung, mit jedem Menschen – Sie haben sich selbst gefunden.

Untersuchungen haben ergeben, dass in Gefängnissen die Einzelhaft eine besondere Belastung für Gefangene ist. Sie empfinden das Alleinsein in der Zelle als sehr unangenehm, da sie niemanden haben, mit dem sie sich die Zeit vertreiben können. Sie sind mit ihren eigenen Gedanken allein, und diese sind oftmals nicht die besten. Auf der anderen Seite suchen Mönche und Eremiten immer wieder die Abgeschiedenheit einer Klosterzelle, um ihre eigenen Gedanken wahrnehmen und mit ihnen arbeiten zu können. Im Alleinsein kommen Sie sich selbst auf die Spur. Sie lernen sich tiefer kennen, Ihre Schwächen, Ängste, Bedürfnisse, aber auch Ihre Stärken.

Ein Geschenk, das die Erfahrung des Alleinseins bringt, ist Abgeklärtheit. Sie ist eine gute Ressource, um sich danach erneut dem menschlichen Leben zu stellen.

Im Idealfall ist das Alleinsein eine vorübergehende Erfahrung, die Sie mindestens einmal ganz bewusst machen und in die Sie im Alltag immer mal wieder zurückgehen können. Sie dient dazu, autonom zu werden, »all-eins« zu sein, d. h. eins mit allem.

Beispiel: Ein Klient ging nach der Trennung von seiner Freundin in einen starken Schmerz, der einem Delirium nahe kam. Voller Verzweiflung wanderte er nachts schlaflos über die Felder, bis er vor einem großen Baum weinend zusammenbrach. Auf einmal war ihm, als würde der Baum mit ihm atmen und zu ihm sprechen. Voller Freude umarmte er den Baum und erkannte, dass er gar nicht alleine auf der Welt war, immerhin gab es dort einen Baum. Nach dieser Erfahrung war dem Klienten für den Rest seines Lebens bewusst, dass er auch alleine niemals allein sein würde.

»Ich liebe dich, weil ich dich brauche«, lautet die Ballade von der beiderseitigen Abhängigkeit jener Menschen, die nicht allein sein können. Erst wenn Sie sagen können: »Weil ich dich nicht (ge-)brauche, liebe ich dich!«, erfahren Sie sich selbst als autonomen und starken Menschen, der in sich selbst steht und deshalb wertvoll ist – für sich und den anderen.

Übung: Planen Sie einen freien Tag in Ihren Terminkalender ein. Suchen Sie an diesem Tag einen Ort der Stille auf. Dies kann eine Kapelle sein, ein Berg, ein See, aber auch das eigene stille Kämmerlein. Seien Sie einen Tag lang ganz mit sich alleine und nehmen Sie wahr, was Sie an diesem Tag fühlen und denken. Gehen Sie dabei immer wieder in Ihre innere Mitte, Ihr inneres Zentrum, meditieren oder beten Sie. Spüren Sie die Autonomie und Kraft, die aus immer wieder durchlebtem Alleinsein erwächst.

Wie Bewunderung Ihre Beziehung bereichern kann

Kernbotschaft: Einen Partner zu bewundern heißt ihn zu sehen, wie er wirklich ist.

Mit Bewunderung ist hier nicht die Ego-Bewunderung gemeint. Ein Partner, den wir damit abspeisen, wird sich schlicht und einfach von uns nicht ernst genommen fühlen. Egostreicheln ist nichts anderes als eine unbefriedigende Ersatzhandlung für wahre Bewunderung, eine Manipulation. Wir bauchpinseln, um uns nicht den »goodwill« zu verscherzen, weil wir Angst vor Dissonanz haben oder weil wir vom anderen etwas haben wollen. Wahre Bewunderung dagegen bezieht sich nicht auf diese Ebene, sondern auf das »So-sein« des anderen, so wie ich vielleicht eine Naturschönheit bewundere oder staunend vor einem Sonnenaufgang stehe. Bewunderung in dem Sinne ist gleichbedeutend mit Staunen, Unschuld, Absichtslosigkeit und der Abwesenheit von Verstandes- und Egospielen. Sie zeigt sich nicht so sehr darin, was man dem anderen sagt, sondern vielmehr darin, wie man mit dem anderen umgeht, wie man ihn behandelt, was man in ihm anspricht. Die Ebene, die Sie im anderen ansprechen, wird Ihnen antworten.

Wie Carol Anthony in ihrem Werk »Das I-Ging der Liebe«*[17] zutreffend darstellt, ist eine dauerhaft glückbringende Beziehung nur als Verbindung von Selbst zu Selbst, von Wesen zu Wesen lebbar – dies bedeutet Verzicht auf Ich-Besessenheit. Eine Beziehung, die auf dem Ego aufbaut, ist a priori zum Scheitern verurteilt, weil das Ego *per definitionem* beziehungsunfähig ist. Schließlich verkörpert das Ego die Illusion des Getrenntseins. Das Ego ist in der Lage, Ansprüche durchzusetzen, aber das Ego ist nicht zur Liebe fähig. So können wir durch Egostreicheln zwar Aufmerksamkeit und vielleicht auch äußere Zuwendung bekommen, dies aber nur so lange, wie das Ego des Partners genau dieser Fütterung bedarf. Wir spüren immer wieder, »dass da noch etwas fehlt«. Erfüllung stellt sich nicht ein. Im Gegenteil: Bei einer Beziehung zwischen zwei Egos ist die Distanzierung, im Extremfall der Streit, unumgänglich, da Nähe dem Ego immer unangenehm ist. Anstelle des Ego muss das Selbst in den Mittelpunkt treten.

Bewunderung meint also nicht das Ego, sondern, wie es das Wort bereits besagt, das Wunderbare, das *Wesen* im anderen. Natürlich dürfen wir Komplimente machen wegen Äußerlichkeiten, solange sie als Umschreibungen der Liebe zum Selbst gedacht sind und nicht der Selbstsucht dienen. *Weil* wir den anderen lieben, finden wir beispielsweise auch seinen Bauchnabel schön, aber nicht umgekehrt.

In der Bewunderung zu verharren bedeutet, im anderen immer wieder das Selbst, die Buddhanatur, den Gott/die Göttin anzusprechen und zu verehren, unabhängig davon, wie der andere sich gerade verhält. Es bedeutet, ein »Hüter des gemeinsamen inneren Himmels« zu sein, eines Raumes, der frei von Gedankenprojektionen ist, so, wie ihn die Liebenden immer wieder erfahren.

Gerade in einer Beziehung stellt sich die Frage, wem wir verpflichtet sind: dem Ego, der Gier, den Neurosen oder dem Selbst? Können wir unser Herz weit offen halten in Bewunderung dessen, »was ist«, den »inneren Raum« offen halten – auch angesichts eventueller Zwietracht, welche das Ego vorübergehend auffahren mag? Sind wir in der Lage, Negativität zu wandeln – oder agieren wir sie aus und verschließen unser Herz? Stets stehen wir vor der gleichen Frage!

Machen wir uns klar: Das Ego will keine Liebe und keine Beziehung, es will Vorteile. Liebe und Beziehung bringen die Identifikation mit dem Ego zum Schmelzen. Deshalb wird es unter Umständen versuchen, im Rahmen einer »Egorevolte« die Schönheit der bestehenden Verbindung zu torpedieren und den Partner zu entehren, indem es sich destruktiv verhält. Das Ego möchte den anderen entweder zerstören oder ihn zu einer Marionette machen, damit er ihm dienlich ist. Es hat Angst davor, mit dem anderen gemeinsam die Freiheit der Unberechenbarkeit, das Wunderbare zu entdecken – denn dies wäre sein Untergang, der Sprung vom Ego zum Selbst.

Wenn Ihr Partner oder ein anderer Mensch Zwietracht, Zorn, Manipulation, Dominanz, Missstimmung, Meinungsverschiedenheit oder Dissonanz auffährt, können Sie darauf mit eigener Negativität reagieren oder sich und damit auch Ihren Partner an die Buddhanatur erinnern und fragen: »Was ist *wirklich?*« Ohne Demut und Erinnerung daran, wem Sie wirklich verpflichtet sind, endet jede Beziehung in einer Sackgasse. Nur in der Bereitschaft, Mitgefühl zu üben und eventuelle Negativität zu wandeln, zeigt sich Beziehung als das Potenzial gemeinsamer Erinnerung an das Wunderbare, als den vielleicht schnellsten Weg zum »Erwachen«.

Im Tantra kennen wir die »Zwiesprache der Dämonen«, welche Liebespaare pflegen, bevor sie sich einander hingeben. Was ist damit gemeint? Manche Menschen denken, Dämonen seien Geister, die mit Voodoo oder Exerzismus ausgetrieben werden könnten und mit denen sie selbst nichts zu tun hätten. Doch wenn wir uns an der ursprünglichen griechischen Begriff *daimon* erinnern, dann wissen wir, dass Dämonen verkleidete Lichter (griech. *daimon* = Licht) sind, die jeder Mensch, der sein Selbst noch nicht komplett verwirklicht hat, in sich trägt.

Dämonen in diesem Sinne repräsentieren Weisheitsportale, die wir selbst verschlossen haben, um uns vor schmerzhafter, aber heilsamer Selbsterkenntnis und der Unberechenbarkeit des Lebens zu schützen. Dämonen im tantrischen Sinne sind also z. B. Furcht, Wut, Ablehnung, Wertung, Urteile, Vorurteile, Vorbehalte und vieles andere mehr.

In der tantrischen Zwiespache werden diese Dämonen nicht verurteilt, wie vielleicht bei engstirnigen Religionsfanatikern, sondern sie werden wertfrei präsentiert als etwas vom Selbst Losgelöstes. Indem wir sie nicht bewerten (sondern wertfrei wahrnehmen), verlieren sie die Herrschaft über uns. Im tantrischen Dialog sagt dann beispielsweise der eine Liebespartner: »Mein Dämon ist Furcht, Furcht vor Nähe – und Angst, mich ganz einzulassen!« Der andere hört schweigend zu und nimmt dies wertfrei zur Kenntnis – dadurch ist der Dämon seiner Macht enthoben.

Es sind Schleier, welche durch die gemeinsame Liebe gelöst werden, bis das Wunderbare, im Liebesakt wie im Alltag, wieder zur Verfügung steht. Stets müssen wir uns fragen: »Wem bist du verpflichtet? – Deinem Dämon oder dem Wunderbaren?«

Wenn nur einer der beiden Partner dem Wunderbaren verpflichtet ist, hat die Beziehung eine Chance, Brücke zum Erwachen zu sein – er ist dann in der Lage, die Last der ganzen Beziehung zu tragen, durch sie wirklich weise zu werden, auch wenn der andere nicht mitmacht. Bewunderung bringt uns die Transzendenz, das »Erwachen« in eine wunderbare Welt. Es ist jene Qualität, die wir so oft im Verliebtsein erleben. Verliebtsein und Erwachtsein haben eine gewisse Ähnlichkeit. Nur dass erwacht sein, also das Wunderbare, nicht von Eigenschaften und Illusionen abhängt, sondern einfach *ist*.

Eine gemeinsame Aufgabe auf dem Weg zur wahren Liebe

Eine sinnspendende gemeinsame Aufgabe entspricht dem männlichen Aspekt der Beziehung. Eine Beziehung ohne gemeinsame Aufgabe ist nicht mehr als ein Techtelmechtel, weil ihr die sinnvolle Ausrichtung fehlt. Sie hat keinen seelischen Drive. Viele Menschen missverstehen das Wort »Aufgabe« ausschließlich exoterisch im Sinne von Lebensgemeinschaft, Haus bauen, Kinder großziehen usw. Dies mag ein interessanter Aspekt sein, aber ist nicht unbedingt der wesentliche. Die Entfaltung von Herzqualität, das Entdecken von innerer und äußerer Schönheit, die Entwicklung von Toleranz, den Horizont zu erweitern – auch dies können gemeinsame Aufgaben sein. Die gemeinsame Aufgabe kann so weit gehen wie bei Sri Aurobindo und Mutter Mira Alfassa oder Richard Wagner und Cosima von Bülow, welche durch ihre gemeinsamen Werke die Welt veränderten. Doch man sollte nichts über das Knie brechen.

Die gemeinsame Aufgabe muss nicht unbedingt hohen ethischen Idealen dienen, obwohl dies natürlich wünschenswert wäre. Auch eine gemeinsame Begeisterung für den gleichen Sport, die gleiche politische Richtung, Kunst- oder Musikausübung kann ein Paar zusammenschweißen.

Das Finden einer gemeinsamen Aufgabe kann also sehr wohl im Äußeren beginnen, aber die äußere Aufgabe, z. B. der Besuch eines Tantrakurses oder ein gemeinsames politisches Engagement, sollte stets Ausdruck einer inneren Berufung, eines inneren Rufs sein. Oftmals liegt die Aufgabe in dem, was das Paar bereits lebt, und muss nur noch beim Namen genannt werden, damit sich der erlösende Aha-Effekt einstellt: »Aha, jetzt weiß ich, wofür diese Beziehung gut ist!« Im Wort Aufgabe steckt »Gabe« verborgen – also können wir uns fragen: Wo sind die verborgenen Gaben der Beziehung, welche gemeinsam ans Licht gebracht werden möchten?

Die Aufgabe kann auch in der Überwindung von Negativität liegen, z.B. darin, zu entdecken, wann man »zumacht« oder »in Widerstand geht«, und dieses Muster positiv zu verändern. Hat man eine gemeinsame Aufgabe entdeckt, ist man eher bereit, Unannehmlichkeiten in Kauf zu nehmen, gelegentlich Opfer zu bringen und sich zu engagieren – und doch ist der Sinn einer Beziehung niemals das Leiden. Leiden ist lediglich ein Zeichen von Widerstand, das – im Idealfall gemeinsam – überwunden werden möchte.

Wo immer eine Beziehung erlahmt ist, könnte es hilfreich sein, die verborgene Aufgabe zu suchen oder auch – wo dies angebracht ist – sich eines gemeinsamen äußeren Engagements zu befleißigen. Damit eine Beziehung gut »läuft«, muss eine gemeinsame Ausrichtung da sein, so wie es beispielsweise im Tarot Trumpf VI, der »Wagen« anhand der beiden Zugtiere bildhaft darstellt. Wenn der Seelendrive zu weit auseinandergeht, ist dies eine Belastung für die Beziehung, die oftmals nur mit Ergänzungspartnern ausgeglichen werden kann. Wenn beispielsweise SIE ihre Erfüllung im Heilen sieht und ER sich als Lebemann in der Schickeria am wohlsten fühlt, wird es dem Paar schwerfallen, eine gemeinsame Lebensrichtung zu finden. Dann müsste man tiefer graben, ob da nicht doch unterschwellig eine tiefere Aufgabe verborgen liegt – die Eine Kraft macht in der Regel keine Fehler in der Wahl der Menschen, die sie zusammenführt. Manchmal braucht es allerdings Zeit, bis sich die gemeinsame Aufgabe herauskristallisiert.

Verständnis füreinander gewinnen, die Bedürfnisse mitteilen

Die große Bedeutung von »*Verständnis*« für das Gelingen einer Beziehung wird oftmals übersehen. Verständnis in diesem Sinne geht sehr viel tiefer als bloßes intellektuelles Verstehen. Intellektuell verstehen – das würde auch unser Computer inzwischen zuwegebringen. Bei dem für eine leicht laufende Beziehung unabdingbaren Verständnis geht es dagegen um unsere Bedürfnisse, genauer gesagt um unsere Grundbedürfnisse. Und dies sind nicht unbedingt Ego-Streicheleinheiten oder Bequemlichkeiten, es geht um Tieferes.

Das Englische sagt es hier weitaus klarer: »To meet his/her needs!« drückt ganz klar aus, um was es geht: das, was der andere dringend braucht, zu »treffen« – seine Bedürfnisse. Die Bedürfnisse eines Menschen sind die Bereiche, in denen er sich nährt, nicht nur äußerlich, sondern vor allem seelisch. Ein Mensch, der keine seelische Nahrung bekommt, vertrocknet wie eine Pflanze, die nicht mit Wasser versorgt wird. Man kann diesen Durst verdrängen und untergraben, doch dadurch wird man früher oder später energielos, märtyrerhaft, dogmatisch oder gar krank. Oder man verdrängt diesen Durst nicht – dann ist Aggression die natürliche Folge. Aggression, so sie spürbar ist, will von uns, wie es das Wort im eigentlichen Sinne besagt, dass wir auf etwas zugehen, dass wir Dinge in die Hand nehmen. Sie will nicht Zerstörung, sie ist *für* uns da, nicht gegen uns.

Die Bedürfnisse eines Menschen sind höchst unterschiedlich und hängen mit seinem Werdegang, seiner seelischen und genetischen Programmierung und vielen anderen Einflüssen zusammen. Wir können sie nicht einfach als Ego abtun. Ego, das sind unsere aufgesetzten Schalen, von denen wir meinen, dass wir sie haben müssten und die doch eigentlich unwichtig sind; die Kleidung von Lacoste, der teure Sportwagen. In der Regel werden diese Schalen als Ersatz für unerfüllte Bedürfnisse verwendet. Der Mann schenkt seiner Frau einen Lammfellmantel, damit sie lammfromm wird und sich nicht weiter darüber beschwert, dass er nie Zeit für sie hat. Bedürfnisse zu leugnen ist ein Weg, den die Asketen jahrtausendelang vergeblich versucht haben. Es hieße, die Wurzeln abzuschneiden und gleichzeitig die Krone entwickeln zu wollen. Bedürfnisse sind unsere Wurzeln, und wir müssen sie pflegen – aber auch klar von Ego-Anwandlungen und Beqeuemlichkeiten unterscheiden. Der Maßstab für Bedürfnisse ist das Vertrocknen: Wo wir vertrocknen, werden Bedürfnisse geleugnet, oftmals aus Bequemlichkeit oder aus Unfähigkeit, diese sich selbst – und dem anderen – zu vermitteln.

Natürlich sind wir auch bereit zu geben – aber treffen wir dabei wirklich die Bedürfnisse des anderen? Oder geben wir, ohne darauf zu achten, was der andere braucht? Wie oft projizieren wir unsere eigenen Bedürfnisse und schenken dem Partner das, was wir selbst gerne hätten. Wir verhalten uns dann so wie der Fischer, der eine Sahnetorte an den Angelhaken hängt, weil er selbst gerne Sahnetorten isst – statt eines Wurms. Oder wie ein Vater, der sein Baby mit Bier statt mit Milch nährt, weil er selbst Bier lieber mag. In diesen Analogien erkennen wir den Unfug, den wir treiben – aber wird er uns auch im Alltag bewusst?

Beispiel: Der Technikfreak schenkt seiner Frau einen neuen Mikrowellenherd zum Geburtstag, dabei war ihr tiefster Herzenswunsch, einmal mit ihm alleine zwei Tage an die Nordsee zu fahren. Nun hat sie die Mikrowelle, mit der sie nichts anfangen kann, und darüber hinaus noch Angst, dem Partner zu sagen, dass das Gerät ihre Bedürfnisse nicht erfüllt (Angst vor Ärger und Enttäuschung des Partners). Also tut sie so, als würde sie sich freuen – lebt aber eigentlich in tiefer Verbitterung. Irgendwann vergiftet sie ihn vielleicht …

Es ist ein großes Kunststück, das Geheimnis der Partnerschaft, die Bedürfnisse des Partners überhaupt herauszufinden. In der Regel kennt man nicht einmal seine eigenen Bedürfnisse und noch weniger die des Partners. Warum? Weil wir schon in frühester Kindheit dazu erzogen wurden, unsere Bedürfnisse zu verdrängen. Damit kapseln wir unseren Unterbauch von unserem Herzen ab – kein Wunder, wenn es an Vitalität mangelt. Mangelnde Vitalität ist fast immer ein Ausdruck unerfüllter Bedürfnisse.

Ein Grundbedürfnis ist beispielsweise Anerkennung. Aber Anerkennung wofür? Wenn ich wissen will, wofür mein Partner Anerkennung braucht, muss ich mich auf die Suche machen, ihn tiefer kennen lernen. Bloße oberflächliche Anerkennung, wie z. B. »Schön siehst du heute wieder aus« ist ganz nett, man wirft dem Hund einen Brocken hin, damit er nicht bellt – aber sie stillt keine Bedürfnisse. Wirkliche Anerkennung bedeutet sich die Mühe zu machen, den anderen zu »sehen«, Dinge bei ihm anzuerkennen, die er selbst bei sich noch nie (an)erkannt hat. Dann kann in einer Beziehung tiefe Heilung entstehen.

Parzival war so ein Heiler. Er traf, so die Legende, die Bedürfnisse des Gralskönigs Amfortas, als er, statt gierig nach dem Gral zu schielen, den Gralskönig mitfühlend fragte: »Oheim, was kümmert dir?«

Forschungen von Friedensarbeitern, die direkt an der Front arbeiten, verweisen darauf, dass Fanatiker, ja oftmals sogar Terroristen, in vielen Fällen Menschen sind, die in tiefster Sorge leben, in Verbitterung darüber, dass ihre wahren Bedürfnisse nie gehört wurden. Diese Information mag befremden, da wir geneigt sind, Terroristen als gefühllos abzuurteilen – doch damit verdrängen wir nur den Terroristen, den inneren Zerstörer in uns, der vor Schmerzen und Enttäuschungen schreit.

Eine Beziehung, in der die tiefsten Bedürfnisse nicht vom Partner getroffen werden, zeigt sich oft als Folge tiefsten Karmas (schicksalhafter Verstrickung), oder sie dient – günstigstenfalls – als Arbeits- und Lernbeziehung, manchmal auch als relativ unangenehmer Weg zum Erwachen.

Natürlich gibt es auch das Bild des über alle Bedürfnisse erhabenen Erleuchteten, der gar keine Bedürfnisse mehr hat, aber dieses Bild ist unmenschlich, perfektionistisch, fast grausam und führt nur selten zur Erlösung. Es ist das, was unser Menschsein ausmacht, menschlich zu sein, dazu gehören auch Verletzlichkeit und Bedürfnisse. Bedürfnisse müssen »getroffen« werden, punktuell, wie mit der Akupunkturnadel – dann entsteht tiefe Dankbarkeit beim Gehörten und Frieden, oftmals sogar dauerhafter Frieden.

In einer Beziehung erhofft sich jeder, ob er sich dessen bewusst ist oder nicht, dass der andere seine Bedürfnisse »trifft«, zumindest jedoch versteht. Findet der Beteiligte kein Verständnis für sein »So-sein«, für seine tiefsten Bedürfnisse, wird er je nach Mentalität losschreien oder verstummen. Die Beziehung wird dann in innerer Kündigung noch so lange weitergeführt, wie sie opportun ist, manchmal sogar bis zum Lebensende, ohne dass die Bedürfnisse je »getroffen« wurden.

Unsere Bedürfnisse sind wie Mimosen – wenn sie das Gefühl haben, verurteilt oder verdammt zu werden, verschließen sie sich, und der Betreffende wird fleischlos, verliert sein »Salz«, wie das folgende Praxisbeispiel zeigt:

Beispiel: Ein Klient ging zu einem Traumtherapeuten und lernte dort die Kunst des bewussten Träumens. Der Therapeut ermunterte ihn, ihm seine Träume aufzuschreiben.

Nun waren die Träume vorwiegend sexuellen Inhalts, weshalb der Therapeut ihm eines Tages schrieb, seine Träume seien eine Zumutung, er sollte es unterlassen, ihm solche Darstellungen zu senden, da sie von keinem therapeutischen Nutzen seien. Er solle sich lieber auf die »spirituellen« Träume besinnen. Daraufhin hatte der Klient überhaupt keine Träume mehr – sein Traumwesen fühlte sich verurteilt und verstummte nicht nur gegenüber dem Therapeuten, sondern generell.

Genauso ergeht es uns in Beziehungen, wenn wir das Gefühl haben, unsere Bedürfnisse, unser Ausdruck, das, was von unten hochkommt, wird vom anderen zensiert, verurteilt oder abgelehnt. Wir fühlen uns verraten, verstummen und verbittern, insbesondere wenn man aufgrund von Kindern und gemeinsamem Besitz nicht die Möglichkeit hat, sich ohne große Verluste trennen zu können. Man entwickelt einen Hass auf den Partner, weil dieser den Platz, an dem wirkliche Nähe entstehen könnte, besetzt hält, die Bedürfnisse aber durch ihn nicht erfüllt werden (können).

Auf dem Weg zu Ihren wahren Bedürfnissen kann es sein, dass Sie erst einmal einer Menge Unrat begegnen, dem Sie nicht ausweichen dürfen. Denn wenn Sie Ihre Wut, Ihren Frust, Ihre Trennungsaggression unterdrücken, werden Sie auch nicht der positiven Wahrheit, die unter diesen Eitergeschwüren liegt, und Ihren wirklichen Bedürfnissen auf die Spur kommen. Seien Sie jedoch in der Wahl Ihrer Worte nicht rücksichtslos. Wenn Sie alles ausdrücken, was Ihnen gerade in den Sinn kommt, kann es sein, dass der andere einschnappt und die Beziehung zerstört wird.

Wenn Sie jedoch im Voraus versichern, dass es nicht um eine eventuelle Trennung geht, sondern darum, dass die unterschwelligen Bedürfnisse, aber auch Frustrationen frühzeitig erkannt werden – vergleichbar mit einer Vorsorgeuntersuchung – und dass dafür auch Ungefiltertes und Unzensiertes hochkommen muss – mit der Bitte, dieses nicht persönlich zu nehmen –, ist die Bereitschaft größer, einander einfühlsam zuzuhören.

Nicht jeder Partner ist reif dafür, die Wahrheit über die Beziehung zu erfahren. Wenn Sie Angst haben, mit Ihrem Partner zu untersuchen, wo die Wahrheit innerhalb Ihrer Beziehung liegt, sollten Sie sich diese Angst eingestehen und ggf. statt einer direkten Konfrontation die Hilfe von Freunden in Anspruch nehmen oder den Konflikt in sich selbst austragen und lösen, z. B. durch Gebet, Meditation, inneren Dialog, geistige Kontaktaufnahme o. ä.

Eine Auflösung entsteht dann, wenn beide Partner bereit sind, ihre Ohren für die Bedürfnisse des anderen zu öffnen und dabei auch wertfrei die eigene Ohnmacht zu bekennen, dass sie nicht immer in der Lage sind, ihre gegenseitigen Bedürfnisse zu »treffen«. Ein solches Eingeständnis öffnet den Raum für gegenseitige Toleranz. Man kann auf die Suche gehen, wo sich Ergänzungspartner finden, die diesen Bereich abdecken, versuchen, mit Hilfe einer höheren Kraft einen Weg zueinander zu finden, sich in Liebe zu trennen oder auch in Liebe zusammenzuleben, wohl wissend, dass man die Bedürfnisse des anderen nicht erfüllen kann bzw. seine eigenen Bedürfnisse nicht erfüllt bekommt.

Es geht nicht unbedingt darum, dass der andere die eigenen Bedürfnisse erfüllt oder gar bedient, es geht vor allem darum, dass dieser bereit ist, Bedürfnisse wahrzunehmen, bzw. dazu ermuntert, diese gemeinsam herauszufinden. Schon wenn Bedürfnisse nur gehört und respektiert werden, kann bereits eine große Erleichterung auf beiden Seiten entstehen – und Raum für wechselseitige Toleranz, also Öffnung. Hilfreich auf dem Weg zur wahren Liebe ist ein ehrliches Gespräch, in dem sich beide Partner eingestehen, wo sie sich in der Erfüllung ihrer Bedürfnisse »getroffen« fühlen und wo nicht.

Sich durch den anderen nicht erfüllt zu fühlen ist kein Grund für Schuldgefühle, nicht einmal für Trennung – dieser Zustand kann nämlich beiden helfen hinzuschauen. Und natürlich ist das Erkennen, wo Bedürfnisse »getroffen« wurden, eine wertvolle Erinnerung an die Qualität der Liebe. Leider haben uns unsere Eltern nie gelehrt, auf unsere wahren Bedürfnisse zu hören. Hier sollten wir als Nachfolgegeneration es im Umgang miteinander besser machen.

Dort, wo Sie das Gefühl haben, Ihr Partner ist an Ihren wahren Bedürfnissen überhaupt nicht interessiert, sollten Sie sich fragen, inwieweit Sie selbst an den Bedürfnissen Ihres Partners interessiert sind.

Eigene wie auch fremde Bedürfnisse überhaupt zu spüren und ausfindig zu machen hat eine heilende Wirkung*[18].

Egal, auf welchem Weg Sie Ihre Beziehung klären – Sie werden immer wieder feststellen, dass unter dem Verdrängten eine Wahrheit und eine Lösung liegt, die Ihnen unbekannt ist. Lassen Sie also insbesondere bei der Meditation die Vorstellung los, wohin diese führen sollte – die Meditation selbst ist der Weg.

Da die meisten Menschen im Westen stark konditioniert und entsprechend weit weg von ihren wahren Bedürfnissen sind, benötigen wir hierfür Mediatoren, die über das Feingefühl verfügen, Bedürfnisse aufzuspüren und zu »übersetzen«. Mediatoren sollten nicht den Scheidungen vorbehalten bleiben, sondern vorbeugen. Idealerweise sollte bereits vor einer Eheschließung ein Mediator gewählt werden, der das Paar regelmäßig betreut. Früher hatte diese Funktion vielleicht der Traupfarrer, doch heute sind die

Bedürfnisse und auch die Verdrängungen diffiziler geworden. Deshalb brauchen wir dafür moderne und weltoffene Spezialisten.

Wir werden nicht umhinkommen, in Beziehungen Mediatoren einzusetzen – oder unsere derzeitige Paarstruktur wird unsere Generation nicht mehr überleben. Der Gang zum Mediator sollte etwas Ehrenhaftes sein – frei von Urteilen. Ein Paar, das zum Meditator geht, sollte gesellschaftlich geachtet und nicht geächtet sein – es wäre ein kleiner, aber bemerkenswerter Beitrag zum Frieden – auch zum Frieden in der Welt.

Zu den »Schritten auf dem Weg zur wahren Liebe« gehört natürlich auch die Bereitschaft, über das Ego hinauszuwachsen. Dies soll aber nicht geschehen, indem die eigenen Bedürfnisse verdrängt werden, sondern indem der gemeinsame Horizont erweitert wird. So wie bei der Völkerversöhnung die unterschiedlichen Bedürfnisse gehört werden müssen, damit die Masken der Feindseligkeit zwischen verfeindeten ethnischen Gruppen aufgehoben werden können, so müssen auch in der Beziehung die gegenseitigen Bedürfnisse ausgegraben werden, damit die Masken der Beziehungsspiele (Stichwort Rosenkrieg) der wahren Liebe (statt »Ware Liebe«) weichen.

Fazit: Die größte Chance in einer Beziehung ist sich selbst zu »treffen« – die größte Gefahr liegt darin, sich selbst zu verpassen. Eine Beziehung ist eine wunderbare Möglichkeit, die eigenen und fremden Bedürfnisse wechselseitig aufzuspüren und miteinander zu teilen. Nur wer seine Bedürfnisse kennt und einen Weg gefunden hat, sich selbst zu nähren, ist irgendwann in der Lage, den Weg zu gehen, den Franz von Assisi im nachfolgenden Gebet beschrieben hat:

»Herr, mach mich zu einem Werkzeug deines
Friedens,
dass ich liebe, wo man hasst;
dass ich verzeihe, wo man beleidigt;
dass ich verbinde, wo Streit ist;
dass ich die Wahrheit sage, wo Irrtum ist;
dass ich Glauben bringe, wo Zweifel droht;
dass ich Hoffnung wecke, wo Verzweiflung quält;
dass ich Licht entzünde, wo Finsternis regiert;
dass ich Freude bringe, wo der Kummer wohnt.

Herr, lass mich trachten,
nicht, dass ich getröstet werde,
sondern dass ich tröste;
nicht, dass ich verstanden werde,
sondern dass ich verstehe;
nicht, dass ich geliebt werde,
sondern dass ich liebe.

Denn wer sich hingibt, der empfängt;
wer sich selbst vergisst, der findet;
wer verzeiht, dem wird verziehen;
und wer stirbt, der erwacht zum ewigen Leben.«
(Franz von Assisi)

Übung:

1. Erinnern Sie sich an Augenblicke, in denen Sie Ihr Leben als wunderbar empfunden haben, in denen Sie in völligem Einklang waren mit dem, »was ist«. Notieren Sie auf einer Liste, wann und wo Sie dies erlebt haben.
2. Erinnern Sie sich an Augenblicke, in denen Sie Ihren Partner und Ihre Beziehung als wunderbar empfunden haben. Notieren Sie diese auf einer Liste.
3. Notieren Sie einige positive Qualitäten, die Sie innerhalb

Ihrer Beziehung bereits entwickeln konnten. Empfinden Sie Dankbarkeit dafür. Dann notieren Sie die Antwort auf folgende Frage: Welche Schwierigkeiten und Defizite spüren Sie in Ihrer Beziehung? Wozu fordern Sie diese Schwierigkeiten und Defizite auf? Welche gemeinsamen Themen haben Sie? Bitten Sie die Eine Kraft/Gott, erkennen zu dürfen, welche innere und äußere Aufgabe mit dieser Beziehung verbunden ist.

4. Setzen Sie sich mit zwei guten Freunden zusammen und sprechen Sie mit ihnen über Ihre Beziehung. Das Gespräch sollte in einem vertraulichen Rahmen gehalten sein. Ihr Beziehungspartner sollte erst einmal nicht teilnehmen. Sprechen Sie, ohne zu filtern, darüber, wie es Ihnen mit Ihrer Beziehung geht. Vermeiden Sie es, lange Geschichten zu erzählen. Versuchen Sie eher, Ihre Empfindungen auszudrücken. Ein Freund konzentriert sich, während Sie sprechen, ausschließlich auf Ihre Gefühle und Fakten. Der andere achtet überhaupt nicht auf die Fakten oder Gefühle, sondern richtet seine Aufmerksamkeit ausschließlich darauf, Ihre darunterliegenden Bedürfnisse aufzuspüren. Legen Sie im Voraus die Zeitdauer dieses Gespräches fest, beispielsweise zehn Minuten. Nach Ablauf der zehn Minuten teilt der Freund, der für Fakten und Gefühle zuständig war, Ihnen mit, was er wahrgenommen hat, und Sie prüfen insbesondere, ob er Ihre Gefühle getroffen hat, bzw. korrigieren das Gefühl, ohne groß darüber zu diskutieren. Dann berichtet der andere Freund, welche unterschwelligen Bedürfnisse er wahrgenommen hat, und Sie prüfen bzw. korrigieren diese Wahrnehmung. Danach wechseln Sie die Rollen, bis jeder einmal drangekommen ist.
5. Prüfen Sie, ob Sie mit einem Mediator Ihrer Wahl (das kann auch ein einfühlsamer gemeinsamer Freund sein) in Anwesenheit Ihres Partners darüber sprechen möch-

ten, wie es Ihnen mit Ihrem Partner geht. Bedienen Sie sich hierfür ggf. des Verfahrens unter 4. Beachten Sie jedoch, dass Ihr Partner, wenn er nicht den Horizont dafür hat, mit unangenehmen Punkten konfrontiert zu werden, aus allen Wolken fallen könnte, dies insbesondere, wenn Sie nicht »filtern« und auch Frustrationen oder Emotionen ausdrücken, die sich viel schlimmer anhören, als sie im Endeffekt gemeint sind.

Das »Gesetz der Harmonie« in sich selbst finden

Kernbotschaft: Das Gesetz der Harmonie bewirkt, dass jede extreme Haltung nur bis zu einem gewissen Punkt geführt werden kann, bevor eine Reaktion einsetzen muss, die den Ausgleich und damit die Harmonie wieder herstellt.

Der Begriff »Harmonie« stammt vom griechischen *harmonia* und bedeutet wörtlich »Vereinigung von Gegensätzen zu einem Ganzen«. Pythagoras entdeckte, dass die Bewegung der Himmelskörper bestimmten harmonischen Zahlenverhältnissen folgt und dadurch eine mit den äußeren Ohren unhörbare Spärenmusik ausdrückt. Auch unser Körper mit seinem fein aufeinander abgestimmten Mikrokosmos ist Ausdruck von Harmonie.

Harmonie ist dort vorhanden, wo alles im rechten Maß existiert und gelebt wird. Doch was das rechte Maß ist, muss jeder individuell für sich herausfinden. Auch wenn wir alle eingebettet sind in eine große kosmische Harmonie, trägt jeder Mensch eine individuelle Harmonie in sich. Hier gleichen sich extreme Menschentypen kollektiv gesehen wieder aus.

Beispiel: Der Philosoph und der Arbeiter sind zwei Extreme unserer Gesellschaft. Und doch ist es für beide Menschentypen stimmig, genau dieses Extrem auf eine für sie harmonische Weise zu leben. Der Philosoph wird vorwiegend mit seinem Kopf arbeiten, der Arbeiter vorwiegend mit den Händen. Die Gesellschaft braucht beide.

Beispiel: Altruismus aus einem Beweggrund des Herzens gehört zur Harmonie der Schöpfung, doch der Trieb, Geld zu verdienen und Besitz anzusammeln ebenso. Die Gesellschaft braucht den Rockefeller genauso wie Mutter Theresa. Würde man einen von beiden entfernen, wäre die Schöpfung nicht vollständig.

Wenn ein Kapitalist versuchen würde, altruistisch zu leben, würde er degenerieren, weil dieser Lebensstil nicht seiner »Bauart« entspricht, er würde aus seiner eigenen Harmonie herausfallen. Dies wäre dasselbe, als wollte man einen Tiger mit Gras statt mit Fleisch ernähren, weil man dies für moralisch wertvoller hält. Genauso ist es mit dem Asketentum. Wer mit einer extremen Sinnlichkeit ausgestattet ist, sollte gar nicht erst versuchen, den Weg der Enthaltsamkeit zu gehen, sondern über die Sinnlichkeit zum Erwachen finden, wie es beispielsweise das Tantra ermöglicht. Wer sich aber vom Wesen her nichts aus Sinnenfreuden macht und ausschließlich nach dem Geist strebt, wird auf diese Weise zu sich selbst finden. Stets fordert das Leben uns auf, zu uns selbst zu stehen und uns selbst zu leben – dies aber so liebevoll und bewusst wie möglich.

Wird die Harmonie eines einzelnen Menschen gestört, kommt er aus dem Takt. Disharmonie schafft Unfrieden mit sich und mit der Umgebung. Disharmonie kann durch einen tyrannischen oder unpassenden Chef, Lehrer oder Partner veranlasst werden, durch unerfreuliche Umstände und natürlich auch durch Ungelöstes, das man mit sich herumträgt. In Zeiten der Disharmonie ist es für einen Menschen oberstes Prinzip, die verloren gegangene Harmonie wieder zu suchen, da sein innerer Kosmos sonst gestört und der Mensch nicht mehr er selbst ist. Hier steht Selbsterhaltung auch vor der Opferbereitschaft, denn was nützt es, wenn man sich gesellschaftlich einwandfrei verhält, aber dabei den Kontakt zu sich selbst verliert.

Was angemessen und was krankhaft ist, kann dabei nur der Einzelne beurteilen. Darum ist Selbstwahrnehmung so wichtig: Wie geht es mir? Wie geht es meinen Gefühlen, Empfindungen, Gedanken? Ist mein Körper glücklich mit meiner Lebensweise? Im Extremfall ist Krankheit ein wichtiges Indiz für Disharmonie: Dort, wo ich mich krank fühle, bin ich nicht mehr in Harmonie. Jede Disharmonie hat immer mindestens eine wesentliche Botschaft an uns. Disharmonien entstehen durch Unpassendes, das zu ändern ist. Die Unstimmigkeit kann sehr wohl durch die Ansprüche eines anderen hervorgerufen werden, denen wir uns blind anzupassen versuchen.

Forschungen haben beispielsweise ergeben, dass viele Krebspatienten Menschen sind, die sich extrem um ihr »Liebsein« bemühen und aus moralischen oder gesellschaftlichen Gründen vitale Bedürfnisse unterdrückt haben.

Beispiel: Ein Klient war mit einer Finanzbeamtin verlobt, die Verlobung war durch die miteinander befreundeten Eltern gestiftet worden. Eines Tages verliebte er sich in eine andere Frau, eine Tänzerin. Er fühlte sich zu ihr mehr hingezogen als zu seiner Verlobten. Unter dem Druck der Familie trennte er sich aber von seiner Affäre und heiratete die Finanzbeamtin. Jahre später stellte man bei ihm eine Krebserkrankung fest. Diese hatte sich genau zu dem Zeitpunkt manifestiert, als er sich gegen sein wahres Gefühl entschieden hatte.

Wir erkennen an diesem Beispiel, wie wichtig es ist, sich selbst zu spüren und liebevoll mit sich und seinen Bedürfnissen umzugehen, um nicht in Disharmonie zu geraten.

Manchmal müssen wir uns also entscheiden, ob wir »lieb« oder »gesund« sein wollen. Wenn wir uns den Wünschen eines anderen, Partners, Freundes oder Kollegen mehr, als uns entspricht, anpassen, zum Beispiel aus Angst vor wahrhaftiger Auseinandersetzung, sind wir in Disharmonie. Statt die bestehende Disharmonie im Außen zu klären, fressen wir sie in uns hinein. Wir lassen dann zu, dass die Vorstellungen eines anderen unser Leben bestimmen, statt den eigenen Standpunkt zu finden und klarzustellen. Oftmals weiß der andere gar nicht, was er uns mit seinen Vorstellungen antut. Daher müssen wir uns klar definieren.

Kompromissbereitschaft, ohne zu spüren, was man selbst will, ist nicht automatisch egofrei. Denn dahinter stehen egoistische Bedürfnisse wie z. B. den anderen nicht verlieren zu wollen oder Angst vor Konflikt. Doch bei einem Kompromiss bekommt keiner, was er wirklich will und braucht. Deshalb sind Kompromisse auch meistens faul. Statt sich selbst und den anderen zu »kompromittieren«, sollte man gemeinsam »das Stimmige« suchen, finden und freudig bejahen. Dies bedeutet auch, das Unberechenbare zuzulassen und bereit zu sein, von eingefahrenen Denkroutinen, Dogmen und Gewohnheiten Abstand zu nehmen, sobald sie der inneren Wahrheit nicht mehr gerecht werden. Jede andere Geisteshaltung wäre die eines Opfers und wird unserer Meisterschaft im Leben nicht gerecht.

Disharmonie ist aber nicht immer ein Zeichen unpassender Umstände. Oftmals ist im Außen gar nichts zu ändern, nur die eigene Einstellung passt nicht. Dann ist Disharmonie Ausdruck von Vorstellungen, Urteilen und von »anders haben wollen«. Ihr Blick auf das Stimmige wird geschärft, wenn Sie diese Urteile auflösen, indem Sie Ihre Urteile untersuchen, z. B. mit der Selbsterforschungsmethode »The Work« von Byron Katie*[19].

Zum Ausdruck von Harmonie gehört auch das Leben von Extremen. Wir sind keine Durchschnittsmenschen. Für einen Marathonläufer ist es normal, jeden Tag 10 Kilometer zu joggen, für jemand anderen ist das extrem. Maria Magdalena war eine Hure, bevor sie zur Heiligen wurde, während Mutter Theresa sich in einem Leben der Selbstaufopferung erfüllte. Doch kein Extrem ist nachahmenswert, wenn es nicht zu uns passt, wenn es uns nicht entspricht. Gerade extreme Vorbilder, und seien sie noch so gut gemeint, können einen Menschen in sehr starke Disharmonie bringen, insbesondere dann, wenn wir nicht die Errungenschaft sehen, sondern die Person selbst nachahmen wollen.

Auch extreme Phasen gehören zum Leben. Das Gesetz der Harmonie zwingt uns letztendlich, inmitten unserer Extreme eine Ausbalanciertheit zu suchen. Als Resultat der Harmonie zwischen den Extremen erwächst uns dann Bescheidenheit, das Wissen, dass alles seine Grenzen hat und in sich ausgeglichen werden muss.

Beispiel: Ein Künstler arbeitet wochenlang sechzehn Stunden an seinem Werk, danach ruht er sich für einige Wochen vollkommen aus.

Ein schönes Beispiel für eine wiedergefundene Harmonie liefert Siddharta im gleichnamigen Werk von Hermann Hesse, der nach den Extremen als entsagender Mönch und als Geschäftsmann später seine eigene Mitte am Ufer eines Flusses fand. Das Leben ist wie dieser Fluss im Stück »Siddharta«, und wir sollten harmonisch und liebevoll mit den Windungen und Strömungen unseres eigenen Lebensflusses umgehen.

Es ist hilfreich, ein gewisses Harmonieempfinden zu entwickeln. Dazu gehört auch die Gabe, in sich zu ruhen, welche beispielsweise durch Meditation geschult werden kann. Wenn es uns gelingt, Disharmonien immer frühzeitiger aufzuspüren und auszugleichen, werden wir harmonischer.

Harmonisch zu leben ist allerdings etwas anderes als Harmoniesucht. Es wäre eine Entartung, »um des lieben Friedens willen« auf jede Form der Auseinandersetzung zu verzichten. Die Harmonie, die wir suchen, finden wir nicht durch oberflächliche Jasagerei, sondern indem wir unsere eigene Mitte finden, den Ort, der frei von Ego ist und an dem sich unsere Gegensätze von selbst in sich vereinen.

Wir sollten offen für das Leben sein und den permanenten Test, den uns das Leben anbietet, dazu gebrauchen, zu erfahren, wo wir eine Scheinharmonie leben und uns etwas vormachen oder ob unsere Harmonie echt ist. Der Test ist ganz einfach: Wahre Harmonie hält äußerer Disharmonie stand – aufgesetzte Harmonie nicht. Wir sollten uns diesem Test nicht entziehen. So bleiben wir lebendig, unsere Seele kann atmen, und wir gewinnen die Freude unserer eigenen Stimmigkeit.

Sobald wir mit uns selbst übereinstimmen, gewinnen wir automatisch die richtige Einstellung zu dem Umfeld, in dem wir leben. Wie immer die Umstände sind, wir sind einfach nur wir selbst. Indem wir aus unserer inneren Mitte heraus leben, ziehen wir stets zu uns passende Lebensumstände an. Wo wir unserer wahren Harmonie auf die Spur gekommen sind, lohnt es sich, diese zu pflegen und zu kultivieren. Doch das bedeutet wie gesagt nicht, dass wir uns überall anpassen sollen:

Manchmal fordert uns das Leben zu einem ketzerischen Standpunkt auf, damit wir »das Stimmige« anstelle von Scheinharmonie verkörpern. Heraklit drückt dies wie folgt aus: »Aus Zwietracht erwächst Eintracht, aus Disharmonie tiefste Harmonie!«

Harmonie ist also nicht das Vermeiden von Ärger, sondern Ausdruck von Lebenskultur und Lebenskunst. Worin liegt diese Lebenskunst? Sie besteht darin, die innere Harmonie in einer scheinbar unvollkommenen Welt auszudrücken. Dabei ist, wie das Wort »Kunst« besagt, noch kein Meister vom Himmel gefallen. Kunst kommt aus dem althochdeutschen »können« und bezeichnet das, was man beherrscht. Die Redewendung »Kunst kommt von Können« ist also dem Wortursprung nach richtig.

Im Harris- bzw. Voyager-Tarot folgt die Karte XIV »Kunst« der Karte XIII »Tod«. Dies zeigt uns, dass es bei der Lebenskunst nicht um das Augenfällige geht, sondern um das Leben aus der »Wahrheit hinter dem Schein«. Das Verstehen der verborgenen Harmonie ist offenbar die Folge einer Konfrontation mit dem Endgültigen. Sterben müssen letztendlich alle Vorstellungen, all unsere Selbstverständlichkeiten. Solange wir darauf pochen, dass das Leben unsere Erwartungen und Vorstellungen erfüllt, können wir noch keine Einsicht in das Hintergründige erlangen. Die Auflösung unserer Vorstellungen, die sicherlich ab und zu schmerzhaft ist, dient nicht unserem Untergang, sondern etwas Neuem – der (Lebens-)Kunst und der neu gefundenen Harmonie, die daraus erwächst, dass wir nicht mehr unsere Vorstellungen leben, sondern von hintergründigen Kräften gespeist werden. Besonders deutlich wird diese Positur im Petersen-Tarot, dort lautet der Beiname von Trumpf XIV »Grenzgängerin«. Der Künstler ist ein Grenzgänger. Er vermittelt zwischen »dieser« und »jener« Welt, indem er die hintergründigen Harmonien sichtbar macht. Er ist ein »Surfer zwischen den Welten«, wie es Jose Arguelles so schön ausdrückt*[20]. Dies gilt insbesondere für den Lebenskünstler.

Die Meisterschaft, die der Lebenskunst zugrunde liegt, erwächst aus der Kenntnis der *verborgenen* Harmonie, in die Sie Einblick erhalten, sobald es Ihnen gelingt, die Harmonie in sich selbst und im hintergründigen Selbst dieser Welt zu finden. Harmonie in dem Sinne ist also das Studium dessen, was die Welt im Innersten zusammenhält.

Das Gesetz der Harmonie fordert uns letztendlich auf, uns in *allen* Bereichen des Lebens als Künstler zu verstehen.

Das Gesetz der Harmonie offenbart unsere allumfassende unterschwellige Verbundenheit. Denken wir nur an einen Hügel voller Pilze. Die Pilze sehen alle unterschiedlich aus, aber unter der Erde sind sie durch ein einziges gewaltiges Wurzelwerk miteinander verbunden als *ein* Wesen. Wir selbst sind wie ein Pilz auf dem Hügel, allein für uns stehend, aber unterschwellig mit allem verbunden. Ein Bewunderer dessen zu sein, »was ist«, ist eine gute Position, um zur verborgenen Harmonie vorzudringen. Der folgende Text von Peter Hwosch drückt dies sehr schön aus:

> »Ich bin ein Beobachter
> ich sehe die Dunkelheit
> Dunkelheit überall herum
> Liebe ist der Untergrund.
>
> Ich bin ein Beobachter
> Gier ist die Krankheit
> Seelen im Verlorenen fanden
> Liebe ist der Untergrund.
>
> Da ist der Augenblick, in dem es ins Licht wechselt
> und brennt
> der Wechsel ist langsam, aber ständig
> ihr habt das Beste, um bereit zu sein:
> Liebe ist der Untergrund.«[*21]

Übung: Beobachten Sie Ihren Atem. Treiben Sie ihn weder voran noch unterdrücken Sie ihn. Spüren Sie, dass Sie geatmet werden. Überlassen Sie sich der Kraft, die durch Sie atmet. Wenn Gedanken auftauchen, lassen Sie diese vorüberziehen – unabhängig davon, ob sie positiv oder negativ sind. Indem Sie darauf verzichten, Ihre Gedanken zu bewerten, und diese lediglich beobachten, gewinnen Sie Abstand von dem Druck der Welt und entdecken eine Kraft, die jenseits der Grenzen des Denkens liegt. Wenn Sie sich dieser Kraft hingeben, erleben Sie das Wunder, dass sich in Ihnen alles zurechtrückt, dass Sie in Harmonie kommen.

Das »Gesetz der Evolution« durch sich arbeiten lassen

Kernbotschaft: Die ganze Ordnung in der Natur weist auf eine fortschreitende Entwicklung hin. Nichts kann so bleiben, wie es ist.

Die Idee der Evolution (lat.: *evolvere* = entwickeln, aus sich herauswickeln) ist relativ neu. Sie wurde 1774 von dem Schweizer Naturforscher Albrecht von Haller insbesondere für die Vorstellung von der Entwicklung des Menschen geprägt. Heute bezeichnen wir als Evolution das Entstehen neuer und das Wachsen bereits entstandener, immer komplexerer und vernetzterer Muster in nahezu allen Bereichen des Lebens.

Wir können das Gesetz der Evolution kollektiv bewerten. Dann sehen wir die Entwicklung der Menschheit vom Altertum bis heute. Wir können es jedoch auch individuell betrachten, dann erkennen wir, dass unabhängig von der großen Evolution, in die wir eingebunden sind, ständig kleine Entwicklungen stattfinden.

Dies hat auch die moderne Unternehmensführung und Unternehmensberatung erkannt. Statt der 50er-Jahre-Mentalität werden heute mehr denn je hohe konzeptionelle Fähigkeiten und Kenntnis von Strukturen und Prozessen in Organisationen gefordert sowie Verständnis für die Dynamik in Veränderungsprozessen. Dies bedeutet, dass heute Unternehmen nicht mehr als starre Organisationen, sondern als lebende Organismen betrachtet werden, welche aus sich heraus eine eigene Evolution anstreben. Dies gilt natürlich umso mehr im privaten und innerseelischen Bereich.

Das Gesetz der Evolution besagt, dass alles, was in uns und um uns herum geschieht, Bestandteil eines »Prozesses« ist. Auch wenn wir im »Hier und Jetzt« im essentiellen Selbst verankert sind, können wir dem Gesetz der Evolution nicht ausweichen. Wir müssen uns weiterentwickeln, wenn wir nicht regredieren wollen. Im Zuge der Evolution können wir uns selbst und andere liebevoll in dieser Entwicklung begleiten. Hierbei ist der Weg wichtiger als das Ziel. Was zählt, ist die Erkenntnis, gewonnen aus bewusst durchlebten Veränderungsprozessen, nicht ein utopisches Idealziel, das um jeden Preis erreicht werden muss.

Wenn wir unser Leben als Ausdruck der Evolution betrachten und begleiten, bewerten wir die Ereignisse, die uns begegnen, nicht mehr als »gut« oder »böse«, sondern wir versuchen den ganzen Verlauf zu übersehen, den gesamten Zyklus wahrzunehmen, das Ganze zu verstehen. Dies gilt für den Ablauf unseres Lebens genauso wie für den Verlauf unserer Beziehung(en). Und in gleichem Maße gilt dies für unsere Gesundheit, wo wir nicht mehr mittels Allopathie einen ganz bestimmten Zustand erzwingen wollen, sondern auch für alternative Heilmethoden, wie z. B. die prozessorientierte Homöopathie, offen sind.

Wir sind nicht nur versessen auf das kurzfristige Ergebnis, sondern fragen uns längerfristig: Wohin führt das? Wir erkennen beispielsweise, dass wir einen Monat lang zu essen haben werden, wenn wir einen Sack Korn besitzen und ihn aufessen. Wenn wir dieses Korn aber auf unserem Feld aussäen, wachsen neue Körner heran, und wir haben ein Jahr lang zu essen. Das Gesetz der Evolution fordert uns auf, die eigene Kurzsichtigkeit loszulassen und zu erkennen, dass jeder evolutionäre Prozess einen Anfang, eine

Mitte und ein Ende hat. Alles, was uns derzeit beschäftigen mag, hat einen Anfang, eine Mitte und ein Ende.

Der Anfang sollte motivierend sein, denn sonst fängt man gar nicht erst an. Die Mitte sollte durchhaltbar sein, denn wenn wir auf halbem Weg schlapp machen, war der ganze Aufwand möglicherweise umsonst. Und das Ende sollte lohnenswert sein, denn was nützt es, sich zu engagieren, wenn hinterher nichts dabei herauskommt.

Das Gesetz der Evolution besagt aber auch, dass das Alte losgelassen werden muss, damit etwas Neues entstehen kann.

Betrachten wir zum Beispiel den Alterungsprozess des Menschen. Er wird geboren und genießt das Gefühl, dass für ihn gesorgt wird, solange er klein ist. Irgendwann lässt er das Kleinkinddasein hinter sich und muss zur Schule gehen, dafür aber kann er sich daran erfreuen, etwas zu lernen, auf Klassenkameraden zu treffen usw. Später muss er auch das Schülerdasein loslassen, dafür kann er dann Geld verdienen. Irgendwann wird er Familienvater bzw. Familienmutter, Großvater bzw. Großmutter, geht in Rente und stirbt. All dies gehört zur Entwicklung des Menschen. Wer Angst vor der Veränderung hat, hat Angst vor der Evolution, doch nichts kann bleiben, wie es war. Alles ändert sich, nicht immer sofort, doch gewiss dann, wenn seine Zeit gekommen ist.

In dem Werk »Grundformen der Angst«*[22] beschreibt Fritz Riemann u. a. zwei existentielle Ängste des Menschen: die Angst vor Veränderung und die Angst vor Stillstand. Der eine Typus fürchtet, dass das Gute, was bisher vorhanden war, verschwinden wird. Der andere fürchtet, dass das Unangenehme, was derzeit vorhanden ist, bleiben wird. Doch letztendlich unterliegt alles einer Veränderung, und zwar aus sich selbst heraus.

Evolution und die fortlaufende Veränderung, die sie

bringt, dient immer dem Fortschritt, ungeachtet der Frage, ob Ihnen scheinbar etwas gegeben oder genommen wird, ob es scheinbar bergauf oder bergab geht. Um den Fortschritt zu erkennen, müssen wir oftmals die Perspektive wechseln. Ein Sinnbild soll dies verdeutlichen: Wenn wir beispielsweise vor einer Wand mit dem Finger eine Spirale ziehen, sieht der Schatten an der flachen Wand lediglich wie eine Auf- und Abbewegung ohne Fortschritt aus. Aus dem dreidimensionalen Raum heraus betrachtet können wir allerdings klar erkennen, dass es sich um eine Fortbewegung im Rahmen einer Spirale handelt, also um einen Fortschritt. Der Fortschritt des Menschen zeigt sich nicht immer auf der Bühne des Lebens, sehr wohl aber immer im Hintergründigen, dem Hintergrund, aus dem der betreffende Mensch heraus agiert.

Unabhängig von der äußeren Entwicklung, dem »Stirb-und-werde«, findet in der menschlichen Seele eine innere Entwicklung statt. Diese setzt sich aus Erkenntnis, Liebe, Weisheit, Bewusstheit usw. zusammen und sollte besonderes Gewicht im Leben haben.

Das Gesetz der Evolution gibt Ihnen auch zu bedenken, dass Sie nichts mit Gewalt vorantreiben, unterdrücken oder verändern sollten, da sich alles zu seiner Zeit so entwickeln wird, wie es der Evolution angemessen ist. In den meisten Fällen gilt: Je weniger Sie sich einmischen, umso besser.

Übung:

1. Notieren Sie drei Dinge in Ihrem Leben, die Sie derzeit stören, und drei Dinge, die Sie momentan entzücken. Dies können Lebensumstände, Beziehungen oder Gefühle sein; Erfolge wie Misserfolge, Freuden wie Leiden haben auf dieser Liste Platz. Gehen Sie gedanklich jedes einzelne durch und sagen Sie zu ihm: »Auch das geht vorüber!« Stellen Sie sich dazu jeden einzelnen Punkt bild-

haft vor, spüren Sie, was es mit Ihnen macht, diese oder jene Sache zu haben oder nicht zu haben. Und dann erfühlen Sie, wie es ist, zu wissen, dass auch diese Sache – egal, ob angenehm oder unangenehm – vorüberziehen wird wie eine Wolke am Himmel.

2. Notieren Sie drei Lebensbereiche, in denen es in Ihrem Leben starke Schwankungen gegeben hat. Dies kann der finanzielle Erfolg sein, Ihr Beziehungsleben, Ihre Wohnverhältnisse oder auch Ihre Kreativität. Dann wechseln Sie die Perspektive und suchen Sie den Gesichtspunkt, aus dem heraus sich in diesen Bereichen unabhängig vom Auf und Ab ein ständiger Fortschritt ergeben hat.

Nachfolgend die Beispiele eines Klienten:

Lebensbereich	**Erfolge**	**Misserfolge**	**Evolution**
Journalismus	Erfolgreiche Artikel	Erfolglose Artikel	Fertigkeiten
Finanzen	Viel Geld haben	Wenig Geld haben	Finanzkompetenz
Beziehungen	Tolle Beziehungen	Miese Beziehungen	Beziehungsfähigkeit

Das »Gesetz der Entsprechung« in jeder Lebenslage erkennen

Kernbotschaft: Alles, was Ihnen begegnet, hat eine Entsprechung. Wie oben, so unten, wie im Kleinsten, so im Größten, wie innen, so außen.

Das Gesetz der Entsprechung war bereits im alten Ägypten bekannt und ist uns von dort in der Tabula Smaragdina (der Smaragdtafel) des Hermes Trismegistos überliefert. Es ist auch unter dem Namen »Hermetik« bekannt und versteht sich als Weltformel übergeordneter Naturgesetze. Das Gesetz offenbart die (den meisten Menschen unbekannte) geheime Beziehung der verschiedenen Dinge zueinander. Es lautet ursprünglich:

> »Es ist wahr, ohne Falschheit,
> sicher und zuverlässig:
> Das, was oben ist, ist wie das,
> was unten ist, und das, was unten ist,
> ist wie das, was oben ist, und das
> betrifft dieses eine wunderbare Werk.
> Wie alle Dinge ihre Existenz dem Willen
> des All-Einen verdanken,
> entstammen alle Dinge dem All-Einen.«
> (Hermes Trismegistos, Tabula Smaragdina)

Die verborgene Entsprechung basiert auf einem übergeordneten Naturgesetz, das wir in der *Analogie* finden, die sich beispielsweise auch im christlichen Vaterunser ausdrückt, »im Himmel wie auf Erden«. Es gibt auch einen »Bewusstseinszustand der Entsprechung«, in dem wir die Entsprechungen als Einheit erleben. Mutter Meera Alfassa, die Lebensgefährtin Sri Aurobindos, drückte diese Entsprechung in ihrer »Agenda« wie folgt aus: »Es gibt diese Welt noch einmal!«*[23]. Auch der schwedische Staatsmann und Philosoph Emanuel Swedenborg beschrieb diese Analogie in seinen Werken*[24].

Das Gesetz der Entsprechung bezieht sich auf etwas anderes als die Kausalität, es ist eine Art Vernetzung auf einer anderen Ebene*[25]. Ein simplifiziertes Beispiel soll dies verdeutlichen.

Beispiel: Eine Familie backt sonntags regelmäßig ihr Brot selbst, weil der Bäcker geschlossen hat, und geht danach in die Kirche. Brotbacken und Gottesdienst treten dabei gleichzeitig auf. Wir können davon ausgehen, dass die Familie in die Kirche gehen wird, immer wenn es bei ihnen im Haus nach Brot riecht. Dabei existiert zwischen Brotbacken und Kirche keine kausale Verknüpfung, sondern nur eine Gleichzeitigkeit. Der Gottesdienst findet nicht statt, *weil* die Familie Brot backt, dennoch gehört beides irgendwie zusammen.

Das Gesetz der Entsprechung erklärt auch, warum das Kartenlegen funktioniert. Wenn man sich auf die Qualität des Kartendecks eingestimmt hat, wird man erleben, dass die Karte, die der Fragesteller beispielsweise beim Tarot zieht, eine »Entsprechung« (Analogie, Gleichzeitigkeit) zum Thema des Fragenden besitzt. Die Brauchbarkeit der Antwort hängt jedoch davon ab, ob der Fragesteller neutral, d.h. absichtslos und frei von Zweifeln ist – ansonsten wird er in den Karten lediglich seine eigene Verwirrung bzw. seine eigenen Zweifel gespiegelt bekommen.

Aus dem Wissen um die Entsprechung erklärt sich auch

die Astrologie. Die Sterne sind keine Verursacher von Schicksal, sondern sie zeigen eine ganz bestimmte Zeitqualität an, wie eine kosmische Uhr oder eben unser Sonntagsbrot. Zeit verkörpert hierbei ein organisierendes Prinzip von Erfahrung. Das Wissen der Alten um die »Gunst der Stunde«, wie es Goethe in »Wallenstein« beschrieben hat oder der Maya-Kalender, kennt das übergeordnete Prinzip der zeitlichen Entsprechung. Mit Hilfe moderner Forschungen wie z. B. der Quantenphysik gelingt es uns mittlerweile, das alte scholastische Weltbild zu übersteigen, ohne dabei dem Aberglauben zu verfallen.

Auch die Synchronizität, wie sie C. G. Jung formulierte, gehört zum Gesetz der Entsprechung. So kann das Gesetz der Entsprechung auch in der modernen Psychologie genutzt werden, um Bilder des Unbewussten in das Tagesbewusstsein hinein zu übersetzen bzw. umgekehrt.

Die anschaulichste Darstellung des Entsprechungsgesetzes finden wir im Märchen. Ein Beispiel hierfür ist das Märchen vom »Teufel mit den drei goldenen Haaren«. Der Held muss u. a. eine Maus, die an der Wurzel eines Baumes nagt, töten, um die Fruchtbarkeit im Dorf wiederherzustellen. Die Maus steht für das Kleinliche, Nagende bei den Dorfbewohnern. Sie ist nicht Ursache für das Problem des Dorfes, aber sie verkörpert es.

Im Traum ist die Entsprechung augenscheinlich, da alle Personen und Objekte eines Traumes Bestandteil des Traum-Bewusstseins sind. In Traumlexika können wir nachlesen, welche Bedeutung ein Vogel, Baum oder Frosch hat, der uns im Traum erscheint.

Der bekannteste Entsprechungs-Traum ist der des Pharaos im alten Testament von den sieben fetten und den sieben mageren Kühen und den sieben fetten und den sieben mageren Ähren, welche Jakob als sieben ertragsreiche und nachfolgend sieben ertragsarme Jahre deutet. Aufgrund der Traumdeutung lässt der Pharao Getreidespeicher bauen und beugt so der im Traum angekündigten Dürrekatastrophe vor.

Das Gesetz der Entsprechung hilft uns, aktuelle Lebensvorgänge zu deuten und uns auf die Zukunft vorzubereiten. Karl Pribram und Nico Spinelli haben in Forschungen nachgewiesen, dass sich die Zukunft durch sogenannte »Botenwellen« ankündigt, auf die wir uns einstimmen können. Man weiß mittlerweile auch, dass Delfine mit ihrem Bewusstsein in der Lage sind, sich auf die Zukunft einzustimmen. Inzwischen versuchen die modernen Wissenschaftler von den Delfinen zu lernen. Ihre Systeme zur Tsunami-Frühwarnung werden seit Neuestem mit der sogenannten »Delfin-Technik« ausgestattet. Über intelligente Hochfrequenztöne soll weltweit eine Frühwarnung von Katastrophen ermöglicht werden*[26]. Wenn man weiß, dass große Ereignisse ihre Schatten vorauswerfen, braucht man eigentlich nur die entsprechenden Signale zu deuten, um auf das Kommende eingestimmt zu sein.

Beispiel: Eine Frau war lange Zeit von ihrem Exfreund, Sternzeichen Widder, getrennt, wollte ihn aber sehnlichst wiedersehen. Eines Tages erhielt sie unerwartet von ihrer Freundin ein Widderhörnchen aus Holz geschenkt. Einen Tag später traf sie ihren Exfreund auf der Straße und hatte ein wunderbares Gespräch mit ihm. Zufall?

Leider sind die meisten Menschen so sehr von Reizen überflutet und abgelenkt, dass sie die Wunder der Zeichen übersehen und verstrickt in Emotionen und Verstandesdünkel an der »Wirklichkeit hinter dem Schein« vorbeistolpern, ohne zu bemerken, was sie dabei alles verpassen. Nur wer eingestimmt ist auf die Wirklichkeit, das »große Spiel«, und nicht im »Spiel im Spiel« des kleinen Ichs gefangen ist, kann das Gesetz der Entsprechungen nutzen und effektiver handeln als der Unerwachte. Es ist wie beim Märchen vom Hasen und vom Igel – wenn der Hase losrennt, ist der Igel bereits am Ziel, weil er die Entsprechung kennt und deshalb aus einer anderen Dimension heraus lebt.

Manche Analogien sind augenfällig, andere bedürfen einer tieferen Schau, damit sie erkannt werden. Das bekannteste Beispiel für das Gesetz der Entsprechung liegt möglicherweise in der Parallele zwischen den Lebenswegen von Lincoln und von John F. Kennedy.

- Lincoln wurde **1846** in den Kongress gewählt, Kennedy wurde **1946** Kongressabgeordneter.
- Lincoln kandidierte zum Vizepräsident **1856,** Kennedy **1956.**
- Lincoln wurde **1860** Präsident, Kennedy **1960.**
- Beide Namen, Lincoln und Kennedy, bestehen aus **7** Buchstaben, und beide setzten sich für Bürgerrechte ein (was ihnen zum Verhängnis wurde).
- Lincoln und Kennedy wurden beide an einem **Freitag** erschossen; Jesus starb an einem Freitag, in Saudi Arabien darf heute noch nur freitags hingerichtet werden.
- Beide Präsidenten verloren während ihrer Präsidentschaft ein Kind.
- Lincoln und Kennedy wurden beide in den **Kopf** geschossen.
- Lincolns **Sekretärin hieß** Kennedy, Kennedys Sekretärin hieß Lincoln.
- Lincoln wurde im **Ford**-Theater in Washington, Kennedy in einem **Ford**-PKW Marke »**Lincoln**« erschossen.
- Lincoln und Kennedy wurden beide von Südstaatlern und beide mit einem Colt erschossen.
- Die Nachfolger von Lincoln und Kennedy hießen beide **Johnson.**

- Andrew Johnson, Nachfolger Lincolns, wurde **1808** geboren, Lyndon Johnson, der Nachfolger Kennedys, **1908.**
- Booth, der mutmaßliche Mörder Lincolns flüchtete aus einem **Theater** und wurde in einem **Lagerhaus** verhaftet, Oswald kam aus einem Lagerhaus und wurde im Theater verhaftet.
- Booth wurde **1839** geboren, Oswald **1939.**
- Die kompletten Namen beider Mörder John Wilkes Booth und Lee Harvey Oswald haben jeweils 15 Buchstaben.
- Zu einem Prozess kam es bei beiden nicht: Oswald und Booth wurden **beide** vor dem Prozess **erschossen.**

Nicht immer sind die Analogien so augenfällig wie in dem o. a. Beispiel. Auch sollte man sich vor voreiligen Schlüssen hüten. Nicht jeder, der beispielsweise »Ehrlichmann« mit Namen heißt, ist ehrlich. Eine solche Annahme wäre ein Gefangensein im Denken. Das Erkennen von Entsprechungen, die wir suchen, bedarf einer tieferen Schau, die nicht aus dem klügelnden Verstand kommt, sondern aus unserer eigenen inneren Mitte, aus einem Bewusstsein der Einheit, das sich nicht als getrennt vom Rest der Schöpfung erlebt.

Die moderne Psychologie kennt viele Wege, um die Menschen an die unterschwellige Einheit zu erinnern und ihnen freie Sicht auf die ständig stattfindenden Entsprechungen zu eröffnen. Einer davon ist die Dehypnotherapie, die zu Recht davon ausgeht, dass wir alle hypnotisiert sind, also Schlafwandelnde im Märchenland Welt, unbewusst in kleinliche Sonderspiele verstrickt.

Die bewusste Nutzung des Entsprechungsgesetzes bezeichnet man gemeinhin als Magie oder auch wertfrei als Manipulation. Magie, schwarz wie weiß, bedient sich der Entsprechungslehre. Der Ritus des Magiers scheint äußerlich nichts mit dem erwünschten Zauber zu tun zu haben und hängt doch mit ihm zusammen. Er symbolisiert exakt die Entsprechung dessen, was erzaubert werden soll.

Vor der Christianisierung Europas wurde die Entsprechungslehre von den Priestern der Griechen, Römer und Kelten unmittelbar angewendet. Mit Einführung der Scholastik im Hochmittelalter und dem stärkeren Vorwärtsdrängen des Patriarchats geriet die Entsprechungslehre mehr und mehr in Verruf bzw. in Vergessenheit. Unabhängig davon ist sie natürlich nach wie vor wirksam und wird von den Wissenden aller Zeiten genutzt, beispielsweise heute noch von den Weisen Polynesiens, den Kahunas. Doch auch die Riten der katholischen Kirche basieren auf dem Gesetz der Entsprechung. So symbolisiert beispielsweise beim Abendmahl der Messwein das Blut Christi.

Jeder Ritus und jedes Symbol bedient sich auf seine eigene Weise des Gesetzes der Entsprechung und bezieht daraus seine Wirkkraft. Dies gilt auch für Symbole, die wir in unser Leben, beispielsweise in unsere Wohnung oder unser Büro einladen, sofern diese in einer Entsprechung zu dem Betreffenden stehen, d. h. mit ihm in irgendeiner Weise zu tun haben.

Beispiel: Ein Klient, Manager, der bisher Angst vor seinem dominanten Kollegen hatte, träumte von einem Tiger, der zu ihm sprach und sagte: »Ich gehöre zu dir. Ich bin ein Symbol für deine Kraft. Mache dir meine Kraft bewusst und pflege mich, dann brauchst du keine Angst mehr zu haben!« Daraufhin ging der Manager in einen Laden und kaufte sich einen riesengroßen Tiger. Er stellte ihn in die Ecke seines Büros, direkt neben seinen Arbeitsplatz. Wann immer er Angst hatte, schaute er liebevoll zu seinem Tiger hin, manchmal streichelte er ihn sogar. Nach dem Gesetz der Entsprechung berührte der Klient damit seinen inneren

Tiger. Dieses Verhalten mag einem Ausstehenden verwunderlich erscheinen, doch der Erfolg gab ihm Recht: Mehr und mehr spürte er die »Tigerkräfte« in sich, nahm die Gewandtheit, Geschicklichkeit und den Mut des Tigers in sich auf und konnte den Aggressionen seines Kollegen immer furchtloser gegenübertreten.

Die positive Wirkung von Entsprechungen tritt auch dann ein, wenn man sich etwas Negatives bewusst macht, das man verändern möchte.

Beispiel: Einem erwachsenen, selbstständig arbeitenden Vermögensberater, der immer wieder, ohne es zu wollen, in kleinkindhaftes Verhalten und Selbstmitleid abrutschte, wurde von seinem Therapeuten geraten, sich eine Packung »Pampers« auf den Schreibtisch zu stellen. Die »Pampers« dienten dabei als Entsprechung zu seinen unreifen Emotionen. Bereits nach wenigen Tagen konnte der Klient berichten, dass er sich, seit er die Pampers auf seinem Schreibtisch stehen hatte, emotional erwachsener verhielt, da sie ihn daran erinnerten, über sein Kleinkinddasein hinauszuwachsen.

In letzterem Beispiel wurde das Gesetz der Entsprechung mit dem Ähnlichkeitsprinzip (»Ähnliches möge durch Ähnliches geheilt werden«) verbunden: Durch ein Symbol, das dem ungelösten Zustand des Klienten ähnelt, wird der unbewusste Zustand bewusst gemacht, liebevoll konfrontiert und dadurch geheilt.

Auch die Homöopathie und die Bachblüten nutzen das Gesetz der Entsprechung: Jemandem, der beispielsweise starr geworden ist wie eine alte knorrige Eiche, würde man entsprechend die Bachblüte »Oak« (Eiche) geben, um diesen Zustand zu transformieren.

Man sagt, dass wir alle schlafende Götter sind, dazu bereit, jederzeit zu erwachen. Mit einem erwachten Bewusstsein werden die Analogien unmittelbar geschaut und erkannt. Statt auf Oberflächlichkeiten hereinzufallen, werden die tieferen Beweggründe erkannt und aus der »Wahrheit hinter dem Schein« heraus erlebt. Erwachen in dem Sinne bedeutet auch, eine andere Instanz, eine andere Perspektive zur Verfügung zu haben, aus der heraus wir die Wirklichkeit wahr- und annehmen. Unser Wahrnehmen und Handeln ist dann frei von Illusionen.

Das indische Gayatri-Mantra ist eine Form der Verehrung des erwachten Zustandes, welcher sich in völligem Einklang mit dem Webmuster des Gesamten bewegt. Es lautet: »OM, bhur bhuwah swahah – tat sawitur warenyam bhargo – dewasya dheemahi – Dhiyo yo nah pradschodayat« und bedeutet sinngemäß: »Ich meditiere zur dreifachen höchsten, selbst erleuchteten göttlichen, kosmischen Macht, die der Schöpfer des gesamten Universums ist, um mein Bewusstsein der Selbstverwirklichung zuzuführen.«*[27]

Die Dreifaltigkeit der Erde, die in diesem Mantra verehrt wird, entspricht dabei der Dreifaltigkeit des Hermes Trismegistos. Rilke hat diesen erwachten Zustand in seinen Sonetten zu Orpheus sehr schön mit den folgenden Worten beschrieben: »Und die Welt beginnt zu singen, sprichst du nur das Zauberwort!«

Sobald wir die Gesetzmäßigkeit in Fleisch und Blut verstanden haben, ermöglicht uns das Gesetz der Entsprechung somit zwei Dinge:

1. In der Entsprechung der Lebensumstände und Planetenstände Gleichzeitigkeiten auf einer überpersönlichen Ebene ablesen zu können und daraus zu erkennen, worin gerade unser Lern- und Erfahrungsbereich liegt, ggf. sogar Voraussagen zu machen. Je klarer das Bewusstsein, umso weniger äußere Hilfen braucht es,

um die Entsprechung »lesen« zu können. Das Erkennen, aufgrund welcher Analogie bestimmte Dinge an einem bestimmten Ort passieren, setzt völlige Urteilsfreiheit voraus und entstammt einer Bewusstheit jenseits des Denkbaren.

2. Durch entsprechende Einwirkung das Leben in Stimmigkeit zu bringen, um die Realität in Einklang mit dem Sein zu erleben – im Dienste der Gesamtschöpfung.

Übung: Notieren Sie Ihre Antworten auf die folgenden Punkte:

1. Haben Sie in Ihrem Leben schon einmal einen Zustand des »Erwachtseins« erlebt? Wie hat sich dieser in Ihrem Leben ausgedrückt?
2. Gab es bereits Augenblicke, in denen Sie Vorabinformationen über Ereignisse in Form von Entsprechungen erhielten?
3. Welche Entsprechungen/auffälligen Analogien kennen Sie in Ihrem Leben?
4. Stellen Sie sich eine Frage, die Sie bewegt. Beispielsweise: »Welchen Sinn hat meine Partnerschaft, mein Beruf, mein Leben?« Beantworten Sie diese nicht aus Ihrem Verstand heraus, sondern stellen Sie sich vor, Sie seien das Ganze, das ganze Universum sei Ihr Denkraum. Welche Antworten finden Sie?
5. Welchen Wert geben Sie Ihrem eigenen Erwachen? Ist es Ihnen wichtiger als persönliche Vorteile? Nehmen wir einmal an, Sie könnten erwacht leben, erwacht mit den Dingen umgehen – wie würde sich dies in Ihrem Leben ausdrücken?

Das »Gesetz der Energie« nutzen, Energien auflösen oder wandeln

Kernbotschaft: Alles Manifeste ist Erscheinungsform der *Einen* Energie, dabei lässt sich jede Form in eine andere verwandeln.

Was es mit dem Gesetz der Energie auf sich hat, können wir schon an seiner Wortherkunft erkennen: Der Begriff Energie wurde im Jahre 1852 von dem Wissenschaftler William John Macquorn Rankine geprägt und leitet sich aus dem Griechischen ab, wo er »innen wirken« bedeutet. Energie bezieht sich also auf eine innewohnende Wirkung.

Unsere Kapazität, Energie aufzunehmen, erscheint zunächst einmal als sehr begrenzt. Tatsächlich jedoch sind unsere Grenzen nicht starr, sondern richten sich individuell nach dem Potenzial des Einzelnen. Auch wenn jeder Organismus nur eine gewisse Menge an Energie verkörpern kann, ist diese potentiell gesehen unbegrenzt, denn die universelle Energie ist grundsätzlich grenzenlos.

Das gesamte Universum besteht aus nichts anderem als aus informierter Energie, welche einen bestimmten Grad an Verfestigung angenommen hat. So wie Tassen, Teller und Vasen in ihrer Erscheinungsform unterschiedlich sind, aber alle aus dem gleichen Material bestehen, so besteht auch die ganze Schöpfung aus nichts anderem als aus derselben verdichteten Energie.

Es ist ähnlich wie beim Bleigießen: Das flüssige Blei symbolisiert die Energie im nicht festgelegten Zustand, die gegossene Figur die letztendliche Erscheinungsform. Die Erscheinungsform von Energie jedoch können wir wandeln, wenn wir nicht mehr an der Form kleben, sondern die in ihr wirkende Energie wahrnehmen.

Energien zu verwandeln ist nichts Außergewöhnliches. Wir tun dies täglich unbewusst allein dadurch, dass wir Nahrung zu uns nehmen und daraus Vitalität und Wachstum für unseren Körper schöpfen. Auch im Alltag verwandeln wir Energie, oft ohne dass uns dies bewusst ist.

Beispiele:
1. Jeder Manager, der beruflichen Erfolg anstrebt, verwandelt potentielle Energie (Visionen, Ideen, Pläne) in manifeste Energie (Erfolge, Geschäftsabschlüsse usw.).
2. Jeder Friedensstifter, der Streithähne miteinander versöhnt, verwandelt unverträgliche Energie in verträgliche.
3. Heiler in aller Welt sind in der Lage, die negative Energie einer Krankheit in positive Energie, also Gesundheit, zu verwandeln.
4. Interessante Beispiele geben uns Yogis, welche in der Lage sind, Säure zu trinken, ohne dass diese dem Körper schadet, oder auch Avatare wie Sattya Sai Baba, die Lichtenergie zur Heilung oder zur Materialisation von Gegenständen nutzen können. Ganz offensichtlich erfordern solche Gaben eine sehr starke Rückverbindung zur Quelle aller Energie und darüber hinaus eine ganz besondere Lebensführung.

Um Energien bewusst zu verwandeln, müssen wir zunächst einmal ihren Aggregatzustand verändern. Dies können wir jedoch nur, wenn wir erkennen, dass wir selbst keine starre Form haben, sondern mehr sind als der physische Körper – Bewusstsein. Zudem müssen wir erkennen, dass die vorliegende Form nichts anderes ist als verdichtete Energie. Indem wir der im Stoff gebundenen Energie erlauben, sich auszudrücken, da zu sein, »wie sie ist«, verliert sie ihre Starre. Es ist so, als würden wir die Bleifigur neu erhitzen, um sie dann bei einem erneuten Bleigießen in etwas anderes zu verwandeln.

Bezogen auf unsere Psyche bedeutet dies: Wann immer Sie mit etwas Festgefahrenem konfrontiert werden, das Ihnen widerstrebt, erkennen Sie: »Das ist ja nur Energie« – und verwandeln Sie es dadurch. Dies gilt für den Umgang mit körperlichen Symptomen ebenso wie für unliebsame Emotionen oder Lebensumstände.

Beispiel: Wenn Sie ein körperliches Symptom spüren, beispielsweise Magenschmerzen, dann verändern Sie den Aggregatzustand der Energie, die in den Magenschmerzen gebunden ist, indem Sie sich erlauben, diese Schmerzen auszudrücken – durch Grimassen, Laute, Bewegungen. Indem Sie das Symptom voll annehmen, bringen Sie es zum Schmelzen.

Auf einmal werden Sie erleben, dass der Aggregatzustand kippt und keine Schmerzen mehr da sind, sondern nur noch reine Energie. Das Blei ist flüssig geworden. Als Nächstes, aber erst dann, wenn keine Restbestände der alten Formation (zum Beispiel Magenschmerzen) mehr vorhanden sind, denken Sie daran, in was sich die Magenschmerzen wandeln sollen, beispielsweise in Wohlgefühl. Denken Sie Wohlgefühl, empfinden Sie Wohlgefühl, und die Energie ist gewandelt*[28].

Wandeln können Sie mit Hilfe des »Gesetzes der Energie« nicht nur ungute Emotionen in gute. Sie können auch gezielt von der Verstandesebene auf die Energieebene wechseln, um dadurch Ihr Leben zu verschönern.

Beispiel: Sie kuscheln mit Ihrem Partner, doch Sie können das Kuscheln nicht so richtig genießen, da Sie permanent an Ihren anstrengenden Büroalltag denken. Außerdem stören Sie die unattraktive Kleidung Ihres Partners und seine schlampige Frisur. Sie spüren Stress in Ihrem Körper. Statt sich jetzt an dieser Form festzubeißen, wechseln Sie einfach die Ebene. Spüren Sie die Energie, den reinen Energieaustausch, wie er zwischen Ihren beiden Körpern stattfindet, und konzentrieren Sie sich nur auf die Energie, nicht auf die Form. Mit ein wenig Übung werden Sie das Kuscheln genießen und sich gegenseitig auftanken können.

Um Energiephänomene wandeln und genießen zu können, ist es erforderlich, Energien nicht emotional zu bewerten. Denn dadurch spalten wir sie in »gute« und »ungute« Energien und kapseln sie von unserer Wandlungsmacht ab. Das Einnehmen einer wertfreien Haltung ist Voraussetzung für das Wunder der Wandlung. Wir können nichts wandeln, was wir ablehnen. Alles negativ Bewertete entzieht sich dem Zugriff unseres Bewusstseins. Dies kommt daher, dass die Ebene der »Bewertung« niedriger schwingend ist als die Ebene der reinen Energie. Deshalb hilft die »Verdammung« des Bösen oder Unangenehmen auch nicht – wir schaffen so nur Dämme und Abspaltungen, statt die Dinge ins Positive zu wandeln. Fazit: Nur was wir nicht bewerten, können wir verwandeln.

Beispiel: Wenn jemand Kopfschmerzen hat und er gegen seine Kopfschmerzen ankämpft, werden sie dadurch nur noch schlimmer. Sobald er sie jedoch wertfrei annimmt, erlebt er, wie sie sich von selbst auflösen und der Kopf frei und klar wird.

Wer in der »Kunst der Energieumwandlung« geübt ist, kann sich von »negativen« wie von »positiven« Energien ernähren, wie ein Igel in der Lage ist, sich von giftigen

Schlangen zu ernähren, ohne selbst dabei Schaden zu nehmen.

Übung: Machen Sie sich einen Lebensumstand bewusst, den Sie wandeln möchten. Dies kann Ihre finanzielle oder Ihre berufliche, Ihre beziehungsmäßige oder Ihre gesundheitliche Situation sein. Fragen Sie sich: »Wenn diese Situation eine Energie wäre, wie würde sie sich anfühlen bzw. ausdrücken?« Finden Sie drei Begriffe dafür, z. B.: »Wenn meine finanzielle Situation eine Energie wäre, würde sie sich eingeschränkt, unförmig und bizarr anfühlen.«

Erlauben Sie dieser Energie, da zu sein, und spüren Sie, was es mit Ihnen macht, sie zu fühlen. Dehnen Sie sich gedanklich in dem Gefühl aus und sagen Sie voll und ganz »ja« dazu, wie es sich anfühlt. Möglicherweise steigen dabei Emotionen in Ihr Bewusstsein, zum Beispiel Trauer oder Wut. Erlauben Sie sich, auch diese zu spüren. Sie fühlen also im Beispielsfall »finanzielle Situation« Trauer. Dehnen Sie sich in diesem Gefühl aus, konzentrieren Sie sich jedoch vorwiegend auf die Energie. Wenn dabei Gedanken hochkommen, wie z. B. »Ich habe versagt«, lassen Sie diese einfach vorüberziehen, ohne sie zu bekämpfen oder zu bejahen, wie eine Wolke am Himmel. Wenn Sie möchten, können Sie mit Grimassen, Stimme, Körperhaltung Ihre Empfindung ausdrücken, vielleicht sogar übertreiben bis hin zur Karikatur. Auch alte Bilder dürfen in Ihr Bewusstsein aufsteigen. Achten Sie dabei jedoch darauf, im »Hier und Jetzt« zu bleiben, ohne sich an alte Geschichten anzuklammern. Bleiben Sie im Fühlen. Wenn sich dieses reine Energiefühlen für Sie zu stressig anfühlt, können Sie auch, während Sie weiter fühlen, Ihre Stirn in Ihre geöffneten Handschalen legen – das entspannt.

Egal, welche Emotion hochkommt, bleiben Sie in der reinen Wahrnehmung. Dadurch kochen Sie das Blei, bis es wieder flüssig ist. Identifizieren Sie sich nicht mit dem, was hochkommt. Denken Sie stattdessen: »Das ist ja nur Energie!« Auf einmal werden Sie erleben, dass Ihre Wahrnehmung umkippt und Sie nur noch reine Energie ohne jegliche Prägung empfinden, wenn Sie an Ihr Thema »finanzielle Situation« denken.

Erlauben Sie das Gefühl von Weite und den »inneren Raum«, der sich Ihnen dadurch eröffnet. Stellen Sie sich dann vor, in diesem inneren Raum würde ein Korridor entstehen, der zu dem erwünschten Endzustand, z. B. »Wohlstand«, führt. Imaginieren Sie, dass Sie einen Schritt in diesen Korridor hineingehen. Spüren Sie wieder nach, ob in Ihnen noch etwas aufsteigt, andere Blockaden, Hindernisse, Gedanken. Falls ja, verharren Sie in der neuen Position, bis sich auch dort der innere Raum öffnet und Klarheit und Weite entstanden ist.

Sobald Sie dies spüren, gehen Sie gedanklich den nächsten Schritt. Vollziehen Sie so langsam einen Schritt nach dem anderen, bis Sie in dem neuen Energieausdruck angekommen sind. Eilen Sie dabei nicht Hals über Kopf, sondern genießen Sie bei jedem Schritt die Umformung, die stets im Jetzt geschieht, während Sie an Ihren Fokus, z. B. die finanzielle Situation, denken. Spüren Sie immer wieder nach, was hochkommt, und lösen Sie die Energie durch liebevolle Annahme auf.

Mehr und mehr lassen Sie sich von dem positiven Begriff, dem erwünschten Endzustand, anziehen. Wiederholen Sie nun diesen Begriff, z. B. »Wohlstand«, immer wieder und spüren Sie, was das Wort in Ihnen auslöst. Wenn Sie wüssten, wie sich die neue Qualität anfühlen würde, wie wäre sie? Finden Sie auch dafür drei Begriffe, z. B. »blauer Saphir, weit, Prana«. Begeben Sie sich gedanklich immer mehr in diese neue Energie hinein, während Sie gleichzeitig wertfrei beobachten, was möglicherweise noch in Ihnen aufsteigt. Identifizieren Sie sich mit dem neuen Energieausdruck, indem Sie ihn innerlich bejahen – »Ja, das gehört zu mir« – und erkennen, dass dieser Zustand das Beste für Sie und Ihre Umgebung ist. Nehmen Sie die erlebte Wandlung für sich selbst an. Sie haben soeben Energien erfolgreich gewandelt.

Wie wir bereits erkannt haben, sind wir in der Lage, Energien in ihrer Erscheinungsform umzuwandeln. Doch diese Umwandlung von Energie in eine andere Daseinsform ist stets mit einem gewissen Aufwand an Eigenenergie verbunden, die hierbei als Katalysator wirkt. Je mehr Eigenenergie vorhanden ist, umso leichter fällt uns die Umwandlung. Solange wir jedoch noch nicht vollendet sind, werden wir deutlich die Notwendigkeit spüren, immer wieder positive Energien zu tanken und das zu uns zu nehmen, was uns energetisch stärkt.

Bei unserer Energie-Ernährung sollten wir darauf achten, dass wir diese in einer Form zu uns nehmen, die uns guttut und speziell für uns kompatibel ist. Die Zusammenstellung ist bei jedem Menschen ein wenig unterschiedlich. Beispielsweise wird der Wissenschaftler, der eine hohe Konzentration benötigt, mehr konzentrierten Zucker zu sich nehmen müssen als der Straßenarbeiter. Letzterer wird eine fettreiche Nahrung bevorzugen, da diese genügend länger vorhaltenden Brennstoff für seine harte körperliche Arbeit zur Verfügung stellt.

Jeder von uns kennt die wohltuende Wirkung von Sonnenlicht auf unser Körperenergiesystem. Auch die Nährkraft der Farben ist hinreichend bekannt. Aus diesem Grund gibt es heutzutage Farblampen. Aber wussten Sie, dass Sie die Energie von Farben allein durch das Anschauen von farbigem Papier in sich aufnehmen können?

Übung: Kaufen Sie sich einige Bögen Plakatkarton in verschiedenen Farben. Stellen Sie Ihren Minutenwecker auf zehn Minuten. Betrachten Sie einen farbigen Karton Ihrer Wahl. Ihre Augen sind auf den Karton konzentriert. Wann immer sich in Ihnen ablenkende Gedanken zu Wort melden, sagen Sie zu ihnen: »Jetzt nicht, jetzt schaue ich auf die Farbe.« Lassen Sie die Farbe des Kartons auf sich wirken. Achten Sie darauf, dass Sie Ihren Atem weder vorantreiben noch unterdrücken. Dadurch sind Sie eingestimmt auf das »Jetzt«.

Fühlen Sie, wie die Farbe des Kartons von selbst – alleine dadurch, dass Sie beobachten – durch Ihren ganzen Körper strömt. Spüren Sie aber auch hin, wo es in Ihrem Körper noch Widerstände gegen die Farbe gibt. Nachdem der Minutenwecker geklingelt hat, schließen Sie die Augen und spüren Sie in Ihren Körper hinein. Imaginieren Sie, dass die betrachtete Farbe alle Zellen und Bereiche Ihres Körpers erreicht. Auch dieses Erleben sollten Sie weder vorantreiben noch unterdrücken. Veranschaulichen Sie sich dabei, wie die angeschaute Farbe alle Schlackenstoffe aus Ihrem Körper herausspült.

Bei fortwährendem Üben werden Sie Unterschiede in der Wirkung der einzelnen Farben feststellen, so wirkt Rot beispielsweise energetisierend, Blau beruhigend, Gelb erheiternd und Grün harmonisierend.

Entwickeln Sie Ihre Energie-Sinne

Kernbotschaft: Neben den physischen Sinnen gibt es Energie-Sinne, über die jeder verfügt.

Um fremde Energien wahrzunehmen, ist es hilfreich, sich *seiner eigenen* Energien bewusst zu sein. Hierbei ist es wichtig zu erkennen, dass Sie selbst nicht die Energien sind, die Sie wahrnehmen. Sie sind Bewusstsein, ICH BIN, etwas, das höher steht als die Energieebene und diese wertfrei beobachten kann.

Natürlich ernähren wir uns auch von Klängen. Inzwischen weiß man, dass gute orchestrale Musik (z. B. Mozart) eine heilende und harmonisierende Wirkung auf den Organismus hat. Auch hier können Sie wahrnehmen, welche Art von Energie Sie momentan benötigen, und zugleich Ihre Energie-Sinne schulen.

Übung: Hören Sie zum Vergleich einmal einen Knabenchor*[29] und afrikanische Trommelmusik und lassen Sie beides auf sich wirken. Achten Sie dabei nicht so sehr auf Melodie und Klang, sondern mehr darauf, was es energetisch mit Ihnen macht, der einen oder anderen Musik zu lauschen. Finden Sie dafür Begriffe wie z. B. »erhebend, zart, seelenvoll« oder auch »kraftvoll, erdend, aggressiv«.

Natürlich können Sie auch die Sprache Ihrer Umwelt energetisch erfassen. Dafür ist es jedoch notwendig, Ihre Aufmerksamkeit einmal von der Sprachlogik wegzubewegen und das wahrzunehmen, was sich hinter den Worten verbirgt.

Übung: Lauschen Sie einmal den Worten eines Menschen. Achten Sie dabei aber nicht darauf, was er sagt, sondern mit welcher Energie. Wie wirken die Worte energetisch auf Sie? »Abgehackt, dominant und kopflastig« oder »wohlklingend, abgerundet, einfühlsam«?

Erleben Sie, welche neue Welt sich Ihnen auftut, wenn Sie den Energien zuhören. Allein die Formel »guten Tag« kann völlig anders wirken, je nachdem, wer sie sagt und mit welchem Hintergrund der Betreffende diesen Gruß ausdrückt. Auf einmal erkennen Sie: Das, was der andere *ist,* schreit so laut, dass Sie manchmal gar nicht mehr hören können, was er sagt.

Ihre Energiewahrnehmung ist nicht auf Menschen beschränkt. Sie können alles, was Sie umgibt, als Energie erfassen. Dadurch erfahren Sie wesentlich mehr über die Wirkung der Dinge und Lebensumstände auf Sie, als wenn Sie lediglich darüber nachdenken.

Übung: Fühlen Sie einmal die Energie Ihres Wohnortes. Dies können Sie gedanklich von zuhause aus tun oder auch, während Sie durch die Straßen Ihrer Heimatstadt gehen. Wie wirkt Ihr Wohnort auf Sie? Ist die Energie Ihres Wohnortes am Wochenende anders als an Werktagen?

Mit allem, was zu Ihnen strömt, nehmen Sie Energien auf, über das Bild eines Menschen ebenso wie über das geschriebene oder gesprochene Wort. Masaru Emoto wies nach, dass alleine ein Wort, das auf ein Wasserglas geschrieben wird, den Energiezustand des Wassers verändert, positiv oder negativ, je nach Bedeutung des Wortes*[30].

Jeder Gedanke, jedes Projekt, jede Frage verfügt über eine Energie, die Sie »lesen« können. Viele Fragen beantworten sich von selbst, wenn Sie nicht intellektuell nach der Antwort suchen, sondern der Energie der Frage nachspüren. Aus welchem Hintergrund heraus wurde die Frage gestellt?

Beispiel einer Sitzung: Klient: »Ich möchte wissen, wer mein spiritueller Meister ist!« – Therapeut: »Ich höre bei dieser Frage Unsicherheit, fast Verzweiflung, habe ich das richtig wahrgenommen?« – K: »Ja, dahinter verbirgt sich ein Kinderglauben, wenn ich nur den richtigen Meister hätte, würde alles gut!« – T: »Was ich wahrnehme, ist ein tiefes Bedürfnis nach Heilung und Heilsein. Was bedeutet es denn für Sie, dass alles gut wird, was müsste geschehen?« – K: »Ich würde mich auf dieser Welt zuhause fühlen und wissen, was ich hier zu suchen habe, denn mein Meister würde es mir sagen. Ich würde die Liebe in jedem Baum, in jedem Stein erkennen. Und wenn ich eines Tages sterbe, würde ich in Frieden und ohne Drama gehen können!« – T: »Was ich energetisch wahrnehme, ist eine Sehnsucht, zu Ihnen selbst zu finden. Wer oder was könnte das für Sie tun?« – K: »Ich erkenne, dass ich die Wahrheit in mir finden muss. Es geht nicht darum, den richtigen Meister zu suchen, sondern den Meister, wann und wo immer er mir begegnet, in meinem Selbst zu sehen und zu berühren.«

Aus dem Energielesen heraus gewinnen Sie ein inneres Wissen, das nicht logisch beweisbar und auch nicht erklärbar ist. Es lässt sich am ehesten mit den Begriff »Gewissheit« erklären. Dass Sie bestrebt sind, ein hohes und gutes Energieniveau zu halten, ist völlig in Ordnung. Doch Sie selbst, Ihr wahres Sein, ist unabhängig von Energie und deren Qualität.

Seien Sie sich bei aller Freude an der »Welt der Energie« deshalb stets der Tatsache bewusst, dass Sie nicht die Energie sind, die Sie wahrnehmen. Energien zeigen sich in Zuständen. Sie selbst aber sind etwas, das von Zuständen unabhängig ist. Diese Erkenntnis mag Sie lächeln lassen, ungeachtet der Frage, ob gerade viel oder wenig Energie vorhanden ist.

Es ist wie bei der Gralsschale, bei der man sich fragt, ob

sie halb voll oder halb leer ist. Das Wunder des Lebens liegt nicht darin, wie voll die Schale ist, sprichwörtlich, wie viel Energie vorhanden ist, sondern darin, dass da überhaupt ein Gral ist, der Energie zu fassen vermag. In der Stille des »Ich bin« reguliert sich Ihre Energie von selbst, die Dinge sind, wie sie sind, und können als solche angenommen und geliebt werden.

Das Geheimnis offener Systeme – resonanzfähig für Beabsichtigtes

Kernbotschaft: Sie können sich für alles, was Sie erreichen möchten, resonanzfähig machen. Wenn Ihnen Ihr Lebensprogramm nicht gefällt, können Sie wie beim Fernsehen das Programm umschalten, indem Sie eine andere Frequenz einstellen – und das Lebensprogramm ändert sich sofort.

Wir befinden uns in der Phase einer Veränderung des öffentlichen Weltbildes. Bücher wie die »Prophezeiungen der Celestine«, aber auch die Arbeiten des Wissenschaftler Rupert Sheldrake*[31] künden davon, dass die Zeit des alten mechanistischen Weltbildes zu Ende geht.

Das bisherige Weltbild ging von geschlossenen Systemen aus, der Mensch wurde als »hautverkapseltes Ich« angesehen, das mit dem, was im Rest der Welt vor sich geht, nichts zu tun hat. Aus diesem Denken heraus entstand die »Sparschweinmentalität«: Energie ist begrenzt, und ich muss möglichst viel davon für mich gewinnen, um zu überleben.

Der bisherige Umgang mit Geld ist noch ein Ausdruck dieser Mentalität. Das bedeutet nicht, dass Geld schlecht ist, aber wir werden einen neuen Weg finden, damit umzugehen: Geld ist nicht als Ausdruck der Trennung vom Ganzen gedacht (»ich habe mehr als du«), sondern als Mittel der Kommunikation und Verbundenheit. Wir werden entdecken, dass Geld, ähnlich der Zeit, nicht nur einen quantitativen, sondern auch einen qualitativen Wert besitzt. So hat beispielsweise Geld, das auf erwachte Weise gewonnen wurde, einen anderen qualitativen Wert als Geld, das aus einer Erpressung stammt oder mit unlauteren Methoden angeeignet wurde. Doch nicht nur unser Umgang mit dem Geld, auch unser gesamter Umgang mit der Welt wird sich ändern. Immer mehr Menschen begreifen, wie wichtig es ist, sich als offenes und nicht als geschlossenes System zu begreifen.

Irene Fiorio hat den Unterschied zwischen dem alten und dem neuen Weltbild dargestellt, indem sie die folgenden Veränderungen beschreibt*[32]:

- Gottesbild: Der Mensch selbst ist Schöpfer, Gott.
- Bewusstseinsmenge: Es findet weltweit eine Art Massenerwachen statt.
- Integration Ihrer Vollkommenheit in diese Welt.
- Die Schwingung erhöht sich dadurch weltweit.
- Die Dunkelheit wird genauso geliebt wie das Licht, man muss keine Angst mehr vor ihr haben, sich nicht mehr vor dem vermeintlich Negativen schützen.
- Öffentlichkeit: Spiritualität findet nicht mehr hinter Klostermauern verborgen statt, sondern ganz normal im Alltag.
- Gesetzmäßigkeiten: Es gibt keine althergebrachten Grenzen mehr.
- Vielfalt an neuen Möglichkeiten: Neue Energie heißt eigentlich Neue Möglichkeiten (siehe Quantenphysik).
- Selbstermächtigung gepaart mit Eigenverantwortung.

- Alt und Neu gehören in jedem Fall zusammen. Sie sind eins. Es ist ein großes Miteinander.

Bisher sind die Menschen spirituell gesehen auf einem Fahrrad mit Stützrädern gefahren. Diese Stützräder waren kirchliche Doktrinen, Moral, Regeln usw. Nun aber fangen sehr viele an, die Stützräder abzunehmen und frei zu fahren. Und doch kommen immer wieder andere nach, die erst einmal das Fahren mit Stützrädern lernen. Wer ganz in der neuen Energie ist, der fährt nicht einmal mehr Fahrrad, das heißt, er strampelt sich nicht mehr ab, sondern er sitzt einfach entspannt auf seinem Rad, und die Umgebung zieht an ihm vorbei … »That's magic and it works!«

Kommen wir auf die praktische Anwendbarkeit des neuen Weltbildes, die offenen Systeme zu sprechen. Eigentlich ist es seit jeher so, dass alles mit allem in Resonanz steht. Wir haben es nur über die Jahrtausende nicht erkannt. Betrachten wir die Ökologie der Natur, erkennen wir, wie Blumen und Bienen, das ganze Sein, in Wechselbeziehung miteinander steht. Der vietnamesische Philosoph Thich Nhat Hanh nennt diese Tatsache »Intersein«. Auch wir Menschen sind in einem »Intersein« mit der Natur und mit allen anderen Menschen verbunden.

Dies verdeutlicht auch unser Atem. Der Atem verbindet uns mit den Bäumen – ohne Bäume kein Sauerstoff. Wir brauchen die Bäume als unsere Partner. Zugleich verbindet uns Menschen allesamt die Tatsache, dass wir atmen müssen, um zu überleben. Wir atmen alle dieselbe Luft. Es gibt keine Luft für die Chinesen, Luft für die Amerikaner, Luft für die Deutschen – es gibt nur eine Luft für uns alle.

Wie die moderne Quantenphysik uns heute beweist*[33], steht alles mit allem in Wechselbeziehung. Die ganze Welt besteht aus »Feldern«, in die wir uns einklinken können.

Diese Felder sind wie »Spielclubs«, bei denen wir mitspielen können. Alles, was wir erleben, ist als Potenzial in »Feldern« abgelegt, in die wir uns einstimmen können, während wir selbst und alle Menschen um uns herum diese Felder weiter entwickeln. Grundsätzlich können wir drei Arten von Feldern unterscheiden:

1. Felder, in denen wir auftanken können, die unserem Heilsein, unserer Absicht und unserer Gesundheit entsprechen. Zu diesen Feldern gehören nicht nur die großen Buddhafelder, welche die Heiligen um sich herum aufbauen bzw. hinterlassen, sondern auch die Familienfelder, die Kraft unserer Ahnen und viele andere mehr. **Beispiel:** Sie stimmen sich auf ein erwünschtes Feld ein, indem Sie die Gesellschaft erfolgreicher Menschen suchen, wenn Sie Erfolg suchen. Das kann bedeuten, in einem Luxushotel eine Tasse Kaffee zu trinken und das dortige Ambrosia zu tanken. Suchen Sie spirituelle Rückverbindung, liegt Ihre Einstimmung vielleicht darin, zu beten oder spirituelle Lieder zu singen. Sie werden als Resonanzboden vielleicht eher ein Kloster, ein Meditationszentrum, einen Ashram oder einen Kraftplatz in der Natur wählen.

2. Felder, in die wir Heilung und Hilfe fließen lassen können: Dies sind die Felder, in denen unser Mitgefühl gefragt ist. Jemand bittet uns um Hilfe, und wir spüren, es entspricht uns, zu helfen. Indem wir in diesen Feldern dienen, öffnen wir unseren inneren Kanal und werden letztendlich selbst beschenkt. Hier sollten wir allerdings nicht wahllos geben, sondern der richtigen Person im richtigen Maß, genau so, wie es uns entspricht. **Beispiele:** Ein guter Freund bittet Sie um Rat. Ihr Nachbar ist krank und bittet Sie um Pflege. Ein naher Ver-

wandter heiratet und bittet Sie, ihm zu helfen, die Hochzeit zu organisieren. Eine gute Bekannte von Ihnen hat ein Beziehungsproblem und braucht jemanden, der ihr einfühlsam zuhört.

3. Felder, welche zur Umwandlung anregen. Das sind insbesondere die Felder, die in uns Schattenthemen, also Ungelöstes, aktivieren.
   Beispiele: Sie stehen im Stau. Ein Autofahrer drängt sich in Ihre Schlange und beleidigt Sie. Werden Sie jetzt ebenfalls wütend, oder finden Sie eine andere Einstellung zu dem Vorfall? Sie werden von Ihrem Partner provoziert. Steigen Sie jetzt auf die Projektionsebene ein, oder bleiben Sie in der Liebe und in Ihrer Mitte?

Die Dreiteilung der Felder ist eine Hilfe für Sie. Erkennen Sie, dass Sie sich für jedes der drei Felder unterschiedlich öffnen müssen. Bei Feldern der Kategorie 1 ist Ihre Hingabe an das Feld, die Öffnung für das Gute dieses Feldes gefragt. Nun kann es sein, dass ein Feld nur in Bezug auf einen ganz bestimmten Bereich für Sie hilfreich ist. In diesem Fall sollten Sie das klar erkennen und nur mit diesem Fokus in Resonanz gehen. Wenn Sie sich beispielsweise an das Feld von Mutter Theresa oder Elisabeth Kübler-Ross anschließen, werden Sie viel über Mitgefühl erfahren, doch wenn Sie sich davon finanziellen Reichtum erhoffen, haben Sie das falsche Feld angezapft. Das Gleiche gilt natürlich bei der Wahl der Religion oder des Buddhafeldes eines spirituellen Meisters: Die Qualität des Feldes sollte Ihrer Mentalität und Ihrem Seelenbedürfnis entsprechen. Genauso ist es bei Freunden: Der eine Freund mag Sie an die Businesswelt anschließen, der andere an Ihre innere Harmonie. Nicht umsonst heißt es: »Sage mir, mit wem du umgehst, und ich sage dir, wer du bist!« Gerade in einer

Partnerschaft ist es wichtig zu erkennen, mit welchem Feld der Partner einen verbindet.

Beispiel: Ein Familienvater, von Beruf Manager, trennte sich von seiner ehrgeizigen Frau, die viel Energie dafür aufwendete, ihren Mann an die Spitze der deutschen Wirtschaft zu schieben. Stattdessen heiratete er eine Heilerin, deren tiefste Motivation es war, Menschen zu helfen, ohne auf das Geld zu schauen. Im Laufe der nächsten Jahre verlor der Mann seinen Job und wurde selbst Heilpraktiker – vermögensärmer, aber glücklicher.

Solche Beispiele gibt es immer wieder. Es hat viele Gründe, warum einen der eigene Partner besonders tief beeinflusst, darunter vor allem einen: Im Schlaf vermischen sich die Energiefelder. So ist es kein Wunder, dass sich Partner im Laufe der Jahre immer ähnlicher sehen – und einander immer ähnlicher werden.

Oft ist es das Un- oder Überbewusste, das Sie in der Wahl Ihrer Freunde und Partner führt. Auch dann, wenn Sie in einer festen Beziehung leben, mit der Sie glücklich sind, es ist hilfreich zu wissen, was Sie (un- bzw. überbewusst) gewählt haben. Nicht nur die Energie des anderen, sondern auch Ihre Absicht entscheidet, was aus dem gemeinsamen Energiefeld gemacht wird.

Wenn die eigene Absicht klar ist, wird auch eine schwierige Resonanz sie nicht negativ beeinflussen können. Dies gilt auch für schwierige Resonanzen im Berufsleben oder sogar beim Militär.

So ist beispielsweise von Napoleon bekannt, dass er seine pestkranken Soldaten besuchte, ohne selbst krank zu werden, oder von Entwicklungshelfern, die den Ärmsten der Armen helfen, ohne selbst dadurch zu verarmen.

Hilfreich ist auch zu wissen, wo Sie Energie tanken können und wo nicht. Wenn Sie von einem Menschen, der selbst bedürftig ist, etwas zu bekommen versuchen, besteht die Gefahr, dass Ihr Energieniveau eher sinkt.

Felder vom zweiten Typ, in die Sie Heilung und Hilfe einfließen lassen können, entstehen immer dann, wenn Sie um Beistand gebeten werden. Hier ist es wichtig, nicht aus dem Ego heraus zu helfen, z. B. weil Sie Angst vor Liebesentzug haben oder weil Sie gut dastehen wollen. Nur wenn Sie aus einer un- bzw. überpersönlichen Liebe heraus Beistand leisten, öffnet sich Ihr innerer Kanal, und Sie arbeiten nicht auf Batterie. Im Osten wird dieser Beistand »Seva« genannt. Wenn wir erst unser kleinliches Ich überwunden haben, wird Seva unser höchstes Gut, unser ganzes Leben wird mehr und mehr Ausdruck von selbstlosem Dienen, und wir erleben, dass dieser Seva nicht anstrengt, sondern Erfüllung schenkt. Dort wo uns Seva anstrengt, sollten wir prüfen, ob wir in Widerstand sind und welche wesentlichen eigenen Bedürfnisse möglicherweise verdrängt werden, die bei uns selbst nach Erfüllung dürsten.

Die dritten sind Felder, in denen wir zu Transformationsarbeit aufgefordert werden. Hier sollten wir erst einmal erkennen, dass es nicht darum geht, im Außen etwas zu ändern, sondern lediglich um unsere eigene Resonanz zu dem, was uns angeboten wird. Transformationsfelder entstehen beispielsweise, wenn wir unliebsam behandelt werden oder wenn das Verhalten der anderen oder unser Lebensumstand in uns Missempfinden auslöst. Indem wir das Missempfinden zum Anlass nehmen, unsere Resonanz zu verändern, werden wir ein Teil der Lösung – nicht des Problems –, und dies unabhängig davon, wie die anderen Menschen oder Lebensumstände darauf antworten.

Es ist wichtig, ein ausgewogenes Verhältnis zwischen den drei Feldern zu wahren. Wenn Sie nicht nachtanken (Feldtyp 1), vernachlässigen Sie Ihre eigene Nährung und laufen Gefahr auszubrennen. Wenn Sie sich dort, wo Sie eigentlich etwas geben könnten (Feldtyp 2), anderen rigoros verweigern, schneiden Sie sich damit von der interdimensionalen Verbundenheit, von der »Familie des Menschseins« und ihren Segnungen ab. Und dort, wo Sie es versäumen, Schatten- bzw. Transformationsarbeit zu leisten (Feldtyp 3), besteht die Gefahr, dass Sie eines Tages unsanft auf dem Boden landen, weil Sie Ungelöstes zurückgelassen haben. In der Regel aber sorgt das Leben in seiner Weisheit von sich aus für eine gute Ausbalanciertheit der drei Feldtypen.

Die Idee, sich für Beabsichtigtes resonanzfähig zu machen, betrifft alle drei Feldtypen, schließlich geht es ja auch bei Unangenehmem um die richtige »Einstellung«. Vorrangig wird von dieser Idee natürlich Feldtyp 1 berührt.

Wenn Sie sich für Beabsichtigtes resonanzfähig machen wollen, bedeutet dies erst einmal, dass Sie Ihre innere Absicht kennen müssen. Viele Menschen behaupten, sie wissen, was sie wollen. Doch wenn man nachbohrt, erkennt man, dass sie lediglich Vorstellungen davon haben, was sie wollen. Vorstellungen aber entsprechen noch lange nicht der wahren Absicht. Das englische Wort tut sich hier leichter, darauf hinzuweisen, worum es bei der Absicht geht: »Intention!« Die Vorsilbe »in« deutet darauf hin, dass wir nach innen gehen müssen, um unsere Absicht aufzuspüren.

Viele Menschen sind überhaupt nicht mit ihrer wahren Absicht in Kontakt. Sie äußern lediglich Anerzogenes wie »Ich möchte reich sein und einen Ferrari haben« – aber ist dies, was sie wirklich beabsichtigen, entspricht es ihrer wahren Intention?

Vielleicht sind auch Sie sich nicht ganz klar darüber, was Sie wollen. Wie können Sie in diesem Fall Ihre wahre Absicht erkennen? Indem Sie Ihr Herz fragen, nicht Ihren Verstand. Ihr Verstand ist wie ein Computer. Er kann nur wiedergeben, was in ihn eingespeichert wurde. Wenn Ihre

Eltern Sie gelehrt haben, dass es wichtig ist, reich zu sein, meint Ihr Verstand vermutlich, darauf käme es an. Doch wenn Sie tief in sich hineinspüren, kann es sein, dass Ihrem Herzen Reichtum völlig egal ist, dass Ihre wahre Absicht eher in der Heilung liegt, Beziehungsfähigkeit oder auch darin, einfach nur ein schönes Leben zu haben.

Wenn Sie mit einer falschen Absicht unterwegs sind, müssen Sie scheitern, weil innere Widerstände diese blockieren. Deshalb ist es so wichtig, dem auf die Spur zu kommen, was Sie wirklich wollen – der Absicht Ihres wahren Selbst.

Übung: Entspannen Sie sich. Beobachten Sie Ihren Atem, ohne ihn voranzutreiben oder zu unterdrücken. Sinken Sie in Ihr Herz. Dann, aber erst dann, wenn Sie tief mit Ihrem Herzen verbunden sind, fragen Sie Ihr Selbst: »Was ist deine wahre Absicht?« Verharren Sie in der Stille, auch wenn nicht sofort eine Antwort kommt. Lauschen Sie. Wenn Sie diese Übung mehrmals wiederholen, werden Sie erfahren, dass Ihr Selbst mit Ihnen zu sprechen beginnt. Sie nehmen Gedanken, Empfindungen und Impulse wahr, von denen Sie wissen, dass diese nicht aus dem Verstand kommen, sondern aus Ihrem Selbst. Stimmige Gedanken fühlen sich anders an und sind oft mit einer seelischen Rührung verbunden. Sie denken vielleicht, Ihre Absicht sei es, viel Geld zu verdienen, aber Ihr Selbst antwortet: »Lieben lernen!« Natürlich kann es auch um Erfolg gehen, jedes Leben hat seine eigene Absicht.

Wenn Sie Ihre Absicht kennen, ist es wichtig, sich dieser zu öffnen. Ist Ihre Absicht Erfolg, ist es wichtig, dass Sie sich dem Erfolg öffnen, ist Ihre Absicht Liebe, sollten Sie sich der Liebe öffnen.

Neben der großen Linie lässt sich die Absicht in jedem Augenblick schöpferisch einsetzen. Ihre große Linie ist vielleicht Geld, Erfolg, Liebe. Und dann sind Sie mitten im Leben in einer Situation und suchen die richtige Resonanz und erkennen, dass es um Mitgefühl geht. Wenn Sie sich Ihre jeweilige Absicht bewusst machen, kann Ihnen das dabei helfen, sich entsprechend einzustimmen und das zu erleben, was Sie wirklich erleben wollen.

Beispiel: In einer romantischen Stunde sagt sie: »Dein Rasierwasser riecht ja wunderbar, aber das Hemd, das du trägst, sieht entsetzlich aus!« Nun liegt es an Ihnen, sich Ihrer Absicht klar zu werden. Wenn Sie wissen, dass Sie einen romantischen Abend verbringen wollen, werden Sie die Bemerkung über Ihr Hemd unter den Tisch fallen lassen. Sie werden die Idee der Rechthaberei loslassen und Ihre Resonanz auf Romantik einstellen, vielleicht ihr sagen: »Du riechst auch ganz fantastisch, so eine Mischung aus Jasmin und Rosen, magst du mir den Namen des Duftes verraten?« Der weitere Abend wird natürlich ganz anders verlaufen, als wenn Sie auf die Bemerkung mit dem Hemd einsteigen und ihr vorhalten, dass Sie sich von ihr dominiert fühlen, dass Sie in Ihrer Freiheit anziehen können, was Ihnen passt, dass Sie sich beeinträchtigt fühlen, dass sie keinen guten Geschmack hat usw.

Wie wir in dem kleinen Beispiel sehen können, erfährt jeder Mensch seine eigene Schwingung in der Welt gespiegelt. Da jeder Mensch in einer anderen Schwingung ist, bekommt er eine andere Welt gespiegelt, glaubt aber stets, dass die Dinge so und nicht anders sind. Durch das Gesetz der Resonanz erfahren wir, dass wir die Dinge verändern können, indem wir unsere Einstellung verändern. Sie können Ihre Resonanz einstellen, worauf Sie wollen. Das Wunder der Resonanz, das auf Sie wartet, liegt darin, dass sich die Welt um Sie herum verändert mit der Schwingung, die Sie aussenden. Indem Sie mit dem entsprechenden Feld in

Kontakt kommen, erleben Sie eine völlig andere Welt als Ihr Nachbar.

Vielleicht lässt sich das Gesetz der Resonanz mit einem Fotografen vergleichen, der ein Zoomobjektiv besitzt. Je nachdem, wie er den Winkel verändert und worauf er scharf stellt, sieht er durch die gleiche Linse entweder eine blühende Rose oder zwei streitende Menschen. So ist es in jeder Lebenssituation.

Ein noch schönerer Vergleich ist der mit einem Radio- oder Fernsehempfänger. Die Schwingungen/Felder sind alle zugleich da. Genauso, wie Sie bei einem Fernseher das Programm, das Sie auf dem Bildschirm sehen, verändern können, indem Sie den Kanal wechseln, oder beim Radio die Musik verändern, indem Sie an dem kleinen Rädchen drehen, so können Sie am gleichen Ort etwas völlig anderes erfahren. Sie brauchen nur die Frequenz zu verändern.

Beispiel: Ein Klient war in einer Diskothek, als dort eine Massenschlägerei ausbrach. Er war gerade frisch verliebt und küsste seine Freundin. Als er mit dem Küssen fertig war, war die Schlägerei schon fast zu Ende. Ihm und seiner Freundin wurde kein Haar gekrümmt, sie erlebten etwas völlig anderes als alle anderen Diskothekenbesucher – weil sie auf eine andere Frequenz gestimmt waren. Sie gehörten nicht dazu!

Sie können auch zwischen den Feldern springen. Ein typisches Beispiel dafür ist der Pfarrer, der morgens eine Begräbnisrede und mittags eine Hochzeitsrede hält – oder gar umgekehrt. Wie ist dies möglich, ohne Trauer bzw. Fröhlichkeit zu heucheln? Nun, ganz einfach, indem sich unser Pfarrer auf das jeweilige Feld einstellt.

Was der eine beruflich muss, kann der andere auch privat nutzen. Wenn Sie beispielsweise den Kopf voller Sorgen haben, können Sie trotzdem auf eine Party gehen und sich dort pudelwohl fühlen. Wie? Indem Sie sich auf das kollektive Feld der Party einstellen, also auf das Feiern, und Ihr »kleines Ich«, das an den Sorgen festhalten will, loslassen. Wenn Sie arbeiten, arbeiten Sie, wenn Sie denken, denken Sie, und wenn Sie feiern, feiern Sie. All dies gelingt Ihnen mit Hilfe Ihrer Resonanzfähigkeit, indem Sie sich in die entsprechenden Felder begeben.

Beispiel: Ein Klient machte sich das Wissen um die Resonanz zunutze. Er war von Beruf Yogalehrer und berichtete, er sei mehr oder weniger durch Zufall als Motivationstrainer für Versicherungsvertreter engagiert worden. Dabei hätte er noch nie in seinem Leben etwas mit Motivation zu tun gehabt. In einer Sitzung sagte sein Therapeut: »Das macht doch überhaupt nichts! Die Zuhörer haben alle eines gemeinsam: Sie wollen in ihrem Beruf erfolgreich sein. Es ist also ein sehr starkes Feld für Motivation vorhanden. Kanalisieren Sie einfach dieses Feld, gehen Sie mit ihm in Resonanz und lassen Sie Ihr kleines Ich los. Sie werden sehen, die Leute werden begeistert sein!« Einige Wochen später berichtete der Klient, dass sein Training hervorragend gelungen sei. Er erkannte, dass er selbst gar nicht erfolgreich sein musste, um andere Erfolg zu lehren. Es genügt völlig, sich in das Feld von Erfolg einzustimmen, das bereits vorhanden ist. Erkennen Sie immer wieder: Die Dinge sind nicht so, wie sie scheinen!

Manchmal fühlen Sie sich jedoch selbst nicht in positiver Resonanz und finden auch keine motivierende Resonanz von außen. Wie können Sie in diesem Fall Ihre Frequenz positiv beeinflussen? Nachfolgend einige Tipps:

1. Übernehmen Sie die volle Verantwortung für das, was Sie momentan erleben.
2. Erkennen Sie, dass das, was Sie gerade erleben, die Fre-

quenz ist, die Sie selbst eingestellt haben. Sobald Sie dies annehmen können, ist es Ihnen auch möglich, die Frequenz zu verändern.
3. Erinnern Sie sich daran, wer Sie wirklich sind. Sie sind nicht die Frequenz, die Sie eingestellt haben, und die Umstände, die Sie vorfinden. Sie sind Bewusstsein.
4. Im Bewusstsein dessen, wer Sie wirklich sind, stellen Sie sich auf die Frequenz ein, die Sie erleben möchten.

Übung: Erinnern Sie sich an eine alte Leidensgeschichte, etwas, das Sie einst sehr verletzt oder Ihnen weh getan hat, und erzählen Sie genau diesen Vorfall als Seifenoper, als Humoreske, als Erfahrung, die für Sie überaus hilfreich und positiv war. Sie werden erleben, dass es geht.

Auch was Ihre Emotionen anbetrifft, können Sie sich auf jede gewünschte Frequenz einstellen. Als Beispiel sei hier der Film »Das Leben ist schön« erwähnt, der zeigt, dass man sich sogar in einem Lager für politische Häftlinge resonanzfähig für Positives machen kann.

Ihr Energiefeld erhöhen – tun, was Sie stärkt, und lassen, was Sie schwächt

Kernbotschaft: Tun Sie, was Sie stärkt – lassen Sie, was Sie schwächt.

Die Höhe des Energieniveaus, auf dem Sie leben, beeinflusst nicht nur Ihre Gesundheit in erheblichem Maße, sondern auch Ihre Lebensumstände. Sind Sie selbst auf einem hohen Energieniveau, werden Sie auch energetisch hochentwickelte Freunde kennen lernen und sich einer guten Gesundheit erfreuen. Auf einem niedrigen Energieniveau hat man im Extremfall das Gefühl, die Welt würde über einem zusammenbrechen.

Es gibt verschiedene Qualitäten von Energiefeldern, von der tiefsten Depression bis hin zur höchsten Ekstase. In der Frequenz der Ekstase fühlen wir uns sehr frei, in der Frequenz der Depression ziemlich gefangen*[34].

Nun kann man nicht immer auf Zehenspitzen laufen, aber Sie sollten generell ein angemessen hohes Energieniveau anstreben. Ein Turnierpferd lässt man ja auch nicht ein Kartoffelfeld beackern. Das Energieniveau, das Sie anstreben, sollte Ihnen entsprechen. Wenn Sie es zu hoch wählen, ist die Gefahr groß, dass Sie abstürzen, wählen Sie es aber zu niedrig, leiden Sie unter Depressionen. Neben der geistigen Einstimmung auf das Ihnen gemäße Energieniveau können Sie eine Menge praktischer Dinge für oder gegen Ihre energetische Verfassung tun. Die Überprüfung dessen, was Ihnen guttut, muss auch eine langfristige Perspektive im Sinn haben. Suchtmittel scheinen auf den ersten Blick gutzutun, ziehen aber langfristig herunter. Weitere Beispiele:

- Nahrung: Welche Nahrungsmittel tun Ihnen gut? Die Zunge ist hier nicht immer ein guter Ratgeber. Schokolade beispielsweise schmeckt möglicherweise gut, ein Täfelchen Zartbitterschokolade kann die Nerven beruhigen, in hohen Dosen jedoch belastet Schokolade Ihre Gesundheit mehr, als sie nützt. Auf der anderen Seite kann es auch unangenehm sein, permanent Reformkost essen zu müssen, die Ihnen nicht schmeckt. Ein Pancake mit Ahornsirup in einem Nobelbistro genossen kann Ihre Stimmung kurzfristig heben oder auch zu Depressionen führen, wenn der Zuckerrausch vorbei ist. Eine Espressotasse Kaffee kann anregen, ein Haferl belasten. Soll Ihre Nahrung Ihnen emotionale Befriedigung schenken oder Ihrem physischen Körper guttun? Im Idealfall finden Sie eine gute Mischung zwischen dem, was Ihnen schmeckt, und dem, was ernährungsphysiologisch ratsam wäre. Gewöhnen Sie Ihre Zunge schrittweise an gesunde Nahrung, ohne sich zu kasteien. Gänzlich meiden sollten Sie gezuckerte Flüssigkeiten wie Limonade etc. Hochwertiges Trinkwasser in ausreichendem Maße getrunken wird Ihrer Energie guttun. Werden Sie selbst zum Experten, indem Sie Ihren Körper beobachten. Ernährungsratgeber geben interessante Denkanstöße, dürfen aber nicht zum Dogma erhoben werden. Schließlich gibt es fast so viele verschiedene Ernährungslehren, wie es Menschen gibt.

- Nahrungsergänzungen: Da unsere heutige Nahrung nicht mehr alle Vitamine, Spurenelemente, Enzyme etc. enthält, die unser Organismus braucht, ist es vielleicht ratsam, auf Nahrungsergänzungen zurückzugreifen. Das Thema der Nahrungsergänzungen ist dermaßen umfassend, dass Sie sich hier am besten in geeigneten Fachbüchern informieren. Möglicherweise finden Sie auch in der Tepperweinkollektion gute Mittel Ihrer Wahl*[35].
- Musik: Musik kann Energiefelder aufbauen oder zerstören. Auch hier darf man nicht generalisieren. Trommelmusik beispielsweise kann dem einen Kraft geben, der andere leidet unter ihr. Wichtig ist es, die Musik zu finden, welche das eigene Körper-Energiesystem positiv informiert. Orchestrale Musik und Lieder aus verschiedenen Traditionen der Weltreligion wirken generell aufbauend – doch auch das sollten Sie individuell überprüfen.
- Farben: Umgeben Sie sich mit den Farben, die Sie stärken.
- Orte der Kraft finden Sie beispielsweise in der Natur: Wälder, Berge, Seen etc.

- Wohnung: Stärkt Sie Ihre Wohnung oder schwächt sie Sie eher? Wie steht es um die Einrichtung? Besonderes Augenmerk verdient der Schlafplatz, da wir dort ein Drittel unserer Lebenszeit verbringen. Der Ort, an dem das Bett steht, aber auch die Lebensumstände um den Schlafplatz können Ihre Energie erheblich fördern oder stören. Vermeiden sollten Sie elektrische Geräte in Bettnähe, insbesondere Mobiltelefon und Fernseher (Strahlung). Im Idealfall lassen Sie sich einen Netzfreischalter einbauen.
- Filme: Es gibt Filme, die Sie aufbauen, und solche, die Sie herunterziehen. Ein Thriller um Mitternacht dürfte Sie wohl um den Schlaf bringen, während ein sinnerfüllter Film am frühen Abend möglicherweise inspirierend wirkt. Am besten spüren Sie mittels »mentalem Vorerleben« einmal hin, wie ein Film auf Sie wirken wird, bevor Sie den Fernseher einschalten. Generell ist dazu zu raten, den Fernsehkonsum deutlich zu reduzieren und damit Ihrem Traumbewusstsein mehr Raum für die Produktion eigener Bilder zu geben.
- Freunde: Wohlwollende Freunde, insbesondere eine erfüllte Partnerschaft, wirken sich deutlich erhöhend auf Ihr Energieniveau aus.
- Bewegung: Hier gilt es selbst zu spüren, was Sie aufbaut: Sport, Spaziergänge, Fitness, Radfahren, Baden (in Naturseen) – finden Sie es heraus. Auch gesundes, tiefes Atmen wird Ihnen guttun.
- Erlebnisse: Ein Flug mit dem Gleitschirm kann für den einen exstatisch, für den anderen ein Horror sein. Das Gleiche gilt für Ausflüge, Abenteuer, Abwechslung, Konzertbesuche und vieles andere mehr. Tanken Sie genau die Erlebnisse, die Ihnen guttun.

Weitere Einflussfaktoren sind:

- Gerüche

- Berührungen
- Gedanken
- Emotionen

In den bereits erwähnten Prophezeiungen von Celestine*[36] wird geweissagt, dass ein gewaltiger Kampf um die Energie auf der Erde stattfinden wird. Um ein hohes Energieniveau zu halten, reicht es nicht aus, zu wissen, was Ihnen guttut. Sie brauchen auch eine innere Kraftquelle, aus der Sie tanken können.

Energie, die von innen kommt, tanken Sie durch Gebet, Meditation, Kontemplation und Bewusstseinsarbeit. Auch jede Handlung, die Sie bewusst im Sein und damit aus dem Selbst heraus vollziehen, wird Sie aufbauen.

Ihr Energieniveau erhöhen Sie auch, wenn Sie anderen Menschen dort helfen, wo Sie dies leicht und gut vermögen. Mitgefühl und Liebe, die dadurch in Ihnen hervorgerufen werden, wirken sich stets energieerhöhend aus, insbesondere wenn der andere in der Lage ist, diese anzunehmen. Dort, wo Sie einen Vampir vor sich haben, werden Sie jedoch nicht geben können. Sie sollten den Betreffenden an sich selbst erinnern, anstatt sich aussaugen zu lassen. Achten Sie darauf, sich nicht zu überfordern, sondern nur zu geben, was Ihnen leicht und ohne Märtyrertum möglich ist.

Natürlich steigt Ihre Energie auch merklich an, wenn Sie alten Seelenmüll loslassen, Ihr Energiefeld positiv transformieren, Schattenthemen auflösen, Glaubenssätze, die Sie nicht mehr brauchen, über Bord werfen und sich daran erinnern, wer Sie *wirklich* sind.

Übung: Beobachten Sie, was Ihnen guttut und was nicht. Optimieren Sie Ihre Nahrungsmittel, Konsumgüter, Umstände und Verhaltensweisen entsprechend.

Mit Hilfe Ihrer »Urschwingung« das eigene Potenzial entfalten

Kernbotschaft:

a) Jeder Mensch hat eine Urschwingung, die einzigartig ist. Hierbei handelt es sich um das eigene, ganz persönliche Potenzial, das zur Entfaltung drängt.

b) Sie können sich auf Ihre Urschwingung einstellen, dann stimmen Ihr Leben und Ihre Zukunft, ohne dass Sie die Einzelheiten verändern.

c) Indem Sie Ihr eigenes Potenzial entfalten, wirken Sie wie eine Stimmgabel, ein Urton bzw. eine Funkuhr, nach der sich alle anderen, die auf Empfang sind, einstellen können, um ihr eigenes Potenzial zu entfalten.

Wie bereits erwähnt, befinden wir uns seit einiger Zeit in einer Phase der kollektiven und individuellen Erneuerung. Diese zielt langfristig darauf ab, jeden Menschen mit seinem ureigenen Potenzial zu verbinden. Erste Anzeichen in dieser Richtung zeigten sich zu Beginn der 68er Jahre. Jedoch wurde damals Selbstverwirklichung noch als Aussteigertum missverstanden. Die Antwort auf ein fremdbestimmtes Leben wurde noch darin gesucht, sich den gesellschaftlichen Zwängen zu entledigen.

Sehr schnell erkannte man, dass die Lösung für die Entfaltung des eigenen Potenzials nicht im Äußeren, sondern im Menschen selbst und seiner spirituellen und geistigen Entwicklung gesucht werden muss. Aus diesen Erkenntnissen heraus entwickelte sich im kalifornischen Ort Esalen in den 70ern das sogenannte »Human Potential Movement«, welches der Entfaltung des *inneren* Potenzials dienen sollte. Psychotherapie sollte von da an nicht mehr ausschließlich Kranken, sondern der Entwicklung der menschlichen

Fähigkeiten dienen. So wurden im Laufe der 70er Jahre eine Reihe von Selbsterfahrungsgruppen und sogenannten »Sensitivitätstrainings« etabliert mit dem Ziel, die Möglichkeiten des menschlichen Bewusstseins zu entdecken und zu erweitern. Auf diesem Wege entwickelten sich Gestalttherapie, Bionenergetik, humanistische Psychologie u. a. Einige Jahre später entdeckten Verhaltensforscher wie Roberto Assagioli und Abraham Maslow die *transpersonale* Psychologie, welche den Zweck hatte, den Menschen über die Persönlichkeit und seine existenziellen Probleme hinauszuführen. Bereits dort erkannte man, dass es verschiedene Ebenen des Bewusstseins gibt:

1. das Bewusstsein der Persönlichkeit mit allem, was dazugehört
2. das Bewusstsein der Existenz
3. das transpersonale Bewusstsein des reinen Geistes

Die transpersonale Psychologie machte große Fortschritte darin, dem Menschen zu zeigen, wie er Lösungen für sein Leben gewinnen kann, indem er die »Realität« nicht übergeht, seine Aufmerksamkeit aber vor allem auf die dritte Ebene des Bewusstseins richtet*[37]. Genau dieser Ansatz hilft uns heute bei der Entfaltung des eigenen Potenzials, wenn wir ihn mit unserer Urschwingung verbinden.

Um mit unserer Urschwingung in Kontakt zu kommen, müssen wir uns zunächst bewusst machen, dass diese bereits als Keim in uns angelegt ist. Sie ist ein Same, aber noch keine Pflanze, und sie benötigt ständiges Gießen. Die Pflanze der »Urschwingung« zu gießen bedeutet, ihr Aufmerksamkeit zu geben und sie vor Fremdeinflüssen zu bewahren.

Wenn Sie Ihrem »falschen Selbst« Aufmerksamkeit schenken, also alldem, was Sie glauben, sein zu müssen, um von anderen Liebe, Anerkennung und Wertschätzung zu bekommen, dann kreieren Sie eine Maske, etwas Aufgesetztes. Sie bekommen zwar daraufhin scheinbar Liebe, Anerkennung und Wertschätzung, aber was Sie bekommen, ist nicht echt – weil Sie selbst nicht echt sind. Um authentisch zu sein, ist es nicht nötig, andere zu brüskieren oder vor den Kopf zu schlagen. Auch ist es nicht ratsam, zum Eremit zu werden – denn Sie benötigen die anderen, um Ihr Potenzial zu entdecken und zu leben. Wenn Sie alleine bleiben, erstarren Sie lediglich in Ihren Konditionierungen, nehmen dies aber nicht einmal wahr, weil eine innere Fehlhaltung in der Isolation nicht bemerkt und auch nicht verändert werden kann. Die Kunst liegt darin, in der Auseinandersetzung mit dem Leben sich selbst zu finden, dabei die eigene Urschwingung zu spüren und zu erleben, wie dadurch automatisch die Konditionierungen verschwinden, die nicht zu Ihnen gehören.

Ich möchte dies mit Zen und der Kunst des Bogenschießens vergleichen. Das Bogenschießen ist nicht nur eine Sportart. Es ist auch ein Gleichnis dafür, dass wir das Ziel treffen müssen. Ein guter Bogenschütze trifft mitten ins Ziel.

Auf dem Weg der Selbstverwirklichung ist man selbst das Ziel, genauer gesagt *das* Selbst. Doch niemand hat uns je gelehrt, uns selbst zu treffen. Wir kommen aus einer Tradition, die uns vermittelt hat nachzuahmen. War der Vater Müller von Beruf, ist auch der Sohn Müller geworden. Noch heute, in einer Zeit der freien Berufswahl, sind wir ein Volk von Nachahmern. Presse, Funk und Fernsehen präsentieren uns vorgekaute Meinungen darüber, was gut und richtig für uns ist – dabei kennen diese uns nicht einmal. Diesen Meinungen blind zu folgen, bedeutet am Ziel vorbeizuschießen.

Das eigene Potenzial zu verwirklichen heißt dagegen,

erst einmal auf der Suche nach sich selbst zu sein, ohne eine vorgefertigte Meinung darüber zu haben, was dies genau sein möge. Es ist ein Aberglaube, dass der Mensch von Grund auf schlecht sei und durch Anstrengung von sich selbst wegkommen müsse. Viele Religionen predigen diese These seit Jahrhunderten und haben die Gläubigen dadurch in ihre Arme getrieben. Doch das Gegenteil ist der Fall: Im Menschen selbst ist etwas Gutes, Stimmiges. Das, was er werden soll, ist bereits potenziell angelegt. Doch dieses wahre Selbst ist überlagert mit Schleiern von Konditionierungen, so dass es uns schwerfällt, zu unterscheiden, was wirklich zu uns gehört und was uns anerzogen oder angewöhnt worden ist.

Um das eigene Potenzial zu verwirklichen, müssen wir uns auf uns selbst konzentrieren, uns selbst wahrnehmen mit unseren Bedürfnisse, Motivationen usw. Dies bedeutet nicht, egoistisch zu sein. Es bedeutet lediglich, den Mut zu haben, sich selbst auf die Spur zu kommen und sich zu fragen: »Wie bin ich gemeint?« Prägungen der Eltern oder Lehrer helfen uns hier ebenso wenig weiter wie religiöse Pauschalisierungen.

Wir verstecken uns nur allzu gerne hinter einer Anpassung, um dem eigenen Potenzial aus dem Weg zu gehen. Äußerlich erlernte Anpassung ist etwas anderes als die wahre Güte, die aus dem Kontakt mit dem Selbst erwächst. Diese wahre Güte ist kein Dogma, sondern das Ergebnis einer Reise, bei der wir uns erlauben zu sein, wie wir sind, und dabei durch Versuch und Irrtum lernen, wie wir gemeint sind.

Auf der Reise zu uns selbst können uns Philosophie, Ethik, Religion und vieles andere nur stückweise begleiten. Letztendlich müssen wir den Mut haben, das Undenkbare zu denken, das Unfassbare zu fassen. Das, was wir suchen, Gott, die höchste Kraft, das Vollkommene, finden wir tief in uns. Um es noch einmal mit dem Bogenschießen zu erklären: Das Leben ist der Bogen, das Bewusstsein ist der Pfeil, das Ziel sind Sie selbst!

Aber wie verwirklichen Sie jetzt das eigene Potenzial? Indem Sie in sich hineinspüren und sich fragen: »Wie bin ich gemeint?« Damit einher geht die Frage: »Wer bin ich wirklich?« – also: »Als wer frage ich mich?« Wenn Sie sich mit Ihrem Verstand identifizieren, während Sie sich fragen, wie Sie gemeint sind, werden Sie Antworten aus dem Verstand beziehen, Dinge, die Ihnen eingeprägt wurden, Konditionierungen – aber diese haben mit Ihnen (Ihrem) selbst wenig zu tun. Zuerst müssen Sie sich um dieses »Ich« kümmern. Wer ist dieses »Ich«, das einen Ausdruck sucht? »Wie nehme ich dieses »Ich« wahr?«

Übung: Autosuggestion: »Ich mache es mir nun einmal ganz bequem. Ich schwebe und sinke in mich hinein. Ich wiederhole das Wort ›ich‹ immer wieder und komme so der Wurzel des Wortes ›ich‹ auf die Spur. Wer ist es, der da durch mich ›ich‹ sagt? Und was fühle ich, wenn ich dieses Wort ›ich‹ ausspreche? Ist es Kraft, Liebe, Weite? Nehmen wir einmal an, etwas in mir wüsste, welche die drei Hauptqualitäten meiner Essenz sind, und könnte ihnen einen Namen geben. Welchen Namen würde es wählen?«

Halten Sie inne, gehen Sie in die Stille und warten Sie, was kommt. Notieren Sie diese drei Begriffe. Spüren Sie Ihr wahres Selbst in aller Tiefe. Und dann beginnen Sie ein Zwiegespräch mit Ihrem eigenen Potenzial, das in dieser Kraft verborgen liegt. Fragen Sie Ihr Potenzial, was es von Ihnen braucht, damit es sich entfalten kann, leben Sie in Kontakt mit ihm. Erkennen Sie im gedanklichen Kontakt mit ihm, wie es sich durch Sie zeigen möchte. Wenn Sie wollen, können Sie sich dafür Ihr Potenzial als eine Person vorstellen, mit der Sie ein Zwiegespräch führen. Eine andere Möglichkeit der Kontaktaufnahme liegt darin, in Ihren Körper hineinzuspüren. Nachfolgend das Beispiel eines Klienten im Dialog mit seinem Berater/Therapeuten.

Beispiel: Klient: »Mein Selbst erfahre ich wie folgt: Es ist erstens eine Kraft in der Tiefe, es hat zweitens mit Weite zu tun, einer Weite, die von unten nach oben aufsteigt, und drittens hängt es mit einer tiefen Verbindung zu meiner eigenen Leiblichkeit zusammen.« Therapeut: »Fragen Sie doch einmal Ihr Potenzial, wo es sich befindet!« – Klient: »Hallo Potenzial, wo bist du?« – Potenzial: »Ich bin eine Kraft in deinem Unterbauch!« – Klient: »Wie geht es dir mit mir?« – Potenzial: »Ich bin traurig, dass du mich so wenig lebst!« – Klient: »Ich spüre dich auch und freue mich, dass es dich gibt. Aber zugleich spüre ich, dass ich älter werde, meine Knochen maroder und sich die Energie zurückzieht. Was soll ich tun?« – Potenzial: »Du hast den falschen Fokus. Du folgst einem religiösen Konzept oder einer Ideologie, und dies bringt dich weg von mir. Begib dich stattdessen in meine Mitte und spüre, was dann geschieht!« – Klient: »Da ist Angst davor, zu mir zu stehen, Angst vor Angriffen, wenn ich ich selbst bin, alte Bilder kommen hoch!« – Potenzial: »Hab den Mut, eins mit deiner Energie und deinem Potenzial zu sein!« Der Klient spürt fein hin, fühlt ein Vibrieren in seinem Unterbauch in der Nähe des Hara, begibt sich mit seinem Bewusstsein in die Mitte dieses Zentrums und bekennt: »Ich spüre nirgendwo eine Anbindung an die Außenwelt. Mir scheint, dass ich nur abgespalten von meinem Potenzial in der Außenwelt überleben kann, indem ich mit den Wölfen heule.« – Therapeut: »Was bräuchten Sie, damit Ihr Potenzial eine Verbindung zur Außenwelt findet?« – Klient: »Liebe!« – Therapeut: »Dann atmen Sie Liebe in Ihr Potenzial hinein. Mit jedem Atemzug strömt mehr und mehr Liebe in Ihr

Potenzial, mit jedem Ausatmen strömt alles fort, was nicht Liebe ist!« – Klient: »Ich spüre jetzt eine Verbindung zwischen meinem Bauch und meinem Kopf, eine Verbindung, die mir ein Leben lang gefehlt hat.« Therapeut: »Und jetzt nehmen Sie Ihr Herz hinzu, das Herz ist die Verbindung zwischen Bauch und Kopf, atmen Sie in Ihr Herz!« – Klient: »Ja, das spüre ich, und zugleich spüre ich eine tiefe Stille in mir!« – Therapeut: »Gut. Und jetzt gehen Sie noch tiefer in diese Stille hinein und fragen Sie sich: Was brauche ich, damit ich mein Potenzial in dieser Welt leben kann?« – Klient: »Es hat mit Verbindungen zu tun. Ich brauche die Verbindungen zu anderen Menschen, die ähnlichen Gemütes sind wie ich. Es braucht Menschen, die mich wertschätzen, und Verbindungen auf der Basis gegenseitiger Wertschätzung. Ich muss meine Mauern loslassen und mich den Menschen und dem Leben gegenüber öffnen. Ich muss weiter werden und lernen, die ganze Natur, alles Dasein zu lieben. Mein Potenzial hat sehr viel mit den richtigen Menschen und Verbindungen zu tun, die zu gestalten sind, mit Leichtigkeit, dem Kanalisieren von Energien und mit der neuen, modernen Zeit!« – Therapeut: »Wenn Sie Ihr Potenzial in einer ›Ich-bin-Formel‹ ausdrücken könnten, wie würde diese lauten?« – Klient: »Ich bin eine kraftvolle Brücke zu Liebe, Erwachen und Freiheit!«

Leben im Schwingungskonzert und das »Gesetz der Schwingung«

Kernbotschaft: Alles schwingt. Dabei verfügt jeder Mensch über eine Eigenschwingung im großen Konzert der Schöpfung.

Leben ist Schwingung. Alles bewegt sich. Sogar die scheinbar tote Materie befindet sich in Schwingung: Sämtliche Atome in einem Kristallgitter schwingen um die Gleichgewichtslage.

Das einfachste Beispiel, um eine Schwingung zu verstehen, ist ein Fadenpendel oder auch eine Schaukel. Das Pendel bzw. die Schaukel schwingt hin und her. Auch Farben, Töne, Herzschlag, Atem usw. stellen Schwingungen dar.

Wir leben, ohne es zu bemerken, mitten in einem gewaltigen Schwingungskonzert. Und inmitten dieses Schwingungskonzertes existieren *Sie.* Sie selbst sind zugleich Teilnehmer und Zeuge dieses Schwingungskonzertes. In der Welt, die Sie umgibt, erleben Sie »höhere« und »niedere« Schwingungen, auch wenn Sie diese nicht immer als solche interpretieren. Es ist das Leben selbst, welches ständig um Sie herum stattfindet.

Sie erleben Schwingungen, die Ihnen entsprechen, zu denen Sie sich nach dem »Gesetz der Resonanz« hingezogen fühlen, und solche, die Ihnen nicht entsprechen. Viele Menschen denken irrtümlicherweise, nur in der äußeren Ruhe könnten sie Frieden finden. Doch das Wunderbare und die Komplexität der Schöpfung finden Sie im Erlauben der ganzen Bandbreite der eigenen Schwingungen und der Schwingungen der Welt, so wie sich diese zeigen möchten. Innere Ruhe kann auch inmitten vom Lärm der Welt existieren.

Schwingungen haben aber nicht nur einen esoterischen, sondern auch ganz konkret einen physikalischen Bezug. Dort werden sie in Hertz gemessen. Der Name für diese Einheit stammt vom deutschen Physiker Heinrich Rudolf Hertz und bezeichnet die Anzahl der Schwingungen pro Sekunde, genauer gesagt die Anzahl der sich wiederholenden Vorgänge pro Sekunde. Beispiel: Unser Herz schlägt etwa 60-mal in der Minute. Dies entspricht einer Frequenz von ungefähr 1 Hertz.

Wir können alles, was existiert, mit Hilfe der Schwingungseinheit Hertz darstellen. Nehmen wir beispielsweise einmal die Farbe Gelb. Diese Farbe schwingt in einer Frequenz von 500 Terahertz pro Sekunde. Ein Terahertz entspricht einer Million Hertz. Wenn wir uns also die Farbe Gelb vorstellen, dann können wir diese auch grafisch darstellen, als Schwingungskurve oder auch als Zahl: 500 THz. Genauso können wir auch einen Ton als Schwingung mit einer ganz bestimmten Hertzzahl darstellen. So schwingt beispielsweise der Grundton G mit 97,09 Hertz*[38].

Auch wir selbst haben eine ganz bestimmte Grundschwingung, die zu einem ganz bestimmten Lebensumfeld und bestimmten Menschen passt – sympathisch oder antipathisch.

Übung: Wenn Sie einen Menschen treffen, nehmen Sie ihn einmal nicht als Person, sondern als »Schwingung« wahr. Finden Sie Analogien, welche diese Schwingung beschreiben. Dafür stellen Sie sich vor, der andere sei eine Welle. Lassen Sie Ihre Gedanken an Haarfarbe, Gesichtsausdruck usw. los und nehmen Sie wahr, wie der andere »schwingt«. Fragen Sie sich: Wenn dieser Mensch eine Welle wäre, wie wäre er?

Wenn Sie aus dieser Perspektive heraus versuchen, den anderen zu beschreiben, kann es sein, dass Sie auf ungewöhnliche Analogien stoßen, die jedoch in letzter Konsequenz gut transportieren können, was Sie wahrnehmen.

Beispiel (Klient): Ich nehme meine Partnerin als dunkle, weiche Welle wahr. Es liegt eine gewisse Süße in dieser Welle, vielleicht vergleichbar mit Zuckerrübensirup, aber nicht so klebrig, eher wie ein weich polierter Stein.

Wir haben erkannt, dass jeder Mensch eine eigene Schwingung hat. Doch unterschiedliche Schwingungen lassen sich auch synchronisieren. Beispielsweise, indem man aufmerksam zusammen Musik hört. Eine weitere wunderbare Möglichkeit, um Schwingungen zu synchronisieren, ist der Atem.

Übung: Setzen Sie sich gegenüber von einer Person, die Ihnen vertraut ist. Berühren Sie sich. Dann nehmen Sie den Atem dieser Person wahr. Erleben Sie, wie Ihr Atem und der Atem der Person Ihnen gegenüber miteinander in Synchronisation gehen. Treiben Sie den Atem weder voran noch unterdrücken Sie ihn. Erleben Sie, wie aus den zwei Atemrhythmen im Laufe der Zeit ein gemeinsamer Atem wird.

Das Gesetz der Schwingung besagt u. a.: Sie können sich auf alles auf der Welt, was existiert, »einschwingen«. Der Atem ist dafür eine brauchbare Stütze, aber nicht die einzige. Alleine dadurch, dass Sie Ihre Aufmerksamkeit auf die »Schwingung« Ihres Gegenübers lenken, kommen Sie in Einklang mit ihm. Missverständnisse und Dissonanzen werden vermieden. Dermaßen eingestimmt kommen Sie in eine Übereinstimmung jenseits aller Worte und potenzieren Ihre gemeinsame Kraft. Der Verstand hat Grenzen, aber Ihr Bewusstsein ist grenzenlos und kann sich potenziell auf jeden und alles einschwingen – und darin liegt eine große Freiheit.

Natürlich gibt es Menschen, Situationen und Dinge, auf die wir uns besser einschwingen können, und solche, wo uns dies weniger gut gelingt. Nicht immer ist der eigene Partner der Mensch, mit dem wir am leichtesten schwingen können. In manchen Fällen könnten Ergänzungspartner wie gute Freunde etc. eine wertvolle Bereicherung sein.

Wir leben in einem Schwingungskonzert, das durch Sie seine Synchronisation sucht, ähnlich wie die Planeten unseres Sonnensystems ihre unterschiedlichen Umlaufzeiten (Schwingungen) haben und doch miteinander in Synchronisation stehen.

Jeder Planet unseres Sonnensystems gehört zu einem größeren Ganzen, dem Sonnensystem, und erfüllt seinen Beitrag dadurch, dass er mit seiner ureigenen Schwingung seinen exakt definierten Platz in diesem großen Ganzen einnimmt. Die Planeten unseres Sonnensystems stehen also nicht zufällig irgendwo im Raum, sondern folgen durch ihre Position und Umlaufzeit einer höheren Gesetzmäßigkeit. Johann Daniel Titius entdeckte, dass sich die Abstände der Planeten von der Sonne mit einer einfachen mathematischen Formel alleine aus ihrer numerischen Reihenfolge ableiten lassen. Dieses Wissen wurde später von Johann Elert Bode bekannt gemacht, weshalb diese Gesetzmäßigkeit auch Titius-Bode-Reihe genannt wird[*39].

Genauso, wie die Planetenschwingungen ein aufeinander abgestimmtes Konzert ergeben, sollte auch in Ihrem Inneren ein Schwingungskonzert spielen, bei dem jeder Aspekt von Ihnen seine Eigenschwingung – abgestimmt auf das große Ganze – ausdrückt. Hierfür ist zunächst einmal wichtig, dass Sie sich stets mit Ihrer Eigenschwingung verbinden. Mit ihr sollten Sie sowohl in Ihrem Beruf als auch in Ihrem Privatleben in Kontakt bleiben und sie nicht zugunsten einer Scheinharmonie opfern. Sonst verlieren Sie an Profil und belasten Ihre Gesundheit. Die nachfolgende Übung soll Sie auf Ihre Eigenschwingung einstimmen.

Übung:
Beobachten Sie Ihren Atem. Treiben Sie ihn weder voran noch unterdrücken Sie ihn. Lassen Sie den Atem durch sich geschehen. Atmen Sie zunächst in den linken Lungenflügel und spüren Sie, wie es sich anfühlt. Danach atmen Sie in den rechten Lungenflügel. Spüren Sie wieder nach. Nun atmen Sie in beide Lungenflügel gleichzeitig. Anschließend lenken Sie Ihren Atem nach unten. Beim Einatmen strömt der Atem abwärts in Ihren Beckenboden, beim Ausatmen strömt er wieder nach oben aus Ihnen heraus. Jetzt steuern Sie Ihren Atem von der Mitte aus nach oben zum Schädel. Atmen Sie nun nach oben und unten gleichzeitig. Wie fühlt sich das an? Atmen Sie anschließend nach vorne und hinten zugleich. Mit jedem Einatmen strömt Ihr Atem in Ihre Aura, das Sie nach vorne und hinten etwa einen halben Meter umgebende Energiefeld. Danach atmen Sie nach rechts und nach links gleichzeitig, so dass Sie mit jedem Einatmen das Empfinden haben, dass sich Ihr Atem zu beiden Seiten Ihres Körpers etwa einen halben Meter ausdehnt. Abschließend atmen Sie in alle sechs Richtungen (oben-unten, vorne-hinten, rechts-links) gleichzeitig. Erleben Sie, wie Sie durch Ihre Aufmerksamkeit mit Hilfe Ihres Atems Ihre Energien synchronisieren können.

Nun machen Sie sich Ihre Eigenschwingung bewusst und synchronisieren sie. Dies geschieht, indem Sie den Gedanken »Eigenschwingung« mit Ihrer Aufmerksamkeit verbinden. Sie müssen nicht wissen, wie Ihre Eigenschwingung aussieht, alleine dadurch, dass Sie daran denken, erfahren Sie diese. Denken Sie zunächst das Wort »Eigenschwingung« in Ihrer linken Gehirnhälfte. Was fühlen Sie, wenn Sie »Eigenschwingung« denken und sich dabei auf Ihre linke Gehirnhälfte konzentrieren? Nichts? Dann warten Sie noch ein wenig und halten den Gedanken »Eigenschwingung« in Ihrem Bewusstsein. Bleiben Sie so lange mit Ihrer Aufmerksamkeit in Ihrer linken Gehirnhälfte, bis Sie eine Wahrnehmung von Ihrer »Eigenschwingung« haben. Es kann sein, dass erst einmal Ungelöstes in Ihnen aufsteigt, Druck im Kopf, Leere, Depression, was auch immer. Falls dies so sein sollte, ist es nicht schlimm. Denken Sie einfach weiter »Eigenschwingung« und warten Sie, was geschieht. Beobachten Sie, was in Ihr Bewusstsein kommt. Wenn Sie lange genug aufmerksam warten, wird sich in Ihnen irgendwann eine Wahrnehmung einstellen, die Sie als Ausdruck von Eigenschwingung erkennen können, ein Bild, ein Empfinden, ein Klang, was auch immer. Es ist so, wie eine Mutter ihr Kind aus einer Kinderschar heraus erkennt, ein inneres Wissen, »aha, jetzt erlebe ich meine Eigenschwingung«. Wann immer Sie in Ihrer linken Gehirnhälfte mit Ihrer Eigenschwingung in Kontakt sind, sagen Sie zu ihr »danke«.

Dann wenden Sie sich Ihrer rechten Gehirnhälfte zu. Wie fühlt sich »Eigenschwingung« in Ihrer rechten Gehirnhälfte an? Was erleben Sie, wenn Sie »Eigenschwingung« mit Ihrer rechten Gehirnhälfte denken? Halten Sie inne, lauschen Sie, spüren Sie, warten Sie. Und wenn Sie in Ihrer rechten Gehirnhälfte mit Ihrer Eigenschwingung in Kontakt sind, sagen Sie ebenfalls »danke«.

Denken Sie nun »Eigenschwingung« mit beiden Gehirnhälften gleichzeitig. Vielleicht ist es hilfreich für Sie, sich in diesem Zusammenhang vorzustellen, Sie öffnen eine Schiebetüre zwischen den beiden Gehirnhälften. Wie fühlt es sich an, »Eigenschwingung« ganzhirnig zu denken? Erleben Sie, wie beide Gehirnhälften zusammenarbeiten, und warten Sie, bis sich ein untrügliches Signal dafür meldet, mit Ihrer Eigenschwingung in Kontakt zu sein.

Anschließend denken Sie »Eigenschwingung« mit Ihrem Bauch. In Ihrem Bauch befinden sich 100 Millionen Neuronen (Nervenzellen). Ihr Bauch kann also ebenfalls »denken«. Was erleben Sie, wenn Sie »Eigenschwingung« mit Ihrem Bauch wahrnehmen? Es kann sein, dass Sie zunächst Stimmen oder Impulse bemerken wie »Ich werde ja doch nie gehört«. Nehmen Sie diese wahr, halten Sie weiter den Gedanken »Eigenschwingung« in Ihrem Bewusstsein und verbinden Sie diesen Gedanken mit Ihrem Bauch. Welche Eigenschaften nehmen Sie wahr, wenn Sie nach unten hin »Eigenschwingung« spüren? Ist es Kraft, Bewusstheit, Losgelöstheit? Sollten Sie keine Wahrnehmung haben, sprechen Sie gedanklich mit Ihrem Bauch. Sagen Sie ihm: »Lieber Bauch, ich möchte in Kontakt mit meiner Eigenschwingung kommen, bitte gib mir ein Zeichen, einen Impuls«, und warten Sie, bis sich diese Wahrnehmung einstellt.

Nun denken Sie »Eigenschwingung« mit Ihrem dritten Auge, das sich in der Stirnmitte zwischen Ohren und Scheitel befindet. Stellen Sie sich hierfür vor, Sie schauen mit Ihrem inneren Auge nach vorne auf eine imaginäre Leinwand, und fühlen Sie, während Sie Ihr Bewusstsein ausgerichtet halten. Das dritte Auge ist nämlich zugleich ein Seh- und ein Fühlorgan. Fühlend lernen Sie auch hier, Ihre Eigenschwingung von Fremdschwingungen zu unterscheiden. Es kann sein, dass alte Bilder oder Gefühle aus der Vergangenheit aufsteigen. All dies beobachten Sie wertfrei und erkennen dabei, dass Sie diese nicht sind. Auch hier warten Sie, bis Sie Ihre Eigenschwingung wahrnehmen können. Dann, aber erst dann, wenn Sie mit Ihrer Eigenschwingung in Kontakt sind, sagen Sie »danke« und machen weiter.

Nun denken Sie »Eigenschwingung« mit dem Raum über Ihrem Kopf. Dieser Bereich wird auch Scheitelzentrum oder Kala-Chakra genannt. Um diesen Raum stärker zu spüren, kann es hilfreich sein, das Kinn leicht anzuziehen und die Zunge gegen den Gaumen zu legen. Sie werden erleben, dass dieses Zentrum zwar eine »Eigenschwingung« hat, diese aber nicht zu Ihnen persönlich gehört. Das Zentrum über dem Kopf ist nämlich ein überpersönliches Zentrum, das alles Sein synchronisiert. Genauer gesagt können wir davon ausgehen, dass es auf der ganzen Welt nur ein einziges Kala-Chakra gibt und Ihr Scheitelzentrum den Zugang dazu darstellt. Es ist ähnlich dem Stromnetzwerk über dem Kopf beim Autoscooterfahren. Wenn Sie »Eigenschwingung« mit dem Raum über Ihrem Kopf denken, nehmen Sie womöglich zuerst einmal Störschwingungen wahr. Irgendwann aber wird sich eine tiefe Stille der Gedanken bei Ihnen einstellen. Wenn Sie in dieser Stille verharren, können Sie die Eigenschwingung des großen Ganzen wahrnehmen, in das Sie einbezogen sind.

Nachdem Sie Ihre Aufmerksamkeit auf das Überpersönliche gelenkt haben, denken Sie nun »Eigenschwingung« mit dem Herz-Zentrum in der Mitte der Brust. Hier ist der Sitz Ihres Empfindens. Was empfinden Sie, wenn Sie »Eigenschwingung« mit dem Herz-Zentrum denken? In der Regel werden sich bei Ihnen Wahrnehmungen von Liebe, Weite usw. einstellen.

Nun denken Sie »Eigenschwingung« mit allen Denkräumen gleichzeitig. Ähnlich wie bei unserem Sonnensystem alle Planeten in ihrem Rhythmus kreisen, so erleben Sie, dass in Ihnen alle Aspekte, die Sie besucht haben, zugleich Ihre Eigenschwingung senden. Sie selbst sind lediglich der Beobachter dieser konzertierten Eigenschwingung. Erleben Sie, wie sich Ihre konzertierte Eigenschwingung von selbst einstellt – allein durch Ihr Beobachten, ohne dass Sie dafür etwas tun müssten. Erleben Sie sich selbst in tiefem Urvertrauen, während Eigenschwingung »geschieht«.

Abschließend denken Sie »Eigenschwingung« mit dem Universum als Denkraum. Stellen Sie sich hierfür Ihr Energiefeld als ein Ei vor, das sich senkrecht in der Mitte teilt. Sie sind das Universum, Sie sind das Ganze und denken als solches »Eigenschwingung«. Was erleben Sie dabei? In der Regel erleben Sie, dass alles so ist, wie es ist. Sie erleben, dass alles seiner Natur nachgeht.

Bei jedem einzelnen Schritt erleben Sie, wie sich allein durch Ihre Aufmerksamkeit die Schwingung positiv verändert. Wenn Sie eine »Störschwingung« wahrnehmen, liegt dort eine Ich-Haftigkeit, eine Vorstellung zugrunde. Bleiben Sie einfach mit Ihrer gesammelten Aufmerksamkeit leicht und liebevoll auf den jeweiligen Aspekt gerichtet. Sie werden erleben, dass allein durch Ihre Aufmerksamkeit das Wahrnehmungsfeld ins Positive umkippt. Es ist ein Loslassen des kleinen »Ich«. Sie erleben dann die Eigenschwingung als etwas, das sich *durch* Sie ausdrückt, ohne dass dies einer Anstrengung bedarf. Sie selbst sind lediglich das Instrument. Es ist ähnlich wie beim Saxophonspielen: Wenn Sie eingestimmt sind, braucht es keine Anstrengung von Ihnen, und ein wunderbarer Ton erklingt.

Das »Gesetz der Polarität« mit der inneren Einheit zusammenbringen

Kernbotschaften:

a) Nicht die Welt ist polar, sondern unser Bewusstsein.
b) Jede Veränderung Ihres Bewusstseins ruft eine Gegenreaktion hervor, mit der Sie umgehen müssen, damit es weitergeht.

Polarität entsteht durch die Gegenüberstellung zweier Pole. Sie ist das Ergebnis eines Standpunktes. Bevor wir unser Ich-Bewusstsein erlangt haben, kannten wir noch keine Polarität. Kleine Babys fühlen sich als Bestandteil von »allem, was ist«. Immer wieder erlebt man, dass ein Kleinkind mit dem Finger auf sich zeigt und »Hunger« sagt, was heißen soll, »der da hat Hunger«. Irgendwann, spätestens in der Trotzphase, erwächst das Ich-Bewusstsein. Wir trennen das, was wir sind – und was zu uns gehört – von dem, was wir nicht sind – und was nicht zu uns gehört. Und dann sehen wir die Polarität überall in der Welt: Mann und Frau, Tag und Nacht, arm und reich. Doch eigentlich besteht diese Polarität nur im Zusammenhang mit unserem Kontext.

Für viele Menschen im Osten beispielsweise ist die Nacht Bestandteil des Tages und nicht ihr Gegensatz. Arm und reich sind sowieso Fragen des Standpunktes, denn ein Mensch mit dem Einkommen eines Hartz-IV-Empfängers würde in Indien als reich gelten. Und was die Frage der Geschlechter anbetrifft, ist diese nur für die Mann-Frau-Beziehung interessant. Wo es um andere Themen geht, wie zum Beispiel bei den Wahlen oder den Menschenrechten, spielt diese Unterscheidung keine Rolle, zumindest sollte sie keine spielen.

Polarität erfahren wir immer in Zusammenhang mit einem *Standpunkt*. Laotse schreibt im Tao de King: »Wer da sagt gut, sagt zugleich ungut. Wer da sagt schön, sagt zugleich unschön.« Jede Bewertung, jede Markierung, die wir setzen, erzeugt sofort einen Gegenpol. Dies zeigt sich auch im menschlichen Weg.

Wenn wir uns beispielsweise in irgendeinem Lebensbereich verbessern wollen, setzen wir damit automatisch Gegenreaktionen in Gang. Sobald wir diese dann handhaben können, finden wir Stabilität auf einer höheren Stufe. Auch dies gehört zum Gesetz der Polarität.

Beispiel: Ein Raucher, der mit dem Rauchen aufhören will, muss erleben, dass sein Körper Entzugserscheinungen produziert, obwohl das Rauchen für seinen Körper bekanntermaßen ungesund ist.

Beispiel: Einem Menschen, der sich seine Amalgamplomben entfernen lässt, ohne eine zusätzliche Amalgamausleitung vorzunehmen, kann es passieren, dass sein Körper darauf mit Vergiftungserscheinungen reagiert, obwohl er eigentlich einen ungesunden Stoff (Amalgam) aus seinem Körper entfernt hat.

Aus der Homöopathie kennen wir das Phänomen der »Erstreaktion«, der »Erstverschlimmerung«, welche dort eher als ein gutes Zeichen gewertet wird: Das gewählte Mittel hat »angeschlagen«. Auch in Gebetskreisen, die sich mit Geistheilung befassen, wie z. B. dem Bruno-Gröning-Freundeskreis, kennt man dieses Gesetz, welches dort »Regelungen« genannt wird*[40]. Nur wenn wir bereit und willens sind, uns dauerhaft in einen neuen Zustand hinein zu verändern, können wir uns in der neuen, besseren Form etablieren.

Unser Körper-Energiesystem ist sehr fein auf unseren Ist-Zustand eingestellt. Jeder Gedanke, den wir denken, jedes Gefühl, das wir fühlen, jede Nahrung, die wir zu uns nehmen, führt in unserem Körper zu einer biochemischen Reaktion. Auf diese Biochemie ist unser System eingestellt. Wenn beispielsweise der Jähzornige aus einem Entschluss heraus auf seinen Jähzorn oder der Phlegmatiker auf seine Faulheit verzichtet, kommt dadurch seine Biochemie durcheinander. Dies wirkt auf den Körper ähnlich wie ein Drogenentzug. Das ist der Grund dafür, warum sich beispielsweise viele Menschen nicht spontan abgewöhnen können, sich übermäßig zu ärgern, obwohl es erwiesenermaßen das Herz belastet, zu Magengeschwüren führt usw. Viele fallen deshalb nach einigen Tagen wieder auf den Ärger zurück, oder sie verändern nur das Objekt des Ärgerns, ohne sich essentiell zu ändern.

Beispiel: Eine Frau, die sich jahrelang über ihren Partner geärgert hat, ist in einen neuen Mann verliebt. Nun beginnt sie, sich über ihre Mutter zu beklagen, die Politiker oder das Fahrverhalten anderer Verkehrsteilnehmer. So kann sie ihr »Ärgerlevel« halten, ohne den neuen Partner zu vergraulen. Irgendwann entscheidet sich die Frau dauerhaft, nicht mehr als Bestandteil von einem »Streitpaar«, sondern in harmonischer Partnerschaft zu leben. In diesem Fall kann es sein, dass all die Situationen und Reaktionen, die sie in der vorangegangenen Beziehung erlebt hat, noch einmal mit dem neuen Partner in Erscheinung treten. Indem die Frau sie jedoch annimmt, verarbeitet und weiter daran festhält, was sie wirklich erleben möchte, stellt sich bei ihr eine dauerhafte Veränderung ihres Verhaltens, ihrer Beziehung(en) und ihrer Körperchemie ein. Sie erlebt, dass sich nun tatsächlich eine Beziehungsform etabliert, die für sie und den anderen zutiefst erfüllend ist.

Forschungen haben gezeigt, dass wir das neue Muster mindestens 21 Tage lang leben müssen, damit die Biochemie des Körpers sich auf das neue Level einstellen und es sich zu eigen machen kann. In diesen 21 Tagen kommt es nach dem Gesetz der Polarität selbstverständlich zu Gegenreaktionen, die das alte Muster einfordern. Es ist hilfreich, um diese Gegenreaktionen zu wissen und liebevoll und bewusst mit ihnen umzugehen.

Beispiel: Sie beabsichtigen täglich zu joggen, um etwas für Ihre Figur zu tun. Nachdem Sie drei Tage lang voller Begeisterung früh aufgestanden sind und Ihr Laufpensum absolviert haben, meldet sich am vierten Tag Müdigkeit (der Gegenpol). Sie denken: »Dieses eine Mal kann ich das Joggen heute ausfallen lassen!« Am nächsten Tag regnet es, und der Regen dient Ihnen als Argument, wieder nicht zu joggen. Nach einigen Tagen stellen Sie fest, dass alles so ist wie *vor* Ihrem Entschluss.

Das Gesetz der Polarität fordert uns auch dazu auf, den Schatten zu integrieren bzw. zu wandeln. Licht und Schatten müssen gleichermaßen akzeptiert werden. Wer nach dem Licht strebt, muss sich früher oder später mit den Reaktionen des Schattens konfrontieren. Sobald er aber den Schatten integriert, hat er einen neuen Standpunkt eingenommen, der Veränderung steht nichts mehr im Weg. Der neue Bewusstseinszustand beginnt »ins Sein zu fallen« und sich dadurch zu etablieren.

Wie integrieren Sie den Schatten? Ganz einfach, indem Sie angesichts von Schattenreaktionen im Sein verharren. Gegenreaktionen sind wie die Anfänge von Schneelawinen. Wenn Sie eine Gegenreaktion bereits im Ansatz erkennen und sich dafür entscheiden, nicht auf sie einzusteigen, sondern in sich zu ruhen, hat die Gegenreaktion keine Macht über Sie, sie entlädt sich lediglich. Indem Sie sich darin üben, im Sein zu verharren, erkennen Sie Gegenreaktionen bereits, bevor sie eine emotionale Macht über Sie bekommen. Sie erkennen: »Aha, da ist eine Gegenreaktion, aber ich entscheide mich, da nicht einzusteigen«, und bleiben von ihren Auswirkungen verschont. Darum ist es so wichtig, immer wieder im Jetzt, im Bewusstsein der Gegenwart zu sein, um nicht von Gegenreaktionen überrollt zu werden, sondern frei, klar und dissoziiert zu bleiben.

Übung: Erinnern Sie sich an eine Situation, in der Sie sich aufgemacht haben, etwas Neues, Positives zu erfahren. Dies kann ein Berufswechsel sein, eine neue Beziehung oder eine neue Lebensweise. Und dann überlegen Sie einmal, welche Gegenreaktionen Sie auf diesem Weg erfahren haben und wie Sie diese überwunden haben. Was ist Ihre Methode, wo finden Sie Hilfe, um mit Gegenreaktionen umzugehen?

Übung: In welchem Lebensbereich sind die Dinge nach heutigem Standpunkt für Sie nicht in Ordnung? Beantworten Sie diese Frage ganz für sich, beispielsweise mit Hilfe von Papier und Bleistift, indem Sie Ihre Antwort aufschreiben. Dann fragen Sie sich, welcher Zustand stattdessen angemessen wäre. Formulieren Sie ihn in der Ich-Form. Überlegen Sie sich, welche Gegenreaktionen auf diesem Weg auftauchen könnten. Letztendlich fragen Sie sich, welche Einstellung Ihnen helfen würde, mit diesen Gegenreaktionen umzugehen.

Beispiel eines Klienten, der sein Geld unter großer Anstrengung und mit Schwarzarbeit verdiente: Der Klient erkennt: »Diese Angst ums Geld ist nicht in Ordnung!« Idealzustand: »Ich stehe finanziell mit beiden Beinen fest auf der Erde und erlebe absolute Stimmigkeit und Korrektheit in meinen Einnahmen und Ausgaben – es ist für alles in optimaler Form gesorgt!« Befürchtete Gegenreaktionen: »Angst, dass mir das Wasser abgegraben wird, mit dem Geldsystem nichts zu tun haben wollen, Angst, im Umgang mit dem Geld die eigene Spiritualität zu verlieren!« Hilfreiche Einstellung: »Das, was ich wirklich bin, kann durch Geld weder beeinträchtigt noch zerstört werden. Indem ich mir bewusst mache, wer ich wirklich bin, kann ich auch offiziell am Geldsystem teilnehmen, ohne deshalb den Stress und das Leiden der anderen Menschen im Gerangel um das Geld mitmachen zu müssen. Ich kann dabei entspannt bleiben.« Nach dieser Erkenntnis war der Klient in der Lage, mit seiner Arbeit offiziell in Erscheinung zu treten.

Der eigene Rhythmus im Einklang mit dem »Gesetz des Rhythmus«

Kernbotschaft: Alles im Leben hat seinen Rhythmus. Zugleich hat jeder Mensch seinen individuellen Rhythmus, den er leben sollte, um sich wohl zu fühlen.

Der Begriff Rhythmus entstammt dem griechischen *rhythmos,* was gleichbedeutend mit »Fluss (der Dinge)« ist. Das Gesetz des Rhythmus fordert uns auf, mit dem Fluss der Dinge zu gehen und uns dem »Fluss des Lebens« anzuvertrauen.

Es geht beim Gesetz des Rhythmus langfristig nicht darum, möglichst schnell möglichst viel zu schaffen, sondern darum, mit dem Rhythmus der Schöpfung im Einklang zu sein. Beispielsweise findet die Zellteilung in einem ganz bestimmten Rhythmus statt. Indem jede Zelle ihrem individuellen Rhythmus gehorcht, liegt sie damit zugleich auch im Einklang mit dem Ganzen.

Wissenschaftlich gesehen bedeutet Rhythmus einen gleichmäßig gegliederten Ablauf oder eine zeitliche Abfolge von Mustern oder Geschehnissen. In der Musik bringen wir den Rhythmus mit dem Takt in Verbindung. Wenn ein Paar zusammen tanzt und der Rhythmus nicht stimmt, kommt das Paar aus dem Takt, und der Tanz wirkt unbeholfen.

Auch Gespräche und Lebensgewohnheiten folgen ganz bestimmten Rhythmen. Einen Menschen, der nicht in der Lage ist, sich auf den Rhythmus eines Gespräches einzustimmen, bezeichnen wir als »taktlos«. Was es bedeutet, taktvoll in der Gesellschaft zu leben, erläuterte einmal Konrad Adenauer, als er nach dem Unterschied zwischen ihm und dem damals noch jungen Franz Josef Strauß gefragt wurde. Adenauer sagte: »Wenn ich eine Rede vorbereitet habe und ich komme ins Kabinett und stelle fest, die Stimmung ist nicht geeignet, lasse ich sie stecken und spreche frei. Der Franz Josef Strauß dagegen nimmt sie raus und liest sie vor, egal, ob es den anderen passt oder nicht.«

Jeder Mensch hat seinen eigenen Rhythmus und sollte diesen auch leben. Lebt jemand gegen seinen eigenen Rhythmus, kommt er aus dem Takt, was sich nachteilig auf sein Leben auswirkt. So gibt es beispielsweise Morgen- und Abendmenschen, Lerchen und Eulen. Viele Künstler erleben die Stunden ihrer größten Schaffenskraft erst nach Mitternacht, während so mancher Manager die frühen Morgenstunden braucht, um sich geistig auf den Tag vorzubereiten.

Das Gesetz des Rhythmus arbeitet auch mit dem Gesetz der Polarität zusammen. Wenn jemand beispielsweise ein paar Nächte lang sehr wenig Schlaf hatte, fordert die Gegenbewegung – wie der Uhrenschlag eines Pendels – einige Nächte, in denen er sich mehr Schlaf gönnt. Auch extreme Menschen haben ihre Rhythmen und suchen, wie bereits erwähnt, letztendlich das Gleichgewicht zwischen ihren Extremen. So kann es sein, dass diese Menschen mal extrem viel arbeiten und dann wieder eine große Pause machen.

Das Gesetz des Rhythmus bietet einen guten Maßstab: Wenn Ihr Rhythmus Ihnen guttut, sollte nichts daran geändert werden. Umgekehrt: Wenn Sie spüren, dass Sie aus dem Takt sind, sollten Sie überprüfen, ob Sie in irgendeinem Lebensbereich Ihren Rhythmus ändern müssen.

Beispiel: Es kann sein, dass Sie morgens eine längere Phase zum Aufwachen oder zum Frühstücken brauchen, um ausgeglichen in den Tag gehen zu können. In diesem Fall sollten Sie das einplanen.

Beispiel: Es kann sein, dass der tägliche Feierabendstau Sie aus dem Rhythmus bringt. Wenn Ihnen dies bewusst wird, wäre es zu überlegen, auf die S-Bahn umzusteigen.

Menschen leben unterschiedliche Rhythmen. Dies ist in der Liebesbegegnung so wie in der praktischen Lebensbewältigung. Der eine springt gerne kopfüber in Neues hinein, der andere möchte sich langsam daran gewöhnen. Wenn Sie beispielsweise Ihrem Partner einen neuen Computer zum Geburtstag schenken und er diesen erst einmal einige Wochen unbeachtet in der Ecke stehen lässt, muss dies nicht heißen, dass ihm Ihr Geschenk nicht gefällt. Vielleicht muss er sich nur erst einmal geistig darauf einstellen, in Zukunft neue Programme zu benutzen, und wird den PC eines Tages mit großer Freude und Dankbarkeit bedienen.

Hilfreich ist es gerade in der Beziehung, den eigenen Rhythmus und den des Partners zu kennen. Dadurch werden unnötige Missverständnisse vermieden.

Beispiel: Ihr Partner lebt seinen Rhythmus gerne abrupt und zackig. Er springt morgens aus dem Bett, schlingt sein Essen hinunter und möchte alle Dinge so schnell wie möglich erledigt haben. Sie dagegen sind eher ein Gemütsmensch, möchten langsam und bewusst in den Tag gehen und die Dinge eher ruhig, aber effektiv und bewusst anpacken. Damit Sie beide miteinander zurechtkommen, ist eine Angleichung der Rhythmen notwendig. Falls dies nicht möglich ist, empfehlen sich getrennte Schlafzimmer und ein Höchstmaß an gegenseitiger Unabhängigkeit vom

Rhythmus des anderen. Dies kann bedeuten, sich in vielen Lebenssituationen vom Rhythmus des Partners abzukoppeln, um sich dann, wenn es für beide passt, wirklich begegnen zu können.

Übung: Was ist Ihr Rhythmus? Gehen Sie einmal in Gedanken durch den Tag und durch das Jahr. Brauchen Sie regelmäßigen Urlaub, Wochenendreisen und abendliches Ausgehen, damit Sie beweglich und offen für das Leben bleiben? Oder bevorzugen Sie ein Leben an einem festen Ort mit wenig Veränderung, um sich wohl zu fühlen? Wie sieht es mit Ihrem Tempo aus? Hetzen Sie, oder sind Sie eher ruhig? Wann gehen Ihnen die Dinge zu schnell, wann zu langsam? Wie sieht es mit Ihren Mitmenschen aus? Welcher von ihnen passt zu Ihrem Rhythmus? Und wo passt es nicht?

Übung: Denken Sie zurück an Ihre Vergangenheit. Wo haben Sie sich im Einklang mit Ihrem Rhythmus und dem Rhythmus des großen Ganzen gefühlt, und wo haben Sie sich selbst als aus dem Takt bzw. als taktlos empfunden?

Wie Sie das »Gesetz der Resonanz« bewusst und sinnvoll nutzen

Kernbotschaft: Wir erfahren in unserem Leben ausschließlich die Dinge, auf die wir resonant sind. Alles, was Sie brauchen, findet Sie – über das Resonanzgesetz.

In der Physik bedeutet Resonanz die Übereinstimmung der Frequenz einer Anregung mit einer Eigenfrequenz des Systems*[41]. Das Wort Resonanz kommt vom lateinischen *resonare* = zurücktönen. Wird auf einem Klavier eine Saite angeschlagen, so beginnen all jene Saiten mitzuschwingen, die einen Oberton dieser Saite darstellen, also gleichartig sind.

Das Resonanzgesetz besagt, dass uns immer das aus der Wirklichkeit berührt, auf das wir resonant sind.

Beispiel: Ein Nachbar erzählt Ihnen, während Sie Unkraut jäten, wie ungerecht ihn sein Partner behandelt hat. Wenn Sie zu dem Thema keine Resonanz haben, werden Sie die Geschichte hören und wieder vergessen – nach einigen Minuten ist das Thema aus Ihrem Kopf, und Sie denken an etwas völlig anderes. Sollten Sie aber Resonanz zu dem Thema haben, ereifern Sie sich. Das Gespräch mit Ihrem Nachbarn dehnt sich über Stunden aus. Letztendlich kommen Sie geladen nach Hause, diskutieren mit Ihrem Partner ebenfalls darüber, regen sich in der Folge auf, dass Sie selbst von Ihrem Partner auch einmal ungerecht behandelt worden sind, und binnen weniger Stunden ist der schlimmste Ehestreit in Gange.

Auf dem Gesetz der Resonanz basieren alle Massenhysterien, aber auch die Grippeepidemie. Ein Heilpraktiker antwortete einmal auf die Frage, warum er sich nicht gegen Grippe impfen ließe, mit der Frage: »Wieso impfen? Wenn eine Grippewelle kommt, mache ich einfach nicht mit!«

Ob jemand unter seiner Kindheit, seinen Lebensumständen, seinem Partner leidet oder sich daran erfreut, hängt mit der individuellen Resonanz zusammen. So kann es sein, dass zwei Geschwister mit der gleichen Kindheit diese je nach individueller Resonanz als belastend oder als förderlich erfahren haben.

Die Resonanzebenen, auf denen sich Menschen begegnen, können sehr differenziert und unterschiedlich sein. So kann es sein, dass Sie sich mit Partner A besonders gut intellektuell unterhalten können, bei Partner B stellen Sie fest, dass Sie beide sehr ähnlich in Ihrer emotionalen Struktur sind und sehr ähnlich empfinden, mit Partner C klappen praktische Dinge wie Basteln oder Organisieren besonders gut, mit Partner D kommen Sie besonders gut im Bett zurecht.

Schwierigkeiten in der Resonanz können auf Schwachstellen hinweisen, die zu bearbeiten sind. Potenziell können wir uns für *alles* resonanzfähig machen, doch nicht immer klappt dies. Manchmal deuten Schwierigkeiten in der Resonanz auch auf tief verwurzelte Unverträglichkeiten hin. Man könnte sich selbst vielleicht so verändern, dass es passt, aber dies käme womöglich einem Sich-Verbiegen gleich. Manchmal ist es nicht leicht zu erkennen, wo es sich lohnt, in Resonanz zu gehen, und wo es zwecklos ist.

Es ist wie in der Musik: Prinzipiell könnte man jedes Musikinstrument mit jedem kombinieren. Aber es gibt Musikinstrumente, die besser zueinander passen, und solche, die weniger füreinander bestimmt sind. Auch hier kann es

Ausnahmen geben. Beispielsweise ist es selbstverständlich, Schlagzeug und Gitarre miteinander zu kombinieren, aber Schlagzeug und Flöte miteinander in Resonanz zu bringen, ist schon eine Herausforderung.

»Ich bin resonant«, bedeutet sinnbildlich gesprochen: »Ich mache mit!« Hierbei handelt es sich nicht so sehr um ein aktives Tun, sondern eher um ein Mitmachen im Sinne von innerem »Beteiligtsein«. Wer beispielsweise resonant auf Reichtum ist, wird immer Geld haben, egal wo er in der Welt lebt und wie die allgemeine Wirtschaftslage gerade ist. Und wer resonant auf Armut ist, wird immer Armut erleben, selbst wenn er in einem reichen Ölstaat lebt, wo jeder Bürger eine Staatsrente bekommt.

Übung: Gehen Sie einmal in Resonanz mit »Armut«. Denken Sie dafür einfach: »Ich bin arm.« Was geht Ihnen nun durch den Kopf, und was fühlen Sie? Als Nächstes gehen Sie in Resonanz mit »Reichtum«. Denken Sie »Ich bin reich« und beobachten Sie, was Sie dabei erleben. Dann stellen Sie sich vor, wie es sich anfühlt, eine optimale, gesunde Resonanz zu Reichtum zu haben.

Oft stößt man bei solchen Übungen auf Überraschungen.

Beispiel: Ein Klient, selbst arm, obwohl sehr begabt, berichtet: »Wenn ich in Resonanz mit Armut gehe und mir vorstelle: ›Ich bin arm‹, erlebe ich eine Art inneren Frieden. Man kann mir nichts mehr wegnehmen. Keine Neider, keine Angriffe, ich bin am Boden angelangt. Ich muss mich nicht zusammenreißen oder verstellen, um irgendwelche Vorteile zu bekommen. Ich bin echt, authentisch und natürlich. Wenn ich dagegen in Resonanz mit Reichtum gehe und mir vorstelle: ›Ich bin reich‹, bekomme ich Angst. Ich sehe mich ein teures Auto fahren, aber ständig werden mir von Rowdys die Antennen abgerissen oder die Scheiben eingeschlagen. Ich treffe auf Menschen, die mich überfallen und mir die Brieftasche klauen wollen. Ich erlebe mich als hartherzig gegenüber den Bettlern, die sich an mich klammern wie Ertrinkende. Ich spüre ungeheure Spannungen in mir und das Gefühl, mich ständig beweisen zu müssen.«

Kein Wunder, dass dieser Klient kein Geld hat. Auf die Bitte hin, sich einmal zu fühlen wie ein Mensch, der eine gesunde, stimmige Resonanz zu Reichtum hat, erlebt der Klient Folgendes: »Reichtum fließt durch mich als eine natürliche Begleiterscheinung des Seins. Er kommt nicht von mir, und das, was am Reichtum festhält, ist kein Ego. Es ist wie ein Topf, der ständig überquillt und auch auf mich herabregnet. Ich erlebe mich als bewussten Verwalter der Fülle, die ich auf natürliche Weise erhalte. Ich bin von der Fülle des Universums nicht ausgeschlossen, sondern ich diene dem Sein, indem ich Reichtum auf stimmige Weise durch mich hindurchfließen lasse. Weder bete ich Menschen an, weil sie über viel Geld verfügen, noch missachte ich andere, weil sie arm sind. Ich gehe bedacht und liebevoll mit meinem Geld um, weil ich weiß, dass nur zu mir kommt, was zu mir gehört. Ich habe keine Angst, meinen Reichtum wieder zu verlieren, da ich mich ohnehin nur als bewussten Verwalter dieser Materie sehe.«

Sie können sich letztendlich für alles, was Sie wünschen, resonanzfähig machen. Es sollte zu Ihnen passen, doch prinzipiell ist alles möglich. Die nachfolgende Übung könnte Ihnen dabei helfen:

Übung: Gehen Sie in Ihre Mitte, in Ihr wahres Sein. Aus dieser Mitte heraus nehmen Sie das, womit Sie in Resonanz gehen möchten, wahr, wie ein Sender oder eine Schwinggabel, die angeschlagen ist. Spüren Sie Ihre Resonanz zu diesem Fokus. Es kann sich hierbei um Erfolg, Liebe, Reichtum, Gesundheit handeln, was immer Sie wollen. Spüren Sie, wie die Schwingung dessen, was Sie gewählt haben, Sie erreicht, und erleben Sie, wie Sie sich innerlich dafür öffnen, wie Sie »zurückschwingen«. Es kann sein, dass zunächst Gegenreaktionen auftreten, Widerstände usw. In diesem Fall nehmen Sie diese bewusst wahr, ohne sie abzulehnen oder nach ihnen zu greifen. Richten Sie Ihre Aufmerksamkeit einfach weiter auf den Brennpunkt Ihrer Wahl und bleiben Sie in Ihrer Mitte, bis Sie spüren, dass etwas in Ihnen auf diese Schwingung antwortet. Sie sind nun zum Empfänger für diese Qualität geworden, resonanzfähig für das, was Sie begehren.

Die Wirklichkeit und das »Gesetz der Realität«

Kernbotschaften:

a) Jeder lebt in einer anderen Realität.
b) Der Mensch nimmt nicht das wahr, was da ist, sondern das, wovon er glaubt, dass es da ist.
c) Jeder trägt seine eigene Brille, welche die Welt anders erscheinen lässt.
d) Realität ist das, was geschaffen wurde, Wirklichkeit ist das, was erschafft.
e) Die Realität folgt unseren Überzeugungen und unserem Glauben.
f) Weigert sich ein Schöpfer, seine Kreation zu erleben, bleibt diese so lange existent, bis er sie widerstandslos erfahren hat. »Was belebt wird, verschwindet, was verdrängt wird, bleibt bestehen.«
g) Jede Realität kann durch wertfreies Erleben aufgelöst, »entschöpft« werden, es kann sich dabei auch um ein rein geistiges Erleben (Traum, Phantasiereise) handeln.
h) Wenn Bewusstsein sich mit seiner Kreation identifiziert, reagiert es nicht mehr auf seine Kreation, sondern als Kreation.
i) Tatsachen sind dabei lediglich Durchgangsstationen zum Eigentlichen. Gehe ich von der Realität aus, bleibe ich innerhalb der Grenzen dieser Realität und verstärke sie damit.

Der Begriff Realität stammt ursprünglich vom lateinischen *res* = das Ding, doch hat sich dieses Wort heute für das

Gegenteil von Illusion etabliert. Die Wissenschaft sagt, real sei all das, was auch außerhalb des Denkens existiert, d.h. was unabhängig davon besteht, ob wir daran denken oder nicht. Vorstellungen, Gefühle, Wünsche und Ziele schreibt sie nicht der Realität zu. Sie konzentriert sich auf jene »Dinge«, die wissenschaftlich erforschbar und messbar sind und als Basis für Theoriebildung dienen. Wie unsinnig dies ist, wissen wir spätestens seit der Entdeckung der Quantenphysik, die uns lehrt, dass der Beobachter die Beobachtung mit beeinflusst.

Tatsächlich lebt jeder von uns in einer anderen »Realität«, zumindest empfindet er es so. Eine Biene beispielsweise nimmt diese Welt völlig anders wahr als andere Lebewesen wie z.B. ein Mensch oder ein Hund. Die grellen Farben, die sie beim Überfliegen eines Rapsfeldes sieht, haben mehr Ähnlichkeit mit surrealistischer Malerei als mit dem menschlichen Blickwinkel. Und die subtilen Töne, welche ein Hund wahrnimmt, der gattungsbedingt zwar schlechter sieht als wir, aber viel besser hört, stellen jeden Komponisten in den Schatten und lassen sich letztendlich nur erahnen.

Jeder Mensch hat einen anderen Standpunkt, nicht nur körperlich, sondern auch geistig. Aus diesem Grund wird ein und dasselbe Erlebnis auch oftmals unterschiedlich bewertet. Wir sehen dies beispielsweise an der Fotokunst. Zwei Menschen fotografieren zur gleichen Zeit dasselbe Bild und erhalten doch ein unterschiedliches Ergebnis. Es ist, als wenn jeder Fotograf ein Stück von sich selbst in das Foto einbringt.

Aus der unendlichen Vielzahl von Realitäten wählen wir aufgrund unseres Glaubenssystems stets diejenige aus, die wir für real *halten.* Alle anderen sehen wir dann als irreal an. Aus diesem Grund hängt das »Gesetz der Realität« sehr eng mit dem »Gesetz des Glaubens« zusammen.

Der Quantenforscher Jörg Starkmuth drückt es wie folgt aus: »Theoretisch stehen uns alle Möglichkeiten offen, unsere ›Außenwelt‹ und damit unser Schicksal frei zu wählen – in der Praxis gibt es jedoch Einschränkungen. Zum einen sind wir offensichtlich so gestrickt, dass unsere Realität gewissen logischen Anforderungen genügen muss. Unser Pfad durch das Multiversum darf keine allzu scharfen Kurven und schon gar keine Sprünge machen, damit unsere Lebensgeschichte widerspruchsfrei bleibt. Zum anderen stehen wir mit unseren Artgenossen in einem ständigen (bewussten wie unbewussten) Informationsaustausch, der dafür sorgt, dass unsere persönlichen Realitäten (die ja durchaus nicht alle identisch sind) so weit zusammenpassen, dass wir in einer gemeinsamen Welt leben können. Mit anderen Worten, wir bewegen uns auf mehr oder weniger parallelen Pfaden durch das Multiversum.«*[42]

Jeder Mensch hat seine eigene Realität. Wenn wir wissen, dass es eine objektive Realität nicht gibt, erkennen wir auch, wie sinnlos es ist, über sie zu streiten. Viel wichtiger ist, dass wir nicht mit ihr kollidieren. Wenn wir über unsere Realität hinausgehen wollen, müssen wir sie erst einmal annehmen.

Wenn jemand beispielsweise glaubt, dass er nachts Geisterstimmen hört, dann gehört diese Erfahrung zu seiner »Realität«. Wir können ihm tausendmal sagen, dass er sich dies nur einbildet – es wird ihm nicht helfen. Wenn wir ihm allerdings raten, er solle die Geister bitten, nachts lieber Skat spielen zu gehen, anstatt ihn zu belästigen, haben wir eine größere Chance, dass unser Mann nachts wieder durchschlafen kann.

Byron Katie, die Begründerin der Selbsterfahrungsmethode »The Work«, sagt: »Wenn wir uns mit der Realität anlegen, verlieren wir immer – und zwar nur zu 100 %!« Wenn wir mit der Realität kollidieren, sollten wir deshalb umkehren, indem wir die Realität und ihre Berechtigung zunächst voll bejahen – und erst dann über sie hinausgehen.

Das, was wir als Realität wahrnehmen, ist auch sehr stark geprägt von dem Glaubenssystem unseres Umfeldes, mit dem wir in Resonanz stehen. Baird Spalding berichtet beispielsweise, dass es im Himalaya Menschen gibt, für die der physische Tod, so wie wir ihn kennen, nicht Bestandteil ihrer Realität ist und die demzufolge einige hundert oder gar tausend Jahre alt werden*[43]. Auf der anderen Seite gibt es afrikanische Urwaldstämme, für die es Bestandteil der Realität ist, dass jemand, der aus dem Stamm ausgestoßen wird, binnen drei Tagen sterben wird – und genauso geschieht es dort auch.

Es ist uns leicht möglich, innerhalb des kollektiven Feldes die eine oder andere »Realität« auszusuchen, beispielsweise die eines gestressten Topmanagers oder die eines armen, aber glücklichen Hippies. Wenn wir allerdings etwas völlig anderes glauben als der Rest unseres Umfeldes und innerhalb des Feldes, in dem wir uns bewegen, Aufsehen erregen, laufen wir Gefahr, für verrückt erklärt zu werden oder zu scheitern, weil das Glaubenssystem des Umfeldes eine solche Realität unterdrückt.

Beispielsweise war von Jesus bekannt, dass er in seiner Heimatstadt Bethlehem nicht heilen konnte »ob des Unglaubens der Menschen«. Die Leute dort konnten sich nicht vorstellen, dass der Mann, der früher einmal der Sohn des Zimmermanns im Dorf war, ein großer Heiler sein sollte – es kollidierte mit ihrer Realität. Um nicht mit dem Unglauben zu kollidieren, fragte Jesus jedes Mal, bevor er heilte: »Glaubst du?« Und wenn dies jemand bejahte, entgegnete er nicht etwa: »Dann heile ich dich«, sondern: »Dir geschehe nach deinem Glauben!«

Praktisch gesehen bedeutet dies, dass wir prüfen müssen, ob das Lebensumfeld, mit dem wir uns verbinden, die »Realität« unserer Bekannten, Freunde, Nachbarn zu der unsrigen passt oder ob wir ggf. den Lebensort wechseln sollten.

Beispiel: Der eine fühlt sich im indischen Goa pudelwohl und hat das Empfinden, sich dort endlich ausleben zu können – für jemand anderen ist allein das Betreten indischen Bodens eine einzige Tortur, denn seine Realität passt besser nach New York oder Teneriffa.

Wir sollten uns auch nicht von einem anderen Menschen dessen »Realität« aufdrücken lassen. Wenn uns die Realität eines anderen gefällt und zu uns passt, können wir gemeinsam in dieser Realität leben. Lebt der andere hingegen in einer Realität von Schmerz, können wir Mitgefühl empfinden, doch wir müssen diese Realität nicht teilen. Es ist auch nicht unsere Aufgabe, dem anderen ungefragt seine Realität zu nehmen. Wir können ihn fragen, ob er einen erweiterten Blick auf seine Realität wünscht, doch sobald Widerstand aufkommt, sollten wir es aufgeben, ihn missionieren zu wollen. Jeder hat das Recht, so zu sein, wie er ist, und dann zu erwachen, wenn *seine* Zeit dafür gekommen ist.

Das Gesetz der Realität fordert uns allerdings auch dazu auf, dass wir nicht jedem von unseren ehrgeizigen Projekten erzählen sollten – da wir so möglicherweise mit der Realität des anderen und mit seinem Unglauben kollidieren. Lernen wir in diesem Zusammenhang von einer Henne: Sie gackert erst dann, wenn sie ihr Ei bereits gelegt hat.

Über unsere Realität entscheiden wir *in jedem Augenblick* neu. Ein Gleichnis erzählt von der Begegnung eines Zen-Meisters mit einem Samurai. Der Samurai will wissen, was die Hölle ist. Daraufhin beleidigt der Zen-Meister den Samurai, und der Samurai zieht sein Schwert, um dem anderen den Kopf abzuschlagen. Der Zen-Meister lächelt und sagt: »Dies ist der Weg zur Hölle!« Ehrfürchtig und erschüttert von der Unerschrockenheit seines Gegenübers steckt der Samurai sein Schwert wieder ein. Daraufhin sagt der Zen-Meister: »Dies ist der Weg in den Himmel!«*44

Ob Sie mit Ihrem Partner, Ihren Lebensumständen, Ihrem Beruf im Himmel oder in der Hölle leben, entscheiden Sie selbst. Oftmals ist es gerade eine unangenehme Realität, die letztendlich den Drang zum Erwachen auslöst, denn kaum einer wacht gerne auf, wenn er gerade von einem Schlaraffenland träumt. Sie können Ihre »Realität« jederzeit verändern, indem Sie diese anders wahrnehmen. Sobald Sie Ihre Realität als Ihre Schöpfung annehmen, erleben Sie sich selbst als wertfreier Beobachter Ihrer Realität und werden eins mit der »Wirklichkeit hinter dem Schein«. Diese ist etwas anderes als die oberflächlich wahrgenommene Realität.

Wirklichkeit, das ist die wirkende Kraft hinter jedem und allem, also das, »was wirkt«. Weisheitslehren unterscheiden hier zwischen einer relativen und einer absoluten (göttlichen) Wirklichkeit. Sie gehen davon aus, dass Betrachtungen über die wirkende Kraft, also die Wirklichkeiten, individuell unterschiedlich sind, während es nur *eine* absolut erfahrbare Wirklichkeit gibt. Man könnte sagen: Es gibt viele Realitäten, aber nur eine Wirklichkeit.

In der Welt der Erscheinungsformen finden wir diese Wirklichkeit jedoch nicht, da wir sie, je nach unterschiedlichem Standpunkt, aus einem unbegrenzten Raum von Möglichkeiten wählen. Selbst die Religionen mit ihren Glaubenssystemen können uns der Wirklichkeit nur näher bringen. Letztendlich ist der Kontakt mit der absoluten Wirklichkeit zutiefst individuell. Wir können nichts über sie aussagen, und doch hinterlässt der Kontakt mit der Wirklichkeit in uns unauslöschliche Spuren. Es ist wie mit dem Beschreiben des Verliebtseins oder vielleicht auch des Geschmacks einer seltenen Frucht. Alles, was uns möglich ist, sind Annäherungsworte. Aber wir wissen, wenn wir verliebt sind, wir wissen, wenn wir eine seltene Frucht gegessen haben, und wir wissen, wenn wir in Kontakt mit *der* Wirklichkeit gekommen sind. Im Kontakt mit der »Wirklichkeit« erwachen wir zu der »Wahrheit hinter dem Schein«.

Im Buddhismus werden vier Stufen des »Erwachens« von der Realität zur Wirklichkeit unterschieden:
1. die Stufe des Stromeintritts (sotapatti)
2. die Stufe der Einmalwiederkehr (ekadagami)
3. die Stufe der Nichtwiederkehr (anagami)
4. die Stufe der Arahatschaft (arahatta)

Der Stromeingetretene, der die Wirklichkeit das erste Mal »erfährt«, wird durch seine De-Identifikation von den Erscheinungsformen der Welt befreit und wird von da an höchstens sieben Mal wiedergeboren, da der Prozess der Befreiung sich von nun an »von selbst« verstärkt. In den restlichen sieben Wiedergeburten kann er nicht unterhalb der menschlichen Existenz wiederkehren. Der Einmalwiederkehrer, der die Wirklichkeit ein zweites Mal tiefer erfährt, hat nur noch eine einzige Wiedergeburt in der Götter- oder Menschenwelt vor sich. Der Nichtwiederkehrer wird ebenfalls nur noch ein weiteres Mal wiedergeboren – allerdings in einer bestimmten, sehr fein gestalteten Welt, dem Bereich der »Brahmas«. Die Arahatschaft gilt als höchste Verwirklichung. Ein Arahat hat keine weitere Wiedergeburt vor sich. Obwohl er mit dem Körper noch im Leben steht, ist er innerlich »befreit« und steht gleichsam »außerhalb« der Welt*[45]. Dieser Zustand entspricht in etwa dem Jesuswort »Mein Reich ist nicht von dieser Welt« bzw.

dem Zustand »Ich lebe in der Welt, doch die Welt lebt nicht in mir«.

Andere Religionen und Weisheitslehren haben andere Worte, um den Kontakt mit der Wirklichkeit zu beschreiben. Vielleicht die schönsten stammen von Laotse aus dem Tao de King: »Der Name, der gesagt werden kann, ist nicht der Name des Namenlosen!« Im Klartext: Die Wirklichkeit lässt sich letztendlich nicht mit Worten wiedergeben.

Übung: Fragen Sie sich: »Was ist meine Realität?« Notieren Sie Ihre Wahrnehmungen. Auf dieser Liste könnte beispielsweise stehen: »Meine Realität ist, dass ich mit einer Frau zusammenlebe, die mich sehr liebt, dass ich mich anstrengen muss, um das nötige Kleingeld zu verdienen, dass meine Kräfte mit zunehmendem Alter schwächer werden, dass ich Freude an meinem Körper habe ...«

Innerhalb dieser Liste werden Sie auf Punkte stoßen, die Ihnen angenehm sind, und auf solche, die Sie nicht mögen. Bedanken Sie sich bei der Schöpfung für die Punkte, die Ihnen angenehm sind. Im Idealfall sagen Sie noch: »Ich wünsche jedem Menschen auf der Welt, dass er dieses Glück erfahren darf!« Dadurch sichern Sie sich die Unterstützung des Kollektivs. Bei den Punkten, die Ihnen unangenehm sind, fragen Sie sich: »Kann ich wirklich wissen, dass dies so sein muss?« Suchen Sie Gegenbeispiele in Ihrem Bekanntenkreis oder in der Öffentlichkeit. Hinterfragen Sie Ihren Glauben und seien Sie bereit, eine andere Realität anzunehmen, indem Sie diese für möglich halten.

Übung: Schließen Sie Ihre Augen und gehen Sie gedanklich in Ihre innere Mitte, wo immer Sie diese vermuten. Flüstern oder denken Sie immer wieder das Wort »Wirklichkeit«. Was steigt in Ihrem Bewusstsein an Bildern, Gedanken, Gefühlen auf, wenn Sie das Wort »Wirklichkeit«

wiederholen? Beobachten Sie alles und richten Sie Ihre Aufmerksamkeit weiterhin auf den Begriff »Wirklichkeit«. Irgendwann wird sich möglicherweise Ihre Wahrnehmung umkehren und Sie werden erleben, dass eine Kraft, eine Energie, ein Licht sich *durch* Sie meldet. Erlauben Sie auch dies, während Sie sich weiter auf »Wirklichkeit« konzentrieren. Aus dem inneren Frieden, der daraus erwächst, entsteht in Ihnen möglicherweise eine Ahnung, was das sein könnte – »Wirklichkeit«.

> *»Du selbst bist es, der diese Welt erschafft*
> *In jedem Augenblick.«*
> *(Gautama Buddha)*

Dem »Gesetz von Ursache und Wirkung« mit Bewusstheit begegnen

Kernbotschaft:

a) Alles Sichtbare ist eine Wirkung, hinter der ein Schöpfer steht.
b) Es gibt einen Zusammenhang zwischen dem, was war, und dem, was folgt.
c) Ihr wahres Selbst ist die Ursache von allem, was ist, und zugleich losgelöst davon.

Das Leben zeigt sich als ein Spiel der Einen Kraft mit sich selbst. In östlichen Traditionen wird dieses Spiel »Leela« (sanskrit: kosmisches Spiel) genannt. Wie kommt es jetzt, dass aus diesem Spiel für viele Menschen »blutiger Ernst« geworden ist, aus dem sie fast nicht mehr herausfinden?

In der Schöpfung gibt es das Prinzip von Ursache und Wirkung. Ursachen entstammen dem Ursprung und kreieren (Aus-)Wirkungen. Mit diesen werden wir dann in der Welt der Schöpfungen konfrontiert.

Wie wir bereits beim »Gesetz der Schwingung« gelernt haben, ist alles, was existiert, in Wahrheit nichts anderes als »Schwingung«, sogar die scheinbar leblose Materie. Auch das Gehirn produziert elektromagnetische Schwingungen, die wir wie eine Radiostation aussenden. Diese Energie wirkt in der Außenwelt und erzeugt dort entsprechenden Widerhall gemäß dem ebenfalls angesprochenen »Gesetz der Resonanz«. Jeder Gedanke ist dabei wie ein Stein, den wir in einen Teich werfen. Je größer der Stein (d.h. je konzentrierter, emotionsgeladener und anhaltender der Gedanke), umso stärker die Wellen. Er stellt somit eine Ursache dar, die in der äußeren Welt eine entsprechende Wirkung nach sich zieht.

Kaum ein Mensch ist sich der Ursache bewusst, die sein Denken, Fühlen und Handeln ständig darstellt, obwohl dieser Mechanismus bereits wissenschaftlich bewiesen ist. Auch hierfür wieder ein Beispiel: Ivan Koval erforschte die psychokausalen Linien. Dies sind den Meridianen vergleichbare Linien, die den Menschen überziehen und über seine Gefühls- und Gedankenlage Auskunft geben. Je nachdem, was jemand denkt oder fühlt, werden entsprechende Linien aktiviert. Koval entdeckte, dass man anhand dieser Linien nicht nur sagen kann, welche Gedankenstrukturen bei einem Menschen vorherrschen, sondern sogar welche Ereignisse in der Zukunft wahrscheinlich eintreffen werden. Er hatte nämlich beobachtet, dass die Aufrechterhaltung eines bestimmten Gedanken- oder Gefühlszustandes auf lange Sicht entsprechende Ereignisse binnen 3–12 Monaten anzieht*[46].

Bezogen auf eine Beziehung: Jeder Gedanke, den Sie über Ihren Partner beiläufig äußern oder auch nur denken, teilt sich Ihrem Partner über das morphogenetische Feld mit und beeinflusst Ihre Beziehung unmittelbar*[47].

Beispiel: Wenn Sie sich abfällig über Ihren Partner äußern, unabhängig davon, ob dies nur am nahegelegenen Stammtisch oder in einem Telefonat gegenüber einem Freund in Übersee geschieht, verändert dies die Energieresonanz zu Ihrem Partner unmittelbar ins Negative. (Aus-)Wirkung: Ihre Partnerschaft ist belastet. Umgekehrt: Wenn Sie regelmäßig liebevoll über Ihren Partner sprechen und/oder liebevoll an Ihren Partner denken (Ursache), fördert dies Ihre Beziehung auch dann, wenn Sie sich nicht regelmäßig sehen (Wirkung).

Die meisten Menschen erfahren das Gesetz von Ursache und Wirkung als Produkt der Zeit:

Beispiel: Sie verbrennen sich an der Herdplatte (Ursache), und eine Brandblase bildet sich (Wirkung).

Zurückblickend lässt sich zu jeder Wirkung eine entsprechende Ursache finden. Aus dieser Gesetzmäßigkeit heraus wurde u. a. das positive Denken entwickelt, damit aus positiven Gedanken, Taten, Gefühlen letztendlich positive Wirkungen werden.

Noch wichtiger als Positivität ist jedoch das Leben in ständiger Erinnerung an Ihr wahres Selbst. Dies bedeutet, dass Sie sich selbst als Ursache erfahren und die Welt um Sie herum als Wirkungen. Das Gegenteil davon wäre, »Wirkung zu zeigen« bzw. Wirkung zu sein: Irgendetwas in der Außenwelt missfällt oder verlockt uns (Ursache), und wir geraten außer uns (Wirkung).

Wenn wir als Wirkung auf die Welt reagieren, kann das, was folgt, nur verheerend sein. Wir leben dann in Vergessenheit um unsere ursprüngliche Identität, gefangen im »kleinen Spiel«, wo wir in ein »leela im leela« verstrickt sind. Die Herausforderung für uns liegt also darin, uns nicht von der Wirkung anstecken zu lassen.

Beispiel: Ein Freund schickt Ihnen einen missverständlichen Brief, der Sie reizt. Die »Wirkung«, die dieser Brief bei Ihnen möglicherweise hinterlässt, ist, dass Sie sich von dem Freund verraten fühlen und einen ziemlich heftigen Brief zurückschreiben. Was Sie dadurch – oft ohne es zu wollen – kreieren, ist eine Zerstörung, zumindest aber eine Belastung der Freundschaft. Besser ist es, innezuhalten, sich selbst zu spüren und wahrzunehmen, was Ihr Selbst zu diesem Brief sagt. Auf einmal ist es Ihnen möglich, all die Emotionen und Projektionen zu beobachten, und sobald

Sie zu Frieden gekommen sind, ein klärendes und selbsterinnerndes Gespräch mit Ihrem Freund zu führen.

Auch ohne dass uns jemand reizt, ist die Versuchung groß, als Wirkung zu leben und zu handeln, ohne sich dessen bewusst zu sein. Manchmal hält so ein Zustand ein Leben lang an.

Beispiel: Ein Klient hatte eine Karriere als Topmanager eingeschlagen, um seinem Vater zu beweisen, wie toll er ist. Begabt wäre er aber vielmehr als Künstler. Im Laufe der Beratung bemerkt er, dass seine Wahl eine Selbstvergewaltigung war, und ein neuer und beglückender Lebensweg eröffnet sich ihm.

Wir leben in einer Welt, in der finanzieller Reichtum als höchstes Gut gepriesen wird, ohne dass man diesen Wert in Frage stellt. Dabei ist Reichtum keineswegs zu verurteilen. Aber wenn jemand, um an ihn zu kommen, meint, seine Seele verkaufen oder skrupellos handeln zu müssen, begibt er sich immer weiter in die Selbstvergessenheit hinein. Aus diesem Grund sagt Jesus: »Was nützt es dem Menschen, wenn er die Welt gewinnt und dabei Schaden nimmt an seiner Seele!« (Markus 8, 35–36)

Viel wichtiger als äußeres Erfolgstreben ist es, Frieden zu finden mit der Realität, wie Sie diese vorfinden. Erst wenn Sie sich als Schöpfer der bisherigen Realität komplett angenommen haben, sind Sie in dem schöpferischen Bewusstsein angelangt, das Ihnen gestattet, einen Schritt weiterzugehen. Liegen Sie mit der bisherigen Schöpfung (Realität) in Clinch, würden Sie durch eine neue, entgegengesetzte Kreation nur Spannungen erzeugen.

Beispiel: Ein Mann ärgert sich über seine Armut und will im Frust und im Ärger darüber endlich reich werden. Dies wird nicht klappen. Erst wenn er seine Armut angenommen hat und mit ihr in Frieden lebt, kann er neu schöpfen.

Die beste Ursache ist, mit Ihrer Bestimmung in Einklang leben, mit dem, was viele Philosophen »Dharma« nennen. Um in Kontakt mit Ihrem Dharma zu kommen, ist es wichtig zu erkennen, wer Sie *wirklich* sind, und aus diesem Bewusstsein heraus zu spüren, was Ihrem Selbst in diesem Leben wichtig ist. Das schöpferische Bewusstsein erwächst stets aus der *Einen* Kraft, aus dem eigentlichen Sein. Jesus sagt dazu: »Trachte zuerst nach dem Reich Gottes und nach seiner Gerechtigkeit, dann wird dir alles andere zuteil werden!« (Matthäus 6,33)

Übung: Gehen Sie in die Stille, in Ihre innere Mitte. Beobachten Sie Ihre Gedanken, Empfindungen, Wahrnehmungen – ohne sich mit ihnen zu identifizieren. Aus dieser Stille heraus beobachten Sie Ihren Atem – treiben Sie ihn weder voran noch unterdrücken Sie ihn. In diesem Bewusstsein fragen Sie sich: »Was ist das Wichtigste in meinem Leben?« Bleiben Sie in der Stille und lauschen Sie. Warten Sie auf die Antwort. Vielleicht ist diese erst einmal vage wie z. B.: »Ich selbst sein!« Dann fragen Sie sich: »Und wie sollte dies aussehen? Was bedeutet dies für ...*?« Vielleicht erhalten Sie an dieser Stelle präzisere Antworten, wie z. B. »das Geschenk, das die Schöpfung mir gibt, zu 100 Prozent annehmen, pflegen, mitgestalten«, »sich den finanziellen Ängsten stellen« o. ä.. Dann fragen Sie ganz konkret nach Mitteln und Maßnahmen, die Sie ergreifen sollen. An dieser Stelle erhalten Sie möglicherweise ganz konkrete Vorschläge, wie z. B. »mit meinem Geld bewusst umgehen« oder auch »jeden Abend liebevoll an meinen Partner denken« – dann führen Sie diese auch durch.

---

* konkreter Lebensaspekt wie z. B. Beruf, Beziehung usw.

Das Gesetz von Ursache und Wirkung fordert von Ihnen Bewusstheit. Nur wenn Sie sich in *jeder* Lebenslage dessen bewusst sind, wer Sie wirklich sind, können Sie als die richtige Ursache leben. Sie selbst sind die Ursache in jedem Augenblick neu. In jedem Moment, was auch immer Ihnen begegnet, geht es darum, *wer* Sie sind. In dieser Bewusstheit haben Sie in jedem Augenblick die Möglichkeit der Wandlung, indem Sie nicht auf die Wirkungen hereinfallen, sondern selbst die Ursache für alles, was ist, verkörpern.

Ein schönes Beispiel lieferte die Nonne Chan Khong im Jahre 1968 auf dem Höhepunkt des Vietnamkrieges. In dem kleinen Dorf Thao Dien wurde sie damit konfrontiert, dass aggressionsgeladene amerikanische Soldaten ihr Dorf nach Kommunisten durchsuchten, bereit auf alles zu schießen, was sich bewegte. Statt in Panik zu geraten, konzentrierte sich Chan Khong auf ihre Atemzüge. Sobald sie in sich Frieden und Furchtlosigkeit spürte, ging sie auf die Soldaten zu und sagte ihnen mit liebevoller, aber klarer Stimme, dass in diesem Dorf keine Kommunisten versteckt seien und dass sie doch bitte weiterziehen sollten, damit das Dorf wieder aufgebaut werden könne. Die Soldaten waren von der Klarheit und dem Frieden von Schwester Chan Khong so beeindruckt, dass sie friedvoll weiterzogen*[48]. An diesem Beispiel sehen wir, wie Schwester Chan Khong eine Ursache des Friedens setzte und eine friedvolle Wirkung zurückerhielt. Ähnliches geschah Buddha, als er einmal im Wald einem Mörder begegnete: Der Mörder fiel vor Buddha auf die Knie und wurde sein Schüler. Auch Sie haben in jedem Augenblick die Möglichkeit, Ursache zu sein für das, was Sie erstreben, Frieden, Liebe oder Fülle.

Allerdings ist es so, dass Sie nicht nur an Ihre negativen, sondern auch an Ihre positiven Ursachen gebunden sind. Die Weisen vergleichen die Bindungen des Menschen an seine negativen Ursache mit Ketten aus Stahl und die Gebundenheit des Menschen an positive Ursachen mit Ketten aus Gold. Um wirklich frei zu sein, empfehlen sie, sobald man dazu bereit ist, nicht mehr nach den Früchten der eigenen Handlungen zu trachten, sondern sich in der Bewusstheit dessen, wer Sie sind, darauf zu beschränken, stets das Rechte zu tun, zu denken und zu sprechen. Ist Ihre ganze Bewusstheit auf die Eine Kraft ausgerichtet, fallen die Ketten mehr und mehr von Ihnen ab, und Sie erleben, was es heißt, wirklich frei zu sein.

Das »Gesetz der Fülle« im eigenen Leben verwirklichen

Kernbotschaft: Die Fülle ist immer da, aber viele Menschen sehen sie nicht. Dabei hat die Art und Weise, wie sich die Fülle in unserem Leben ausdrückt, mit uns selbst zu tun.

Viele Menschen fragen sich, wie sie in die Fülle kommen, dabei ist die Fülle doch ständig da. Wenn wir uns in der Natur umschauen, erkennen wir, wie verschwenderisch diese ist. Da wachsen Abertausende von Blumen, Äpfeln, Gräsern, die verschiedensten Pflanzen. Wenn ein Kastanienbaum im Mai seine Blüten zeigt, dann ist er nicht kleinlich. Er sagt sich nicht: »Oh, ich muss meine Kräfte einteilen, vielleicht sollte ich nur eine Blüte hervorbringen, die dann als Kastanie vielleicht ein neuer Baum werden kann!« Nein, er explodiert förmlich.

Auch in unserem Leben existiert die Fülle, selbst dann, wenn wir scheinbar »nichts« tun. Jeder Tag bietet eine Fülle an Ereignissen. Manche Menschen erfahren die Fülle allerdings auf unliebsame Weise: Sie erhalten eine Fülle an Problemen, eine Fülle an unbezahlten Rechnungen, eine Fülle an Symptomen oder eine Körperfülle – ihre Körper werden dicker, als sie sein sollten. Doch dies liegt nur an der Aufmerksamkeit. Wenn es uns gelingt, die Aufmerksamkeit ins Positive zu verändern, verändert sich auch die Fülle ins Positive.

Aber wie kommen wir vom Mangel in die Fülle? Zunächst müssen wir aufhören, uns am Mangel festzuhalten. Wenn Sie permanent denken, »ich habe dies nicht und jenes nicht«, wirkt dies wie eine negative Autosuggestion, und Ihr Unterbewusstsein wird weiter »eine Fülle an Mängeln« hervorbringen, eben dass Sie dieses und jenes nicht haben. Indem Sie anerkennen, was ist, und Ihr Bewusstsein auf das Gute in Ihrem Leben richten, erhalten Sie mehr davon.

Ein zweiter Schlüssel für die Fülle ist Dankbarkeit (s. auch das »Gesetz des Dankens«). Indem Sie lernen, Dankbarkeit zu empfinden für das, was Ihnen vom Leben gegeben wird, erleben Sie die Fülle an Gutem, welche Ihnen durch das Leben zuteil wird.

Sie sollten sich bewusst machen, wo Sie bereits Fülle erhalten. Ob es sich hierbei um eine Fülle von Komplimenten, Umarmungen, Nähe, Bequemlichkeiten (z. B. unser modernes Sanitär- und Heizungssystem) oder was auch immer handelt, ist erst einmal zweitrangig.

Ein dritter Schlüssel hat mit dem Ego zu tun. Ego und positive Fülle passen nicht zusammen. Das Ego hat die Tendenz, an allem Möglichen anzuhaften, insbesondere an Vorstellungen, Begrenzungen, Erwartungen und vielem anderen mehr. Es ist der Mechanismus, der im Buddhismus »greifen« oder auch »anhaften« genannt wird. Fülle verbindet sich aber nur mit Egolosigkeit, mit »Kanal sein«. Es geht darum, ein durchlässiger Kanal der Fülle zu sein, kein verstopfter Kanal, durch den nichts Neues hindurchfließen kann.

Jesus sagt in diesem Zusammenhang: »Wer da hat, dem wird gegeben, wer da aber nicht hat, dem wird das Wenige noch genommen« (Markus 4,25). Er meint damit: »Wer die Verbindung mit der Einen Kraft hat, dem wird gegeben, wer diese aber nicht hat (und deshalb anhaftet bzw. greift), dem wird das Wenige, an dem er sich festhalten will, auch noch genommen!« Warum? Damit er loslässt und sich auf das Wesentliche, eben diese Verbindung besinnt, damit er ein »reiner Kanal der Fülle« wird.

Ein Kanal der Fülle zu sein ist gleichzeitig auch ein Dienst am großen Geist und ein Zurücktreten des kleinen »Ich«. Die Beziehung zwischen der Fülle und Ihnen ist eigentlich eine Dreiecksbeziehung. Den dritten Punkt des Dreiecks stellt die Eine Kraft dar, die wir auch Gott nennen können. Sie erkennen sehr klar, wo Sie als Kanal dienen und wo Sie anhaften: Dort, wo Sie als Kanal dienen, erleben Sie Fülle, dort, wo Sie anhaften, erleben Sie Mangel.

Beispiel: Ein Klient konnte sich vor Angeboten von Frauen nicht retten, aber finanziell lebte er in großer Armut. Bei näherem Hinterfragen fand er heraus, dass er sehr wohl automatisch bereit war, der Liebe zu dienen, aber gegen unser Geldsystem große Abneigungen hatte und nicht bereit war, auf diesem Gebiet zu dienen.

Es gibt ein altes tibetisches Mantra für die Generierung von Reichtum, von dem behauptet wird, dass man, wenn man es immer wieder ausspricht oder denkt, in inneren und äußeren Kontakt mit der materiellen Fülle kommt. Es lautet: »Om Dzambhala Dzalen Traye Soha« (gesprochen: »Ohm Tsambhala, Tsahlen Trajie Soha«) und kann auch gesungen werden. Dzambhala ist im tibetischen Buddhismus einer der vier Wächter der Himmelsrichtungen, zuständig für den Süden. Er steht für die Kraft der Fülle und versinnbildlicht Reichtum, den er in Form von Juwelen zum Wohle der Menschen ausschüttet.

»Wenn man sich auf … (Dzambhala) bezieht, dann ist die eigene Erfahrung der Welt ›selbst-geschützt‹. Man versucht nicht, die Welt auszubeuten. So wird man wohlhabend, einfach durch die klare, enge Beziehung zur Erde.

Die südliche Richtung versinnbildlicht die Erde, und so ist diese Richtung die geschützte Praxisumgebung aller, die ›von Natur aus‹ reich sind.«*[49]

Wenn Sie mit dem o. a. Mantra arbeiten, ist es wichtig, Herz und Geist für den Empfang der segensreichen Energie offen zu halten. Wenn Sie einmal darin geübt sind, den Kanal der Fülle offen zu halten, wird Ihnen dies auch ohne Vermittler gelingen. Natürlich können Sie sich auch direkt auf die Fülle konzentrieren. Dort aber, wo Ego-Hindernisse wie z. B. Armutsdenken oder Habgier das innere Erleben der finanziellen Fülle erschweren, kann so ein Mantra hilfreich sein. Dadurch wird der Strom der Fülle in eine für Sie kompatible Form ungewandelt.

Das Hindernis für die Fülle liegt stets in uns. Das bedeutet nicht, dass jemand, der Armut leidet, ein schlechter Mensch ist. Dieser Zustand gehört zu seinem Weg. Der Geist der Fülle möchte von Ihnen »getroffen« werden. Er hängt sehr stark mit der geistigen Haltung zusammen, mit der Sie dem Leben begegnen. Jeglicher Gedanke, jegliches Gespräch, das sich um den Mangel dreht, belastet mehr, als dass es nützt. Es ist eine Frage der Aufmerksamkeit. Worauf Sie Ihre Aufmerksamkeit lenken, davon bekommen Sie mehr.

Beispiel: Wenn Sie finanzielle Schwierigkeiten haben, dann seien Sie dankbar für Ihr Wohlergehen – es geht Ihnen mit ziemlicher Wahrscheinlichkeit noch wesentlich besser als dem Reichsten in der Sahel-Zone –, richten Sie Ihre Aufmerksamkeit auf den Wohlstand, den Sie haben, und bauen Sie diesen aus.

Tipp: Wann immer Sie mit Begrenzungen konfrontiert sind, wenden Sie das »Gesetz der Fülle« folgendermaßen an: Statt sich stundenlang damit auseinanderzusetzen, wie schlimm die Begrenzungen sind, fragen Sie sich, was Sie *stattdessen* erleben möchten. Und dann konzentrieren Sie Ihre Aufmerksamkeit auf das, was Sie wünschen. Fühlen Sie sich arm, nehmen Sie Ihre finanzielle Situation an und konzentrieren sich dann dankbar auf die Fülle, die Sie jetzt bereits haben. Fühlen Sie sich einsam, akzeptieren Sie Ihre Einsamkeit und denken Sie dann an all die Menschen, Tiere, Pflanzen, von denen Sie geliebt werden, und erleben diese Fülle an Verbundenheit.

Wohlsein und das »Gesetz des Wohlstands«

Kernbotschaft: Jeder von uns ist dazu geboren, um in dem wahren Wohlstand zu leben, der von innen kommt.

Wohlstand bedeutet, dass alles zum Wohle steht. Es bedeutet nicht, extrem viel zu haben. Es bedeutet vielmehr, zu erleben, dass alles, was Sie für Ihr Leben brauchen, Ihnen im Jetzt gegeben wird.

Viele Menschen unterliegen dem Irrtum zu glauben, wenn sie nur dieses oder jenes (Geld, einen tollen Beruf, Partner, Gesundheit) hätten, würden sie in den Wohlstand kommen. Doch nach einer oft endlosen und sinnlosen Jagd nach dem Wohlstand im Außen spüren sie immer noch, dass ihnen das Wesentliche fehlt.

Beispiel: Jemand hat Geld, ein tolles Haus, einen gut bezahlten Beruf, ist verheiratet und hat Kinder. Dennoch ist er unglücklich, weiß aber nicht warum. Oft versucht er seine Depression hinter der Sucht nach Macht, Anerkennung und Bewunderung zu verstecken, ohne seinen wahren Wohlstand gefunden zu haben.

Jesus sagt: »Sammelt nicht Schätze auf Erden, wo die Motten und der Rost sie fressen und wo die Diebe nachgraben und stehlen. Sammelt euch aber Schätze im Himmel, wo weder Motten noch der Rost sie fressen, und wo die Diebe nicht nachgraben und stehlen.« (Matth. 6, 19–21)

Damit sich äußerer Wohlstand zeigen kann, müssen Sie von den Hindernissen des Wohlstands wie Unzufriedenheit, Neid, Eifersucht, Ego-Anmaßung, aber auch Armut und begrenzenden Glaubenssätzen befreit sein.

Buddha erkannte vor 2500 Jahren, dass ein Leben der Anhaftung Leiden bedeutet. Er verkündete allerdings auch die Botschaft, dass das Gegenteil von Leiden, Wohlsein, möglich ist, und öffnete so den Blick für ein ganz neues Verständnis von Wohlstand. Solange materieller Besitz von der Gier nach mehr begleitet ist, können wir weder von Wohlstand noch von Wohlsein sprechen.

Armut ist keine Basis für Wohlsein. Das christliche Armutsgelübde wie auch das Jesuswort »Eher geht ein Kamel durch ein Nadelöhr, als dass ein Reicher in den Himmel kommt« (Matth. 19,24) wurden hier oft falsch verstanden.

Das Nadelöhr entspricht dem, was von den Adepten der östlichen Mystik »Bankanal« genannt wird. Es handelt sich um die Verbindung zwischen zwei Bewusstseinsebenen, welche die Seele spätestens nach dem Tod zu durchqueren sucht. Kabir hat von diesem Nadelöhr gesagt, dass es nur ein Zehntel der Größe eines Senfkornes besitze. Und er vergleicht unser Gemüt mit einem Elefanten. Nanak, der Begründer der Sikh-Religion, hat diesen Tunnel mit einem Durchgang verglichen, der nur ein Zehntel eines Haares breit ist*[50].

Der »unerlöst Reiche« im Sinne des Jesuswortes also ist nicht derjenige, der im Wohlsein lebt, sondern derjenige, der an seinen Glaubenssätzen, Neid, Unzufriedenheit, Undankbarkeit usw. festhält. Was wir brauchen, um im wahren Wohlstand zu leben, ist »ledigen Gemütes« zu sein, also an nichts anzuhaften. Dies bedeutet, dass wahrer Wohlstand kein Hindernis, sondern Voraussetzung für die Erfüllung ist, die wir suchen.

Auch für den Wohlstand gibt es ein Mantra, das wir gedanklich oder laut wiederholen können, um uns auf ihn einzustimmen. Es stammt aus dem Sanskrit und lautet:

»Om shrim maha Lakshmyai svaha« (gesprochen: Ohm Schriem Maha Laksmiau Swaha). Es bedeutet auf Deutsch: »Ich ehre die große Göttin des Wohlstands.« Das Mantra entspricht der Bitte um Segen, Schutz und Wohlergehen. Es hilft, Armutsdenken und andere begrenzende Muster wie Gier und Neid abzustreifen. Es lehrt Anerkennung und Ehrung der geistigen und damit auch materiellen Fülle, die jedem zur Verfügung steht. Es unterstützt gute Geschäfte und Wunscherfüllung und steht für inneren Reichtum, der sich auch im Außen zeigen darf*[51].

Das o. a. Mantra ist ein Wegweiser, eine Hilfe, um Ego-Hindernisse auf dem Weg zum äußeren Ausdruck von Wohlstand zu umgehen. Haben wir erst einmal den wahren Wohlstand in uns entdeckt, können wir diesen natürlich leicht aus uns selbst heraus generieren.

Der Wohlstand, den wir suchen, ist in jedem Augenblick vorhanden – in uns. Wohlstand bedeutet in Einklang zu kommen mit dem, »was ist«. Es bedeutet auch, Verantwortung zu übernehmen für das Leben, das wir führen. Letztendlich können wir Wohlstand nur in uns selbst finden. Es gibt in uns ein »Wohlstandszentrum«, mit dem wir in Kontakt kommen und von dem wir uns zu innerem und äußerem Wohlstand führen lassen können. Dass dies ein Prozess ist, der seine Zeit dauert, versteht sich von selbst – doch wir haben ein Leben lang Zeit dafür.

Übung: Beobachten Sie Ihren Atem und gehen Sie in Ihre innere Mitte. Denken Sie: »Ich bin in mir.« In Ihrer wahren Mitte angekommen, denken Sie: »Wohlstand entfaltet sich von selbst durch mich! Ich bin im Wohlstand!« Spüren Sie, wie es sich anfühlt, diesen Gedanken im Bewusstsein zu halten. Wann immer Sie dazu bereit sind, kommen Sie zurück an die Oberfläche des Bewusstseins, zurück ins »Hier und Jetzt«. In diesem Bewusstsein nehmen Sie Ihr Leben,

Ihre Lebensumstände, die täglichen Geschehnisse an und geben Ihr Bestes. Wann immer Ihnen im Alltag negative Gedanken kommen, erinnern Sie sich an den Wohlstand, der in Ihnen ist. Lassen Sie dabei alle Vorstellungen darüber los, wie sich dieser Wohlstand im Außen zeigen sollte, und seien Sie dankbar für das, was Sie vom Leben bekommen.

Fortschritt und das »Gesetz des Erfolgs«

Kernbotschaft: Es gibt materiellen und es gibt seelischen Erfolg, die beiden sind oft nicht deckungsgleich. Dabei erfahren wir höchsten Erfolg im Nicht-Tun, im Sein frei von Ego.

In dem Wort »Erfolg« ist das Wort Folge verborgen. Früher galt als Erfolg wertneutral der Verlauf eines Ereignisses. Später wurde unter Erfolg die Folge eines Denkens, Fühlens oder Handelns verstanden. Mit der Jahrhundertwende veränderte sich die Bedeutung des Wortes ins Positive und bezeichnete ein auf Leistung basierendes Fortschreiten (»Fortschritt«) hin zu einem unternehmerischen oder privaten Ziel. Erfolg kann hierbei sowohl materiell als auch ideell verstanden werden. Auch die menschliche Entwicklung kann Ausdruck von Erfolg sein, wie es z. B. Martin Luther King mit folgenden Worten ausdrückte: »Wir neigen dazu, Erfolg eher nach der Höhe unserer Gehälter oder nach der Größe unserer Autos zu bestimmen als nach dem Grad unserer Hilfsbereitschaft und dem Maß unserer Menschlichkeit.« Wie können wir Erfolg objektiv definieren? Während sich unternehmerischer Erfolg in Umsatz- und Gewinnzahlen messen lässt, tun wir uns mit ideellem Erfolg schwerer. Oft hängt es auch vom soziologischen, kulturellen oder religiösen Hintergrund ab, inwieweit ein Mensch als erfolgreich angesehen wird.

Beispiel: In einer religiösen Brahmanenfamilie entwickelt sich der Sprössling zum Topmanager, entsagt aber seinem Glauben. Aus Sicht der Familie wird der Lebensweg des Sohnes als Scheitern an den wahren Zielen betrachtet – aus Sicht der Berufskollegen als Erfolg.

In unserer Kultur verbinden wir Erfolg mit dem Erreichen von Idealen, allgemein mit Besitz, Erfolg beim anderen Geschlecht, dem Erbringen von messbaren Leistungen. Während bis zum 19. Jahrhundert Macht und Einfluss in den Händen von Adel, Kirche und Militär lagen, wurde um die Jahrhundertwende mehr und mehr materieller Besitz zum Herrscher über die Welt. Gerade die zweite Hälfte des 20. Jahrhunderts können wir aus diesem Grunde auch die Zeit der »Erfolgsreligion« nennen, weil die Anhänger dieser Doktrin durch religionsähnliche Lebensgewohnheiten, Rituale und Zeremonien den Geist des Erfolges zu bannen versuchten. So war diese Zeit auch beherrscht von dem Gedanken an die Machbarkeit und Herstellbarkeit von materiellem Erfolg.

Auf der anderen Seite erleben wir, dass viele Menschen erst durch ihr Scheitern zu einer Neubesinnung und zu seelischer Tiefe finden. Robert Louis Stevenson meinte sogar zynisch: »Die Bestimmung unseres Lebens ist nicht der Erfolg, sondern heroisches Versagen«, und Max Frisch bekundete in dem Zusammenhang: »Erfolg verändert den Menschen nicht, er entlarvt ihn.«

Anhand der Beispiele von Menschen, die freiwillig oder unfreiwillig auf ihren materiellen Erfolg verzichtet haben, um einer inneren Motivation nachzugehen, die tiefer liegt als materieller Erfolg, erkennen wir, dass es offenbar zwei Arten von Erfolg gibt: Erfolg des Egos und Erfolg der Seele.

Das, was das Ego unter Erfolg versteht, ist konditioniert durch Gesellschaft, Erziehung, genetische Programme usw.

Das Ego möchte Dinge haben, sucht Anerkennung von außen, Bestätigung von dritter Seite und Dinge, auf die es stolz sein kann.

Irgendwann kommt der Zeitpunkt, zu dem der betreffende Mensch erkennt, dass er nicht seine Persönlichkeit und auch nicht sein Ego ist. Er erfährt die Berührung durch seine Seele und eine Triebkraft, die nicht in Neurosen oder Konditionierungen wurzelt. Die Seele hat ganz andere Wünsche für dieses Leben und versucht diese zu verwirklichen, wie z. B. bedingungslos lieben zu lernen. Sri Chinmoy drückt dies wie folgt aus: »Das Ego will Erfolg, die Seele will Fortschritt.«*[52]

Nun sind dem Betreffenden die Wünsche seiner Seele oftmals nicht bewusst. Die alten Konditionierungen darüber, was Erfolg für ihn ist, halten ihn gefesselt. In dem Fall liegt die Seele mit dem Ego im Clinch, und dieser Kampf erschwert das Erfolgserleben.

Beispiel: Während es bei einem Menschen finanziell bergab geht, wächst zugleich die Seele in ihrer Gabe, z. B. bedingungsloses Lieben zu lernen. Aber aufgrund unserer verstellten Sichtweise erkennen wir diesen Erfolg nicht und glauben, dieser Mensch sei im Leben gescheitert, nur weil er nicht mehr so viel Geld verdient wie zuvor.

Die Antriebe aus der Seele haben wenig mit gesellschaftlichen Normen gemein. Zwar suchen Ideale stets das höchste Gut zu definieren, doch sie suchen dieses an Parametern festzumachen, welche sich nicht oder nur schwer objektiv messen lassen. So mag ein »Robin Hood« oder auch ein Franz Kafka seelischen Erfolg gehabt haben, auch wenn sie gesellschaftlich eher geächtet waren. Beide, so unterschiedlich sie waren, taten nichts anderes, als ihrer Seele nach bestem Wissen und Gewissen zum Ausdruck zu verhelfen.

Materieller Erfolg ist leicht zu erkennen, wir brauchen

nur zu wiegen, zu messen, zu zählen, was der Betreffende *hat. Emotionaler* Erfolg ist auch zu erkennen, wir brauchen nur zu fragen, wie der andere sich *fühlt.* Ein Diogenes oder ein Alexis Sorbas war zwar nicht reich, aber emotional sicherlich sehr erfolgreich. *Seelischer* Erfolg dahingegen ist fast nicht zu erkennen. Er misst sich weder in Glücksgefühl noch in Besitz. Um ihn zu erkennen, müssten wir tiefer schauen. Oder um es mit den Worten von Anton Tschechow zu sagen: »Man müsste Gott selber sein, um Erfolge und Misserfolge unterscheiden zu können.«

Wie aber kann der Mensch den Clinch zwischen Erfolg des Ego und Erfolg der Seele beenden? Indem der Betreffende ein tieferes Verständnis dafür gewinnt, wie er gemeint ist und was seine Seele durch ihn erreichen will. Andreas Tenzer sagte einmal: »Wirklich erfolgreich ist nur derjenige, für den das erfolgt, was seiner inneren Bestimmung entspricht. Vielleicht erklärt sich dadurch die Tatsache, dass so viele Künstler erst posthum durch ihren *Erfolg reich* geworden sind.«

Wie wir beim »Gesetz von Ursache und Wirkung« gelernt haben, stellt jeder Gedanke, jede Empfindung, jede Tat eine Ursache dar, der eine entsprechende Wirkung folgt. Solange wir aber unser ganzes Denken, Fühlen und Handeln aufgrund von Berechnung, Verstandesdünkel und Neurosen formen und nicht aufgrund innerer Bestimmung, erleben wir günstigstenfalls den Erfolg unseres Ego.

Erst wenn wir unser Bewusstsein zu der Einen Kraft hinwenden und diese fragen, was sie durch uns verwirklichen will, leben wir in Einklang mit unserem seelischen Erfolg. Da der Begriff »seelischer Erfolg« häufig missverstanden wird, können wir ihn auch als unser Dharma, unsere wahre Lebensabsicht bezeichnen.

Unabhängig von materiellem Erfolg gibt es ein Erfolgsbewusstsein. Um dieses zu stärken, können Sie sich stets bewusst machen, wer Sie sind und dass das, was »erfolgt«, schon in Ordnung ist. Seelischer Erfolg zeigt sich von selbst im Laufe des Lebens als Resultat des eigenen Bemühens um Stimmigkeit. Es bedeutet, dieses Erdenleben zu nutzen, um zu erkennen, wer Sie wirklich sind, und sich geistig-seelisch zu entwickeln. Dadurch kommen Sie der *Einen* Kraft näher und entdecken sich selbst als Ausdruck dieser Kraft. In dieser Bewusstheit zu leben gilt aus seelischer Sicht als der größte Erfolg.

Das kleine »Ich« ist dann aufgegangen im großen Selbst. »Es« beginnt durch Sie zu handeln, und Sie erleben sich wertfrei als Zeuge des großen Erfolges. Es ist kein »Ich« mehr da, das eigenwilligen Erfolg braucht, um sich zu bestätigen, sondern »es« handelt durch Sie und gestaltet den Erfolg, der für Sie wirklich wichtig ist, auf seine eigene, unnachahmliche Weise. Das Kunststück für ein erfülltes, glückliches Leben liegt dann darin, mit dem Erfolg, der durch Sie entsteht, einverstanden zu sein und ihn aktiv und freudig bejahend mitzugestalten.

> »Nur die Heiligen heilen die Welt,
> Durch die Eiligen wird sie entstellt,
> Durch die Hassenden wird sie zerstört,
> Durch die Prassenden wird sie entleert,
> Die nur Flüchtigen retten sie nicht,
> Und die Sündigen löschen das Licht. …
> Dich zu beteiligen bist du bestellt,
> Tritt zu den Heiligen, heile die Welt.«
> (Anton Walter)

In der westlichen Tradition wird das Erfolgsbewusstsein mit dem Erzengel Haniel und der folgenden Anrufung in Verbindung gebracht: »Ruhm sei dir, HANIEL, Erzengel des Werdens, der Schönheit, der Gesundheit, des langen

Lebens! Du, der du die Welt ernährst mit der göttlichen Milch der Freude, gewähre mir, mich mit deinen Engeln und Fürstentümern zu vereinen, damit ich den Sinn meines Lebens verstehen mag und mich im Laufe desselben behaupten kann. Dein Licht verleiht mit seinen Strahlen die richtige Wirklichkeit, die fühlbare und höchste Wirklichkeit. Du, der du die Schönheit gewährst, der es gegeben ist, alles zu präsidieren, und die jedes menschliche Werk krönen muss, gewähre mir die Gnade, meine Pläne mit vollem Erfolg zu verwirklichen, immer in der reinsten, strahlendsten und nützlichsten Schönheit*[53].«

Übung: Nehmen Sie sich einige Minuten Zeit und notieren Sie Ihre Antworten auf die folgenden Fragen: Was bedeutet Erfolg für Sie? Welche Wünsche haben Sie, die sich noch nicht erfüllt haben? Was meinen Sie in diesem Leben noch erreichen zu müssen, bevor Sie es loslassen können? – Dann gehen Sie in die Stille, beobachten Sie Ihren Atem – treiben Sie ihn weder voran, noch unterdrücken Sie ihn. Nehmen Sie gedanklich Kontakt auf mit Ihrer Seele. Fragen Sie Ihre Seele, was diese unter Erfolg versteht, und lauschen Sie, was sie Ihnen antwortet. Wenn Sie möchten, können Sie Ihrer Seele auch von den Problemen berichten, die Sie in der äußeren Welt haben, und mit ihr gemeinsam beraten, was in diesen Fällen zu tun ist, um dem wahren Erfolg näher zu kommen.

Mitgestalten und das »Gesetz des Lernens«

Kernbotschaft: Wir sind auf der Welt, um leben zu lernen, um das Leben zu meistern.

Dieser Planet ist ein riesengroßes Feld des Lernens. Er ist ein Planet der Evolution. Im Gegensatz zu den Tieren, welche im Laufe ihrer Entwicklung natürlich auch lernen, haben wir Menschen die Möglichkeit, *bewusst* zu lernen und uns damit über das animalische, triebgebundene Verhalten zu erheben. Dies geschieht nicht durch Triebverdrängung, sondern durch Weiter- und Höherentwicklung der in uns angelegten (An-)Triebe.

Auf der anderen Seite können wir jedoch auch tiefer fallen als das Tier. Es gibt kein Tier, das beispielsweise aus ideologischen Gründen tötet oder foltert. Tiere sind grausam, aber kaum ein Tier kann so grausam sein wie der Mensch. Tiere können auch liebevoll sein, doch kein Tier kann so liebend sein wie ein bewusster Mensch. Tiefste Grausamkeit und allumfassende Liebe weit über das Animalische hinaus liegen zugleich im Menschen verborgen. Zunächst einmal müssen wir lernen, als Mensch in dieser Welt zurechtzukommen, bevor wir uns um unsere eigene Höherentwicklung kümmern können.

Hier zeigt sich das Lernen als eine Erfahrung von Versuch und Irrtum. Die moderne Psychologie spricht von einer »Gewinnformel«, welche vorwiegend im Kindesalter geprägt wird.

Beispiele: Das eine Kind lernt, dass es bekommt, was es will, wenn es schreit, tobt oder beschuldigt. Das andere Kind lernt, dass es am besten durchs Leben kommt, wenn es sich brav, lieb und zurückhaltend verhält. Ein drittes Kind lernt, dass es auffallen muss, damit es bemerkt und nicht vernachlässigt wird. Und ein viertes Kind lernt, dass es sich unsichtbar machen muss, damit es in Ruhe gelassen und nicht angeschrien oder übermuttert wird.

Die als Kind verinnerlichte »Gewinnformel« wird auch später im Erwachsenenalter zu leben versucht – manchmal mit und manchmal ohne Erfolg. Dort, wo die bisherige Gewinnformel scheitert, beginnt ein neues Lernen auf einer höheren Ebene.

Der eindeutigste Lehrer im Leben ist der Schmerz. Schmerz tut stets weh. Im Laufe des Lebens versuchen wir Freude zu gewinnen und Schmerz zu vermeiden. Das ist absolut natürlich, und wir benutzen dafür allesamt unterschiedliche Strategien. Doch unabhängig davon, welche »Gewinnformel« wir anwenden: Früher oder später werden wir damit scheitern. Denn das Leben ist zu diffizil und abwechslungsreich, als dass wir mit einer frühkindlich gelernten Formel überall durchkommen könnten. Vielleicht erreichen wir materiellen Erfolg, aber wir fühlen uns ungeliebt. Oder wir erhalten Ansehen, aber unsere Gesundheit leidet. Irgendwann erkennen wir, dass wir so nicht weitermachen können wie bisher. Wir erkennen, dass wir über das Gelernte hinausgehen, dass wir das Leben studieren müssen.

Auf diesem Weg erfahren wir, dass die Erfüllung unserer Vorstellungen uns auf lange Sicht nicht glücklich machen kann.

Beispiel: Nehmen wir einmal an, Sie bekommen den Ferrari, den Traumjob, die tolle Partnerin, die Sie ersehnen. Ein

Jahr später ist das Glücksgefühl, das Sie dabei empfunden haben, verschwunden, obwohl Sie noch das gleiche Auto, den gleichen Job, die gleiche Partnerin haben. Dann können Sie sich ein anderes Auto, einen anderen Job oder eine andere Frau wünschen, doch auch dies wird Sie auf lange Sicht nicht befriedigen, weil Zufriedenheit und Erfüllung aus einer anderen Quelle kommen.

Zufriedenheit entsteht, wenn Sie in Frieden und Einklang mit dem Leben sind. Zu diesem Einklang gehört auch das permanente innere Lernen. Und Erfüllung erleben Sie, wenn Sie das, was das Leben Ihnen gibt, mit Bewusstsein ausfüllen, also ganz im »Hier und Jetzt« sind. Wenn Ihnen Ihre Partnerin nicht mehr gefällt, liegt dies möglicherweise daran, dass Sie Ihre Beziehung zu wenig mit Ihrem Bewusstsein ausgefüllt haben. Liebe ist wie eine einsame Berghütte: Sie finden nur vor, was Sie mitgebracht haben. Natürlich gehört zur Erfüllung auch Dankbarkeit für das, was Ihnen gegeben wird.

Eines Tages fragen Sie sich nicht mehr: »Was will ich vom Leben?«, sondern: »Was will das Leben von mir?« Das Gesetz des Lernens fordert Sie dazu auf, das Leben als Ihre Schule und Ihren Lehrer zu akzeptieren. Erst ab diesem Zeitpunkt sind Sie bereit, tiefgreifend zu lernen. Sie erkennen, dass Sie nicht ein Mensch sind, der sich überlegt, ob er spirituell sein soll, sondern ein spirituelles Wesen, das die Erfahrung des Menschseins macht. Indem Sie unmittelbar vom Leben lernen, erkennen Sie immer wieder, dass die Lebenssituation, in der Sie gerade sind, maßgeschneidert ist für das, was Sie im Leben zu lernen haben. Vielleicht gelingt es Ihnen sogar, die unglaubliche Intelligenz zu bewundern, mit der das Leben Ihnen stets den Spiegel liefert, den Sie brauchen, um etwas Wesentliches über sich selbst zu erkennen.

Wenn Ihnen das, was Sie im Spiegel des Lebens (den

Umständen) sehen, nicht gefällt, nützt es nichts, am Spiegel herumzumalen, d.h. zu versuchen, die äußeren Umstände, die ja nur Ihr Spiegel sind, zu ändern. Klüger ist es, sich zu fragen: Wozu fordert mich die Situation auf?

Manchmal sind wir hier betriebsblind, denn immerhin sind wir jahrelang mit einem Filter vor der Nase herumgelaufen. So stellt sich die Frage: Wie erkenne ich, was ich zu lernen habe? Sie können sich der Antwort theoretisch nähern, z.B. indem Sie die geistigen Gesetze, die »Sprache der Symptome« oder die »Sprache der Lebensumstände« studieren. Dann ahnen Sie schon, in welche Richtung es geht, auch wenn Sie den Kern des Themas noch nicht berührt haben.

Wenn Sie beispielsweise unter Rückenschmerzen leiden, wissen Sie, dass Sie sich offenbar eine (geistige) Last aufbürden und es mit Ihrem inneren Halt (Haltung) nicht optimal bestellt ist. Wenn immer wieder gewalttätige oder unverschämte Menschen auf Sie zukommen, ahnen Sie, dass es sich um ein Machtthema handelt, und müssen sich fragen, ob Sie mit Ihrer inneren Autorität verbunden sind. Nicht, dass Sie mit gleicher Münze zurückschlagen sollten. Es geht vielmehr um eine Ihnen gemäße Antwort auf Ihre Lebensumstände. Dieses Suchen und Finden ist vergleichbar mit dem Topfschlagen oder dem Ostereiersuchen. Andere haben vielleicht eine Ahnung, wo die Ostereier oder der Topf versteckt sein könnten, sie können »kalt« oder »heiß« rufen, aber die Zurufe können auch danebenliegen – letztendlich müssen wir selbst das Ziel finden.

Der Weg vom Suchen zum Finden funktioniert nicht über den Intellekt. Letztendlich sind es die eigenen Körperzellen, die erkennen müssen. Diese Form des Erkennens ist ein Phänomen, das einem Wunder gleichkommt. Es dämmert einem.

Wir kommen uns selbst auf die Spur und verändern uns

entsprechend. Sobald wir dies getan haben, erleben wir das Wunder: Die ehemals belastende Situation verschwindet und kommt nie mehr wieder. Das Schicksal verschwendet nämlich keine Lektionen.

Was wir finden, ist ein unbekanntes Land, denn unser Leben ist einzigartig. Das Phänomen des Findens, die Antwort und damit auch die Übernahme der Verantwortung für das, was uns bisher belastet hat, erscheint uns vertraut und doch neu. Eine bisher unbekannte und nicht eingenommene Haltung oder Einstellung tut sich auf. Wäre diese vorher bereits in uns verankert gewesen, hätten wir diese Haltung oder Einstellung schon früher eingenommen, doch nun ahnen wir, wie es sein sollte.

Oft erweisen sich Meditation, Gebet, Innenschau, Visionssuche, Kontaktaufnahme mit dem höheren Selbst, Satsang oder Lebensberatung als hilfreich, um zu erkennen, doch die letztendliche Nagelprobe liefert das Leben selbst.

Indem wir eine »Entdeckung« nach der anderen machen, also die Decke lüften und schauen, was unter unseren Lebensumständen verborgen liegt, kämpfen wir nicht mehr mit dem Leben, sondern kooperieren und lernen mehr und mehr mühelos. Wenn wir studiert und erfahren haben, wie der Hase läuft, beginnen wir uns bewusst schöpferisch am Leben zu beteiligen. Wir leben, denken und handeln dann nicht mehr aus Meinungen oder Ansichten heraus, sondern aus »Einsicht«, d. h. wir sehen das Eine, wir betrachten die Dinge als *der* Eine und treffen den Punkt. Wir beginnen Wirklichkeit bewusst mitzugestalten. Mehr und mehr beginnt »es« durch uns zu handeln, und das kleine »Ich« mit seinen Belastungen verschwindet.

So gibt es drei Phasen des Lernens:

1. Unbewusstes Lernen: Wir leben unsere Konditionierungen aus, werden mit den Folgen unseres Lebens kon-

frontiert und versuchen mit unserer »Gewinnformel« durchzukommen.

2. Bewusstes Lernen: Wir studieren das Leben, die Sprache der Lebensumstände und erfahren mehr und mehr, was das Leben von uns erwartet. Hier lernen wir »von der Pike auf«, was die Welt im Innersten zusammenhält.
3. Bewusstes Mitgestalten: Hier lernen wir weiterhin, aber nicht mehr als Opfer oder als Student, sondern letztendlich als Meister. Wir sind dann ein Meister, der lernt, und niemand, der lernt, um ein Meister zu werden. »Es« wirkt durch uns.

Zwischen dem »Lernen« von Stufe zwei und dem »Erkennen« von Stufe 3 besteht ein gewaltiger Unterschied. Erkennen kommt aus einem Hinschauen, einer Bewusstheit, einem »Ich-bin« jenseits der Problemebene, während Lernen sich noch innerhalb der Problemebene bewegt und versucht, aus den Problemen das Beste zu machen.

Hierfür eine Analogie: Wenn Sie in einem Seminarraum sind und die Augen geschlossen halten, können Sie ahnen, ob Leute im Raum sind, wie viele es sein mögen, aus einem Rascheln können Sie schließen, dass hier und dort jemand sitzt. Wenn Sie aber die Augen öffnen, können Sie genau erkennen, wie viele Menschen da sind, wo sie sitzen und wie sie gestimmt sind. Solange Sie im Feld des Lernens sind, ahnen Sie, sobald Sie erkennen, wissen Sie.

So ist die bisherige Form des Lernens nur eine Durchgangsstation zum Erkennen, die Sie aber nicht umgehen können. Es ist vergleichbar mit dem Klavierspielen oder dem Autofahren: Zuerst einmal müssen Sie die Noten bzw. die Bedienungsanleitung kennen, später tun Sie automatisch das Richtige. Die Krönung allen Erkennens ist aber nicht die Lösung der Probleme, sondern das Erkennen dessen, wer »ich bin«. Ist dies erkannt, lösen sich die Probleme automatisch, und das Lernen hat seinen Sinn erfüllt. Sie sind angekommen – bei sich (Ihrem) selbst!

Übung 1:

1. Denken Sie einmal an eine oder mehrere Lebenssituation(en), die Sie als unbefriedigend empfinden. Notieren Sie diese auf einem Blatt, beispielsweise:
   - »Mein Beruf bringt mir zu wenig Geld und Erfolg.«
   - »Meine Partnerschaft ist zu wenig vital, ich vermisse da etwas, auch wenn ich nicht genau weiß, was.«
   - »Ich fühle mich unbefriedigt und unerfüllt, mir fehlt mein Lebenssinn.«
   - »Meine Gesundheit macht mir zu schaffen.«

2. Notieren Sie, was Ihre bisherige Strategie war, mit dem Problem umzugehen, z. B.:
   - »Ich habe fünfe gerade sein lassen und mehr Geld ausgegeben, als ich hatte.«
   - »Ich habe mich von meinem Partner emotional zurückgezogen und ihn an der langen Leine verhungern lassen.«
   - »Ich habe mich in ferne Welten geflüchtet oder Ersatzbefriedigungen gesucht.«
   - »Ich habe mir mit Gewalt ein Gesundheitsprogramm auferlegt, auch wenn meinem Körper nicht danach war.«

3. Finden Sie heraus, was Sie günstigstenfalls aus der Lebenssituation zu lernen haben, z. B.:
   - »Die Ausgaben reduzieren, bereit sein, einen Zusatzjob anzunehmen.«
   - »Herausfinden, was ich in der Beziehung genau vermisse, und diesen Aspekt in die Partnerschaft einbringen.«

- »Dankbar sein für das, was ich an Aufgaben momentan habe, und diese mit Freude erfüllen.«
- »Mit meinem Körper reden und liebevoll und bewusst mit ihm umgehen.«

4. Nehmen Sie Kontakt auf mit Ihrem unsterblichen Teil, Ihrem »Ich-Bin« und fragen Sie es, worum es bei den einzelnen Lernfeldern geht. Notieren Sie Ihre inneren Antworten, z. B.:
   - »Sich selbst einbringen in das Leben und den Beruf.«
   - »In eine liebevolle Beziehung mit mir selbst gehen und dort insbesondere auch die ungelebten Anteile spüren, ausdrücken und weiterentwickeln.«
   - »Den Lebenssinn finden und annehmen.«
   - »Meinen Körper bewusst annehmen, auch dann, wenn er mir gerade mal Schwierigkeiten macht oder nicht mehr so funktioniert wie früher.«

Übung 2 – erkennendes Lernen: Gehen Sie mit Ihrem Bewusstsein in Ihre Mitte, in das Zentrum Ihres Seins. Bringen Sie Ihren Geist heim, indem Sie sich durch eine Methode, die Ihnen sympathisch ist, mit dem verbinden, was in Ihnen immer war und immer sein wird. Das kann Mentaltraining, Atembeobachtung, Mantra-Meditation, autogenes Training, Gebet, direkte Ansprache an Ihr höheres Selbst oder Ihren inneren Meister sein, indem Sie sich die Daumen in die Ohren stecken und dem inneren Klang lauschen oder was auch immer. Stellen Sie sich in diesem Bewusstsein eine Frage, die Ihnen schon lange auf dem Herzen liegt. **Beispiel:** »Was habe ich zu lernen bezüglich …*?«

---

* z. B. mein Problem mit meinem Beruf, meiner finanziellen Situation, meiner Beziehung, meiner Gesundheit o. Ä.

Halten Sie inne. Gehen Sie mit Ihrer Frage in die Tiefe, bewegen Sie diese in Ihrem Herzen. Warten Sie in der Stille des Geistes auf die Antwort. Fallen Sie nicht auf vorgefertigte Antworten herein, sondern spüren Sie nach, ob die Antwort, die Sie erhalten, Ihnen auch einleuchtet – im wahrsten Sinne des Wortes. Wenn Sie eine stimmige Antwort erhalten, werden Sie dies bemerken, indem Sie in sich ein inneres Aufleuchten, einen Aha-Effekt oder vielleicht auch eine tiefe Betroffenheit spüren. Antworten aus der Tiefe Ihrer Stimmigkeit fühlen sich anders an als Antworten aus dem Verstand. So wie es einer Mutter leicht gelingt, aus einer Kinderschar ihre Kinder herauszufinden, werden Sie die für Sie richtige Antwort mühelos erkennen. Notieren Sie, was Sie erhalten haben. Antworten könnten beispielsweise sein:

- »Die Dinge auf die Erde bringen.«
- »Meine eigene Vitalität leben.«
- »Die Erfüllung ausdrücken, statt sie im Außen zu suchen.«
- »Den Körper durchlichten.«

Speichern Sie das Gefühl, das Sie zusammen mit der Antwort erhalten haben, in sich ab und notieren Sie die Antwort in schöner Handschrift auf einer Karte. Legen Sie die Karte mit der Antwort an einen Ort, an den Sie gelegentlich hinschauen, z. B. vor Ihren PC-Bildschirm. Wann immer Sie die Karte lesen, erinnern Sie sich an das Aufleuchten, die seelische Berührung, das Gefühl, das mit der Erkenntnis verbunden war.

Je öfter Sie sich darin üben, in der Stille Ihres Geistes der Antwort aus Ihrer Tiefe zu lauschen, umso leichter wird es Ihnen fallen, die stimmigen, richtigen Antworten von falschen zu unterscheiden.

Prospekt für die Teilnahme an der Zeit-Raum-Illusion

Dass dieser Planet ein Ort des besonderen Lernens ist, dokumentiert der Bewusstseinsforscher Robert Monroe auf sehr anschauliche Weise. Er behauptet, bevor unsere Seele auf dieser Ebene inkarniert ist, hätte sie mit dem höchsten Sein den folgenden Vertrag abgeschlossen:

»Zustimmung und Einverständnis. Nur Aufenthalt als Mensch. Status erster Eintritt.

- Organisiert als Schule für intensives Lernen. Erfolgreich Abschließende erhalten eine besondere Bewertung.
- Für die Dauer des Aufenthaltes bei den Menschen klare Zustimmung, dass Zeit-Raum existiert, Wirklichkeit besitzt. Zustimmung zur Wirklichkeit des betreffenden Eintrittspunktes (Materie, Planet Erde, Sonne, Sonnensystem, Galaxie, physisches Universum), zur am Eingangspunkt angegebenen Zeit, zur festgelegten physischen belebten Gestalt und auch zu der anderer, zu vergangenen Ereignissen, die als Menschheitsgeschichte festgehalten sind, zur gesamten Lebensstruktur, wie sie angetroffen wird.
- Damit das Lernsystem seine größtmögliche Wirksamkeit erbringt, ist ein vorübergehendes Auslöschen der früheren Aktivitäten vor dem Eintritt erforderlich. Die Zustimmung, diese Auslöschung durchzuführen, wird hiermit gegeben.
- Ungeachtet allen Gegensätzlichens, das hierin enthalten ist, bleiben für alle »Status erster Eintritt« der freie Wille und das Bewusstsein am Eintrittspunkt voll erhalten. Alles wird vom komprimierten Lernsystem garantiert und verlangt.

- Eine letzte warnende Anmerkung: Einige Seiten der menschlichen Erfahrung können spezielle und allgemeine Auswirkungen haben, die unter Umständen schädlich sind und, falls sie nicht überwacht werden, eine Gewöhnung mit unerwünschten Folgen nach sich ziehen.

Einverstanden, Kennzeichnung ....«*[54]

Wie Sie das »Gesetz der Wandlung« zum eigenen Vorteil einsetzen

Kernbotschaft: Alles, was existiert, verändert sich – früher oder später. Dabei können Sie den Prozess der Wandlung aktiv erlauben, unterstützen und in eine positive Richtung lenken.

Das Gesetz der Wandlung besagt, dass alles, was wir in der Welt der Erscheinungsformen vorfinden, der Veränderung unterliegt. Das einzige Unwandelbare ist der Wandel, das einzig Unveränderliche die Veränderung. Je nachdem, wo Sie Ihre Aktien in der Börse des Lebens haben, wird Wandel zu etwas Erhofftem oder etwas Befürchtetem.

Beispiel: Ein Mensch, der im Krankenhaus, im Gefängnis, in einem Elendsviertel, in Armut oder in einer unerträglichen Beziehung lebt, wünscht sich nichts sehnlicher, als dass sich an seinem Zustand etwas ändert. Im Extremfall erscheint sogar der Tod als eine bessere Alternative, als »das« ertragen zu müssen. Andererseits wünschen wir uns, wenn wir im Urlaub, frisch verliebt, beruflich erfolgreich oder in glückbringenden Umständen sind, dass möglichst alles so bleibt, wie es ist. Doch durch dieses Festhalten am Erwünschten leiden wir, denn auch die schönsten Dinge des Lebens sind vergänglich.

Farid-Uddin Masud, auch bekannt als Baba Farid, der große indische Sufiheilige aus dem 12. Jahrhundert, schrieb in seinem Tagebuch: »O Farid, ich habe das Schicksal jener Augen gesehen, die einst die Welt in Atem hielten. Nun nisten die Vögel in diesen Augen, für die einst sogar ein Hauch von Kollyrium (griech. Augenbalsam) schon beschwerlich war. Der Vogel des Lebens ist nur ein Gast im Garten der Welt. Die Trommel des Abschieds erklingt schon in der Morgendämmerung, bereite dich auf die Weiterreise vor.«*[55]

Goethe ließ in seinem Meisterwerk Faust den Pakt mit dem Teufel mit den folgenden Worten besiegeln: »Werd ich zum Augenblicke sagen: Verweile doch! Du bist so schön! Dann magst du mich in Fesseln schlagen, dann will ich gern zugrunde geh'n!« Im Klartext bedeutet dies: Festhalten ist Untergang!

Doch nicht alles muss unseren Händen entgleiten. Manches hält der Zeit stand, manches nicht. Unterscheidungskraft zu haben bedeutet zu erkennen, was wir bewahren können und was nicht.

Beispiel: Es ist Erntezeit. Kirschen können wir einkochen, dadurch überstehen sie eine gewisse Zeit, Salat nicht, den müssen wir sofort essen.

Beispiel: Wir sind frisch verliebt und haben eine rosarote Brille auf. Diesen rosaroten Filter können wir möglicherweise nicht halten, aber wir können ihn in Liebe wandeln.

Das Gesetz der Wandlung lehrt uns also auch, dass es Dinge gibt, die es zu bewahren lohnt und die wir in einem gewissen Maße zumindest eine Zeitlang bewahren und pflegen können. Wenn wir an unser Auto denken, erkennen wir, wie wertvoll es ist, dieses zu pflegen, damit es möglichst lange gebrauchsfähig bleibt.

Manchmal scheinen die Dinge sich ins Unerträgliche

zu wandeln: Wir verlieren einen gut bezahlten Arbeitsplatz, ein geliebter Mensch stirbt, eine Beziehung bricht auseinander, unsere Jugend und körperliche Vitalität lassen nach. In diesem Fall fordert uns das Gesetz der Wandlung auf, mit dem Wandel trotz seiner Unannehmlichkeit in Frieden zu kommen, uns vielleicht sogar mit ihm anzufreunden. Dies gelingt uns leichter, wenn wir den Vorteil im Wandel erkennen können. Statt dem Stress im Job haben wir bei Arbeitslosigkeit mehr Freizeit, die wir sinnvoll nutzen können, z. B. zur eigenen Weiterbildung. Statt der Bettenge haben wir nach einer Trennung nun den doppelten Schlafplatz zur Verfügung. Statt der Jugend haben wir im Alter Reife erlangt. Statt dem warmen Sommer genießen wir bei einem Wechsel der Jahreszeiten die bunten Blätter des Herbstes usw. Hier hilft uns die Frage: »Was ist gut daran?«

Wo wir keine Vorteile in der Veränderung sehen können, ist die Gefahr, mit dem Wandel zu hadern, besonders groß. Dies könnte beispielsweise bei Krankheit oder Geldverlust der Fall sein. Diese Dinge mögen von einer höheren Warte betrachtet auch ihren Sinn haben, diesen können wir aus unserem Blickwinkel aber oftmals nicht erkennen. Wo der Wandel einfach nur schmerzt, können wir uns damit behelfen, dass wir den Wandel einer höheren Macht unterstellen und die eigene Ohnmacht zugeben. Dann wächst uns als Geschenk aus diesem Wandel Gottverbundenheit zu.

Erkennen wir: Widerstand gegen Veränderung, »das sollte nicht sein«. Verurteilung von sich selbst oder der *Einen* Kraft bringt nur Stress und Bitterkeit ins Leben. Bei Hader mit dem Wandel ist es hilfreich, sich zu fragen: »Kann ich wirklich wissen, dass aus höherer Sicht dieser Wandel nicht passieren sollte?« Die Frage regt dazu an, die Dinge des Lebens von einer höheren Warte zu sehen, nicht nur aus der Ego-Perspektive. Sie kann deshalb nicht aus dem

Verstand heraus beantwortet werden. Nehmen Sie die Frage stattdessen in Ihr Herz. Wenn Sie die Frage tief in Ihrem Herzen bewegen, werden Sie feststellen, dass Ihr Herz darauf antwortet: »Nein, ich kann es nicht wissen!« Der Verlust ist zwar nach wie vor da, aber Sie hadern nicht mehr mit ihm. Stattdessen akzeptieren Sie ihn. Vielleicht erkennen Sie auch, dass aus der Sicht der Seele Liebe und Weisheit in Ihrer Entwicklung wichtiger sind als Annehmlichkeiten, und ahnen plötzlich einen Sinn in dem zunächst Unangenehmen.

Da der Wandel in der Natur des Lebens liegt, können Sie nicht nur mit ihm kooperieren, sondern das Gesetz des Wandels auch aktiv zur Auflösung von Blockaden einsetzen. Dies bedeutet, die positive Veränderung zu fördern. Viele unerfreuliche Dinge sind nur deshalb in Ihrem Leben, weil Sie (unbewusst) an ihnen festhalten. Loslassen und damit dem Wandel anheimgeben sollten Sie vieles, insbesondere die Idee, mit einem festgefahrenen Welt- und Lebensbild Recht zu bekommen. Oft müssen wir uns entscheiden, ob wir Recht haben oder glücklich sein wollen.

Beispiel: Solange Sie an dem Glauben festhalten, Ihre Mutter habe Ihnen durch ihre Erziehung Ihr Leben kaputt gemacht, müssen Sie im Leben scheitern, denn wenn Sie im Leben erfolgreich wären, müssten Sie sich ja eingestehen, dass Sie mit Ihrer Meinung Unrecht hatten.

Viele Dinge, die Sie möglicherweise belasten, insbesondere körperliche Syptome, Ängste, Phobien können Sie »loslassend wandeln«. Dies ist dem Schamanen Serge K. King zu verdanken, der die sogenannte »Dynamind-Technik« bekannt gemacht hat, welche das Gesetz des Wandels auf positive Weise nutzt. Diese Methode beinhaltet unter anderem eine Formel, die aus drei Teilen besteht:

1. Anerkennen, was ist, z. B. »Ich habe Kopfschmerzen …«
2. Die Möglichkeit einer Veränderung einräumen: » … und das kann sich ändern.«
3. Den Wunsch ausdrücken, dass die Sache sich wandelt: »Ich will, dass diese Kopfschmerzen verschwinden!«

Sie können diese Veränderungsformel auf Ihren Beruf, Ihre Beziehung, Ihre Gesundheit und jede konkrete Alltagssituation anwenden. Hierbei sollten Sie allerdings den freien Willen von anderen Personen berücksichtigen, also nicht die anderen ändern, sondern immer nur sich selbst. Zur Dynamind-Methode gibt es auch eine Instant-Variante: Oftmals, wenn eine Situation unerfreulich ist, genügt alleine der Gedanke »ändern«, und die Situation wandelt sich in Sekundenschnelle*[56].

Sie können mit Hilfe vom Gesetz des Wandels nicht nur etwas zum Verschwinden bringen, Sie können auch den Wandel in eine gewünschte Richtung hin verändern. Prinzipiell kann alles, was ist, verändert werden zu dem, was sein soll. Hierfür dient die folgende von mir entwickelte Methode:

1. Beschreiben Sie, was Sie belastet. Benennen Sie vor allem, wie sich die Sache anfühlt.
2. Wogegen spüren Sie Widerstand? Was wollen Sie nicht erleben, fühlen? Geben Sie den Widerstand gegen das Unerwünschte auf, indem Sie sich erlauben, genau das, was Sie nicht wollen, in vollem Umfang zu fühlen. Gehen Sie in die Mitte von dem, was Sie wahrnehmen, und spüren Sie, wer Sie sind! Ziehen Sie dabei Ihre Aufmerksamkeit gegen das Unerwünschte ab, so wie Sie Luft aus einem Luftballon entweichen lassen (Ihre Aufmerksamkeit entspricht dabei der Luft).

3. Richten Sie die Aufmerksamkeit auf das, was Sie »stattdessen« fühlen und erleben wollen.

Beispiel: Eine Klientin fühlt sich genervt von der Beziehung mit ihrem Freund. Sie notiert:
1. »Mich belastet diese Beziehung, auch wenn ich nicht genau weiß, warum. Es ist irgendetwas, das ich nicht beschreiben kann, das ich in dieser Beziehung nicht bekomme, ich fühle mich nicht so vital in der Beziehung, wie ich möchte.«
2. »Ich spüre Widerstand gegen das drückende Gefühl von Nicht-Vitalität. Ich erlebe dieses bedrückende Gefühl wie einen Rucksack, der schwer auf meine Schultern drückt, ich fühle mich bedrängt und bedrückt. Ich spüre Verzweiflung, denn allein sein will ich auch nicht, ja es ist ein bedrückendes Gefühl. Ich gebe meinen Widerstand gegen das ›Mich-bedrückt-Fühlen‹ auf. In meiner Mitte spüre ich lediglich ein Energiephänomen, nichts anderes.«
3. »Was ich stattdessen fühlen möchte, ist Freiheit und Erfüllung. Ich fühle Freiheit und Erfüllung auch in Anwesenheit meines Freundes und verharre darin.«

Nachdem der Klientin geraten worden war, immer wieder, insbesondere in Anwesenheit ihres Freundes, die Methode der Wandlung zu nutzen, berichtete sie nach einigen Wochen, dass es ihr immer besser gelingen würde, angesichts ihres Freundes in ihrer Vitalität zu bleiben und sich zu leben. Statt auf ihre neu gewonnene Freiheit ärgerlich zu reagieren, ließ sich ihr Freund sogar anstecken, ebenfalls sich selbst zu leben, so dass sich alles zum Besten entwickelte.

Nicht immer geschieht der Wandel sofort, aber wenn Sie beharrlich das »Gesetz des Wandels« anwenden, öffnen Sie Ihre Erlebnisbandbreite. Ihr Horizont erweitert sich, und

Wunder, die bisher unmöglich schienen, rücken in den Bereich des Erlebbaren.

Besondere Aufmerksamkeit verdienen zyklische Wandlungen. Zyklische Wandlungen haben immer einen Anfang, eine Mitte und ein Ende. Wir können hierbei zum Beispiel an eine Geburt denken. Die Wehen beginnen, der Geburtsvorgang findet statt, irgendwann die Abnabelung. Bei zyklischen Prozessen ist es wichtig, den Prozess der Wandlung weder vorantreiben noch unterdrücken zu wollen, sondern ihm seine Zeit zu lassen.

Beispiel: Wenn eine Raupe sich verpuppt, braucht es seine Zeit, bis aus ihr ein Schmetterling geworden ist. Wer den Kokon aufschneidet, weil er der armen eingesponnenen Raupe »helfen« will, muss erleben, dass sein Eingreifen zu einer Totgeburt führt.

So ist Geduld bei vielen Wandlungsprozessen unbedingt notwendig, ob es sich um eine Trennung handelt oder um das Gewöhnen an einen neuen Partner, um eine Genesung oder das Erwachsenwerden des eigenen Sohnes – alles braucht *seine* Zeit.

Mit Hilfe Ihrer Bewusstheit finden Sie die Gelassenheit, die Dinge hinzunehmen, die Sie nicht ändern können, den Mut, die Dinge zu ändern, die Sie ändern können, und die Weisheit, das eine vom anderen zu unterscheiden. Das Gesetz des Wandels lehrt uns dabei, uns an das Jetzt anzupassen, ohne die Kontinuität aufzugeben.

Unabhängig von den zyklischen Wandlungen gibt es natürlich auch Spontanemissionen, Wandlungen, die in einem Augenblick geschehen – also zum Beispiel jetzt!

Übung:

1. Denken Sie an das Gute, das Sie derzeit erleben. Notieren Sie einige Punkte. Überlegen Sie, was Sie davon be-

wahren können und wie Sie dies auf eine stimmige Weise tun können. Finden Sie auch heraus, was Sie nicht konservieren können, und genießen Sie dieses bewusst und zugleich losgelöst in dem Wissen, dass es vergänglich ist.

2. Erstellen Sie eine Liste der bisher positiven Dinge, die vorbei sind, und lassen Sie diese bewusst los.
3. Denken Sie an etwas, das sich in Ihrem Leben vom Positiven ins scheinbar Negative gewandelt hat. Dies kann z. B. Ihre berufliche oder private Situation sein. Finden Sie heraus, was an dem Wandel positiv war, und seien Sie dankbar dafür.
4. Notieren Sie, was Sie derzeit belastet und auf natürliche Weise wandelbar ist. Dies kann eine Beziehungskonstellation, ein Symptom oder auch ein negativer Gedanke oder eine Vorstellung sein. Dann gehen Sie die Liste durch und notieren hinter jedem Punkt das Wort »ändern«. Erleben Sie, was geschieht, während Sie Ihre Aufmerksamkeit auf den Fokus »ändern« gerichtet halten.
5. Notieren Sie einige Dinge, von denen Sie sich wünschen, dass sie sich in eine positive Richtung verändern. Richten Sie Ihr Bewusstsein auf die Möglichkeit einer positiven Veränderung.

Grenzenlosigkeit und das »Gesetz der Freiheit«

Kernbotschaft: Es gibt drei Arten von Freiheit: Freiheit von etwas, Freiheit für etwas und absolute Freiheit.

Werbung und Trendmacher versprechen grenzenlose Freiheit. Angefangen vom »Duft der großen weiten Welt« bis hin zu »Die Freiheit nehm ich mir« werden wir mit Slogans konfrontiert, die uns suggerieren, dass sich Freiheit kaufen lässt. Doch worin liegt unsere wirkliche Freiheit, und was bedeutet dieses Wort eigentlich?

Das deutsche Wort »Freiheit« hängt von seiner Sprachwurzel her mit dem deutschen Wort »Freund« zusammen, was wir beispielsweise auch in dem Ausdruck »Freier«, »um jemand freien« wiederfinden. Frei kommt aus dem gotischen *frijon* und bedeutet »einander wohl gesonnen sein«, einander schonen. Wir erkennen daran, dass Freiheit eine soziale Komponente hat. Dies zeigt auch das griechische Wort für Freiheit *eleutheria*, was zugleich so viel bedeutet wie »zusammengehören« – wir finden dieses Wort in dem deutschen Wort »Leute« wieder.

Soziale Freiheit, die der Einzelne für sich in Anspruch nimmt, berührt allerdings stets die Freiheit seines Umfeldes, seiner »Leute«. »Die Freiheit besteht darin, dass man alles tun kann, was einem anderen nicht schadet«, sagte Matthias Claudius. Das Grundgesetz drückt es in Artikel 2 (1) folgendermaßen aus: »Jeder hat das Recht auf die freie

Entfaltung seiner Persönlichkeit, soweit er nicht die Rechte anderer verletzt und nicht gegen die verfassungsmäßige Ordnung oder das Sittengesetz verstößt.« Freiheit in dem Sinne bedeutet »das Recht, alles zu tun, was die Gesetze erlauben« (Montesquieu) bzw. »von nichts abhängig zu sein als von den Gesetzen« (Voltaire).

Manche Menschen denken, Freiheit bedeutet, tun und lassen zu können, was man will und wie und wann man es will, doch dabei wird Freiheit mit Willkür verwechselt. Unabhängig von dem Respekt für die Freiheit des anderen müssen wir unseren Lebensunterhalt verdienen. In dem Sinne passt das Goethewort: »Frei ist, wer will, was er muss.« Indem wir freiwillig tun, was wir für unseren Lebensunterhalt benötigen, fühlen wir uns freier, als wenn wir uns durch den Druck äußerer Not dazu gezwungen fühlen.

Wenn wir über das »Gesetz der Freiheit« reflektieren, kommt uns vielleicht das Lied »Die Gedanken sind frei« in den Sinn. Diese Metapher stammt aus der Zeit der Aufklärung und sollte Ausdruck der Freiheit des Volkes von religiöser und adeliger Bevormundung sein.

Insoweit können wir politische Freiheit als Freiheitserfahrung des Bürgers verstehen: »Ich darf über meine Obrigkeit denken, wie ich will!« Gesellschaftlich mag dies richtig sein, denn Sie können heute über Ihren Kanzler oder Präsidenten denken, wie Sie wollen, ohne dafür bestraft zu werden. Doch auch in unserer modernen Zeit sind die Gedanken nicht so frei, wie wir glauben. Wir dürfen zwar sagen, was wir denken, aber wer bestimmt, was wir denken?

Presse, Werbung und Trendmacher beeinflussen uns ebenso wie die Gedankenmassen, die wir bedingt durch Erziehung und Umwelt jahrelang in unserem Kopf bewegt haben. Heute erkennen wir: Vielleicht können wir oftmals tun, was wir wollen – doch wir können nur selten wollen, was wir wollen. Der Grund dafür liegt in Gedanken und Glaubensmustern begründet, die wir im Laufe unseres Lebens aufgenommen oder in uns gebildet haben. Auch wenn wir äußerlich frei sind, so liegen wir doch innerlich in Ketten.

Insoweit passt der Spruch von Rousseau »Der Mensch ist frei geboren, und überall liegt er in Ketten. Einer hält sich für den Herrn und bleibt doch mehr Sklave als sie« auch heute noch für uns. Rousseau war politisch engagiert. Ihm ging es um politische Freiheit und die Freiheit von politischen Gefangenen. Doch wie sehr wir Sklaven unserer eigenen »Gedankengefängnisse« sind, jener »Gedankengebäude«, die wir mit unseren Vorstellungen, Erwartungen und Überzeugungen errichtet haben, ist uns nur selten bewusst.

Beispiel: Wenn Sie denken: »Die Arbeitsmarktlage ist für mich aussichtslos«, »Meine Ehe ist die Hölle«, »Mein Partner ist ein Trottel« oder »Ab siebzig beginnt die Vergreisung«, dann sind Sie zwar frei, dies zu denken, aber Ihr Leben, Ihre Beziehungen, Ihr Beruf, Ihre Gesundheit werden Sklaven dieser Gedanken sein. Gedanken sind zwar unsichtbar, aber nicht unwirksam. In diesem Fall sind Sie trotz bürgerlicher Freiheit gefangen durch das, was Sie denken.

Selbstständig denken zu können, unabhängig davon, wie wir in der Vergangenheit gedacht haben, unabhängig vom äußeren Einfluss, ist eine Freiheit, die wir erst mühsam erlernen müssen. Meditation, Gebet und Bewusstseinsarbeit sind Wege, die in der Selbsterkenntnis münden. Wirklich frei sind wir erst dann, wenn wir vom Denken erwacht sind, d. h. dem Gefangensein im bilateralen Hirn entkommen, und erkennen, dass außerhalb des Denkens noch etwas ist, eine Bewusstheit, eine Intelligenz, welche weitaus klüger ist als unser Denken.

Wenn wir erkannt haben, dass unsere Gedanken eine Rückwirkung auf unser eigenes Leben haben, folgern wir, dass es nicht so wichtig ist, dass wir die Freiheit haben zu denken, was wir wollen, sondern dass wir vor allem Gedankenbewusstheit wählen müssen, um uns innerlich frei zu machen.

Beginnen Sie sich deshalb den ersten Schritt in die Freiheit bewusst zu machen, die Freiheit »von etwas«.

Übung 1: Notieren Sie auf einen Zettel die Antwort auf die Frage: »Wovon sollte ich mich befreien?« Dies können äußere Dinge sein, wie z. B. alte Möbel im Keller, die nur Platz wegnehmen, ein Posten im Kaninchenzüchterverein, der nur Arbeit macht und nichts bringt, eine ungesunde Lebensweise usw. Notieren Sie auch innere Ketten, die Sie loslassen möchten, wie z. B. falsche Glaubenssätze, Vorstellungen, Erwartungen, Gleichgültigkeit usw.

Dann machen Sie sich bewusst, »wofür« die Freiheit da sein soll.

Übung 2: Notieren Sie Ihre Antwort auf die Frage: »Wofür möchte ich frei sein?« Äußere Ziele könnten sein: »In den Urlaub fahren, meine Freizeit, für eine gute Beziehung usw.« Notieren Sie auch Innerliches wie z. B.: »Für die Liebe, für die Eine Kraft/Gott, für die Meditation, für einen guten Schlaf usw.« Ergänzend könnten Sie auch den folgenden Satz vervollständigen: »Wenn ich völlig frei wäre, würde ich ...!«

Nun wollen wir einen Einbruch in die »absolute Freiheit« vollziehen: Die absolute Freiheit, die wir erfahren können, hat nichts mit einem Umstand oder einer Verfassung zu tun. Sie ist auch nicht von guten Emotionen, Gesundheit, Glück oder Ähnlichem abhängig. All diese Dinge mögen nützlich und dienlich sein. Doch die absolute Freiheit ist eine *Wahrnehmung,* die sich einstellt, wenn Sie sich bewusst machen, wer Sie wirklich sind.

Das, was Sie wirklich sind, lässt sich nicht beschreiben, es lassen sich nur Worte finden, um dorthin zu führen, vielleicht folgende: Sie sind ein allumfassender Teil des Einen Bewusstseins. Sie waren immer, und Sie werden immer sein. Nichts, was Sie auf Erden gewinnen oder verlieren, fügt dem, was Sie wirklich sind, etwas hinzu oder nimmt dem etwas weg. Dadurch, dass Sie am Erdenleben teilnehmen, haben Sie bereits gewonnen. Erinnern Sie sich stets daran, wer Sie sind – dies in jeder Lebenslage zu erleben und zu spüren, das ist wahre Freiheit!

Übung 3: Gehen Sie in Ihre innere Mitte (wo immer Sie diese wahrnehmen), in Ihr »wahres Selbst« und spüren Sie, wer Sie *wirklich* sind.

Platons Höhlengleichnis

In seiner Politeia diskutiert Platon, ob und wie der Mensch die Wahrheit erkennen kann. Er sagt: »Stelle dir Menschen vor in einer unterirdischen Wohnstätte. Von Kind auf sind sie in dieser Höhle festgebannt. Sie sehen nur geradeaus vor sich hin. Von oben her aus der Ferne von rückwärts erscheint ihnen ein Feuerschein. Können solche Gefangenen von sich selbst sowie gegenseitig etwas anderes voneinander sehen als die Schatten, die durch die Wirkung des Feuers auf die ihnen gegenüberliegende Wand der Höhle geworfen werden und irgendetwas anderes für wahr halten? Wenn einer von ihnen den Impuls bekäme aufzustehen, den Hals umzuwenden, nach dem Lichte zu blicken, so würden ihn seine Augen schmerzen. Wenn man ihn nun ermuntern würde, sich durch den Aufgang aufwärts zu zwängen und ins Freie zu gehen, würde er diese Gewaltsamkeit nicht schmerzlich empfinden und sich dagegen sträuben? Wenn dann ein solcher wieder zurückkäme in die Höhle und dort seinen Mitmenschen berichten wollte – würde er sich da nicht lächerlich machen?«

Marc Sautet schreibt dazu: »Das menschliche Dasein ist so beschaffen, dass die meisten Menschen die Höhle niemals verlassen werden. Die meisten Menschen merken nicht, dass sie im Reich der Schatten leben. Ob es sich nun um Fiktionen oder um Nachrichten handelt, wir sind weniger denn je in der Lage, uns den Bildern zu entziehen, die vor unseren Augen vorüberziehen. Überdies ist der Zuschauer inzwischen ›verkabelt‹ und das Angebot an Bildern so groß, dass es möglich geworden ist, ständig ein fremdes Leben zu führen. Wozu also dem Realen Bedeutung beimessen? Warum gegen die Trivialität des Alltags ankämpfen, wenn das Paradies in der Künstlichkeit liegt? Platon hat es genau gesehen: Die Gefangenen leiden nicht mehr an ihren Ketten – sie erfreuen sich ihrer sogar ...«[*57]

Nur in der Erinnerung dessen, wer Sie wirklich sind, finden Sie die Freiheit, sich von Ihren Ketten zu lösen.

Das »Gesetz des Denkens« und das grundlegende Gutsein

Kernbotschaften:

a) Wir sind auf der Erde, um Denken zu lernen und dann über das Denken hinauszugehen, um »jenseits von Illusionen« zu handeln.
b) Wir verwirklichen uns durch positives (rechtes) Denken, Fühlen, Wollen, Reden, Handeln, Bewusstsein und Leben.
c) Positivität ist hierbei nicht das Gegenteil von Negativität, sondern die ständige Erinnerung an das, was »Sie sind«. Sie ist Ausdruck des »grundlegenden Gutseins« im Menschen.

Leider besteht bei jeder guten Sache die Gefahr, dass sie missbraucht wird. Dies war bei den Religionen so und ist auch beim sogenannten positiven Denken der Fall. Manche Menschen verbinden mit dem positiven Denken Allmachtsphantasien. Das Ungelöste und Selbstsüchtige im Menschen, der Teil, der nach der Befriedigung seiner Neurosen lechzt, glaubt durch positives Denken Idealvorstellungen von absolutem Reichtum, Schönheit und ewiger Jugend erzwingen zu können. Grenzenlosigkeit, radikaler Konstruktivismus, die Idee, allein mit den richtigen Gedanken sein eigener Gott zu sein und sich selbst zu erlösen, sind ausgesprochen faszinierende, aber auch unkritische Gedanken, welche nicht nur in unsere derzeitige Anpassungsgesellschaft passen, sondern auch unreife Persönlichkeitsbilder und -strukturen sowie die Vorherrschaft des

Ego fördern. Damit haftet bereits dem Denken etwas Ungelöstes an, das den manischen Positivisten immer wieder von seiner Erfolgspur zurückzieht und ihn auf sich selbst verwirft.

»Die Seele ist jedoch ein sehr komplexes Gebilde, das Denken nur eine Nussschale auf unserer Seele. Denken unterliegt einer Reihe von Bedingungen. Ein Mensch kann sich nicht einfach sagen: ›Ich denke jetzt etwas herbei‹, wenn es seine Psyche nicht zulässt. Denken kann Erfahrungen, Lernprozesse oder Konfrontationen nicht ersetzen, sondern baut auf dieser seelischen Vielfalt auf.«*[58] »Die Bruchlandung angesichts dieser realitätsfernen Allmachtsphantasien ist leider oft vorprogrammiert. Selbstzweifel haben meist eine Grundlage in realen Erfahrungen, ... Erfolglose riskieren mit dieser Methode noch eine zusätzliche Blamage. ... Seelisch gesund sind wir, wenn wir äußeren Einflüssen mit dem, was wir an intellektuellen und emotionalen Begabungen mitbekommen haben, unter unseren Bedingungen optimal begegnen können.«*[59]

Auf der anderen Seite erfahren wir immer wieder, dass Menschen mit Hilfe des Positiven Denkens ihr Leben wesentlich verbessert haben. Wie der Arzt O. Carl Simonton anhand unzähliger Praxisfälle überzeugend dokumentiert, kann sogar Krebs durch eine veränderte, »positive« Einstellung geheilt werden*[60]. Auch die wunderbare Krebsheilung von Brandon Bays dokumentiert die Kraft einer veränderten, »positiven« Lebenseinstellung*[61].

Viele meiner Seminarteilnehmer haben mit Hilfe des von mir unterrichteten Mentaltrainings ihr Traumhaus, ihren Idealpartner, ihre Gesundheit oder den für sie optimalen Beruf gefunden. Da das »Gesetz des Denkens« häufig missverstanden wird, brauchen wir hier eine differenzierte Betrachtungsweise, welche die Extreme, blinden Fanatismus auf der einen und Fatalismus auf der anderen Seite, vermeidet.

An dieser Stelle ist es wichtig, ein weit verbreitetes Missverständnis aufzuklären, das wir über das Wort »positiv« haben. Viele Menschen verstehen unter »positiv« ihre bisher unerfüllten Ideale – ohne Rücksicht auf die tieferen Beweggründe ihres Lebens, die aus der Seele kommen.

Wie wir bereits erkannt haben, meint das Ungelöste in uns, durch sogenanntes positives Denken die Erfüllung seiner Vorstellungen erzwingen zu können – die Seele hingegen strebt Fortschritt an. Und dieser seelische Fortschritt hat nicht immer mit der Erfüllung von Phantasievorstellungen zu tun. Qualitäten wie Liebe, Weisheit usw. lernen wir oftmals gerade dann, wenn die Dinge anders laufen, als sie sich unser Verstand ausdenkt. Wenn wir uns also unerfüllte Vorstellungen in den Kopf setzen, erzeugen wir durch scheinbar positives Denken nur eine Spannung zwischen dem, was unsere Seele will, und dem, was unser Ego für gut hält. Dies mag am Anfang sogar funktionieren, aber früher oder später wird die Seele diesem sinnlosen Treiben den Nährboden entziehen. Wahres positives Denken ist etwas völlig anderes: Es geht um einen stimmigen Umgang mit unserem Denkinstrument.

Positives Denken könnten, ja sollten wir einsetzen, um die Kluft zwischen dem, was »ist«, und dem, was »sein sollte«, zu überwinden, nicht um sie noch weiter zu vergrößern. Positiv in diesem Sinne bekommt dann einen neuen Beigeschmack: nicht mehr die Erfüllung von Allmachtsphantasien, sondern das In-Einklang-kommen mit dem, »was ist«, und die stimmige Ausrichtung auf die eigene weitere Entwicklung auf allen Ebenen des Seins.

Dies entspricht auch der eigentlichen Bedeutung des Wortes »positiv«. Dieses Wort stammt nämlich aus dem Lateinischen und bedeutet »das, was ist«. »Das, was ist«

anzunehmen ist demzufolge bereits Positivität, annehmen, was wir vorfinden. Das Akzeptieren einer Beschränkung gibt uns so die Möglichkeit, darüber hinauszugehen. Das Wort Negativität stammt übrigens ebenfalls aus dem Lateinischen und bedeutet so viel wie »negieren«, d.h. gegen das sein, »was ist«. Wenn wir unsere Lebensumstände leugnen, verweigern wir die Lektionen des Lebens, die wir auf dieser Schule lernen sollten. Dann verhalten wir uns so trotzig wie der Teufel in Goethes »Faust«, der sagt: »Ich bin der Geist, der stets verneint, und das mit Recht, denn alles, was besteht, ist's wert, dass es zugrunde geht!«

Das Positive ist jedoch nicht das Gegenteil vom Negativen. Wer das Positive als Gegenteil des Negativen betrachtet, polarisiert und muss erleben, dass das Negative ihn immer wieder einholt, bis er die grundlegende Natur des Seins erkannt hat, die nichts mit dem Negativen zu tun hat. Es gibt eine grundsätzliche Positivität, die nichts mit Betrachtungsweisen zu tun hat – im Klartext: Das Leben ist!

Die Aufgabe des Denkens ist es also, eine »Einstellung« zu dem zu entwickeln, was wir vorfinden. Was finden wir vor? Äußere Lebensumstände, aber auch Wünsche und Hoffnungen. Beides darf sein, beides ist gut. Durch Positivität bekommen wir eine Ausrichtung im Leben auf das Stimmige und sind nicht mehr hilflos unseren Launen, Vorstellungen und Gedanken ausgeliefert.

Vielleicht wird dieser eigentliche Sinn der Positivität deutlicher, wenn wir einen Abstecher in den Buddhismus machen und uns dort den sogenannten »achtfachen Pfad« anschauen. Dort wird das Wort »positiv« mit »Stimmigkeit« oder auch mit »dem Rechten« gleichgesetzt. Wir finden in diesem Zusammenhang Begriffe wie »die rechte Tat, die rechte Gesinnung, die rechte Rede« usw. Möglicherweise ist diese Sichtweise eine Hilfe für uns, um Positivität tiefer zu verstehen.

Was wären die »rechten« Gedanken, Gefühle, Handlungen über uns und unsere Lebensumstände? Wenn wir uns dies fragen, rennen wir nicht blindem Positivismus hinterher. Wir setzen uns mit dem Leben auseinander und suchen den bestmöglichen passenden Gedanken dazu, immer innerhalb unserer Möglichkeiten.

Dies bedeutet, nahe bei der (unserer) Wahrheit und zugleich authentisch zu bleiben. Es geht also nicht darum, vom negativen Denken auf blinden Positivismus umzuschwenken und die Augen vor allem, was ungelöst ist, zu verschließen. Positives Denken bedeutet auch nicht, vor sich selbst wegzulaufen oder einem realitätsfremden Idol oder Ideal nachzueifern. Es geht darum, *richtig* zu denken.

Hierfür lassen Sie am besten jegliche Vorstellung und Bewertung beiseite und fragen Sie Ihr Innerstes, Ihr Herz: »Wie sieht die Sache wirklich aus? Was ist wahr? Was stimmt? Welche Gedanken, Worte, Handlungen erwartet das Leben jetzt von mir?« Die richtigen Einstellungen dafür können Sie gewinnen, indem Sie sich erst einmal vom Denken lösen. Es ist wie beim Autofahren: Wenn Sie von einem Gang in den anderen wechseln wollen, müssen Sie zunächst den Leerlauf betätigen – und dieser Leerlauf ist die Stille. Warum ist diese Stille so wichtig?

Denken ist eine biochemische Aktivität im Gehirn. Wenn diese sich verändern soll, braucht es diese Lücke. Es ist wie bei einer Musikkomposition, die eine Rhythmusänderung auch nur in der Pause zulässt. Vielleicht können wir die rechte Einstellung auch mit einem improvisierten Konzert vergleichen. Sinnbild: Einige Freunde musizieren – Sie kommen hinzu und wollen mitmusizieren. Sie stimmen sich auf das Konzert (das Leben) ein und spielen mit Ihrem Instrument die bestmögliche, »stimmige« Melodie dazu.

Betrachten wir unter diesem Gesichtspunkt die sieben Schritte vom positiven Denken zum positiven Leben:

1. Positives Denken: Ich erkenne: Nicht, wie die Dinge »wirklich« sind, sondern wie ich sie wahrnehme, beeinflusst meine Wirklichkeit! Ich suche und finde für die jeweilige Lebenssituation die Gedanken, die für mich »stimmig« sind. Alleine die Tatsache, dass diese Möglichkeit besteht, ist schon positiv. Statt mich darüber zu ergehen, was alles in meinem Leben hätte sein sollen, stelle ich mir bezüglich dessen, was ich vorfinde, eine einfache Frage: »Was ist gut daran?« bzw. »Wofür ist diese Sache gut?« Eine Krankheit mag zwar unangenehm sein, aber sie kann der Besinnung dienen, eine Konfrontation kann ungelegen kommen, aber meine Kreativität anregen usw. In dem Moment, in dem ich mich frage: »Wofür ist …* gut?«, betreibe ich wahres positives Denken. Ich »entdecke« dann die verborgenen Schätze meines Lebens. Ihre Entdeckungen sollten Sie für Sie jederzeit sichtbar notieren.

Beispiel: Ihr Partner denkt nicht daran, Ihre Vorstellungen darüber zu erfüllen, wie er sein sollte. Sie gehen in die Stille und erkennen, dass Ihre Beziehung dafür gut ist, um ins Sein zu kommen, dies ist die Qualität der Beziehung. In diesem Fall schreiben Sie auf einen Zettel: »Meine Beziehung mit Frank ist gut dafür, um ins Sein zu kommen!« Wenn die Antwort, die Sie erhalten haben, stimmig ist, wird sie den Herausforderungen des Alltags standhalten. Immer dann, wenn Sie Frank treffen und er sich anders verhält, als Sie es sich vorgestellt haben, werden Sie – statt einen Wutanfall zu bekommen – innehalten und daran den-

* die Arbeit bzw. Arbeitslosigkeit, die Wohnung, die Belastung, Beziehung mit meinem Partner usw.

ken, dass diese Beziehung gut dafür ist, um ins Sein zu kommen und dieses Sein pflegen.

Natürlich gibt es auch andere positive Intentionen wie z. B. vital sein, miteinander reden, Projekte durchziehen usw.

Übung: Gehen Sie in Ihre Mitte und vergegenwärtigen Sie sich einen Lebensbereich, in dem Sie unzufrieden sind. Dies kann in Ihrem Beruf sein oder in Ihrem Privatleben. Und dann fragen Sie sich: »Wofür ist diese Sache/Beziehung/Schwierigkeit gut?« Es geht hierbei nicht darum, sich mit vorschnellen Antworten abspeisen zu lassen. Verharren Sie in Ihrer inneren Mitte und warten Sie, bis Sie aus Ihrem Inneren heraus eine Antwort erhalten, die Sie erfüllt, die in Ihnen ein Licht der Erkenntnis aufleuchten lässt. Sollten Sie die Antwort nicht gleich finden, gehen Sie mit ihr spazieren, bewegen Sie sie im Herzen oder betrachten Sie die Natur, während Sie sich die Frage stellen: »Wofür ist das gut?«

Eine weitere Möglichkeit, das Positive Denken praktisch anzuwenden, liegt darin, dass Sie sich nach dem *richtigen* Gedanken über eine Sache fragen. Fragen Sie sich beispielsweise: »Was ist der richtige Gedanke über meinen Körper, meine Beziehung, meinen Beruf?« Sie erkennen den richtigen Gedanken daran, dass er Ihnen weder Leid noch Resignation beschert, sondern Ihnen eine friedvolle, positive Grundhaltung ermöglicht*[62].

Übung: Erstellen Sie eine Liste, indem Sie sich für jeden Lebensbereich fragen: »Wie denke ich über …*?« Es genügt, für jeden Lebensbereich eine zutreffende Antwort zu fin-

* z. B. meine finanzielle Situation, mein Beruf, meine Gesundheit, mein Partner, das Leben usw.

den. Sie spüren schon, wenn der Gedanke Ihre Lebenssituation »trifft«. Und dann fragen Sie sich: »Was ist der *richtige* Gedanke über diesen Lebensbereich?« Wenn Sie ihn nicht sofort finden, fragen Sie Ihr höheres Selbst, Ihren Schutzengel, Gott, Ihren Lehrer / Meister, die Kraft der Natur oder eine andere übergeordnete Instanz.

Die meisten Menschen denken gar nicht, sie lassen nur mentale Schallplatten abspielen. Rechtes Denken aber ist schöpferisches Denken. Da unsere Überzeugungen und Glaubenssätze unsere Realität mitgestalten, lohnt es sich, diese anzuschauen und positiv zu verändern. Hierfür müssen wir erkennen, welche Glaubenssätze wir haben. Wenn wir unseren eigenen Glaubenssätzen nicht auf die Spur kommen, können wir unsere Freunde fragen oder uns einmal vorstellen, welche Glaubenssätze wohl ein Mensch hat, der in einer ähnlichen Situation lebt wie wir. Wenn wir einem für uns zutreffenden Glaubenssatz auf die Spur gekommen sind, erkennen wir dies meistens daran, dass es in uns »klick« macht. Unser schöpferisches Denken sucht nun einen Glaubenssatz, der genauso wahr ist, uns dabei aber in eine positive Richtung führt. Nachfolgend einige Beispiele von Klienten.

Beispiele:

Negativer Gedanke	Positiver Gedanke
Egal, was ich anfange, es läuft alles schief.	Auch wenn nicht alles so gekommen ist, wie ich es mir vorgestellt habe, so war meine Lebensreise bisher doch wertvoll. Ich habe gelernt, liebevoller mit mir umzugehen. Einige Projekte haben sich verwirklicht.

Negativer Gedanke	**Positiver Gedanke**
Mein Leben ist aussichtslos.	Mein Leben liebt mich!
Ich habe mein Leben verpasst.	Ich habe mein Leben gelebt und dabei sehr viele glückliche Momente gehabt.
Meine vitalen Kräfte verlassen mich.	Ich kann etwas tun, um meine Vitalität zu fördern.
Ich bin dem Leben hilflos ausgeliefert.	Manchmal habe ich Einfluss!
Ich habe versagt und empfinde mich als ungenügend.	Auch wenn ich vieles nicht erreicht habe, lebe ich.
Die Beziehung zu meinen Kindern macht mich depressiv.	Meine Beziehung macht mich reif und erwachsen.
Ich werde nie mehr in meinem Leben gutes Geld verdienen können.	Das Blatt kann sich jederzeit zum Guten wenden.
Ich fühle mich unerträglich belastet.	Die Last der Welt kann dem, was ich wirklich bin, nichts anhaben.
Ich habe keine Lust mehr, auf Erden zu sein, aber der Himmel will mich auch nicht.	Ich bin weder im Himmel noch auf Erden, mein wahres Sein ist überall.
Ich möchte sterben.	Die Wahrheit ist: Ich möchte ein besseres Leben, und das kann ich erreichen, wenn ich meine Vorstellungen loslasse.
Als meine Frau unser Kind abgetrieben hat, bin ich gestorben.	Ich weiß nicht, ob es ein Unglück oder ein Segen für mich war, was sie getan hat.

Sie erkennen in den o. a. Beispielen, dass es um realistische und authentische positive Einstellungen geht. Nur wenn das eigene Unterbewusstsein das Positive als stimmig akzeptieren kann, kann die positive Einstellung dauerhaft wirken. Die gefundenen positiven Ergebnisse sollten herausgeschrieben und an sichtbarer Stelle aufgehängt, ggf. sogar noch mit einem verstärkenden Ypsilon (Y) versehen werden, damit sie auf Dauer positiv wirken.

Der bereits erwähnte Arzt O. Carl Simonton verband das »Umdenken« mit seiner Glaubenssatzarbeit, bei der er seinen Patienten fünf Fragen stellte:

- Beruht die Überzeugung auf Tatsachen?
- Hilft sie Ihnen, Ihr Leben, Ihre Gesundheit, Ihr Wohlbefinden zu schützen?
- Hilft sie Ihnen, Ihre kurz- und langfristigen Ziele zu erreichen?
- Hilft sie Ihnen, Ihre größten Konflikte zu vermeiden oder zu lösen?
- Hilft sie Ihnen, dass Sie sich so fühlen, wie Sie sich fühlen möchten?

Wann immer Sie auf eine der o. a. Fragen mit »nein« antworten, ist es höchste Zeit, die Überzeugung in eine neue, positive Überzeugung zu verwandeln, die alle fünf Punkte erfüllt – und dadurch an Lebensqualität zu gewinnen.

2. Positives Fühlen: Positives Fühlen beginnt damit, dass ich mir erlaube zu fühlen, was ich fühle. Ich übe mich in der wertfreien Selbstbeobachtung. Zugleich erkenne ich aber auch, dass ich Gefühle *habe*, jedoch diese nicht *bin*. Ich erkenne mich für meine Gefühle an: »Ich fühle derzeit .... und das ist völlig in Ordnung!« Wenn ich mir erlaube, diese und jene Gefühle zu haben, tut sich für mich zugleich eine tiefere Ebene auf, die mir erlaubt hinzuspüren: Ich spüre die Wahrheit hinter dem Schein.

Unabhängig von den Emotionen, die wechselhaft sind, hat jeder Mensch ein positives Grundgefühl, das er als zu sich gehörig empfindet. Das kann Freude sein, Begeisterung, Friede, Vertrauen, Liebe oder Ähnliches. Dieses positive Grundgefühl fühlt sich stimmiger an als die wechselhaften Emotionen, es »passt« zu Ihnen wie ein Schuh. Indem Sie sich auf dieses positive Grundgefühl einstimmen und es als zu Ihnen gehörig betrachten, wird es Ihnen immer besser gelingen, wechselhafte Emotionen von Ihrem »Kerngefühl« zu unterscheiden.

Übung: Gehen Sie in Ihre innere Mitte und fragen Sie sich: »Was ist mein positives Grundgefühl, das wirklich zu mir gehört?« Gehen Sie immer tiefer in die Stille und beobachten Sie, was Sie wahrnehmen. Wenn Sie möchten, notieren Sie das positive Grundgefühl.

Beispiel (Klient): »Mein positives Grundgefühl ist im Zweifel stets Liebe. Liebe ist immer vorhanden, auch wenn ich sie nicht sehe (weil z. B. meine Emotionen den Blick vernebeln), und sie ist für mich immer positiv.«

Wenn Sie möchten, spüren Sie im Laufe des Tages immer wieder in Ihrem »Liebesbarometer« nach, ob alles in Ordnung ist. Wann immer es in Ihnen nach einer Aufwärmung verlangt, gehen Sie in Ihr Herz und lassen Sie Liebe fließen.

3. Positives Wollen: Positives Wollen bedeutet zu erkennen, was das Leben von mir in diesem Augenblick verlangt. Was stimmt für das Ganze? Natürlich bin auch ich ein Teil des Ganzen. Ich sollte mir meinen Eigenwillen bewusst machen und auch den Willen des Ganzen, der sich durch mich ausdrückt. Ich kann sehr wohl für meine Interessen einstehen, ohne dabei eigenwillig zu sein. Eigenwilligkeit erkenne ich stets an einem Widerstand, den ich gegenüber anderen und auch mir selbst gegenüber empfinde.

Wenn ich *Seinen* Willen erfülle, spüre ich, dass die Energien auf meiner Seite sind, ohne dass ich mich dafür anstrengen muss. Auf der anderen Seite weiß ich, dass mein Wille und Sein Wille sich in letzter Konsequenz treffen müssen. Wenn ich eine praxisnahe und konkrete Antwort auf das »positive Wollen« suche, kann ich mir auch die folgende Frage stellen: »Was will die *Eine* Kraft durch mich *wirklich* erleben bezüglich ..?«

Beispiel (Klientin): »Mein Mann ist ein Monster, ich kann mit ihm nicht länger leben!« – Lebensberater: »Was wollen Sie wirklich erleben mit Ihrem Mann, wollen Sie sich trennen?« – Klientin: »Wenn ich genau hinspüre, fühle ich, dass dies nicht das ist, was ich erleben will. Ein besserer und passenderer Mann, so eine Idee spukt manchmal im Kopf herum, aber wenn ich mir das konkret vorstelle, spüre ich, dass ich das gar nicht will. Was ich *wirklich* erleben will, ist, dass ich einen Weg finde, eine erfüllte Partnerschaft mit meinem Mann zu leben und zugleich ich selbst zu sein – und ich spüre auch, dass das geht!«

Wann immer Sie in einer entscheidenden Situation sind, das kann ein beruflicher Konflikt oder eine Ehekrise sein, ein Streit mit Ihren Kindern oder eine Diskussion mit Ihren Sportkollegen, fragen Sie sich: »Was will ich jetzt wirklich erleben?« Diese Frage wird Sie stets vor destruktiven Gedanken, Worten und Taten bewahren!

Übung: Setzen Sie sich an einen ruhigen Platz und fragen Sie sich bezüglich eines Lebensaspektes (Beruf, Familie, Gesundheit usw.): »Was will ich hier wirklich erleben?« Warten Sie auf die Antwort und spüren Sie der Stimmigkeit der Antwort nach. Was Sie erhalten, sollte realistisch und positiv sein, es sollte Ihnen Kraft geben und niemanden vergewaltigen. Wenn Sie beim Empfangen der Antwort das Gefühl eines inneren Aufleuchtens spüren, sind Sie auf dem richtigen Weg.

4. Positives Reden: Mit meinen Worten setze ich Energien in Bewegung. Was ich spreche, sollte ehrlich sein und aus meinem Herzen stammen. Ich sollte weder heucheln noch lügen und auch nicht schönfärben. Aber ich kann die Dinge so formulieren, dass sie in eine konstruktive Richtung laufen. Statt »Ich hasse meinen Nachbarn« kann ich sagen: »Ich habe noch keinen Weg gefunden, mit ihm umzugehen.« Statt »Die Sache ist aussichtslos« wäre positiver: »Ich erlebe gerade eine große Herausforderung.« Statt »Mein Nebenbuhler macht unsere Beziehung kaputt« könnte ich auch sagen: »Dieser andere Mensch ist eine Chance, tiefer hinzuschauen, was wir uns wirklich bedeuten.« Wichtig ist dabei, dass ich mir nichts vormache, auch *eigene* Schwierigkeiten ausdrücke (statt zu projizieren) und mich durch meine Rede für Chancen und Lösungen öffne. Zum positiven Reden gehört natürlich auch Bewusstheit, während ich mich ausdrücke. Ich darf nicht negativ oder gar zerstörerisch über Nichtanwesende sprechen. Worte, die ich ausspreche, auch wenn der andere nicht dabei ist, erreichen ihn unbewusst und beeinflussen somit ihn und meine Beziehung zu ihm. Am besten stellen Sie sich vor, der Betreffende sei tatsächlich anwesend, während Sie über ihn reden. Dann gelingt es Ihnen leichter, die richtigen Worte zu finden.

Zum positiven Reden gehört auch das miteinander Reden. Statt dem anderen Vorhaltungen darüber zu machen, was er alles nicht getan hat, sollten Sie lieber darüber sprechen, was Sie sich von ihm wünschen. Bereits das Umdenken »weg von der Beschwerde, hin zum Erwünschten« ist eine Denkleistung in Ihnen, welche Negatives ins Positive wandelt. Eigentlich ist es eine doppelte Denkleistung.

Beispiel: Zunächst einmal sind wir unbewusst und nehmen nur ein ungutes Gefühl in der Magengegend wahr. Irgendetwas stinkt uns, und wir glauben, dass dies mit dem anderen zu tun hat. Die Gefahr ist groß, in dieser Situation den besten Freund / die beste Freundin anzurufen und sich stundenlang darüber auszulassen, wie mies der andere ist. Doch da wir unbewusst sind, würden wir hier nur mit Schrotkugeln schießen. Wir treffen den Punkt nicht, und nach dem Gespräch sind wir noch weiter in Rage, wir könnten uns glatt wieder ärgern.

Die erste Denkleistung liegt in der Wahrnehmung: Was ist überhaupt los? Hat es überhaupt etwas mit meiner Beziehung zu tun? Und falls ja: mit welchem Aspekt der Beziehung? Dadurch vermeiden wir Pauschalierungen und kommen dem auf die Spur, was uns wirklich wichtig ist. Die zweite Denkleistung ist das Störende, ins Positive zu verwandeln, also zu sagen, was wir wollen, und nicht, was wir nicht wollen. Natürlich liegt es dann am anderen, Ihrem Wunsch zu entsprechen oder nicht.

Statt »Ich finde es absolut daneben, dass du nie aufräumst« sage ich besser: »Ich würde gerne mit dir gemeinsam Ordnung schaffen und mich dann mit dir an der schönen Wohnung freuen.« Statt »Du ziehst mich so runter, dass ich mich nur noch schlaff fühle« (Pauschalverurteilung) kommuniziere ich besser: »Ich würde gerne mit dir gemeinsam an unserer Vitalität arbeiten. Statt abends vor der Glotze zu hängen, würde ich lieber mit dir etwas Sportliches tun, ins Fitnessstudio gehen, joggen oder segeln – wie geht es dir mit dieser Idee?«

Zum positiven Reden gehört auch die »positive Entgegnung«. Positive Entgegnung bedeutet, das herauszufinden, was der andere mir *günstigstenfalls* signalisieren will, egal, was genau er sagt. Dadurch vermeiden Sie, dass Gespräche ins Destruktive abgleiten.

Beispiel: Der andere sagt: »Wie Sie angezogen sind, ist eine Beleidigung für das Auge!« – Die Antwort, die nichts Destruktives impliziert: »Sie sind ein Mensch, der Wert legt auf das Äußere, habe ich Sie da richtig verstanden?«

Übung: Vergegenwärtigen Sie sich einige Vorwürfe, die Sie in Ihrem Leben erhalten haben, und notieren Sie, was der andere Ihnen *günstigstenfalls* damit signalisieren wollte.

5. Positives Handeln: Eine Brücke, die viele Menschen oft übersehen, ist die vom Gedanken zur Tat. Etliche Menschen haben Denken und Handeln voneinander abgekoppelt, d.h. sie denken das eine und tun das andere. Um mit dem Leben stimmig umzugehen, müssen wir uns allerdings darin trainieren, Gedanken auch durch Handlungen umzusetzen. Dies erfordert von uns, in unseren Gedanken realistischer zu werden. Es ist sinnlos und frustrierend, an dem Gedanken »Ich werde jeden Morgen eine Stunde Yoga machen« festzuhalten, wenn Sie weder die Zeit noch die Muße haben, dies zu verwirklichen. In diesem Fall ist es sinnvoller, sich realistische Ziele zu setzen, die Sie relativ mühelos erreichen können, und diese auch durchzuhalten, zum Beispiel: »Wann immer es meine Zeit erlaubt, werde ich innehalten und in die Mitte gehen!« Auch ist es hilfreich, bei jeder Tat, die Sie vollbringen, zu prüfen, ob diese gerade Ihrer Stimmigkeit entspricht. Dies heißt, Bewusstheit in Ihr Handeln zu bringen.

Tipp: Wann immer Sie um etwas gefragt werden oder sich entscheiden, in die Handlung zu gehen, halten Sie kurz inne und fragen Sie sich: »Welche Entscheidung ist jetzt stimmig?« Wenn Sie diese nicht sofort erkennen, fragen Sie sich beispielsweise: »Was würde ein Weiser/Meister/kluger Mann jetzt in dieser Sekunde entscheiden/tun?«

6. Positives Bewusstsein: Wenn wir es wörtlich nehmen, gibt es eigentlich gar kein negatives Bewusstsein, es gibt nur bewusstes Sein und unbewusstes Sein. Ein Mensch, der bewusst ist, kann gar nicht negativ sein, denn Bewusstsein und Negativität schließen sich aus. Trotzdem verwendet der Sprachgebrauch den Begriff »negatives Bewusstsein« und meint damit, dass das Bewusstsein auch ins Negative abdriften kann. Hilfreich für ein positives Bewusstsein ist es, bewusst zu bleiben, zu spüren, wenn sich destruktive oder negative Impulse melden, und ihnen nicht nachzugehen.

Destruktive und negative Impulse kommen aus unserem »inneren Zerstörer« und benebeln das »Bewusst-Sein«. Wenn wir im »Hier und Jetzt« sind und bereit sind, bewusst wahrzunehmen, erleben wir, dass die innere Wahrheit sich jenseits aller Emotionen, Impulse etc. befindet. Bewusst Sein lenkt automatisch alle Gedanken und Gefühle in die Stimmigkeit, weil das, was wir als negativ empfinden, nicht zu unserer wahren Natur gehört. Wir müssen also gegen das scheinbar negative Bewusstsein gar nicht ankämpfen, wir müssen nur bewusst sein und erleben, wie dies automatisch unsere Gedanken und Empfindungen in die Stimmigkeit rückt.

Zum positiven Bewusstsein gehört auch das frühzeitige Wittern, dass man kurz davor ist, ins Negative abzurutschen, Frühwarnsignale, die ermuntern innezuhalten und in die Stille zu gehen (notfalls Leerlauf einschalten, ggf. einen Waldspaziergang machen, sich im »bewussten Gehen« üben usw.).

7. Positives Leben: Positives Leben bedeutet das Leben als Ausdruck der Einen Kraft anzuerkennen. Wenn wir glauben, das Leben sei negativ, dann leugnen wir diese Schöpfung, in der wir sind.

Die menschliche Existenz ist nicht die einzige Möglichkeit, die wir haben, zu sein. Wir sind Reisende auf einer Reise, die mit der Geburt beginnt und mit dem Tod endet. Doch wenn wir schon auf dieser Durchreise sind, die wir Leben nennen, dann sollten wir auch das Beste aus diesem Leben machen. Und das tun wir, wenn wir, ungeachtet der Welt von Licht und Schatten, die Wahrheit hinter dem Schein erkennen und leben, wenn wir »jenseits von Illusionen handeln«. Jenseits von Illusionen zu handeln bedeutet, jeden Menschen als einen Teil von uns zu betrachten. »Alles Vergängliche ist nur ein Gleichnis; das Unzulängliche, hier wird's Ereignis; das Unbeschreibliche, hier ist's getan; das Ewig-Weibliche zieht uns hinan!« (Goethe, »Faust«). Positives Leben bedeutet in diesem Sinne, hinter jedem und allem die Eine Kraft zu sehen und auch sich selbst als Bestandteil dieser wirkenden Kraft zu erleben. So wie Teller, Schüsseln und Tassen verschieden sind und dabei doch aus dem gleichen Material – Porzellan, so sind wir alle aus der gleichen Lebenskraft hervorgegangen, wie immer wir diese nennen mögen.

Übung: Denken Sie an eine Lebenssituation, die Ihnen am Herzen liegt. Dies kann Ihr Beruf, Ihre Nachbarn, Kollegen, Kinder, Ihre Beziehung, Ihre Lebensumstände o.Ä. sein. Fragen Sie sich: »Was ist die Wahrheit hinter dem Schein bezüglich ...?« Stellen Sie diese Frage immer wieder, bis Ihnen die entsprechende Antwort einfällt.

Zur Positivität gehört natürlich auch das positive Bitten. Statt sich über das zu beklagen, was Sie nicht haben (z.B. »Mein Sohn ist nicht liebevoll zu mir«, »Meine Arbeit stinkt mir«), sollten Sie herausfinden, was Sie gerne hätten. Viele Menschen wissen genau, was sie nicht wünschen, aber nur wenige kennen ihre wahren Wünsche. Diese aber können Sie erkennen, indem Sie in Ihre Mitte gehen und danach fragen, was Ihre wahren Wünsche sind. Ihr Selbst wird es Ihnen sagen!

Übung: Gehen Sie in Ihre innere Mitte und fragen Sie sich: »Worum möchte ich bitten/beten?« Warten Sie, bis Sie die richtige Antwort erhalten haben, und manifestieren Sie diese durch Gebet, Mentaltraining oder indem Sie ganz konkret in der Außenwelt eine entsprechende Bitte äußern.

Wenn Sie sich selbst auf die Spur gekommen sind, entdecken Sie in sich etwas, das Buddha als das »grundlegende Gutsein des Menschen« bezeichnet. Der Kern des Menschen ist gut, genau darum tut ja das Negative so weh, weil es eigentlich nicht zu uns gehört, weil es nicht zu unserer Stimmigkeit passt*[63].

Das grundlegende Gutsein des Menschen ist nichts Aufgesetztes, es ist die Umkehr und Hinwendung an das Innere, den inneren Raum, den inneren Klang, das innere Licht.

Innere Wahrnehmung und das »Gesetz der Imagination«

Kernbotschaft: Jede bildhafte Vorstellung, die Sie erfüllt, hat das Bestreben, sich zu verwirklichen. Dies gilt insbesondere für Vorstellungen, die wir über uns selbst haben. Dabei können wir das Gesetz der Imagination auf vielfältige Weise nutzen, um letztendlich über die Imagination hinauszugehen und wahrzunehmen, was wirklich ist.

Das Bild ist die Sprache des Unterbewusstseins. Imagination (lat. *imago* = Bild) ist die Gabe, das Bewusstsein auf ganz bestimmte Bilder zu richten. Wir alle verfügen über bildhaftes Vorstellungsvermögen. Jedes Kind, das einen Roman liest, stellt sich die dazugehörenden Bilder lebhaft vor, und jeder Traum spricht zu uns in Bildern. Viele haben das Imaginieren verlernt. Doch wir können die Fähigkeit zum bildhaften Erleben wieder erlernen, indem wir mehr lesen als fernsehen oder auch einfach, indem wir uns fragen: »Wenn es für das, was ich erlebt habe/beschreiben möchte, ein Bild gäbe, wie würde dieses Bild aussehen?«

Es gibt viele Möglichkeiten, die Fähigkeit zur Imagination zu nutzen. Zunächst können wir Bilder willentlich fördern und beeinflussen – in diesem Fall sprechen wir von aktiver oder auch *schöpferischer* Imagination. Die andere Möglichkeit ist, innere Bilder als solche wahrzunehmen, ohne sie zu verändern. Bei beiden Möglichkeiten sollten die Eindrücke nicht nur optisch vollzogen, sondern mit allen inneren Sinnen (Hören, Riechen, Fühlen, Schmecken etc.) wahrgenommen werden, vergleichbar einem Tagtraumerleben.

Im Westen wurde die Imagination von C. G. Jung eingeführt, der sie für die Intervention zwischen Tagesbewusstsein und Unbewusstem nutzte. In den 50er Jahren entwickelte Hanscarl Leuner daraus das *katathyme Bilderleben*, kurz genannt KB. Er regte seine Patienten an, vorgegebene Motive zu visualisieren (z. B. Haus, Weg, Bach, Berg), um anhand dieser archetypischen Symbole Informationen über die psychische Verfassung des Betreffenden zu bekommen. *Katathym* (griech.: aus dem Gefühl heraus) verdeutlicht, dass beim katathymen Bilderleben diese Bilder aus dem inneren Empfinden heraus aufsteigen und nicht willentlich beeinflusst werden. Später entdeckte man, dass sich positive (Natur-)Szenen als besonders hilfreich für die Gemütsverfassung erweisen. So wurden Patienten dazu angeregt, sich nach einem gestressten Arbeitstag ihren inneren Urlaubsort vorzustellen (Strand, Waldlichtung, Lieblingsberg, wogendes Weizenfeld, Sternenhimmel) und in der Phantasie zu entspannen.

Im Gegensatz zum katathymen Bilderleben werden bei der *geistigen Projektion* vorgegebene Vorstellungsbilder visualisiert. Diese Technik der Visualisation ist jahrtausendealt und stammt ursprünglich aus dem Vajrayana-Buddhismus. Erleuchtete buddhistische Lehrer regten ihre Schüler an, sich auf bestimmte Formen des Buddha, welche in einer Ebene des Überbewusstseins existieren, so lange zu konzentrieren, bis sie diese in der Meditation als Emanationen tatsächlich erlebten. Auch in Indien kennt man die Visualisation als Hilfsmittel auf dem Weg zur Erleuchtung: Durch Konzentration auf ganz bestimmte Mandalas sollen sich im Bewusstsein des Schülers innere Pfade in höhere Welten einprägen. In östlichen Weisheitsschulen lernen die

Studierenden, sich ein Licht, einen Stern, eine Sonne oder einen Mond vorzustellen, um sich auf die Erleuchtung vorzubereiten.

Seit einigen Jahrzehnten wird das Gesetz der Imagination von Managern und Spitzensportlern angewandt, zum Beispiel um Bewegungsabläufe zu optimieren, optimale Leistungen zu erzielen oder sich mental auf anstehende Ereignisse vorzubereiten. Nachfolgend sollen einige Methoden vorgestellt werden, mit deren Hilfe Sie Imagination vorteilhaft nutzen können:

1. Imagination einer positiven Erinnerung: Jeder von uns hat Highlights in seinem Leben erlebt. Die Erinnerung daran lässt sich nutzen, um im Jetzt positive Energie zu tanken.

Beispiel: Sie fühlen sich genervt von Ihrer Ehefrau, die Sie gerade mit spitzen Bemerkungen traktiert hat. Statt mit gleicher Münze heimzuzahlen und selbst Ihrem Ärger Luft zu verschaffen, erinnern Sie sich an einen Augenblick tiefer seelischer Begegnung mit Ihrer Frau und erleben, wie sie »wirklich« ist. Dadurch gelingt es Ihnen, liebevoll zu reagieren, was Ihrer Beziehung zugute kommt.

Beispiel: Sie haben bereits tiefe Meditationserlebnisse hinter sich, doch heute in Ihrer Meditation können Sie sich einfach nicht konzentrieren. Ihre Gedanken wandern hin und her. In diesem Fall erinnern Sie sich an einen Moment tiefer Meditationserfahrung und »borgen« diese Erinnerung als Hilfe, um im Jetzt den tieferen Einstieg in die Meditation zu erleben.

Übung: Erstellen Sie eine Liste mit Bildern von positiven Erinnerungen, möglichst für jeden Erlebnisbereich. Zum Beispiel: mein größter Sieg, ein Augenblick beruflichen Erfolges, materieller Wohlstand, seelische Verbundenheit mit allem Sein, tiefe Begegnung der Einheit mit meinem Partner, tiefe Urlaubsentspannung, Vitalität, Leichtigkeit, Attraktivität, Selbstbewusstsein, Kraft usw. Baden Sie in dem Bild, das Sie gerade benötigen.

2. Durch Imagination unerfreuliche Bilder entladen und loslassen: In unserem Zellgedächtnis sind auch die unerfreulichen Erlebnisse gespeichert, die uns möglicherweise noch heute belasten. Wenn Sie im Jetzt eine Belastung spüren, haben Sie die Möglichkeit, sich daran zu erinnern, aus welcher Zeit diese Belastung stammt. Sie können in Ihnen ein Bild dafür aufsteigen lassen, diese Situation wiedererleben und sie danach loslassen. Hierbei ist es übrigens nicht wichtig, ob die Erfahrung sich damals »genau so« abgespielt hat, ja sogar Bilder aus »früheren Leben« können hilfreich sein, unabhängig davon, ob es diese Leben tatsächlich gegeben hat oder nicht. Wichtig ist bei dieser Methode nur, dass Sie überhaupt ein Bild haben, das symbolisch das jeweilige Thema »trifft«. Warum ist es manchmal hilfreich, alte Erinnerungen aufzulösen, um ins Jetzt zu kommen? Ganz einfach: Was verdrängt wird, bleibt bestehen – was wiedererlebt wird, verschwindet!

Übung: Machen Sie sich ein Thema oder Problem bewusst, an dem Sie jetzt arbeiten möchten. Bitten Sie Ihr Unterbewusstsein, Ihnen zu zeigen, welche Erfahrung ursprünglich mit dem Bild zusammenhängt. Lösen Sie genau diese Erfahrung auf, um frei zu sein für das Jetzt.

Beispiel: Ein Klient in der Midlife-Crisis fühlt sich von seinen Lebensumständen unterdrückt und verspürt einen Verlust seiner Vitalität und Lebensfreude. Auf die Bitte hin, ein Bild oder eine Erinnerung dafür zu geben, welche Situation ursächlich für das momentane Empfinden ist, bekundet der Klient: »Ich sehe mich in einem früheren Leben im Mittelalter. Ich bin ein Mönch und habe das Erdenleben satt. Ich kann das Altern und den altersbedingten Verlust meiner Vitalität nicht ertragen, ich will nur noch zu Gott!« Indem der Klient erkennt, dass er ein Konzept aus einem früheren Leben lebt, kann er seinen Wunsch, der Erde zu entfliehen, loslassen – mit dem Resultat wiederkehrender Vitalität. Hierbei ist es nicht wichtig, ob der Betreffende tatsächlich früher schon einmal als Mönch gelebt hat.

3. Analoge Bilder: Ich kann jedes Gefühl, jede Wahrnehmung in ein Bild übersetzen und dieses Bild mitteilen, mir selbst und anderen. Wenn ich beispielsweise nicht weiß, in welcher Verfassung sich meine Beziehung befindet, kann ich dafür ein analoges Bild verwenden. Hierfür kann ich entweder frei assoziieren oder einen Archetypen (Baum, Landschaft etc.) verwenden.

Beispiel (Klient): »Wenn meine Beziehung ein Baum wäre, dann wäre sie ein großer und stattlicher Baum mit einer schönen, geschmeidigen Rinde. Ich vermisse das kraftvolle Strömen von Lebenssäften in diesem Baum, daher bin ich verwundert, dass die Blätter so leuchtend und vital sind. Ich glaube, meine Beziehung wäre eine Birke. Statt von dieser Birke zu erwarten, wie ein junger Strauch zu sprießen, sollte ich das harmonische Ansteigen der Lebenssäfte in diesem Baum genießen. Auch scheint mir die Krone dieses Baumes einen Kontakt zu etwas Ewigem, dem Himmel zu schaffen. Es erscheint mir wichtig, diesen Baum zu ehren und mit ihm im Jetzt zu sein – nichts anderes aus ihm machen zu wollen, als er *ist.*«

4. Innerer Meister: Hierfür stellen Sie sich ein Weisheitswesen vor, einen inneren Meister, ein Symbol der höchsten Intelligenz. Dadurch umgehen Sie die Barriere des Verstandes, der nicht glauben kann, dass Sie selbst Kontakt zu einer umfassenden Intelligenz bekommen können. Ob es sich hierbei um Jesus, einen Engel, einen Guru oder einfach nur einen Weisen handelt, ist zweitrangig. Von Ihrem »inneren Meister« können Sie sich gedanklich Rat und Hilfe für jede Lebenssituation holen – einfach indem Sie sich diesen vorstellen, in die Stille gehen und lauschen bzw. sehen, was er zu antworten hat.

Übung: Bitten Sie Ihr Unterbewusstsein, Ihnen ein Bild für ein Weisheitswesen zu geben. Stellen Sie diesem Wesen Fragen zu einem für Sie wichtigen Lebensthema. Notieren Sie die Antworten.

5. Inneres Asyl: Schaffen Sie in Ihrem Inneren einen Zufluchtsort, einfach indem Sie sich diesen geistig einrichten.

Übung: Wenn Sie einen inneren Zufluchtsort hätten, wo wäre er? An einem Strand, einer Lagune, in einem Wald, auf einem Berg? Richten Sie sich dieses innere Asyl in Gedanken ein, indem Sie daran denken, ggf. malen Sie diesen Ort auch und ziehen Sie sich gedanklich immer wieder dorthin zurück.

6. Klassisches Mentaltraining: Hierfür sehen Sie sich in der Erfüllung. Wenn Sie beispielsweise gut tanzen wollen, dann sehen Sie sich in Gedanken hervorragend tanzen, so lange, bis sich dieses Bild in Ihnen verwirklicht hat. Gleichermaßen können Sie aus sich auch einen hervorragenden Vortragsredner, Surfer, Geschäftsmann, Liebhaber machen, einfach indem Sie sich dieses vorstellen. Wichtig ist hierbei, dass Sie sich in das erwünschte Bild hineinversetzen, sich also nicht nur von außen sehen, sondern gedanklich sich selbst im Bild mit allen Sinnen erfolgreich handelnd erleben. Je öfter Sie diese Vorstellung wiederholen, umso größer sind Ihre Chancen auf Erfolg.

Übung: In welchem Bereich möchten Sie erfolgreich handeln? Stellen Sie sich in diesem Lebensthema vor, wie Sie Erfolg haben, und wiederholen Sie diese positive Vorstellung so lange, bis sie Ihnen in Fleisch und Blut übergegangen ist.

Unabhängig von den willentlich produzierten Bildern gibt es bildhafte Erlebnisse, Schätze der Innenwelt, die sich auf Ihrem geistigen Weg von selbst einstellen und Sie leiten, führen und informieren. Diese kommen von selbst. Der Weg der inneren Bilder begleitet Sie, bis Sie die Grenzen des Verstandes überschritten haben und in dem aufwachen, was wir als »Wirklichkeit hinter dem Schein« wahrnehmen, als die Eine Wahrheit jenseits aller Phänomene. Um Sie dorthin zu bringen, ist das Gesetz der Imagination geeignet.

Jede Form der Imagination, die wir kennen, entstammt der Ebene des Mind (*mind* = engl. Verstand, Gemüt, Denken; ich verwende hier bewusst den englischen Begriff Mind, da wir im Deutschen kein Wort haben, das diese Bedeutung exakt trifft). Wenn wir unseren Mind beherrschen, können wir Wunder vollbringen, kleine und große. Ein ganz normales »Wunder« ist, dass wir uns von dem angezogen fühlen, woran wir denken.

Beispiel: Wir denken daran, zu einem Freund zu gehen, und ein wenig später machen wir uns auf dem Weg dorthin.

Die Steigerung davon ist, dass uns ohne eigene Aktivität das begegnet, woran wir denken.

Beispiel: Wir denken an einen Freund, und kurz darauf ruft er uns an.

Je kraftvoller und konzentrierter unser Mind entwickelt ist, umso größer die »Wunder«, die wir damit vollbringen können. Indem wir uns bildhaft vorstellen, Millionär zu sein, können wir zu einem werden, es ist nur eine Frage von Energie, Bewusstsein und Aufmerksamkeit. Wir können mit Hilfe unseres Mind Heilungen vollziehen und vieles mehr. Das Höchste, was wir mit unserem Mind vollbringen können, sind Spontanrückbildungen von schweren Krankheiten und Manifestationen von Gegenständen aus dem Äther, wie sie Sathya Sai Baba demonstriert.

Wir denken vielleicht, diese Fähigkeiten seien der höchste Ausdruck der Einen Kraft auf Erden, doch eine hoch entwickelte Imaginationskraft ist letztendlich nur eine Stufe auf dem Weg. Denn jede Form von Imagination, ob selbstsüchtig oder im Dienste der Menschheit, gehört noch zum Bereich des kollektiven bzw. universalen Mind und bindet uns an den Verstand. Auch der größte »Zauberer« ist nicht frei von der Fessel seiner Einbildungskraft. Die Unterschiede liegen lediglich darin, wie sein Gefängnis ausgestattet ist, ob golden oder schwarz, ob schön oder hässlich.

Erst wenn wir über das Denken hinausgegangen sind, gelangen wir zur nächsten Stufe. Diese wird in den verschiedenen Kulturen Zen, Shunyata, Advaita, Tao, Leere oder reines Sein genannt. In diesem Bewusstsein sind wir reiner Zeuge dieser Welt und erkennen die Funktionsweise des kollektiven Mind, ohne an ihn gebunden zu sein.

Es gibt eine faszinierende Legende aus China von Tscheng-En Wu. Sie heißt »Der Affenkönig«. In dieser Geschichte fordert der größte Zauberer aller Zeiten, der Affenkönig, Buddha zu einem Machtkampf heraus. Doch der Affenkönig unterliegt kläglich, da Buddha durch keine Magie der Welt beeinflussbar ist – er steht jenseits davon. Jemand, der Shunyata, die Leere, das Nichtselbst erkannt hat, steht jenseits des Mentalen.

Imagination bedeutet, einen Stein in den kollektiven See zu werfen, der eine Welle schlägt, die Leere aber ist vergleichbar mit dem Auslaufen der Welle in einem stillen See. Wenn es uns gelingt, unseren Geist für längere Zeit still zu halten, unbeeindruckt von Gedanken, erfahren wir, dass es jenseits der Stille noch eine andere Ebene gibt. Wir lauschen der Musik der Sphären und machen Erfahrungen von Licht und Klang aus anderen Dimensionen. Letztendlich durchströmt uns die Essenz der Lebenskraft, Soma oder auch Amritsar genannt, und wir fühlen die Verbindung mit der »Quelle«. Diese Erfahrungen sind keine Imagination. In alten Traditionen sagt man zur Erfahrung der Wahrheit auf den inneren Ebenen »das, was von selbst kommt«.

Ein hungriger Mensch ist ein ärgerlicher Mensch. Aus diesem Grund ist es hilfreich, sich durch Imagination zu beschaffen, was man braucht, und den Mind dahingehend zu schulen, konstruktiv zu denken, nicht zerstörerisch. Doch wenn man die Funktionsweise des Mind einmal erkannt und bewusst genutzt hat, ist es sinnvoll, alle Vorstellungen und inneren Bilder zu durchschreiten und sich der Leere anzuvertrauen, welche eine Fülle ganz anderer Art nach sich zieht – irgendwann, zu einem Zeitpunkt, dessen Bestimmung nicht immer in unserer Macht liegt. So dient uns das Gesetz der Imagination auf unserem Weg, bis wir innerlich stark und ausgewogen genug sind, um sie wieder loslassen zu können und das zu erleben, was keine Einbildung ist.

Imagine

Stell dir vor, es gibt keinen Himmel – es ist leicht, wenn du es versuchst.
Keine Hölle unter uns und über uns nur Himmel.
Stell dir vor, alle Menschen leben heute und jetzt.
Stell dir vor, es gibt keine Länder, das ist nicht schwer.
Nichts, wofür man töten oder sterben müsste, und auch keine Religion.
Stell dir vor, alle Menschen leben ihr Leben in Frieden.
Du magst sagen, ich sei ein Träumer – aber ich bin nicht der einzige.
Ich hoffe, eines Tages wirst du dich uns anschließen und die Welt wird eins sein.
Stell dir vor, keine Besitztümer, ich frage mich, ob du das kannst.
Keine Notwendigkeit für Gier oder Hunger, eine Bruderschaft der Menschen.
Stell dir vor, all die Menschen teilen die ganze Welt miteinander.
Du magst sagen, ich sei ein Träumer,
aber ich bin nicht der einzige.
Ich hoffe, eines Tages wirst dich uns anschließen – und die Welt wird eins sein.
(Frei übersetzt aus: John Lennon, Imagine)

Glaubenssätze, wahrer Glauben und das »Gesetz des Glaubens«

Kernbotschaft: Es gibt Glaubenssätze und absoluten Glauben. Beide prägen entscheidend, was ich erlebe.

Das Wort »glauben« kommt vom althochdeutschen *gilouben* und ist daher sprachverwandt mit den deutschen Wörtern »geloben« und »loben«. Die jüdische Wortentsprechung lautet »aman«: sich an etwas festmachen. Ursprünglich bedeutet Glauben also nicht »Ich weiß es nicht genau und muss es deshalb glauben«, sondern im Gegenteil: »Ich verlasse mich darauf, ich baue mein Leben darauf auf.« So geht es bei der ursprünglichen Bedeutung des Glaubens nicht um einen Gegenpol zum Wissen, sondern um Urvertrauen und Hingabe des »Ich« an etwas Größeres. Die Wortkombination »Aleph-Mem-Nun« (Amen) ist eine Bekräftigung und bedeutet »fest«, »nicht zu erschüttern«. Auch im Lateinischen heißt Glaube mehr als bloße Vermutung: »Credere« ist gleichbedeutend mit »sein Herz dafür einsetzen« (vgl. »credo«).

Im Deutschen verwenden wir »glauben« zur bloßen Vermutung, zum Beispiel: »Ich glaube, dass noch Milch im Kühlschrank ist!« Wir kennen aber auch die Zwischenstufe, dies zeigt sich beispielsweise an dem Ausdruck: »Ich glaube an dich/uns!« Da schwingt schon sehr viel Urvertrauen mit.

Nun befinden wir uns bezüglich des Glaubens in einer Schwierigkeit. Der eine sagt: »Ich glaube es erst, wenn ich es sehe«, und der andere entgegnet: »Du wirst es erst sehen, wenn du es glaubst!« Woran sollen wir glauben, und wie sollte unser Glaube beschaffen sein?

Zum einen können wir probehalber glauben. Wir können uns so verhalten, als wäre das Geglaubte wahr, und so mehr über das »Gesetz des Glaubens« erfahren.

Beispiel: Glaube ich an die Liebe zu meinem Partner bzw. die Liebe meines Partners, dann behandle ich ihn »probehalber« einmal einen Monat bzw. ein Jahr lang so, als wäre er der für mich passendste und liebenswerteste Mensch der Welt. Ich gebe mir alle Mühe mit diesem Menschen und bin auch bereit, durch Schwierigkeiten zu gehen, ohne auf Einflüsterungen von Zweifel, Missgunst oder Zerstörungssucht hereinzufallen. Erst nach Ablauf des vorher vereinbarten Zeitraums bilde ich mir ein Urteil.

Dies ist übrigens auch der Grundgedanke bei der Verlobung. Auch in diesem Wort kommen »loben« und »geloben« vor.

Es gibt natürlich auch blinden Glauben, die sogenannte Leichtgläubigkeit. Hier führt mich der andere oder das eigene Ego an der Nase herum, und ich sehe nur, was ich glauben will. Dabei bin ich blind für die Wirklichkeit, so als hätte ich Scheuklappen auf. Glaube sollte nicht blind, sondern wissend sein. Der Buddhismus kennt den Begriff des »edlen Zweifels«. »Edler Zweifel« im Sinne des Buddhismus ist die Bereitschaft, die Illusionen zu hinterfragen, um zur Wahrheit vorzudringen.

Beispiel: Ein Topmanager wurde von einem Sektenmitglied auf eine Veranstaltung eingeladen. Der Sektenführer erzählte, dass in wenigen Jahren die Welt untergehen würde und dass es daher besser sei, ein mittelloser Mönch zu werden, als weiterhin zu arbeiten. Der Betroffene gab all sein Geld der Sekte und musste nach zwanzig Jahren feststellen, dass er sich geirrt hatte. Nur mit Hilfe von alten Freunden und eigener Anstrengung fand er den Ausstieg aus der Sekte und seinen Platz in der Gesellschaft.

Dieses Beispiel soll nicht andeuten, dass jede spirituelle Gemeinschaft schlecht ist. Es ist auch nicht grundsätzlich falsch, Mönch zu werden. Nur sollte der Betreffende wissen, was er tut. Oftmals ist es gar nicht der äußere Anlass, sondern das eigene Ego, das zu leichtsinnigen Schritten verführt. Das Sprichwort »Trau, schau, wem!« bezieht sich somit nicht nur auf das Außen, sondern auch auf die inneren Beweggründe.

Das andere Extrem ist der Kapitalist, der nicht an eine Wahrheit hinter dem Schein glauben kann. Ein Mensch, der sein ganzes Leben lang nichts anderes als Geld verdient hat, der verdient auch nichts anderes als Geld. Es kann sein, dass er am Ende seines Lebens bereut, sich nicht mehr mit den Geheimnissen des Lebens und seinen Hintergründen beschäftigt zu haben.

Wie unterscheide ich jetzt, was Glauben und was Zweifel verdient? Ich brauche eine innere Instanz dafür. Eine Hilfe ist es, wenn Sie selbst aufrichtig nach der inneren Wahrheit suchen. Je aufrichtiger Ihre Suche, umso größer sind die Chancen, dass Sie auf Wahrheit und nicht auf Lug und Trug stoßen. Unabhängig von Konzepten, Meinungen, Logik, blinder Begeisterung und Emotionen müssen Sie ein feines Empfinden dafür entwickeln, was für Sie stimmig ist und was nicht. Dieser feine Sensor ist frei von Emotionen und von Argumenten. Letztendlich müssen Sie selbst verantworten, was Sie glauben. Sogar Buddha lehrte: »Wenn Deine Einsicht meiner Lehre widerspricht, musst Du Deiner Einsicht folgen.«

Der Weg zum eigenen Glauben ist eine Reise. Wir müssen uns selbst von unserem Glauben überzeugen. Das bedeutet, in einen Zustand zu kommen, in dem wir Zeuge dessen sind, was wir in der Welt erleben und was wir in uns erleben. Wenn wir die Schicksale unserer Mitmenschen betrachten, bekommen wir oft Hinweise darauf, welche Lebensentscheidungen Glück und inneren Frieden bringen und welche nicht. Wenn wir uns selbst mit allen Licht- und Schattenaspekten näher kennen lernen, erfahren wir, dass unser Glaube eine Antwort darauf sein soll. Wer gläubig ist, aber noch nicht den richtigen Ausdruck seines Glaubens kennt, kann auch darum bitten, dass er zum richtigen Glauben geführt wird.

Jede Form von Religion bezieht sich auf den absoluten Glauben. Absoluter Glaube hat nichts mit Meinungen, Überzeugungen oder Glaubenssätzen zu tun. Wir dürfen diesen ruhig mit Zweifeln begegnen, so lange, bis wir innere oder äußere Erfahrungen machen, die uns überzeugen und der Zweifel entheben. Absoluter Glaube bezieht sich auf eine Ebene, die jenseits des universellen Mind liegt. Er zielt auf das Absolute, die Eine Kraft, Gott. Hier können wir nur unserem Inneren folgen und erfahren, wie sich unser Glaube seinen Weg bahnt, bis wir echte Erfahrungen haben, welche nicht manipuliert und auch nicht anzweifelbar sind.

Im Indischen wird der Zustand, in dem die Erfahrung die Zweifel durchdringt, »nirvakalpi-Samadhi« genannt. Das Wort nirvakalpi stammt aus dem Sanskrit und bedeutet »jenseits aller Zweifel«. Der absolute Glaube hat einen Anfang, aber kein Ende, er ist eine Initialzündung für einen Weg.

Indem wir an eine höhere Macht glauben, fangen wir an, uns auf den Weg zu ihr zu begeben. Dabei stoßen wir auf etablierte Religionen, aber auch Überzeugungen, die wir zunächst schwer nachprüfen können. Die eine Religion sagt, wir würden erlöst werden, wenn wir an Jesus Christus glauben, die andere rät zu Enthaltsamkeit, Vegetarismus und einem tugendhaften Leben. Welcher Tradition wir hier folgen, liegt in unserer persönlichen Mentalität.

Letztendlich finden wir auch in den Traditionen möglicherweise Überzeugungen, die wir nicht teilen können. Indem wir uns auf den Weg begeben, untersuchen und erforschen wir, was für uns stimmt. Hier können wir durch Glaubenserfahrungen überzeugt werden, so wie beispielsweise Saulus durch eine lebendige Erfahrung zum Paulus wurde. Doch auch die Glaubenserfahrung eines Andersgläubigen hat ihre Berechtigung.

Unnötigerweise erleben wir Zwist zwischen den Religionen, solange wir auf ihre Außenseite anstatt auf ihren inneren Gehalt, die verbindende Essenz, schauen.

Glauben ist wie eine Bergbesteigung: Wir können uns dem Gipfel von der Nord- oder von der Südseite her nähern und finden dabei zwei völlig verschiedene Wege vor. Statistiken besagen, dass beispielsweise der Mount Everest auf über 20 verschiedenen Wegen bestiegen wurde*[64]. Irgendwann aber müssen wir unseren eigenen Weg gehen und dürfen uns nicht länger von den anderen ablenken lassen. Wenn wir dann eines Tages am Gipfel angelangt sind, besitzen wir eine Glaubenserfahrung, die jeden Dogmas und jeder Eigenschaft entkleidet ist und von der wir den anderen berichten können. Die Gefahr ist groß, dass andere wiederum daraus ihr Dogma weben. Doch auch Dogmen und Gebräuche sind nicht verwerflich. Sie haben auf der Ebene, auf der sie verwendet werden, durchaus ihre Berechtigung. So kann es sein, dass der Tantriker oder Tao-Yoga-Lehrer, welcher die körperliche Liebe in den spirituellen Weg ausdrücklich einbezieht, ebenso auf dem richtigen Weg ist wie der Asket, der sich in Keuschheit übt.

Auch hier dient uns das Sinnbild einer Bergbesteigung: Wenn Sie sich bei einem Bergführer anmelden, wird er Ihnen möglicherweise sagen, dass Sie ohne warme Kleidung und Schuhe, mit denen Sie über Eis gehen können, den Berg nicht erklimmen sollen. Er nähert sich mit Ihnen nämlich über die Nordseite dem Berg, wo es zwar nicht steil, aber eisig ist. Ein anderer Bergführer wird Ihnen sagen, dass leichtere Kleidung ausreicht, Sie aber dringend Seil und Haken benötigen. Er will mit Ihnen nämlich den Berg über die weitaus wärmere, aber steilere Südseite besteigen. Beide haben Recht, und es obliegt Ihnen, welche Strecke Sie für sich aussuchen. Wichtig ist nur, dass Ihr Bergführer den Weg bis zum Gipfel kennt und sie die ganze Zeit über begleiten kann, nicht nur bis zur Berghütte. Ihr Bergführer kann Sie nur so weit mitnehmen, wie er selbst den Weg kennt. Sollte dies nicht weit genug sein, müsste der Bergführer ausgewechselt werden, im Innen wie im Außen. Hier hilft die eigene Wahrhaftigkeit der Suche, um sich auf dem Weg stets bestens geführt zu wissen.

Sogar die atheistischen Religionen glauben an und beziehen sich auf etwas Größeres, sie nennen es nur anders, zum Beispiel das Tao, Nirwana, die universelle Schöpferkraft, den Urgrund allen Seins. Je mehr ich mich mit mir selbst in Übereinstimmung bringe und mit allem, was ist, umso »stimmiger« fühle ich mich.

Wenn Jesus im Begriff war zu heilen, sagte er nicht: »Weil du so ein nettes Kerlchen bist, heile ich dich«, sondern er fragte: »Glaubst du?«, und wenn der andere bejahte, sagte er: »Dir geschehe nach deinem Glauben!«

Übung: Gehen Sie in die Stille mit einer Methode Ihrer Wahl. Dann sprechen Sie das folgende Gebet aus: »Ich bitte, dass mir mein wahrer Glaube und mein wahrer Weg gezeigt wird!« Wiederholen Sie diese Worte immer wieder, 15 Minuten lang. Dann lassen Sie den Gedanken los. Gehen Sie innerlich auf Empfang. Beobachten Sie, welche Eindrücke, Bilder, Empfindungen Sie erhalten. Nehmen

Sie auch im Alltag wahr, von welchen Menschen und Begegnungen Sie sich angezogen fühlen. Wann immer sich Ihnen eine Entscheidung bezüglich Ihres Glaubens stellt, gehen Sie in Ihre Mitte und spüren Sie, ob diese innerlich »ja« dazu sagt.

Im Englischen haben wir noch ein zweites Wort für Glauben, nicht nur den absoluten Glauben, *faith*, sondern auch den relativen Glauben, *belief*. Im Deutschen kennen wir dementsprechend den feinen Unterschied zwischen »Glauben an« (*faith*) und »Glauben, dass« (*belief*). Unabhängig von der Beziehung des Einzelnen zum Absoluten existiert also die Ebene der Glaubenssätze und Überzeugungen (beliefs). Sie bezieht sich auf »Ansichten« der Wirklichkeit, während der absolute Glaube sich auf die Einsicht bezieht. Ansichten kann ich ändern, indem ich sie »umglaube« und dadurch eine andere Wirklichkeit erfahre. Wenn ich beispielsweise bisher geglaubt habe, »das Leben ist hart«, und nun glaube, »das Leben gibt mir immer mal wieder Rückenwind«, dann erfahre ich dadurch eine andere Realität. Dies ist unabhängig von meiner Beziehung zum Absoluten, zu Gott, und wurde bereits in umfassender Weise im Kapitel über das »Gesetz des Denkens« angesprochen (s. ebenda).

Die Kraft der Dankbarkeit und das »Gesetz des Dankens«

Kernbotschaft: Dankbarkeit ist unmittelbare Voraussetzung für jede Form von Erfolg und Lebensbewältigung.

Wir können für so vieles dankbar sein, was uns selbstverständlich erscheint: das Essen, die Luft, die wir atmen, unsere Mitmenschen, den Briefträger, der uns die Post bringt, unseren Partner und das viele, das er für uns tut, für unsere Gesundheit und den Wohlstand, in dem wir leben. Und doch fällt es uns manchmal schwer, diese Dankbarkeit auch wirklich zu empfinden. Wir halten so vieles für selbstverständlich.

Erst wenn wir Schmerzen leiden oder finanziell große Probleme haben und diese ein wenig gelindert werden, erkennen wir, wie wertvoll all das ist, was wir bisher überhaupt nicht beachtet haben. Warum tun wir uns so schwer mit der Dankbarkeit?

Oft liegt es an unserem Ego. Unser Ego ist nicht in der Lage, dankbar zu sein, egal, wie sehr wir es auch päppeln. So nützt es auch nichts, einem undankbaren Menschen noch mehr in den Rachen zu schieben, in der Hoffnung, man würde dann ein wenig Dankbarkeit erfahren. Hier entstehen seitens des Gebenden oftmals völlig unberechtigte Schuldgefühle.

Beispiel: Eine Mutter denkt, sie hat ihrem Kind zu wenig gegeben, nur weil dieses nicht in der Lage ist, Dankbarkeit zu empfinden, sondern sogar immer noch mehr verlangt. Dabei ist es das Bewusstsein der Tochter, das an falschem Stolz leidet und meint, es würde sich etwas vergeben, wenn es sich dankbar verhält. Es möchte lieber seine Umwelt kontrollieren, indem es anderen Schuldgefühle macht. Dabei betrügt es allerdings sich selbst.

Undankbarkeit ist die denkbar schlechteste Ursache für weiteren Erfolg.

Oft tut man sich schwer mit der Dankbarkeit, weil man glaubt, dass die Dankbarkeit für eine empfangene Wohltat zu einer Gegenleistung verpflichtet – und man Schwierigkeiten hat, diese zu erbringen. Oder der Beschenkte schämt sich seiner eigenen Unfähigkeit, etwas zurückzugeben, und macht das Geschenk oder den Schenker schlecht, weil er das Ungleichgewicht zwischen dem, was er erhält, und dem, was er gibt, nicht ertragen kann.

Dieses Problem lässt sich ganz einfach lösen, indem wir in die Lage kommen, Demut zu erbringen. Wahre Demut hat nichts mit Unterwürfigkeit zu tun, sondern, wie das Wort es bereits besagt, mit »Mut«, der Bereitschaft, etwas Größeres als das eigene Ego anzuerkennen. Ob ich dann für das empfangene Wohlwollen eine Gegenleistung erbringen kann oder will, ist nicht wichtig, alleine die Dankbarkeit schafft eine Basis für ein gelungenes Miteinander, auch ohne Gegenleistung. Durch Dankbarkeit beschenke ich den Schenker automatisch. Die Dankbarkeit an sich ist das Geschenk für ihn.

Dankbarkeit kann man nicht heucheln, sie muss aus tiefstem Herzen empfunden werden. Das aber ist eine Gabe, die man lernen kann. Oftmals lernt man sie erst durch viel Leid. Der Weg der Erkenntnis ist hier der königlichere und weitaus angenehmere: Wenn es Ihnen gelingt, in Dankbarkeit zu leben für alles, was Sie erleben, befinden Sie sich in einer wundervollen Welt – egal wie reich oder arm Sie tatsächlich sind.

Dankbarkeit hat viele positive Begleiterscheinungen:
Wenn Sie für etwas, das Sie noch nicht haben, in gleichem Maße Dankbarkeit empfinden, als hätten Sie es bereits, ist dies eine denkbar gute Ursache dafür, dass das Erwünschte tatsächlich eintritt.

Beispiel: Jemand, der krank ist, sollte seine geistigen Kräfte nicht darauf richten, wie schlecht es ihm geht, sondern sich vorstellen, wie er einige Zeit später zurückschaut und dankbar dafür ist, dass er mittlerweile genesen konnte. Auch kann er dankbar dafür sein, dass er in der Vergangenheit stets gesund gewesen ist.

Auch bezüglich der Vergangenheit verfügt die Dankbarkeit über eine positive Magie: Wenn Sie voller Dankbarkeit an eine vergangene Situation zurückdenken, gewinnen Sie daraus einen positiven Impuls für Ihr weiteres Leben. Solange jemand seinen Eltern die Dankbarkeit vorenthält, weil er glaubt, dass in seiner Erziehung die Ursachen für aktuelle Fehlschläge liegen, kann sich seine Situation nicht merklich verbessern (s. dazu auch das Gesetz des Glaubens). Sobald er jedoch Dankbarkeit für seine Eltern entwickelt, tauchen zugleich auch andere, positive Aspekte der Kindheit auf, er verändert damit die Ursache für sein jetziges Leben. Fazit: Es ist nie zu spät, eine gute Vergangenheit gehabt zu haben.

Beispiel: Ein Klient beklagt sich, dass er eine sehr schwere Kindheit gehabt hat und dass diese die Ursache für seine heutigen Probleme ist. Indem er Dankbarkeit für seine Eltern entwickelt, erkennt er, dass er in seiner Kindheit auch goldene Augenblicke gehabt hat und dass er nicht (nur) ein verstörtes, sondern auch ein freudiges, liebendes, humorvolles Kind war. Indem er diese Aspekte mehr und mehr betont, verändert sich sein Lebensskript ins Positive.

Übung: Erinnern Sie sich an zehn wundervolle Erlebnisse aus Ihrer Kindheit.

Dankbarkeit erwächst auch automatisch, wenn wir bereit sind, die Nöte und Sorgen der Welt an uns heranzulassen und unser Herz für sie zu öffnen. Oft ist uns dies zu schmerzhaft, weil die Probleme anderer uns zu sehr an eigene, verdrängte Traumata erinnern. Doch wenn es uns gelingt, unser Herz für das Befinden anderer zu öffnen, dann werden wir erfüllt von tiefer Dankbarkeit darüber, dass wir vieles, was andere erleiden, nicht selbst erleiden müssen.

Wenn es uns einmal schlecht geht, dann sollten wir uns nicht isolieren, sondern an die vielen anderen Menschen denken, die ebenfalls leiden. In diesem Moment empfinden wir Dankbarkeit dafür, in die menschliche Gemeinschaft eingebettet zu sein, und fühlen uns getragen von Millionen Menschen, die gerade leiden und eigentlich glücklich sein möchten.

Das Gesetz der Dankbarkeit gilt auch für den Umgang mit anderen Menschen. Sobald Sie zu den Menschen, mit denen Sie zu tun haben, eine Beziehung von Dankbarkeit entwickeln, leben Sie in einer besseren Welt. Aus diesem Wissen heraus hat sich die sogenannte Naikan-Bewegung entwickelt[*65]. Es handelt sich hierbei um eine Selbsterforschungsmethode, die aus drei Fragen besteht. Üblicherweise stellt man diese drei Fragen zuerst bezüglich der Mutter und des Vaters, dann auch über andere Bezugspersonen. Bei der Antwort geht es nicht darum, was Ihnen andere gesagt haben, sondern was Sie selbst erlebt und erfahren haben:

1. Was hat der andere für mich getan/mir gegeben? Hier werden nur positive Dinge erwähnt. Auch Kleinigkeiten zählen. Vielleicht fangen Sie sogar mit diesen an, z. B.:

»Mein Vater hat mir sonntags immer ein Eis gekauft.« Je tiefer Sie in die Frage eindringen und Dinge finden, die für Sie wirklichen Wert besaßen, und je gehaltvoller die Antworten sind, desto mehr Nutzen werden Sie aus ihnen ziehen.

2. Was habe ich für den anderen getan/dem anderen gegeben? Auch hier werden nur positive Dinge notiert.
3. Welche Schwierigkeiten habe ich dem anderen bereitet? Hier erinnere ich mich jener Dinge, die ich getan habe, die nicht in Ordnung waren oder dem anderen Probleme bereitet haben.

Die vierte Frage, welche Schwierigkeiten mir der andere bereitet hat, wird *nicht* gestellt. Dadurch erwächst automatisch ein Empfinden von Dankbarkeit. Dies kann jeder bezeugen, der einmal den »Naikan-Effekt« am eigenen Körper gespürt hat.

Übung: Stellen Sie sich die drei Fragen bezüglich einer für Sie wichtigen Bezugsperson.

Dankbarkeit bezieht sich natürlich auch auf den Kontakt des Menschen zu einer höheren Kraft, wie es sich in dem nachfolgenden Lied ausdrückt:

> Danke für diesen guten Morgen, danke für jeden neuen Tag; danke, dass ich all meine Sorgen auf dich werfen mag.
> Danke, für alle guten Freunde, danke o Herr, für jedermann; danke, wenn auch dem größten Feinde ich verzeihen kann.
> Danke für manche Traurigkeiten, danke für jedes gute Wort; danke, dass deine Hand mich leiten will an jedem Ort.
> Danke, dass ich dein Wort verstehe, danke, dass

deinen Geist du gibst; danke, dass in der Fern
und Nähe du die Menschen liebst.
Danke, dein Heil kennt keine Schranken, danke, ich
halt mich fest daran; danke, ach Herr, ich will dir
danken, dass ich danken kann.
Danke, für diese schönen Stunden, danke für jeden
neuen Tag; danke dass ich all meine Sorgen auf
dich werfen mag.
Danke für meine Arbeitsstelle, danke für jedes
kleine Glück; danke für alles Frohe, Helle und für
die Musik.
Danke für diese guten Stunden, danke für diesen
guten Tag; danke, dass ich zu diesem Bunde Ja
von Herzen sag.
Danke für dein Geschenk der Liebe, danke für den,
der bei mir ist; danke, dass alle Menschenliebe
deiner Hand entsprießt.
Danke, dass wir gemeinsam gehen, danke, dass du
uns beide liebst; danke, dass, wo wir gehen und
stehen, du den Segen gibst.
Verfasser unbekannt

Das »Gesetz des Glücks« und das Geheimnis des Glücklichseins

Kernbotschaft: Glücklichsein hängt damit zusammen, einverstanden zu sein mit dem, was ist und was Sie bekommen. Hierbei ist Glück nicht Glückssache, sondern eine Frage der richtigen Geisteshaltung.

Jeder Mensch möchte glücklich sein. Das haben wir alle gemeinsam. Doch womit hängt Glück zusammen? Glück ist bekanntlich nicht Glückssache, sondern eine Frage der richtigen Geisteshaltung. Ihr Geist kann Sie glücklich oder unglücklich machen, unabhängig von Ihren Lebensumständen. Wenn Glück mit finanziellem Reichtum zu tun hätte, wären alle Millionäre glücklich und die Bewohner von Dritte-Welt-Ländern todunglücklich. Doch wenn wir uns die Menschen in den Slums von Rio de Janeiro betrachten, erkennen wir, dass sie in irgendeiner Weise glücklich sind. Viele Millionäre dagegen – natürlich nicht alle – sind unglücklich. Das Geheimnis des Glücks scheint in einer anderen Domäne zu finden zu sein als in finanziellem Wohlstand, es scheint davon unabhängig zu sein.

Der bekannte Psychologe Paul Watzlawick hat vor vielen Jahren einen Bestseller mit dem Titel »Anleitung zum Unglücklichsein« geschrieben. Der Titel war natürlich ironisch gemeint, und das Buch untersuchte, wie sich Menschen verhalten, die sich nicht glücklich fühlen.

Ein entscheidender Schlüssel zum Unglück ist der, nicht mit dem einverstanden zu sein, »was ist«. Wann immer ich mit dem, was mir das Leben serviert, nicht glücklich bin, leide ich unnötig. Es ist mein Widerstand gegen das, »was ist«, was mich leiden lässt. Wann immer ich leide, sollte ich mich deshalb fragen: »Womit bin ich nicht einverstanden?« Wenn ich ein Problem habe, sollte ich mir die Frage stellen: »Kann ich wirklich wissen, dass ich dieses oder jenes Problem nicht haben sollte? Weiß ich diesbezüglich mehr als Gott?« Sobald ich es aufgebe, gegen das, was ist, anzukämpfen, komme ich mehr und mehr mit mir und dem Leben in Harmonie – ungeachtet der Umstände.

Beispiel: Ein Klient hat extrem starke Schmerzen und kann deshalb die ganze Nacht nicht schlafen. In dem Augenblick, in dem er sich fragt: »Kann ich wirklich wissen, dass ich diese Schmerzen nicht haben sollte?«, lässt der innere Druck nach, und der Schmerz ist besser zu ertragen.

Indem der Mensch sich in das fügt, was ihm gegeben wird, spürt er in sich auch die Möglichkeit, darüber hinauszugehen. Wann immer Sie leiden, Schmerzen spüren, geschockt sind oder in Ihrem Leben etwas erfahren, das Ihnen gegen den Strich geht, fragen Sie sich: »Kann ich wirklich wissen, dass dies nicht geschehen sollte?«, und erleben Sie die Entspannung, die dadurch eintritt.

Übung: Wo kollidieren Sie mit dem Leben? Notieren Sie Ihr Ergebnis als Behauptung, zum Beispiel: »Dies … hätte nicht geschehen dürfen!« Und dann fragen Sie sich: »Kann ich wirklich wissen, dass dies nicht hätte geschehen dürfen?«

In der Hingabe an das, »was ist«, erfährt der Mensch Glück. Sogar ein Kranker kann Glück erfahren, beispielsweise wenn er aus dem Krankenbett ins Freie schaut und die wunderschönen Blumen genießt, die im Garten wachsen. Diese Geisteshaltung lässt sich aber nicht erzwingen. Es ist die innere »Ergebenheit«, die Glück möglich macht.

Hier hängt das »Gesetz des Glücks« eng mit dem »Gesetz der Dankbarkeit« zusammen. Im »Einverstandensein« gelingt die Positivität, die das Ego manchmal vergeblich sucht, und die entsprechende Lebenskunst.

Wenn Sie beispielsweise eine böse Schwiegermutter haben, die täglich zu Besuch kommt und die Sie nicht leiden können, stellen Sie sich einfach vor, Sie hätten zwei davon – und seien Sie dankbar, dass es nur eine ist. Die Positivität, die Sie suchen, kommt nicht aus dem Verstand, sondern entspringt einer Einstellung der Lebensannahme – in dieser öffnen sich dann die Türen zur gelebten Positivität. Insoweit hängt alles miteinander zusammen.

Sich selbst leben, das »Gesetz des Schicksals« erfüllen

Kernbotschaft: Indem ich das Gesetz, nach dem ich angetreten bin, mit dem absoluten Schicksalsgesetz zusammenbringe, erfahre ich Vollendung.

Im Leben eines jeden Menschen gibt es zwei Schicksalsgesetze, das absolute Gesetz und das »Gesetz, nach dem er angetreten«. Das Gesetz des Schicksals ist eindeutig. Es besagt: Es gibt keinen Zufall, Gott würfelt nicht, es gibt nur Ursache und Wirkung. Jetzt mögen Sie sich vielleicht fragen, wie es dazu kommt, dass kleine Kinder bereits schwer krank oder unter sozial extrem schwierigen Umständen geboren werden, beispielsweise in einem Entwicklungsland, und ob dies gerecht ist. Das Gesetz des Schicksals erklärt diese Lebensumstände mit der Reinkarnation, also dem Gedanken, dass wir alle bereits früher einmal gelebt haben und diese Geburt ein Ausdruck vergangener Ursachen ist.

Beispiel: Wer in diesem Leben viel Geld verliert, hat möglicherweise in einem früheren Leben andere Menschen um ihr Geld gebracht.

Es gibt eine Therapierichtung, die sogenannte Reinkarnationstherapie. Dort wird der Klient in ein früheres Leben zurückgeführt. In vielen Fällen kann der Klient in dem früheren Leben die Ursache für ein Problem finden, das er heute hat. Indem er die Ladung, die auf dem früheren Thema liegt, auflöst, erzielt er erfahrungsgemäß tatsächlich Erleichterung, oft sogar Befreiung, in diesem Leben. Ergänzend zur Rückführung empfiehlt sich, das Thema gezielt mit Loslass-Übungen zu bearbeiten, z. B. mit Releasing nach Lindwall*[66].

Beispiel: Eine Klientin steckt in einer schwierigen Beziehung mit ihrem dominanten Partner. In der Rückführung findet sie heraus, dass sie früher genau diesen Menschen dominiert und misshandelt hat. Die Gegenbuchung des Schicksals ist klar erkennbar. Indem die Klientin gedanklich ihren Partner für ihr damaliges Verhalten um Verzeihung bittet und die Belastungen, Überzeugungen und emotionalen Ladungen, Schuldgefühle etc., die damit zusammenhängen, loslässt, erfährt sie eine Veränderung ihrer eigenen Energie. Nach der Sitzung kommt sie nach Hause zu ihrem Partner und findet im Laufe der nächsten Wochen mit ihm einen Weg des Herzens auf der Basis wohlwollender Ebenbürtigkeit.

Trotz Erfahrungen mit der Reinkarnationstherapie lässt sich ihre absolute Gültigkeit nicht wissenschaftlich beweisen. Hat wirklich jedes Kind, das in der Sahel-Zone geboren wird, sein Schicksal der Armut verdient? Sich an dieser Frage festzubeißen hieße jedoch, die Möglichkeit, die im »Gesetz des Schicksals« für jeden Einzelnen verborgen liegt, zu übersehen.

Das Gesetz des Schicksals soll nicht dazu verführen, mit dem Zeigefinger auf all jene Menschen zu zeigen, denen Krankheit, Armut und Leid geschieht, und sich über sie zu erheben oder sie gar zu schulmeistern. Denn Hochmut kommt bekanntlich vor dem Fall. Wir wissen nicht, ob jemand, der gerade in Saus und Braus lebt und dem scheinbar alles glückt, sich dies durch gute Taten in einem früheren Leben verdient hat oder ob er mit seinem Leben möglicherweise gerade ein späteres Leben der Armut und

Zurückgezogenheit verursacht. Dem Skeptiker ist schwer zu beweisen, dass es frühere und spätere Leben wirklich gibt. Und wir wissen auch nicht, ob aus Sicht der Seele ein Leben im Luxus wirklich erstrebenswert ist. Denn wir haben bereits erkannt: Während das Ego auf Bequemlichkeit und Luxus aus ist, geht es der Seele bekanntlich eher um Fortschritt, Erkenntnis, Liebe und Weisheit. Auch wenn wir uns alle nach Erfolg sehnen, kann es sein, dass aus Sicht der Seele ein Leben voller Herausforderungen wesentlich leichter ist als ein Leben auf der Überholspur. Ich denke hierbei an die Geschichte von der Steinpalme:

Eine Geschichte erzählt, dass eine Palme in einem Palmenhain sich bei der Schöpfung beschwerte, dass sie auf so steinigem Boden wachsen musste. Während die Palmen um sie herum auf lockerem Boden wuchsen, wo es für ihre Wurzeln weitaus leichter war, nach unten zu dringen, musste sie mühsam kräftige und tiefe Wurzeln zwischen den Steinen hindurch entwickeln, um überhaupt an etwas Wasser zu kommen. Doch eines Tages kam ein heftiger Sturm. Alle Palmen wurden umgeweht, nur die Steinpalme nicht, weil sie so kräftige Wurzeln entwickelt hatte. Ähnlich ist es mit dem menschlichen Leben: Herausforderungen sind nicht immer angenehm, aber sie zwingen die Seele dazu, Tiefgang und kräftige Wurzeln zu entwickeln, und machen sie stark.

Es geht also nicht um das Kind in der Sahelzone, es geht um Sie als Leser und den Nutzen, den Sie ziehen können, wenn Sie Ihr Gesetz des Schicksals annehmen können. Was bedeutet dies konkret?

Nehmen Sie einmal an, es gäbe den Zufall nicht, sondern alles, was Ihnen geschieht, passiert deshalb, weil es geschehen soll, beispielsweise, weil Sie es durch Ihre Gefühle, Gedanken und Taten verursacht haben. In diesem Fall würden Sie die Verantwortung für das, was Ihnen geschieht, übernehmen. Sie würden anerkennen: »Ja, das muss ich offenbar verursacht haben, sonst würde es mir nicht geschehen!« Das bedeutet, Sie geben den Widerstand auf gegen das, was Ihnen geschieht. Dadurch kommen Sie in Einklang mit dem, was ist. Statt »dagegen zu sein«, kooperieren Sie mit Ihrem Schicksal und erleben auf der anderen Seite, dass Ihr Schicksal mehr und mehr beginnt, mit Ihnen zu kooperieren. Je mehr Sie mit dem Schicksal zusammenarbeiten, umso leichter erkennen Sie einen Zusammenhang zwischen Ursache und Wirkung.

Eine weitere positive Begleiterscheinung, die Sie erleben, ist, dass Sie Ihre Bewusstheit auf Ihre Gefühle, Gedanken und Taten legen. Je bewusster, stimmiger und feinfühliger Sie damit umgehen, umso mehr finden Sie sich in einem Sinnzusammenhang zwischen Ihnen und der Welt, die Sie umgibt, der Ihnen Freude bereitet.

Dies ist die absolute Seite des Schicksalsgesetzes. Es gibt allerdings auch noch eine relative. Diese ist »das Gesetz, nach dem Sie angetreten«. Sie kommen mit einem gewissen Entwicklungstrieb auf die Welt. Dieser ist höchst individuell und zunächst einmal unabhängig vom absoluten Schicksalsgesetz, wenngleich er darin eingebettet ist.

Beispiel: Ein Eichensamen hat die Aufgabe, sich zu einer Eiche zu entwickeln, ein Tigerbaby hat die Aufgabe, zu einem großen Tiger zu werden. Und zu einem Tiger gehört es, zu beißen, auf der Lauer zu liegen usw.

Innerhalb der menschlichen Spezies bezieht sich dieser Entwicklungstrieb nicht nur auf den physischen Körper, sondern auf das gesamte Wesen. Wir können uns jeden einzelnen Menschen als ein riesengroßes Feld vorstellen, auf dem die verschiedensten Pflanzensamen eingesät sind. Von der Brennnessel bis zur Rose kann darin alles enthalten sein. Diese (An-)Triebe haben ihre Wurzeln in der Genetik, in seelischen Strukturen und vielen anderen Faktoren.

Solange ich mich als eine individuelle Persönlichkeit verstehe, habe ich keine andere Wahl, als das auszudrücken, was durch mich in die Existenz strebt. »Was drin ist, muss raus!« An dieser Stelle hilft es nicht, scheinbar ungute Neigungen und Triebe zu verdrängen. Jedoch haben wir in gewissen Maße Einfluss auf die Bewusstheit, mit der wir das, was durch uns zum Ausdruck drängt, begleiten. Wenn beispielsweise zu meinen Lebensthemen die Krankheit gehört, kann ich das Thema angehen, indem ich Kranke pflege oder selbst Krankheiten durchlaufe, wenn Reisen zu meinen Themen gehört, kann ich es als Reiseleiter oder als Heimatloser bewältigen.

Doch zunächst ist der (An-)Trieb blind. Wir folgen unserem ureigensten Sinn, denn wir wollen erst einmal ein Gespür für uns selbst entwickeln. Dadurch werden wir ehrlich und authentisch und leben das aus, was aus uns heraus möchte. Irgendwann kommt dann der Zeitpunkt, zu dem wir ein wenig mehr Bewusstheit in uns hineinbringen können, indem wir, nachdem wir uns selbst gespürt haben, über unsere bloßen Antriebe hinausgehen können und dies auch wollen.

Es gibt eine sehr schöne Geschichte von Buddha: Ein Mann kam zu Buddha und bat darum, sein Schüler werden zu dürfen. Buddha fragte ihn, ob er sich schon einmal an die Randzone der Gesellschaft, mitten unter die Gesetzlosen, begeben hätte. Der Mann verneinte dies. Daraufhin sagte Buddha: »Dann geh hin und tu es – und dann komm wieder!«

Frank Sinatra sang einmal ein Lied mit dem Titel »My way«. Solange Sie noch ein »Ich« besitzen, können Sie die Dinge nur auf *Ihre* Art tun. Wenn Sie, um dem Schicksal zu entgehen, sich selbst verleugnen und frommen Dogmen folgen, bevor Sie dazu bereit sind, dann fehlt Ihnen »das Salz«, das Authentische, das Wahrhaftige.

Es ist tantrischen Meistern wie Osho zu verdanken, dass sie zur Authentizität anregen. Auf dem Weg sich (aus-) zu leben ist es ganz natürlich, dass wir mit dem absoluten Schicksalsgesetz kollidieren, das bleibt nicht aus. Doch dadurch gewinnen wir uns selbst, unsere Wahrhaftigkeit, und sind dann auch zu einer wahrhaftigen Neuorientierung bereit. Jesus hatte Mitgefühl mit solchen Menschen. Ihm waren die Zöllner lieber als die scheinheiligen Pharisäer, die nur so taten als ob. Die attische Tragödie ist voll von Erlösungsgeschichten, bei denen der jeweilige Held nicht umhinkommt, das Ungelöste in sich (aus-) zu leben. Jemand, der dies künstlich zu vermeiden sucht, ist wie Weizen ohne Korn. Doch wenn er das lebt, was in ihm zur Entfaltung drängt, wird er früher oder später mit dem absoluten Gesetz des Schicksals konfrontiert. Die drohende Konfrontation erscheint möglicherweise gemein und ungerecht, aber es gibt zwei Auswege aus dem Dilemma:

Den ersten Ausweg liefert die Nichtidentifikation, wie wir sie im Tao de King oder in der Advaita-Lehre finden. Ramana Maharshi, der Weise vom Berge Arunachala, sagte einmal: »Wer da frei vom Wahn des Ich, der tötet nicht, auch wenn er tötet, und bleibt ungebunden, was immer er auch tut!« Das bedeutet, wenn Sie die Identifikation mit Ihrem »Ich« loslassen und es aufgeben, nach den Früchten Ihrer Handlungen zu verlangen, kann das Gesetz des Schicksals Ihnen nicht schaden – allerdings nützt es Ihnen auch nicht viel, denn Sie gehen mehr und mehr in das namenlose Absolute ein.

Der andere Ausweg ist der, das eigene Schicksal anzunehmen und sich um einen korrekten und stimmigen Weg zu bemühen. Jesus sagte: »Deine Sünden sind dir vergeben, geh hin und sündige nicht mehr!« Indem jeder Gedanke, jedes Gefühl, jede Tat mit einer höheren Kraft in Verbindung gebracht wird bzw. aus ihr gewonnen wird, vervollkommnet sich Ihr Leben. Natürlich ist noch kein Meister vom Himmel gefallen, und Sie sollten im Anlegen Ihrer Maßstäbe nicht zu streng mit sich sein. Doch der Weg, das ganze Fühlen, Denken und Handeln der Einen Kraft zu weihen, bietet eine gute Lösung. Der Mensch wird bekanntlich zu dem, was er am meisten verehrt, wie immer er diese höchste Kraft auch nennen mag. Er begibt sich damit auf eine sehr kraftvolle, strebsame und erlösende Reise.

Nachdem der Mensch gelernt hat, sich nicht mehr mit seiner Persönlichkeit zu identifizieren, ist er immer leichter in der Lage, mit dem absoluten Schicksalsgesetz in Einklang zu kommen. Er lebt dann in innerer Ethik, ohne Scheinheiligkeit, ohne Dogma, ohne Urteil über andere, sondern als Selbstverständlichkeit, die ganz leicht aus ihm heraus wächst und die innere Essenz des Schicksalsgesetzes verkörpert. Er wird zum Gesetz und offenbart, wie man sich stimmig und zugleich spielerisch in ihm bewegen kann. Er wird zu einem »zu Lebzeiten Befreiten«.

Übung: Halten Sie einmal inne, gehen Sie in die Stille und notieren Sie die Antworten auf folgende Fragen:

- Was ist das »Gesetz, nach dem Sie angetreten«?
- Was, glauben Sie, hat die universelle Kraft für Sie für dieses Leben vorgesehen?
- Was können Sie tun, denken, fühlen, um die universelle Kraft durch sich leben zu lassen?

Tägliche Neugeburt inmitten von sieben grundlegenden Geburten

Kernbotschaft: Es gibt nicht nur eine Geburt und einen Tod, sondern wir leben in einer ständigen Veränderung voller Tode und Neugeburten.

In dem Standardwerk »Die geistigen Gesetze« habe ich die sieben Geburten des Menschen wie folgt beschrieben:

1. Die Zeugung
2. Die physische Geburt
3. Die Geburt zum eigenständigen Wesen (Trotzphase)
4. Die Pubertät
5. Die Umstellung der Lichter auf das Geistige (Metanoia): Aufgrund einer seelischen Berührung erfolgt eine Veränderung in der Lebensausrichtung. Die Metanoia ist von besonderer Bedeutung und soll aus diesem Grund in diesem Kapitel noch ausgiebig behandelt werden.
6. Die Selbstbeherrschung: Sie sind »auf dem Weg« und lernen Ihrem wahren Selbst die Herrschaft zu überlassen und mit einer neuen Bewusstheit Ihr Leben zu führen. Dies ist eine der größten Herausforderungen auf Ihrem Weg, denn Sie sind »nicht mehr Mensch« und »noch nicht vollendet«. Sie lauschen der inneren Stimme und Ihrer Intuition, um Ihre Ziele auf möglichst stimmige Weise zu verwirklichen. Diese Geburt reicht bis zum Erleben der Einheit mit der gesamten Existenz, wie sie u. a. im Gayatri-Mantra besungen wird, jedoch nicht über diese hinaus.
7. Die Selbst-Vollendung: Diese ist die Krone des Mensch-

seins, die hier und jetzt stattfindet und doch zugleich unerreichbar scheint. Es gibt keine eigenen Ziele und Ambitionen mehr, es wird ausschließlich das getan, was die Eine Kraft durch Sie getan haben möchte. Hier finden wir reinen Geist in Tätigkeit, eine Identifikation mit dem Höchsten im Sinne des »Dein Wille geschehe«. Diese Geburt führt über die weltliche Existenz hinaus, so wie Jesus sagt: »Mein Reich ist nicht von dieser Welt« oder auch »In Vaters Haus sind viele Wohnungen«. Die sich aus ihr ergebende geistige Himmelfahrt offenbart sich als ein Ziel am Ende des Weges, das sich ständig aus sich selbst heraus transzendiert und deshalb fast nicht mehr mit Worten beschreibbar ist. Der Vollendete wirkt in dieser Welt, repräsentiert aber eine Wirklichkeit, die diese Welt weit übersteigt*[67].

Tatsächlich gibt es natürlich sehr viel mehr Geburten. Jeder Tag, ja sogar jeder Atemzug ist Tod des Alten und Geburt eines Neuen. Zwischen dem ersten Atemzug bei der physischen Geburt und dem letzten Atemzug beim Sterben liegen eine ganze Reihe von äußeren und inneren Veränderungen, die wir erfahren. Einige davon sind in ihrer Auswirkung kraftvoller, andere eher unscheinbar:

- Umzug: Jeder Umzug, insbesondere der Umzug in eine neue Umgebung, stellt einen kompletten Wechsel des Lebensumfeldes dar. Kontakte, die am alten Ort noch wichtig waren, wie Nachbar, Briefträger, Kaufladen, Schule etc. sterben, und neue entstehen.
- Partnerschaft: Kaum etwas beeinflusst unser Leben so stark wie unsere Beziehung. Ein Wechsel des Lebenspartners kann unser Lebensschiff in eine völlig neue Richtung bringen. Themen, Schwierigkeiten und Freuden, die wir in der alten Beziehung ausreichend bearbeitet haben, fallen einfach weg, neue Themen, Schwierig-

keiten und Freuden tauchen unerwartet auf. Beispiele: Der vorangegangene Partner war Single, der neue bringt Kinder mit in die Beziehung. Der bisherige Partner war Landmensch und liebte Meditation und Frühaufstehen, der neue Partner ist Stadtmensch, karrieregeil und bevorzugt nächtliches Ausgehen. Durch gemeinsame Nächte und Lebensgestaltung beeinflusst man einander bis in die Zellebene hinein. So leitet eine neue Beziehung, aber auch der Wechsel vom Singledasein zur Partnerschaft oder aus ihr heraus oftmals einen extremen Stirb-und-Werde-Prozess ein.

- Kinder: Wenn wir Kinder bekommen, stirbt unsere bisherige Lebensform, wir selbst werden zu Eltern – die Geburt der Kinder ist auch für uns die Geburt einer neuen Identität. Wenn die Kinder eines Tages aus dem Haus sind, stirbt die bisherige Organisationsform als Familie, und ein Zwei-Personen-Haushalt wird neu geboren.

Die Geburt der Bewusstheit in den verschiedenen Körpern: Wir verfügen über einen physischen, einen emotionalen, einen mentalen und einen spirituellen Körper. Der physische Körper ist Träger der Gene, er ist sehr stark bestimmt durch unsere elterlichen Linien. Emotionalkörper und Mentalkörper erhalten ihre Prägungen durch frühere Inkarnationen sowie durch Kindheit und Erziehung. Der spirituelle Körper wird zunächst ausschließlich von früheren Leben bestimmt. Nicht immer vertragen sich diese vier Körper. Oft leben wir deshalb einen der vier Körper extrem, während wir einen anderen eher vernachlässigen. In der Regel verwirklichen wir zu Beginn unseres Lebens vorwiegend unser genetisches Programm. Als Nächstes entdecken die Männer meist die Welt der Gedanken und die Frauen die Welt der Gefühle. Der spirituelle Körper wird in der Regel zuletzt gezündet – es gibt jedoch auch Ausnahmen.

Jedes Mal, wenn einer unserer Körper neu in den Brennpunkt unserer Aufmerksamkeit rückt, kommt dies einer Geburt gleich. Lebenskunst bedeutet, alle vier Körper harmonisch miteinander abzugleichen, im Idealfall sogar mit den vier Körpern des Partners. Dies ist beispielsweise dann eine besondere Herausforderung, wenn der spirituelle Körper eines Menschen dem eines indischen Mönches gleicht, der am liebsten bewegungslos meditiert, und der physische Körper an seinen Besitzer eher die Ansprüche eines Leistungssportlers stellt.

Die aus geistiger Sicht entscheidende Neuorientierung im Menschen ist die Neugeburt in der Gesinnung, die 5. Geburt, die wir auch als Umkehr, als Metanoia bezeichnen. Das Wort Metanoia kommt vom griechischen *meta* (= Änderung) und *noia* (= Gesinnung). Im Christlichen wird es oftmals mit Buße gleichgesetzt, was aber nicht die ganze Bedeutung von Metanoia umfasst. Metanoia geht oftmals mit einer Verlagerung oder Veränderung der Werte einher.

Nur im Ausnahmefall kommt ein Mensch zur Welt, der sich schon in frühester Kindheit dafür entscheidet, sein Leben der Suche nach der Wahrheit und der Einen Kraft zu weihen. In der Regel wird der Lebenstrieb vorrangig von den anderen drei Körpern bestimmt und ist auf Gelderwerb, Lebensgenuss oder Wissensmehrung ausgerichtet, auf Ansehen, Erfolg oder vorgegebene Ziele. All diese Dinge sind nicht schlecht, doch solange sie die oberste Priorität im Leben darstellen, fehlt das Wesentliche, welches in den Vordergrund rückt, sobald der spirituelle Körper gezündet wird.

Diese Umkehr wird meist durch einen Schicksalsschlag eingeleitet, durch ein Gefühl tiefer Sinnlosigkeit oder eine schwere Krise. Bis dahin setzte der Betreffende die Verwirklichung seines Ego an oberste Stelle. Sogar der Kirchenbesuch war dem Ziel untergeordnet, äußeres Ansehen zu gewinnen, und darüber hinaus vielleicht einer Hoffnung auf das Jenseits. Natürlich kommt es auch vor, dass jemand durch einen Vortrag, einen Film, einen spirituellen Adepten oder ein Buch dazu inspiriert wird, sein Leben zu verändern. Doch eine wirkliche Lebensveränderung entsteht meist nur, wenn das Fundament dafür vorbereitet ist, so wie neuer Samen nur dort sprießen kann, wo der Acker gut durchgepflügt ist.

Der Impuls zur Umkehr erwächst wie bereits erwähnt aus einer höheren Ebene, nicht aus den drei »niederen« Körpern. Er ist keine Emotion, kein Argument und keine Körpersensation, wenngleich die Metanoia von all diesen Dingen begleitet sein kann. Die besondere Art der damit verbundenen inneren Regung wird von vielen Menschen in unserem Kulturkreis »Seelenerweckung« genannt.

Doch unabhängig von dem Namen, den wir der 5. Geburt geben, verändert sie unser Leben dramatisch. Dinge, die uns bisher wichtig waren, werden auf einmal unwichtig, das neue Thema gewinnt an Bedeutung. Wie sich die Umkehr ausdrückt, ist von Person zu Person verschieden: Der eine wandert nach Indien aus, um sich dort in eine geheime Meditationspraxis einweisen zu lassen, der andere tritt den christlichen Wissenschaften bei. Der spirituelle Körper des Betreffenden wählt nun genau das Lebensumfeld und die Lebensbedingungen, die dem Betreffenden helfen, seine spirituelle Qualität zu erfahren.

Zunächst ist das Neue faszinierend, und so ist die Versuchung groß, komplett Abschied vom bisherigen Lebensstil zu nehmen. Doch nach einer Zeit der Faszination melden sich die alten Körper – und ihre Neigungen – wieder und wollen beachtet werden. Daraufhin beginnt ein – oftmals langer – Prozess der Integration bzw. Umformung des Alten, bis die Einheit nicht nur äußerlich geschaffen ist, sondern auch ständig als Selbst erlebt werden kann. So sagt

Pantalji, der Begründer des Yoga: »Der Mensch ist noch keine Einheit, er ist ein Sammelsurium, aber er hat die Möglichkeit, durch seinen spirituellen Weg die Einheit in sich zu schaffen.«

Im Rahmen dieser Umgestaltung können verschiedene Effekte auftreten, die man gern als »spirituelle Krankheit« oder auch als »dunkle Nacht der Seele« bezeichnet:

- Alte Muster und verdrängte Emotionen aus diesem (und früheren) Leben kommen hoch. Hier gilt es, diese bewusst wahrzunehmen. Erinnern Sie sich: Sie sind nicht diese Muster. Muster kommen und gehen, aber Sie *sind.* Sie haben ein Recht darauf, damit »auf Trip zu gehen« – erinnern Sie sich jedoch immer wieder daran, wer Sie wirklich sind.
- Verschiedene Körpersensationen können auftauchen wie Hitzewellen, Kältewellen, Zittern, Müdigkeit, Übererregtheit, Überwältigtsein, Schlaflosigkeit, Depressionen, Stockung etc. In manchen Büchern werden diese Sensationen als »Lichtkörperprozess« beschrieben. Nach meiner Erfahrung sind sie aber nicht genormt, sondern höchst individuell und oftmals unberechenbar. Es ist wichtig, liebevoll mit ihnen umzugehen. Die universelle Natur ist aus sich heraus in der Lage, alles zu neutralisieren und in die Harmonie zu bringen. Jedes Phänomen geht vorüber, wenn Sie sich nicht daran klammern, es kommt und geht von selbst. Am besten gehen Sie mit der Energie: Wenn Sie müde sind, schlafen Sie, wenn Sie nicht schlafen können, gehen Sie tanzen usw. Halten Sie es wie Buddha, der sagte: »Wenn ich esse, dann esse ich, wenn ich gehe, dann gehe ich, und wenn ich schlafe, dann schlafe ich!« Der Körper gleicht sich auf lange Sicht stets selbst aus. Entwickeln Sie ein Gespür dafür, was Ihnen guttut, letztendlich wird sich alles auflösen.

- Gedankenformen können Sie aus dem Gleichgewicht bringen. Dies können negative Gedanken sein wie Selbstzweifel, Selbstablehnung, Versagensängste, Gefühle der Wertlosigkeit (gegenüber Gott/der Einen Kraft) usw. Es kann sich aber auch um grandiose Gedanken handeln wie die Idee, die Welt zu retten, oder Visionen aus Götterebenen. Auch dies sind nicht Sie. Nehmen Sie diese mentalen Phänomene wahr, ohne sich dafür zu verurteilen. Die Zen-Meister sagen dazu: »Anfangs sind Berge Berge und Seen Seen. Später sind Berge keine Berge und Seen keine Seen mehr. Und am Ende sind Berge wieder Berge und Seen wieder Seen.«
- Es kann sein, dass Ihre Verbindung zu Gott/der Einen Kraft in diesem Prozess manchmal sehr stark spürbar ist und mal überhaupt nicht. Viele Menschen klagen darüber, dass sie nach einer Erfahrung von Erwachen oder Erleuchtung wieder »zurückgefallen« seien. Machen Sie kein Problem daraus. Der Weg vom ersten Erwachen bis zum ständigen Leben in der Einen Kraft (7. Geburt) ist eine Reise, die durch Höhen und Tiefen, Licht und Dunkelheit, Irritationen und Erkenntnisse führen kann – hier ist jeder Weg individuell. So wie sich ein Fluss durch die Landschaften windet und doch letztendlich das Meer erreicht, so ist nach Ihrer 5. Geburt sicher, dass Sie sich in Richtung Meer bewegen, wie auch immer Ihre Windungen von da an verlaufen werden.

Letztendlich wird der Punkt in Ihrem Leben kommen, an dem Sie sich mit dem Einen/dem Vollkommenen identifizieren und die Geburten in Ihrem Leben, die natürlich in der äußeren Welt weiterhin passieren, freudvoll wahrnehmen können, ohne sich mit ihnen zu identifizieren.

Übung: Betrachten Sie Ihr Leben. Was waren die entscheidenden Erlebnisse und Stationen Ihres Lebens? Notieren

Sie diese. Dann betrachten Sie sie unter dem Gesichtspunkt der Neugeburt. Was waren die entscheidenden Neugeburten Ihres Lebens? Was wurde in Ihnen geboren, und in was wurden Sie hineingeboren? Was waren die Begleiterscheinungen der jeweiligen Geburten, ihre Licht- und Schattenseiten sowie die Ergebnisse?

Selige Sehnsucht

Sagt es niemand, nur den Weisen,
Weil die Menge gleich verhöhnet,
Das Lebend'ge will ich preisen,
Das nach Flammentod sich sehnet.

In der Liebesnächte Kühlung,
Die dich zeugte, wo Du zeugtest,
Überfällt dich fremde Fühlung,
Wenn die stille Kerze leuchtet.

Nicht mehr bleibest Du umfangen
In der Finsternis Beschattung,
Und dich reißet neu Verlangen
Auf zu höherer Begattung.
Keine Ferne macht dich schwierig,
Kommst geflogen und gebannt,
Und zuletzt, des Lichts begierig,
Bist du, Schmetterling, verbrannt.

Und solang da, das nicht hast,
Dieses: Stirb und werde!,
Bist du nur ein trüber Gast
Auf der dunklen Erde.
(Goethe, Buch des Sängers)

Bescheidenheit und das »Gesetz der Gnade«

Kernbotschaft: Durch das Gesetz der Gnade kann auch ein ungutes Schicksal gemildert oder ganz aufgehoben werden.

Das deutsche Wort Gnade stammt vom althochdeutschen *ginada* bzw. mittelhochdeutschen *genade.* Die Wurzeln dieses Begriffes reichen über das germanische *neth* und das indogermanische *net* zurück ins alte Indien, wo die Silbe *nath* so viel bedeutet wie *um Hilfe bitten.*

Exoterisch gesehen wird als Gnade das Wohlwollen seitens Autoritäten oder höher gestellter Menschen bezeichnet. So sagte Helmut Kohl einmal über einen bayerischen Industriellen: »Dieser hatte die Gnadensonne des Franz Josef Strauß bis über alle Maßen genossen!« Doch auch die besonderen Fähigkeiten eines Menschen schreiben wir der (gottgegebenen) Gnade zu. Beispiel: »Mozart war ein begnadeter Musiker!«

Im Mittelalter wurde der katholischen Kirche, ihren Päpsten, Kardinälen und Bischöfen das Recht zugesprochen, bestehendes Recht außer Kraft zu setzen und auch in weltlichen Belangen Gnade zu erteilen. Aus dieser Zeit stammt der Spruch: »Lass Gnade vor Recht ergehen!« Aufgrund der großen Bestechlichkeit, welche diese Handhabung nach sich zog, wurden die Gesetze entsprechend geändert, so dass wir heute in einem Rechtssystem leben, in dem wieder »Recht vor Gnade« gilt. Nur der Schwerverbrecher erfährt »Begnadigung«, und dies auch nur noch in

Ausnahmefällen. Doch im Geistigen gilt noch immer »Gnade vor Recht«.

Um die esoterische, innerseelische Seite vom »Gesetz der Gnade« zu verstehen, müssen wir uns zunächst damit auseinandersetzen, wie unser Leben aussähe, wenn es keine Gnade gäbe: Das bereits angesprochene Gesetz von Ursache und Wirkung beruht auf dem Energieerhaltungsgesetz: Keine Ursache ohne Wirkung. Für alles, was wir in Gedanken, Worten, Gefühlen und Taten tun, müssen wir »bezahlen«, entweder innerseelisch oder in dieser Gesellschaft. Da wir aber permanent neue Gedanken, Gefühle, Worte und Handlungen bewegen, wäre es ohne das Gesetz der Gnade nicht möglich, völlig frei zu werden. Sogar ein Mönch, der in einer Höhle lebt und sich von Früchten ernährt, schafft weiterhin Ursachen, die Wirkungen nach sich ziehen. Ohne Einwirkung einer »höheren« Kraft sind deshalb alle Wesen gefangen in einem ewigen Kreislauf von Ursachen und Wirkungen, was man auch »das Rad des Samsara« nennt – sie laufen von Leben zu Leben wie ein Hamster in der Rolle, ohne Aussicht auf Erlösung.

In Babylonien gab es noch keine Gnade, dort hieß es: »Auge um Auge, Zahn um Zahn!« Das Gesetz von Ursache und Wirkung wurde in seiner vollen Härte vollstreckt: »Wer einem anderen ein Auge ausgestochen hatte, dem wurde zur Strafe selbst ein Auge ausgestochen, wer einem anderen einen Zahn ausgeschlagen hatte, dem wurde selbst ein Zahn ausgebrochen!« Auch im Islam, der den Begriff Gnade kennt (»der Gnädige« ist einer der 99 Beinamen Allahs), wird in manchen Regionen die volle Härte von Ursache und Wirkung noch heute vollstreckt.

In anderen Weltreligionen wird die Idee der Gnade, welche die Härten des Gesetzes von Ursache und Wirkung mildern oder gar aufheben kann, stärker betont. So kennt man im Hinduismus seit Jahrtausenden den Begriff des

Avatars (Gottessohnes, wie z. B. Krishna, Rama usw.), der auf die Erde kommt, um die Menschheit von ihrem Karma, der Last der selbst geschaffenen Ursachen und Wirkungen, zu erlösen. Durch die Hingabe (sanskrit: *bhakti*) an den Avatar kann der Mensch sein Karma mildern oder gar völlig erlösen.

Schon die alte jüdische Tradition kannte den Begriff der Gnade, was sich beispielsweise an der Tradition des »Jubeljahres« zeigte: Früher wurden in jedem siebten Jahr den Schuldnern ihre Schulden erlassen – aus Gnade.

Im Christentum taucht der Begriff der Gnade im neuen Testament unter Paulus auf, wo er zur Abgrenzung von der alten jüdischen Tradition auf die Gnade hinweist, welche den Christen durch das Kreuzesopfer Jesu zuteil wird. Das Einströmen göttlicher Gnade ist für viele Christen im Gebet, z. B. beim Rosenkranz, spürbar, vielleicht auch in besonderem Maße an Wallfahrtsorten.

Der Weise Ramana Maharshi erfuhr zu Beginn des 20. Jahrhunderts seine persönliche Befreiung, als er die »Illusion des Ich« durchschaute. Mit der Frage »Wer bist du wirklich?« wurde er zum Vorläufer der »Advaita-Vedanta-Bewegung«. Die Gabe, das Selbst von den Kapriolen des Mind (Verstand, Gemüt) zu unterscheiden, erscheint so ebenfalls als Gnade, denn, so Ramana: »Wer da frei vom Wahn des Ich, der tötet nicht, auch wenn er tötet, und bleibt ungebunden, was immer er auch tut!«

Der Begriff der Gnade hat immer mit einer höher stehenden Instanz zu tun, jemandem, der Gnade gewährt, und jemandem, welcher der Gnade bedarf. Er hat, wie wir bereits erkannt haben, tiefe religiöse Wurzeln.

Somit hängt Gnade immer mit dem Einströmen bzw. dem In-Kontakt-Kommen/In-Kontakt-Sein mit einer höheren Instanz zusammen. Wir können diese Kraft »Ich-Bin-Kraft«, »Gegenwart Gottes«, »das göttliche Licht« oder wie auch immer nennen. Es ist eine Energie, die aus einer höheren, umfassenderen Dimension stammt.

Stets regiert die höhere Dimension die niederere. So können wir beispielsweise als Menschen der 3. Dimension etwas auf ein Blatt Papier (2. Dimension) schreiben. Mit dem Kontakt zu einer höheren Dimension als unserer von Zeit und Raum können deshalb auch Wirkungen ausgeglichen werden, die mit unserem Menschsein zu tun haben.

Die »göttliche« Energie wirkt dabei wie ein Feuer, welches das Vorratslager unserer Ursachen und Wirkungen, unser Karma, verbrennt. Die Gnadeneinwirkung zeigt sich auch in der Gnadenerwirkung durch Anstrengung – im Faust-Wort: »Wer ewig strebend sich bemüht, den können wir erlösen!«

Je mehr wir im Bewusstsein der möglichen Gnade leben, umso mehr erfahren wir Befreiung von unseren (negativen) Ursachen. Das Märchen von Dornröschen ist ein Sinnbild für die Abmilderung von Karma durch den guten Einfluss der zwölften Fee: »Tiefschlaf mit Aussicht auf Erlösung für die Prinzessin statt den Tod!« Der spirituelle Meister Sant Kirpal Singh fasst das Gesetz der Gnade wie folgt zusammen: »Ein Nadelstich für den Galgen!«

Das Gesetz der Gnade kam auch in den Geschichten um Jesu immer wieder zum Ausdruck. Es zeigt sich im Gleichnis vom Weinberg ebenso wie in den Worten, die Jesu zu dem Mörder sprach, der neben ihm am Kreuze hing: »Noch heute wirst du mit mir im Paradiese sein!« Eigentlich erscheint das ungerecht, der Mörder bekommt die Eintrittskarte in die höheren Himmel, und andere fromme Menschen müssen darum ein Leben lang ringen. Aber diese Geschichte zeigt uns, wie stark die Erlöserkraft wirken kann, wenn der Betreffende das Einströmen der Gnade erlaubt. Thomas von Kempen sagte einmal: »Wer von Gottes Gnade getragen wird, reist mit leichtem Gepäck.«

Grundsätzlich ist es jedem möglich, sich selbst mit Hilfe der universellen Energie von der Last des Schicksals zu befreien und Körper, Geist und Seele zu heilen, doch nur selten gelingt dies ohne fremde Hilfe. Wenngleich wir Menschen in der Lage sind, direkt mit der Einen Kraft Kontakt aufzunehmen, ist es doch hilfreich, die großen Avatare oder Lehrer der Menschheit um Unterstützung oder Beistand zu bitten. Diese wirken wie Transformatoren, welche die Hochspannung der universellen Energie in eine für uns Menschen maßgeschneiderte Voltzahl transformieren.

Ein typisches Beispiel für so einen Gnade-Erwirkenden war der deutsche Heiler Bruno Gröning: Über den Transformator Bruno Gröning wurden in den 50er Jahren Tausende geheilt, sogar Lahme, Blinde und Taube. Es gibt in allen Traditionen und Religionen Lehrer, Meister und Freunde, die uns helfen, das letztendliche Ziel, ein »Leben in der Gnade«, zu erreichen und zu stabilisieren. Dilgo Khyentse Rinpoche beschreibt die Gnadenerwirkung durch die Meisterkraft wie folgt:

»Der Meister gleicht einem großen Schiff, in dem die Wesen den tückischen Ozean von Samsara überqueren können, einem erfahrenen Kapitän, der sie auf das Festland der Befreiung führt, einem Regen, der das Feuer der unguten Anhaftungen löscht, einer strahlenden Sonne und einem leuchtenden Mond, die die Dunkelheit der Unwissenheit beseitigen, einem sicheren Grund, der die Last des Guten wie des Schlechten tragen kann, einem wunscherfüllenden Baum, der zeitweiliges Glück genauso gewährt wie letztendliche Befreiung, einem Schatz an umfassenden und tiefgründigen Anweisungen, einem wunscherfüllenden Juwel, das alle Qualitäten der Verwirklichung besitzt, er gleicht Vater und Mutter, die alle Wesen gleichermaßen lieben, einem großen Strom des Mitgefühls, einem Berg, der sich unerschüttert von den Stürmen der Emotionen über weltliche Belange erhebt, und einer großen Regenwolke, deren Wasser die Qualen der Leidenschaft zu lindern bereit ist. Er ist in allen Vollendeten gleich. Jeder Kontakt mit ihm, ob man ihn sieht, seine Stimme hört, sich seiner erinnert oder von seiner Hand berührt wird, führt uns zur Befreiung. Volles Vertrauen in ihn zu haben ist der sichere Weg zur Befreiung. Die Wärme seiner Weisheit und seines Mitgefühls bringt das Erz unseres Wesens zum Schmelzen und läutert das Gold der uns innewohnenden Vollkommenheits-Natur.«*[68]

Wen Sie als Meister wählen, bestimmen Sie selbst. Oftmals ist es hilfreich, sich als Meister eine Person zu wählen, die auf dem Weg ein wenig weiter fortgeschritten ist als wir, so z. B. Jesus, Buddha oder ein lebender Meister. Meister kann jedoch auch Ihr eigenes höheres Selbst sein oder die innewohnende Meisterkraft, mit der Sie sich identifizieren können. Das Jesuswort »Keiner kommt zum Vater denn durch mich« wurde hier oftmals missverstanden. Mit »mich« meinte Jesus nicht sich als Person, sondern das (Christus-)Bewusstsein, aus dem heraus er sprach. Oftmals denken wir, wir seien bereits erleuchtet, und verschließen uns deshalb der Gnadeneinwirkung von Meistern, Engeln und Avataren. Wenn wir uns im Außen vor einem Meister verbeugen, dann meinen wir damit nicht seine Persönlichkeit, sondern die Eine Meisterkraft, die auch durch uns fließt.

Insoweit können wir uns auch vor dem Meister in unserem Ehepartner, unseren Eltern, unseren Kindern verbeugen, um in Kontakt mit der Meisterkraft zu kommen. Meister ist auch die »Kraft der Natur«, die eigene Wahrhaftigkeit. Nur einen sollten Sie nicht zum Meister machen: ihr Ego, denn dieses ist ein guter Diener, aber ein schlechter Herr, und es ist vor allem zu stolz, um etwas Größeres als sich selbst zu akzeptieren.

Wer jedoch zu stolz ist, um sich der Gnade zu öffnen, dem kann sie auch nicht zuteil werden. Aus diesem Grund wurde Stolz (von lat. stultitia = Torheit) im Christentum als Ursache für eine Todsünde, den Hochmut, angesehen. Im Volksmund sagt man: »Dummheit und Stolz wachsen auf einem Holz!« Gemeint ist damit, dass der Stolz in sich den Hochmut und die Dummheit verbirgt, die sich der Gnadeneinwirkung entziehen. Der Stolz meint, er müsse alles alleine schaffen und es gäbe keine höhere, gnädige Kraft. Da kann man nur sagen: Selber schuld! (Neben dem ungesunden, neurotischen Stolz gibt es natürlich auch einen gesunden Stolz, der mit Selbstwertschätzung zu tun hat und von Knigge wie folgt definiert wird: »Ich möchte gern, dass man Stolz als eine edle Eigenschaft der Seele ansähe; als ein Bewusstsein wahrer innerer Erhabenheit und Würde; als ein Gefühl der Unfähigkeit, niederträchtig zu handeln.« Diese Form aber ist mit dem krankhaften Stolz, auf den wir uns hier beziehen, nicht gemeint.)

Um offen zu sein für die Gnadeneinwirkung, brauchen wir Bescheidenheit. Dieses Wort hängt mit »Bescheid wissen« zusammen und bedeutet anzuerkennen, dass eine größere Kraft als unser Ego existiert, mit der wir uns verbinden können, um in den Genuss der Gnade zu kommen. Gnade erfahren wir aber nicht nur im direkten Einwirken der universellen Kraft. Gnade ist unendlich vieles:

- Das ganze Leben ist Gnade.
- Es ist Gnade, dass wir in diesem Leben reifen, wachsen und in Kontakt mit der Einen Kraft kommen können.
- Gesundheit ist Gnade.
- Es ist Gnade, dass wir einen Partner haben oder Freunde, die uns beim Wachsen helfen.
- Es ist Gnade, dass wir über unsere Programmierungen hinauswachsen können.

- Es ist Gnade, dass wir nicht tun müssen, was unser Verstand oder andere uns sagen.
- Es ist Gnade, dass wir uns selbst entdecken können.

Übung: Wann in Ihrem Leben haben Sie Gnade erfahren? Notieren Sie diese Augenblicke. Dann lesen Sie Ihre Aufzeichnungen durch und erleben Sie noch einmal, wie sich diese Gnadeneinwirkung angefühlt hat.

Die Welt verwandeln durch das »Gesetz des Segnens«

Kernbotschaften:

a) Alles, was ich ehrlichen Herzens segne, ist dadurch gesegnet.
b) Alles, was ich segne, muss mir dadurch zum Segen werden.

Das Wort Segen stammt vom althochdeutschen *segan* und hängt ursprünglich mit dem lateinischen *signare* (= mit dem Zeichen versehen) zusammen. Es bezeichnet das Aussprechen einer wohlmeinenden Formel oder eines Gebetes, wobei ein Segen auch still, d. h. mit der Zunge der Gedanken, ausgesprochen oder auch einfach nur gefühlt werden kann. In vielen Traditionen ist der Segen mit Gebärden verbunden (z. B. dem Kreuzeszeichen oder dem Ausbreiten der Hände), die das wohltätige Wirken Gottes an der gesegneten Person oder der gesegneten Sache symbolisieren sollen. Eine populäre Form des Segnens heutzutage ist das Reiki, doch ursprünglich hängt der Begriff des Segnens eng mit dem der jüdisch-christlichen Tradition zusammen.

Der älteste überlieferte Segen entstammt dem alten Testament, 4. Buch Mose, 6, 24–26. Er wird auch heute noch im Judentum sowie im (protestantischen) Christentum verwendet. Da er Aaron und seinen Söhnen aufgetragen wurde, heißt er auch Aaronitischer Segen. Er lautet: »Der Herr segne dich und behüte dich; der Herr lasse sein Angesicht leuchten über dir und sei dir gnädig; der Herr hebe sein Angesicht auf dich und gebe dir Frieden.«

Oftmals wird im Zusammenhang mit dem Segen eine Ikone (= griech. Andachtsbild), ein Symbol (z. B. das Kreuz), ein Foto (z. B. eines Heiligen), Weihwasser oder eine Devotionale (= lat., Gegenstand der Hingabe, z. B. eine Heiligenfigur) verwendet. Doch all diese Dinge dienen letztendlich nur zur Verstärkung und stellen nicht das Wesentliche des Segensspruches dar. In der sogenannten Benediktionale (lat., *benediktum* = gut sagen) sind zahlreiche Textvorschläge für kirchliche und häusliche Segenssprüche aufgeführt. Doch auch die verwendeten Worte haben beim Segen sekundäre Bedeutung.

Bereits im alten Testament wird an mehreren Stellen berichtet, wie das Kind den Vater um seinen Segen für eine Aufgabe oder den weiteren Lebensweg bittet – und ihn auch erhält. So ist das Segnen seit alters her nicht nur eine Aufgabe der Priester, sondern auch der Väter. Der Segen eines (wissenden) Priesters, eines Heiligen und der eigenen Eltern enthält eine besondere Kraft*[69]. Idealerweise sollten wir den Segen sowohl von einer spirituellen Bezugsperson eigener Wahl als auch vom eigenen Vater und der eigenen Mutter erbitten, denn der Segen des Vaters und der Mutter wirkt direkt auf der Basis der Gene, während der spirituelle Segen höhere Kräfte anzuziehen vermag. Wenn wir gesegnet werden, sollten wir den Segnenden natürlich ehren und ihm im Herzen danken, da nur so die volle Kraft des Segens wirksam werden kann.

Das Segnen ist aber nicht nur Priestern und Vätern vorbehalten. Jeder Mensch kann segnen. Im Segnen ruft der Mensch die höchste Kraft des Universums auf den Plan und bittet sie, sich einer Sache anzunehmen. Der Segen wirkt sich stets heilend aus, er bringt »die Wahrheit hinter dem Schein« hervor. Im Umgang mit der Polarität des Lebens wirkt der Segen wie folgt:

- Scheinbar Ungutes wird durch den Segen in Positives verwandelt oder löst sich auf.
- Positives wird durch den Segen in seiner Positivität verstärkt.

Es ist deshalb weitaus sinnvoller, scheinbar Unangenehmes, Negatives zu segnen, als es zu bekämpfen. Bereits Jesus sagte: »Wer mit dem Schwert kämpft, wird durch das Schwert umkommen!« Gerade die Menschen, mit denen Sie Schwierigkeiten haben oder hatten, können Sie segnen. Dazu gehören insbesondere

- Ex-Beziehungen, mit denen Sie vielleicht noch karmische Bande haben,
- Menschen, die Ihnen möglicherweise übel wollen,
- Menschen, die Ihnen unangenehm sind, z. B. der unerträgliche Nachbar,
- Beziehungen, die momentan ins Stocken geraten sind oder bei denen Sie nicht wissen, ob diese positiv oder negativ sind. Wenn Sie diese segnen und sie daraufhin verschwinden, waren sie nicht gut für Sie – wenn sie stärker werden, dann sind sie offenbar für Sie gedacht – so einfach ist das.

Eine wahre Geschichte berichtet von einer frommen Frau, die gerade aus einer Andacht kam, als ihr ein Dieb die Handtasche mit all ihrem Geld entriss. Noch erfüllt von der Predigt rief sie ihm nach: »Ich segne dich, mein Junge«, woraufhin dieser stutzte, innehielt und ihr die Tasche zurückbrachte. Doch nicht nur Ungeliebtes sollte man segnen, sondern umso mehr auch das, was wir aus innerstem Herzen heraus lieben, zum Beispiel unseren Partner.

In verschiedenen Traditionen beten die Gläubigen für das Wohlergehen ihres Meisters, Lehrers oder Kirchenoberhauptes. Dadurch erfährt der Segnende einen doppelten

Vorteil: Unabhängig davon, dass sein Segen der Welt dient, weil er eine große Seele bei seinem Wirken unterstützt, erhält er einen mächtigen Segen zurück. Der Segnende identifiziert sich im Augenblick des Segnens nicht mehr mit dem kleinen »Ich«, sondern mit der Einen Kraft, die auch durch seinen Meister repräsentiert wird. Sehr eindrucksvoll ist in diesem Zusammenhang beispielsweise das Segensgebet für Sogyal Rinpoche, wie es von Kyabje Dilgo Khyentse Rinpoche empfohlen wurde. Es lautet:

»Dieses erhabene und noble Wesen wurde geboren aus einem Nektarstrom aus dem Ozean von Mitgefühl und Weisheit. Wie eine sich öffnende Wasserlilie strahlt es Wohltat und Wohlsein aus. Für die Bestimmung aller Wesen und die Aufrechterhaltung des Siegesbanners von Buddhas Lehren bete ich: Möge sein Leben lang und stark sein!«*[70]

Natürlich können Sie nicht nur andere segnen, sondern auch sich selbst. In Segens- und Gebetskreisen wie z. B. bei den Schwitzhütten der Indianer oder im Freundeskreis des Geistheilers Bruno Gröning ist es üblich, zuerst den Segen auf sich selbst zu lenken um dann gestärkt diesen Segen auch anderen zuteil werden zu lassen. Segnen können Sie nicht nur Personen, sondern auch:

- Haustiere
- Ihr Haus
- Ihre Arbeitsstelle
- Ihre Beziehung(en)
- Ihre Gesundheit
- Ihren Wohnort
- diesen Planeten
- Ihre Ahnen im Diesseits wie im Jenseits
- Ihr Essen und Trinken (dies sollten Sie mehrmals täglich tun)

Ob Sie einen Segen sprechen oder einfach nur Energie aus Ihren Händen oder Ihrem dritten Auge zum Ziel Ihres Segens fließen lassen, ist sekundär. Die Stärke Ihres Segens hängt von der Kraft Ihrer geistigen Bewusstheit im Augenblick des Segnens ab und von der Empfänglichkeit des Adressaten für den Segen. Der Segen geht stets in Einklang mit der Aktivierung der höchsten Kraft. Deshalb ist es ratsam, sich vor dem Segnen entsprechend einzustimmen.

Manche Menschen verwenden für ihr Segnen gern eine dezente Hintergrundmusik. Hier kommt jede Form von spiritueller oder religiöser Musik in Frage, wie z. B. das Ave Maria, aber auch gute klassische Musik, wie z. B. der Canon von Pachelbel oder die Filmmusik »Der Wunderapostel« von Burkhard Pesch. Eine weitere Möglichkeit der Einstimmung bietet die Konzentration auf einen Punkt oder einen Gegenstand Ihrer Wahl.

Übung: Betrachten Sie einen Punkt an der Wand, ein Mandala (Konzentrationsbild), das Foto eines geliebten Menschen oder ein Andachtsbild. Bleiben Sie mit Ihrer Konzentration bei dem Objekt Ihrer Wahl. Wenn Gedanken auftauchen oder der Blick abzuschweifen droht, sagen Sie zu sich selbst: »Jetzt nicht, jetzt beobachte ich …« (Gegenstand Ihrer Wahl). Sobald die Konzentration hergestellt ist, richten Sie Ihre Aufmerksamkeit auf die höchste Kraft im Universum.

Verwenden Sie, wenn Sie es möchten, für Ihren Segen Worte Ihrer Wahl, wie z. B. das Ave Maria oder die Worte: »Ich bitte den Heilstrom zu fließen.« Auch das innere Bild einer segnenden Energie, eines Lichtstromes, einer Quelle, eines Seelensternes kann Sie darin unterstützen, mit dieser Energie in Kontakt zu kommen. Je öfter Sie das Segnen praktizieren, umso mehr können Sie spüren, wann Sie in Kontakt sind – und wann nicht.

Bezüglich der Segensformel müssen Sie sich entscheiden, ob Sie Ihr Selbst als Quelle Ihres Segens einsetzen möchten oder die höchste Kraft um Segen bitten. Je nachdem, wie Sie verfahren, lautet Ihre Segensformel wahlweise:

- »Ich bitte um Segen für ...« oder
- »Ich segne ...«

Während Sie das Wort »ich« aussprechen oder denken, vergegenwärtigen Sie sich, wer dieses »Ich« wirklich ist. Denken oder sprechen Sie in dem Bewusstsein, dass Sie mit »ich« das höchste Bewusstsein meinen, Ihr wahres Selbst, die Meisterkraft, die durch Sie wirkt.

Hasten Sie nicht beim Segnen. Jedes Wort »Ich«, »segne«, »Adressat des Segens« sollten Sie so langsam sprechen oder denken, dass Sie »segnend vollziehen« können, d. h. Sie erleben geistig, wie sich der Segen erfüllt. Sensitive Menschen spüren dies am Energiefluss und erleben feine Unterschiede darin, in welchem Maß und in welcher Form der Segen angenommen wird. Auch hier macht Übung den Meister. Nach dem Segnen erfüllen Sie sich mit einem tiefen Gefühl der Freude und Dankbarkeit dafür, dass Sie segnen durften.

Wenn Sie nach dem Segnen in Ihren Alltag gehen, sollten Sie das neue Bild, die neue Einstellung, die Sie im Segnen gewonnen haben, mit in Ihr Leben tragen. Nur wenn Sie im scheinbar bösen Nachbarn, den Sie gesegnet haben, zukünftig tatsächlich das Gute ansprechen, hat er eine Chance, sich Ihnen gegenüber positiv zu wandeln.

Übung: Notieren Sie auf einer Liste, was Sie heute segnen möchten, und segnen Sie es.

Das »Gesetz des Bewusstseins« offenbart Ihnen ungeahnte Möglichkeiten

Kernbotschaft:

a) Indem Sie Ihr Bewusstsein auf einen bestimmten Aspekt Ihres Lebens richten, ohne damit eine Vorstellung zu verbinden, was sein sollte, verursachen Sie in genau diesem Bereich Stimmigkeit.
b) Zu Bewusstsein zu kommen ist der einzige Weg, wirklich (spirituell) erwachsen zu werden.
c) Indem Sie zu Bewusstsein kommen, erheben Sie sich selbst zum geistigen Gesetz in Aktion.

Der übliche Sprachgebrauch definiert Bewusstsein als »sich selbst im Kontrast und in seiner Beziehung zur Umwelt wahrnehmen, Aufmerksamkeit; Gewahrwerden von etwas, auch im Sinne von Wachheit«, aber was ist Bewusstsein wirklich?

In erster Linie bedeutet Bewusstsein, wie es das Wort bereits besagt, »bewusst zu sein«. Bewusstsein ist wie das Licht einer Kerze oder einer Taschenlampe. Wo immer Sie es hinlenken, dort verschwindet die Dunkelheit, der Schatten. Die ganze Schöpfung sehnt sich nach Bewusstsein. Es ist der Urtraum Gottes, sich seiner selbst bewusst zu sein. Möglicherweise erfand er deshalb diese Welt der Unterschiedlichkeit, um sich selbst hinter der Vielfalt der Formen, Gedanken, Emotionen zu erkennen.

Auch wenn Bewusstsein viele Aspekte hat, gibt es letztendlich nur *Ein* Bewusstsein, von dem wir alle ein Teil sind. So sagt Erwin Schrödinger: »Bewusstsein gibt es seiner Natur nach nur in der Einzahl. Ich möchte sagen: Die Gesamtzahl aller ›Bewusstheiten‹ ist immer bloß ›eins‹.«

Und doch ist es etwas Besonderes, wenn etwas, das bisher in einer Form, in einer Vorstellung gebunden war, sich seiner selbst bewusst wird. Steine, Pflanzen und Tiere können dies nicht. Der indische Weise Painadath sagte einmal: »Gott schläft im Stein, atmet in der Pflanze, träumt im Tier – und erwacht im Menschen.«

Es ist das Privileg des Menschen, aus der Unbewusstheit zu Bewusstsein zu kommen. Dies macht seine Besonderheit aus. Zu Bewusstsein zu kommen ist viel mehr, als wir gemeinhin darunter verstehen. Viele Menschen sagen, wenn ein Alkoholiker seinen Rausch ausgeschlafen hat, er sei nun zu Bewusstsein gekommen. Doch dies hat mit dem Bewusstsein, das hier gemeint ist, nichts zu tun. Denn kaum ein Mensch ist wirklich »bewusst im Sein«.

Zum Bewusstsein gehört das Erkennen dessen, wer ich wirklich bin, die Erfahrung des »ICH BIN«. Es ist die reine Wahrnehmung. Bin ich zu Bewusstsein gekommen, kann ich dieses reine Bewusstsein auf jeden Aspekt des Lebens richten und werde dort Stimmigkeit hervorrufen.

Reines Bewusstsein wird im tibetischen Buddhismus Alaya oder auch »das Aufblitzen von Alaya« genannt. Die Tibeter sagen, dass der Mensch in Kontakt mit Alaya in der Lage ist, jede Form von Negativität zu transformieren. Das Erwachen des Bewusstseins zu sich selbst (sanskrit: *bodhi)* ist das Ziel des spirituellen Entwicklungsweges des Buddhismus, aus dem alle anderen Tugenden resultieren, wie z. B. Mitgefühl, Weisheit usw. Des Weiteren hat reines Bewusstsein in diesem Sinne folgende Eigenschaften:

- völlige Furchtlosigkeit
- reine, bedingungslose Liebe; die Fähigkeit, jeden und alles lieben zu können

- unbedingtes Gewahrsein von allem, was ist
- Freiheit von Widerstand gegen das, »was ist«
- allumfassende Durchdringung und Transzendenz
- Transpersonalität, d. h. über die Anhaftungen an die eigene Person hinausgehen
- Verbindung mit der Essenz allen Seins

Eckhart Tolle beschreibt das Erwachen des Bewusstseins sinngemäß mit den folgenden Worten: »Technisch gesehen befindet man sich in einem Zustand der Aufhebung von Ego-Anhaftung; es entsteht eine unglaubliche Freude, ein Erstaunen und eine tiefe Dankbarkeit. Man fühlt sich innen beseelt und außen getragen. Innen und Außen verlieren ihre dualistische Fessel und bewegen sich zueinander, werden eins. Wahre Liebe ist niemals von Form, sie kommt von der Formlosigkeit. Wann immer du gegenwärtig bist, bist du ganz durchlässig für das Licht, dein reines Bewusstsein, das von dieser Quelle ausgeht. Und du wirst gewahr, dass dieses Licht dein innerstes Wesen ausmacht. Weil die Identifikation mit dem Denken für schwerste Störungen sorgt, ja eine Form des Wahnsinns ist, gehört dieses Denken beobachtet: Wann immer du dein Denken beobachtest, ziehst du dein Bewusstsein aus den Gedankenformen ab, und es wird dann zu dem, was wir den Beobachter oder Zeugen nennen. Dabei wird der Beobachter – das reine Bewusstsein jenseits der Form – immer stärker, und die Gedankenformen werden entsprechend schwächer. Durch dich erwacht das Bewusstsein aus seiner erträumten Identifikation mit den Formen und zieht sich aus ihnen zurück. Das Verweilen in der Vergangenheit oder Zukunft wird immer mehr ersetzt durch das, was Jetzt ist. Dabei ist dieser Moment, dieser Augenblick, dieser Tag wirklicher und gehaltvoller, intensiver und ehrlicher als jedes gedankliche ›Davor‹ oder ›Danach‹. Allein diese Aufmerksamkeit, das Gewahrsein einer intensiven Gegenwärtigkeit (und die auf sie bezogene Spannung) stoppt schon die alte Gewohnheit der unbewussten Verhaltens- und Gedankenautomatismen und erhöht die innere Präsenz. Erfolgt diese Umwandlung am Anfang zunächst mit Unbehagen und Widerstand, so zeigt sich bei längerer Übung, dass die Anhaftung an das, was schmerzt und verletzt, tatsächlich immer geringer wird, bis sie schließlich ganz fallen gelassen wird und wahrhaft keiner mehr da ist, der verletzt werden könnte! (Wer ist es denn überhaupt, der sich verletzt fühlt?) Das ›reine Bewusstsein‹ in mir wird immer stärker, die Gedankenformen oder auch das kleine ›Ich‹ in mir immer schwächer.«*[71]

Bewusstsein kann benebelt oder durch Schleier zugedeckt werden, so wie Wolken die Sonne verdecken oder Tücher das Licht einer Lampe verdunkeln können, doch Bewusstsein ist unzerstörbar und ewig. Schmerz ist der Schrei des Körpers nach Bewusstsein. Gehe ich mit meinem Bewusstsein in die Mitte des Schmerzes, wird der Schmerz seinen Griff nach mir lösen. Bewusstsein wird erkannt und aufrechterhalten durch die Vergegenwärtigung dessen, was »ich bin«. »Wer nimmt diese Welt wahr? Als wer agiere ich? Wer ist dieses ›Ich‹, als das ich mich bezeichne?«

Fehlt das Bewusstsein, ist dies immer ein Zeichen dafür, dass ich mich mit etwas Falschem identifiziere, einer falschen Identität, einem falschen Gedanken, oder dass ich einem Gefühl anhafte, das nicht zu mir gehört. Das Heilmittel besteht stets darin, mich daran zu erinnern, wer »ich bin«. In dem, was »ich bin«, ist Weite, leerer Raum, Abwesenheit von Konzepten, Vergangenheiten, Zukunftsplänen. Es ist ein »innerer Raum«, aus dem heraus ich als der nicht bewertende Zeuge aller Phänomene, als Bewusstsein, wahrnehme. In der Erkenntnis dessen, wer »ich bin«, kann ich mein Bewusstsein auf jeden Lebensaspekt lenken, um dort Heilung, Weisheit oder Liebe geschehen zu lassen.

Stets ist es so, dass die Energie der Aufmerksamkeit folgt. Wohin ich meine Aufmerksamkeit gebe, davon erhalte ich mehr. Es ist eine gewaltige Erfahrung, sein Bewusstsein bewusst lenken zu können. Früher wurde mein Bewusstsein automatisch abgelenkt von meinen (An-)Trieben, meinen Gedanken (Schallplatten), von meinen Gefühlsmustern und Emotionen. Nun erfahre ich, dass ich mein Bewusstsein auf intelligentere Weise benutzen kann. Drei Schritte benötige ich dafür:

1. Ich nehme wertfrei wahr, womit mein Bewusstsein gerade beschäftigt ist. Dies können Gedanken, Gefühle, Erinnerungen, Pläne, Emotionen, Bilder, was auch immer sein. Ich anerkenne das, »was ist«, was immer gerade in mir abläuft, und werde dadurch frei für das »Hier und Jetzt«.
2. Ich erinnere mich daran, wer ich wirklich bin. Ich nehme Kontakt auf mit dem »Ich bin«, dem inneren Raum in mir, und lasse jede Form von Identifikation los. Ich spüre den Raum der Stille und der Leere und lasse diese Stille und Leere immer tiefer und erfahrbarer werden.
3. Ich lenke mein Bewusstsein nun auf den Bereich, in dem ich eine Lösung, Hilfe, Heilung, was auch immer, geschehen lassen möchte.

Beispiele für die Möglichkeiten des Bewusstseins:

- Sie haben eine Frage: In diesem Fall gehen Sie in die Stille und richten aus dieser Stille heraus Ihr Bewusstsein auf die Antwort. Sie müssen die Antwort nicht kennen, sie wird Ihnen »zufallen«.
- Sie haben ein Problem: Nehmen Sie das Problem wahr, lassen es aber dann los und gehen in die Stille. Richten Sie nun Ihr Bewusstsein nicht länger auf das Problem, sondern auf die Lösung. Fragen Sie sich: »Was ist die Lösung/der richtige Umgang mit …?« (Thema) Verhar-

ren Sie in der Stille, ohne zu denken. Die Lösung wird in Ihnen aufsteigen.

- Kommunikation mit einem anderen Wesen: Es ist unerheblich, ob das andere Wesen ein Stein, eine Pflanze, ein Tier oder ein Mensch ist, in welcher Sprache und in welchem Kulturkreis der Betreffende beheimatet ist usw. Gehen Sie in die Stille und richten Sie dann Ihr Bewusstsein aus dem inneren Raum heraus auf das »Wesen«/die Essenz des Betreffenden. Erleben Sie, wie Ihr Bewusstsein in der Lage ist, mit »allem, was ist, zu kommunizieren«.
- Heilung: Gehen Sie in die Stille und richten Sie Ihr Bewusstsein dann auf den Körperbereich oder das Thema, den Ort, wo Heilung gebraucht wird, jedoch nicht auf die Krankheit selbst. Denn die Krankheit selbst gehört nicht zum Menschen. Statt an Kopfschmerzen zu denken, richten Sie Ihr Bewusstsein liebevoll auf den Bereich im Kopf, der frei sein möchte, statt an Beziehungsprobleme zu denken, richten Sie Ihr Bewusstsein auf die ideale Form des Miteinanders mit diesem Menschen usw.
- Sinnlichkeit und Bewusstsein: Wenn Sie mit Ihrem Partner zusammen sind, gehen Sie mit ihm gemeinsam in die Stille. Richten Sie dann Ihr Bewusstsein darauf, was die beiden »Wesen« miteinander erleben wollen, ohne irgendwelche mentalen Bilder oder geladenen Emotionen auszuagieren. Erleben Sie die Schönheit und Leichtigkeit der Begegnung von Selbst zu Selbst im reinen Sein, das »Körpergebet der Hingabe zu zweit unter Abwesenheit des Verstandes«.

Bewusstsein und Ego vertragen sich nicht gut miteinander. Es kann deshalb sein, dass eine »Egorevolte« aufsteigt, während Sie versuchen zu Bewusstsein zu kommen. In diesem Fall tun Sie gut daran, diese nicht auszuagieren, sondern wertfrei wahrzunehmen, was an Gedanken und Emotionen in Ihnen aufsteigt. Je länger Sie sich in der wertfreien Wahrnehmung üben, umso mehr wird der Griff des Ungelösten von Ihnen lassen, und Ihr Bewusstsein wird von Tag zu Tag immer freier werden. Erinnern Sie sich stets daran, wer Sie sind. Um nichts anderes geht es im ganzen Leben als darum, »wer Sie sind«. Ihr wahres bewusstes Sein wird Sie in jeder Lebenslage stimmig führen.

Übung: Suchen Sie sich einen Aspekt Ihres Lebens, in dem Sie Heilung, Klärung oder Antwort erfahren möchten. Nehmen Sie zunächst wahr, wie Sie diesbezüglich gerade denken oder empfinden. Dann gehen Sie in die Stille. Lenken Sie aus dieser Stille heraus nun Ihr Bewusstsein auf diesen Aspekt Ihres Lebens und erleben Sie, wie dort Wandlung, Lösung, Antwort in Ihnen aufsteigt. Erfahren Sie die Geistigen Gesetze als eine Erscheinungsform des Einen Bewusstseins und sich selbst als Verkörperung dieses Gesetzes, der Einen (Meister-)Kraft.

Neu: Das Gesetz der Wertschätzung

Kernbotschaft: Alles, was lebt, verdient Wertschätzung. Indem Sie Wertschätzung erteilen, leben Sie in einer wertvollen Welt.

Die Entwicklung der Zeit geht auch an den geistigen Gesetzen nicht vorüber. Auch wenn die geistigen Gesetze jenseits aller Zeit existieren, tauchen im Laufe der Jahre doch immer wieder neue Facetten auf, welche eine neue Seite der geistigen Gesetze beleuchten. Die vielleicht wichtigste hiervon ist das neu aufgetauchte »Gesetz der Wertschätzung«. Das Gesetz der Wertschätzung besagt: Alles, was existiert, verdient Wertschätzung! Dies bedeutet auch, dass Sie selbst Wertschätzung verdienen, alleine dafür, dass Sie existieren. Auch Ihre Gedanken, Gefühle, Handlungen, Beziehungen, Lebensumstände verdienen Wertschätzung, unabhängig davon, ob sie Ihnen erfreulich oder unerfreulich vorkommen. Wertschätzung ist eine gewaltige Kraft. Sie heilt und transformiert alles, was sie berührt. Beispiele:

- Erbringt ein Kind Wertschätzung für seine »unperfekten« Eltern, wird es in vollem Ausmaß empfänglich für die Mutter- bzw. Vaterliebe und die nährende Kraft der Herkunft.
- Erbringt ein Vater Wertschätzung für seinen »missratenen« Sohn, wandelt sich diese Beziehung in eine Liebesbeziehung, unabhängig davon, was der Sohn tut oder lässt.
- Erbringt ein Schüler oder Lehrling Wertschätzung für

seinen Lehrer oder Meister, wird er wesentlich schneller wachsen, reifen und Fertigkeiten entwickeln, als wenn er ihm mit Vorbehalten begegnet.

- Ist ein »Sünder« in der Lage, seinen »Verfehlungen« mit Wertschätzung zu begegnen, fließt die heilende Kraft des Herzens automatisch zu seinen Untugenden und wandelt sie. – Statt sich und die eigenen Unstimmigkeiten zu verdammen, d. h. einen Damm davor zu bauen, öffnet er seine Schwächen und Schwierigkeiten für die Kraft des Gebetes und seine heilende Wirkung.
- Begegnet ein Betrogener seinem Betrüger und dem erlittenen Betrug mit Wertschätzung, ist er in der Lage, daraus eine Lehre zu ziehen, statt verbittert und rechthaberisch an der alten Geschichte festzuhalten. Das Gleiche gilt für jeden, der misshandelt, ausgenutzt, verletzt oder ungerecht behandelt wurde.

Um jemandem oder etwas Wertschätzung zu geben, müssen Sie die Tatsache oder den Menschen nicht lieben. Manchmal können Sie auch nicht wertschätzen, aber zumindest ehren. Eine Tochter, die von ihrem Vater misshandelt wurde, wird sich schwertun, ihren Vater zu lieben. Aber sie kann ihn ehren, alleine dafür, dass er ihr Vater ist. Ein Mensch, der durch einen Investmentverkäufer sein Hab und Gut verloren hat, wird sich schwertun, ihm mit Freundlichkeit zu begegnen. Aber er kann ihn dafür ehren, dass er diese Rolle in seinem Leben gespielt hat.

Drei Aspekte sind beim Gesetz der Wertschätzung besonders wichtig:

1. Ehre, wem Ehre gebührt. Alles, was ich ehre, gereicht mir zur Ehre. In diesem Sinne ehre ich jeden Menschen, der mir im Laufe meines Lebens begegnet ist, insbesondere meine Eltern, Ahnen, Kinder, Lehrer, Partner.

2. Die Wertschätzung der menschlichen Geburt. Ich erkenne, welche Kostbarkeit es ist, einen Studienplatz als Mensch auf diesem Planeten erhalten zu haben, und bin zutiefst dankbar dafür. Nur in der Verkörperung als Mensch ist es mir möglich, mich in diesem Ausmaß in Richtung Liebe und Weisheit zu entwickeln.
3. Die Wertschätzung jeder Kreation. Wie oft versagen wir dem anderen und uns selbst genau diese Wertschätzung. Vielleicht ist genau dieses »Jemandem-etwas-versagen« das einzige wirkliche »Versagen«, was es im Leben gibt. Stattdessen sollten wir »danke« sagen und alles, was uns das Leben gibt, wertschätzen wie eine wertvolle Speise.

Übung: Wer und was in Ihrem Leben verdient Wertschätzung? Erstellen Sie davon eine Liste!

Verwirklichen im Umgang mit der Welt

Kernbotschaft: Es gibt viele Wege, mit der Welt umzugehen. Dabei handeln wir auf der Ebene der Wirkungen, der Ebene der Ursachen oder der Ebene des Seins!

Beginnen wir mit den verschiedenen Möglichkeiten im Umgang mit unserer Welt. Da gibt es:

- Die Welt des Kriegers, der versucht die Welt zu erobern und gegen alles zu Felde zieht, was seinem Idealbild von Welt widerspricht; im Extremfall bis hin zum Faschismus.
- Die Welt des Opfers, das die eigene Ohnmacht spürt, sich in dieser Aussichtlosigkeit hängen lässt, jegliches Engagement vermissen lässt und eine ganze Reihe von Ausreden und Mitschuldigen am eigenen Schicksal kennt.
- Die Welt des Managers, der versucht diese Welt zu ordnen und auf der Karriereleiter aufzusteigen; Menschen mit höherem Gesellschaftsrang bewundert er, Menschen mit niedererem Gesellschaftsrang erlebt er als weniger privilegiert. Dieser Mensch lebt in starker Strebsamkeit, doch wird er jemals die Ordnung hinter der Ordnung erkennen und die gewaltigen Dimensionen der Schöpfung erleben, die jenseits seiner schmalspurigen Karriereleiter existieren? Was ist besser? Weltmeister beim Hindernisrennen der Raupen zu werden oder ein Schmetterling?
- Die Welt des Aussteigers, der sich gesellschaftlichen Zwängen entzieht und einen Weg gefunden hat, für sein

(Über-)Leben zu sorgen. Dieser Mensch verfügt über viel Raum, seine Einzigartigkeit und Andersartigkeit zu leben und zu kultivieren, doch wird er jemals aus dieser Rolle hinausfinden zur »Bruderschaft der Menschheit«, zur »Ökologie des Miteinanders«, in der wir alle leben, ob arm, ob reich, ob Insider oder Außenseiter?

- Die Welt des Schöngeistigen, der in der Schickeria sein Zuhause gefunden hat. In seine Welt gehören Fotomodelle, Filmstars, Spitzensportler, die er natürlich nicht alle kennt, aber doch zumindest von Weitem gesehen hat. Dabeisein ist alles, dazugehören noch mehr. Motto: Man muss nicht König sein, um Kir Royal zu genießen. Doch wird der Schöngeistige eines Tages erkennen, dass das Leben mehr ist als ein Spiel, und der Wahrheit seiner inneren Leere, die sich hinter der Glitzerwelt verbirgt, auf die Spur kommen? Wird er jemals den Mut haben, echt und wahrhaftig zu werden, oder träumt er schon wie Schneewittchen von seiner eigenen Beerdigung – mit gläsernem Sarg, Champagnerausschank und Blaskapelle?
- Die Welt des Einsiedlers, der in der Abgeschiedenheit die Stille, Leere und das Licht im Inneren sucht und findet, unbelastet vom Lärm der Welt und verführerischen Gedanken. Wird er jemals erfahren, dass die Stille, Leere und das Licht, das er sucht, auch auf den lauten Marktplätzen zu finden sind, in den Pfuhlen der Sünde und in den Gärten der Kleinbürger? Wird er jemals erfahren, dass es nichts zu vermeiden, nichts auszuklammern und nichts zu verurteilen gibt, weil er ALLES ist? Wird er eines Tages diese Ebene verlassen als einer, der der Welt entsagt hat, oder als jemand, der sie durchschritten und transzendiert hat? Die Quelle ist in der Höhe der Gipfel am reinsten, aber wenn sie mit dem Meer eins werden will, muss sie sich ihren Weg durch die Welt bahnen.

- Die Welt des Magiers. Natürlich haben wir die Möglichkeit, mit Hilfe von Mentaltraining das, was uns widerfährt, zu beeinflussen. Doch in wessen Dienste betreiben wir diese Ausrichtung? Dient unser Fokus unserem Ego und dessen Wünschen und Vorstellungen, werden wir in unserem Leben nichts anderes erleben als die Widerspiegelung unserer Träume. Sicherlich ein schöner Gedanke, doch wollen wir damit unser ganzes Leben verbringen? Richten wir unsere Aufmerksamkeit dahin, eine bessere Welt zu schaffen, ist dies sicherlich edler. Wir betreiben möglicherweise weiße Magie und wollen alles Elend und alles Unglück aus der Welt schaffen. Aber ist es das, was Gott durch uns getan haben will? Wenn Gott, die Eine Kraft, allmächtig ist, dann könnte sie sicherlich alles Elend und Unglück aus der Welt verbannen, wenn sie dies nur wollte. Wir denken vielleicht, unsere Welt und die Welt unserer Mitmenschen sei besser, wenn es »das Ungeliebte« nicht gäbe, doch wissen wir dies so genau? Möglicherweise wird die Liebe, die wir sind, genau in diesem Spannungsfeld der Welt geboren, so wie sie ist, so wie wir sind. Wäre es da nicht besser, die höchste Kraft des Universums auf die Lebensbereiche zu richten, die uns persönlich tangieren, berühren, vielleicht verletzen, belasten, Kummer bereiten oder auch erfreuen, und uns überraschen zu lassen, was diese Kraft dann damit macht?
- Die Welt des Spielers: Dies ist schon eine relativ attraktive Positur. Zumindest ist sie wesentlich interessanter, als Spielfigur zu sein. Wie schön ist es doch, das Leben als Spiel zu betrachten. Doch gibt es drei Arten des Spielens.

  Da gibt es zum einen das Spielen als Machtdemonstration gegenüber anderen. Menschen, die über gewisse mentale Fähigkeiten oder gesellschaftlichen Status verfügen, degradieren andere zu Spielfiguren. Dies ist das Spiel von Dominanz und Unterwerfung, wie es in vielen privaten und öffentlichen Beziehungen gespielt wird. Nur schade, dass diese »Player«, wenn sie sterben, niemanden mehr haben, der mit ihnen spielen will. Player, die nur an sich gedacht haben, sterben oft einsam.

Dann gibt es die Spieler aus Leichtsinn. Diese entsprechen der Karte des »Narren« im Tarot. Sie wollen nicht dominieren, sie wollen nur spielen, so wie kleine Kinder oder auch Tiere miteinander spielen. Narren sind oftmals gesellschaftlich unbekannter als Player und bleiben in der Infantilität stecken. Sie denken, ihr Spiel sei der einzige Sinn ihres Erdendaseins. Es gibt eine Geschichte, in der ein kleines Mädchen namens Mary*[72] die ganze Welt als eine Art Legoland erlebt. In der Schönheit des Nichtwertens wird ihr Leben der Alltagsschwere enthoben. Wenn man erkennt, dass man reiner Geist ist und sich nicht mit diesem Körper identifiziert, was macht es dann schon, wenn man in der Gosse oder im Gefängnis landet oder vielleicht sogar geköpft wird? Im Buch »Illusionen« von Richard Bach heißt es in diesem Zusammenhang, dass ein Lachen auf dem Weg zur eigenen Hinrichtung von Normalsterblichen schwer verstanden wird. Doch hätte Gott gewollt, dass wir dieses Leben nicht ernst nehmen, hätte er uns gleich mit einem Hormonsystem ausgestattet, das uns der Härte der Realität enthebt. Insoweit stellen auch Drogen eine Flucht dar, begleitet von der Idee, es ginge in diesem Leben um nichts. Dies ist ebenfalls eine Illusion, denn es geht in Ihrem Leben um etwas ganz Entscheidendes, um SIE SELBST, genauer gesagt, um Ihr wahres Selbst.

Es gibt eine dritte Art von Spieler, und diese ist aus meiner Sicht die einzige Sorte von Spielern, die ernst zu nehmen sind: Es ist der Mensch, der weiß, dass dieses Leben ein Spiel, ein Traum ist, aber der dieses Lernabenteuer nutzt, um dieses Spiel in einer Bewusstheit zu spielen, die nicht nur der persönlichen Vorteilsnahme, sondern der Läuterung und Transformation aller Aspekte des Bewusstseins dient. Erwachen in dem Sinne bedeutet, nicht nur zu erkennen, dass Sie all dies (Ihr Körper, Ihre Emotionen, Ihr Verstand, Ihre Lebensumstände) NICHT sind – es bedeutet zugleich zu erkennen, dass Sie DIES ALLES sind. Es bedeutet eine unendliche Liebe zu dieser Welt, in der Sie leben, welche diese ganze Welt zu durchdringen vermag.

Wir leben in einer unvollkommenen Welt und haben die Aufgabe, so vollkommen wie möglich damit umzugehen. Aus meiner Sicht ist unser Wirken in der Welt als eine Liebesbeziehung gedacht zwischen der Welt, also »dem da draußen«, und uns selbst. Diese Liebesbeziehung kann aber nur als solche gelebt und erfahren werden, wenn wir DEM Selbst in uns und DEM Selbst in der Welt auf die Spur kommen. Solange wir eine andere Identifikation als DAS Selbst suchen, haben oder begehren, sind wir automatisch in die Polarität von Liebe und Hass, Freude und Leid, Erfolg und Misserfolg geworfen. Nur in der Mitte des Wirbelsturmes ist Frieden, ist Ruhe, ist Erfüllung.

Im Spiel des Lebens geht es ausschließlich um eines, nämlich darum, »wer ich bin«. Viele Menschen suchen dieser Welt zu entfliehen in schönere und bessere Welten, statt diese schönere und bessere Welt zu SEIN. Die Beziehung zwischen der Welt und uns ist eine wechselseitige. Die Welt wirkt auf uns ein. Sie fordert, verlangt, verlockt, versagt, beschenkt, beglückt. Wir stehen in ständiger Wechselwirkung mit unserer Umwelt. Ohne sie können wir nicht leben. Wir brauchen Luft, Wärme, Behausung, Nahrung und suchen Bedürfniserfüllung über die Welt in Form von Nähe, Liebe, Zuwendung, Anerkennung usw. All diese Dinge sind völlig natürlich.

In früheren Traditionen war es üblich, der Welt zu entsagen und alles Begehrte im Inneren zu finden. Rein theoretisch ist es natürlich möglich, sich in ein Kloster zurückzuziehen, in eine Höhle oder an einen einsamen Ort. Wir finden auch heute noch Plätze mit idealen Witterungsbedingungen und einer üppigen Natur, so dass wir wie Robinson Crusoe leben können, ohne zu arbeiten. Manchmal fragen wir uns vielleicht, warum wir uns all das antun: den Stress, den Druck, Geld zu verdienen, Steuern, Abgaben, Abhängigkeit von der Technik und den Aufenthalt in einer Region, in der wir Heizung, warme Kleidung und eine teure Wohnung brauchen, in der die Menschen wenig Zeit füreinander haben und oftmals sehr funktional, manchmal sogar lieblos miteinander umgehen.

Der spirituelle Meister Darshan Singh prägte zu Lebzeiten den Begriff der »positiven Mystik«. Er meinte damit die Bereitschaft, sich dem Leben und der Gesellschaft, in der wir leben, zu stellen und den Ansprüchen und Unannehmlichkeiten, welche ein Leben in unserer modernen Zivilisation mit sich bringt.

Wichtiger als die Frage, wie wir im Einzelnen mit der Welt umgehen sollten, erscheint mir, aus welchem Fokus, aus welchem Brennpunkt des Bewusstseins heraus wir dieser Welt gegenüberstehen. Die »geistigen Gesetze«sind ewig gültig. Sie gehören zu der »Ausschreibung« für unseren Aufenthalt hier auf dem Planeten Erde. Unsere Lebenszeit ist kostbar, denn wir wissen nicht, ob und wann wir mit der gleichen Bewusstseinshöhe wie der jetzigen wiedergeboren werden.

Wenn unser Ziel tatsächlich die geistig seelische Entwicklung ist in der Kenntnis dessen, wer wir wirklich sind, dann sollten wir für jeden Tag dankbar sein, den wir erleben dürfen. Denn dieses Lernen in der »Schule des Lebens« findet vollautomatisch statt, solange wir leben. Wir leben in einem komprimierten Lernsystem und können diesem Lernen nicht entkommen. Ob wir freudig lernen oder schmerzhaft, welche Lernmethode wir wählen und ob wir dieses Lernen freudig bejahen oder uns störrisch dagegen sperren, liegt in vielen Fällen ganz bei uns.

Mit den geistigen Gesetzen haben wir verschiedene »Lernfächer«, die uns allesamt zum Abitur führen können – in vielen Fällen können wir daher auch unseren Lehrer wählen: Wir können über das Gesetz der Liebe lernen oder über das Gesetz von Ursache und Wirkung. Zum Abitur führen sie allesamt, jedes einzelne Gesetz.

Verwirklichen Sie ein Gesetz, verwirklichen Sie – in letzter Konsequenz – alle Gesetze. Die Reihenfolge des Lernens ist möglicherweise verschieden, aber der Preis, den Sie auf dem Weg zahlen müssen, steht schon fest: Ihr Ego wird auf der Strecke bleiben. Doch Sie können Ihr Ego nicht wegwerfen wie einen alten Mantel. Sie können es nur hingeben an etwas, das größer ist als Sie – Ihr Selbst. Doch auch darum müssen Sie sich keine Sorgen machen, denn dies geschieht automatisch – es wird vom komprimierten Lernsystem, der Schule des Lebens, garantiert und verlangt.

Übung:

1. Betrachten Sie Ihr Leben. Finden Sie jeweils eine Lebenssituation, in der Sie als Krieger, Opfer, Manager, Aussteiger, Schöngeistiger, Einsiedler, Magier, Spieler und Liebender das Leben angegangen sind.
2. Stellen Sie sich vor, die Welt sitzt vor Ihnen als eine Person. Atmen Sie gedanklich gemeinsam mit dieser Person. Seien Sie mit ihr. Und dann sagen Sie der Welt, wie

es Ihnen im Umgang mit ihr geht. Womit Sie Schwierigkeiten haben. Wofür Sie dankbar sind. Welche Ängste Sie haben. Und in welchem Bereich Sie um Hilfe bitten. Und dann werden Sie innerlich still und hören Sie, was die Welt Ihnen antwortet.

Mit Hilfe der geistigen Gesetze zu sich selbst finden: Esoterisch-homöopathische Deutung des Märchens vom Hans im Glück

In alten Hochkulturen war das Gold den Göttern geweiht und durfte nur von Priestern und Königen verwendet werden. Die goldene Krone (Anbindung an die höheren Chakras), der weiblich-runde Reichsapfel (Einbettung in die Matrix) und das phallusgleiche Zepter (göttliche Antenne zum Licht) verweisen auf den spirituellen Bezug der Materie zu Gott. Das Gold in der Kirche, die goldenen Buddhas, das Gold der Maya und Inka stehen aus priesterlicher Sicht in Bezug zwischen Religio und Gold, ebenso wie das sagenumwobene »Aurum Portabile«, das wir aus der Alchemie des Mittelalters kennen und das in Wahrheit ein »inneres Gold« ist

Es gibt sowohl »gutes« als auch gefallenes Gold. Hierzu schreibt Benesch über unser Gesellschaftssystem: »Von seiner ursprünglich geistig-göttlichen Vergangenheit ist das Gold abgestürzt in die Abgründe der Dämonie verschiedenster Art.« Die Nibelungensage berichtet in der Aussage des Zwerges Alberich (als er über das Gold der Rheintöchter spricht) von dem Fluch, der auf dem Gold lastet. Daran hat sich bis heute, einer Zeit des Spätkapitalismus, nichts geändert. Der belastete Aurum-Zustand gilt als Ausdruck tiefster Verzweiflung. Worin liegt der Fluch, der auf dem (Seelen-)Gold lastet? In der Nibelungensage gerät das Gold in den Besitz eines Drachens. Hierbei ist zu beachten, dass der Drache im Westen die gefallenen Energien (Gefräßigkeit, Gier, Maßlosigkeit etc.) symbolisiert, im Gegensatz zum Osten, wo der Drache als Symbol der Weisheit verehrt wird.

Wir kennen das Aurum-Thema auch aus der fünften Arbeit des Herkules. Hier wird nicht ein Drache besiegt, sondern ein Löwe niedergerungen, was aber einen ähnlichen Symbolgehalt hat. Immerhin ist der ungezähmte Löwe ebenfalls ein Symbol der Genusssucht, Maßlosigkeit und Gefräßigkeit – eben des Ungelösten. Als Herkules den Löwen zu fassen sucht, wird er damit konfrontiert, dass der Löwe, den er in einer Höhle stellen will, stets am anderen Ende der Höhle wieder hinausläuft. Herkules besiegt den Löwen letztendlich dadurch, dass er einen Stein vor den Ausgang der Höhle wälzt und den Löwen in der Höhle, aus der er nun nicht mehr entkommen kann, niederringt. So wie Herkules müssen auch wir das Gefräßige, Unersättliche in uns niederringen – nicht töten, aber zähmen, damit unser »inneres Raubtier« für die positiven Seiten des Löwen, Großzügigkeit, Freigiebigkeit, Königlichkeit zur Verfügung stehen kann. So weit erst einmal genug zum astrologischen Zusammenhang zwischen dem Märchen und dem Sternzeichen Löwe.

Mit Gold (attraktivem Auto, Partner, Titeln etc.) schmückt sich der Mensch, um seinen Eigenwert zu unterstreichen. Im Laufe seines spirituellen Weges muss er dieses äußere Gold jedoch als Sinnbild für einen inneren Veredelungsauftrag erkennen, nämlich das innere wärmende Gold zu finden. Nur wer bereit ist, seinen Kontakt zu Gott bzw. dem heiligen Geist (hebr.: *ruach*) an die erste Stelle in seinem Leben zu stellen, kommt in den erlösten Aurum-Zustand. Dies erinnert an den lange Zeit missverstandenen Spruch: »Willst du vollkommen sein, geh hin, gib alles her, was du hast, komm und folge mir nach!« Wie wir noch später im

Zusammenhang zwischen Gold und Systole und Diastole des Herzens sehen werden, geht es beim Aurum nämlich nicht nur um das Loslassen (des Alten), sondern auch um das Annehmen des Schicksals (d. h. des von den Göttern Geschickten). In dem Zusammenhang sei kurz darauf verwiesen, dass das Wort »Schicksal«die Silbe »sal« beinhaltet, die gleichbedeutend mit dem Wort »heil, heilig« ist (lat.: salute, sana).

Betrachten wir die Signatur der Erzählung mit homöopathischen Augen, dann erkennen wir, dass sich die Symbolik von Aurum durch das ganze Märchen zieht:

- Das Märchen spielt am helllichten Tag, die Sonne ist brütend (Aurum).
- Als Landschaft wird die Heide (Löwezeichen) angegeben, in der es kaum Schatten gibt, weil dort weder Bäume noch Sträucher wachsen.
- Alles im Märchen scheint von Licht und Wärme durchtränkt.
- Hans wird als offenherzig, gutgläubig, natürlich, großzügig und mit einem guten Selbstvertrauen beschrieben, genau so, wie der gesunde Aurum-Typus beschrieben wird.
- Hans wird in Abbildungen (Gebrüder Grimm) als mittelgroß, aufrecht, in ungezwungener Haltung dargestellt.
- Das Gesicht von Hans ist rosig, gleichmäßig, großzügig, oval und rundlich.
- Hans verfügt über große, lebhafte Auge, die alles um sich herum wahrnehmen (Panoramablick).
- Hans ist extrovertiert (nicht verschlossen) und lebensbejahend (viele setzen ihrem Leben nur deshalb ein Ende, weil sie aufgrund ihrer Vorstellungen das »Ja zum Leben« nicht nehmen können), eben so, wie es sich für einen gesunden Aurum gehört.

- Als erlöste Aurum-Natur kennt Hans keine Feinde, es gibt keine Hexe oder bösen Zauberer im Märchen (jene gibt es nur bei unerlösten Aurum-Sagen): »Der Schatten hat keine eigene Existenz, er borgt sie sich vom Licht!«
- Hans bringt Wohlwollen entgegen und traut jedem nur das Beste zu (Großzügigkeit, Löwe).
- Hans nimmt Enttäuschungen, die ja nur Befreiungen von »Täuschungen« sind, und scheinbare Wertminderungen ohne Bitterkeit auf sich und vergisst (verzeiht) rasch ihm scheinbar zugefügtes Unrecht, ist deshalb stets offen für das Neue.
- Wie die Sonne alles zum Leben erweckt, nimmt das »sonnige« Gemüt von Hans Zukunftskeime wahr und bringt diese durch sein »Ja zum Leben« in neue Verfügbarkeit.
- Das Loslassen zeigt sich wie ein deutliches »Ergreifen und Loslassen«, vergleichbar mit dem Herzen und seinem Ausdehnen (Loslassen des Alten) und Zusammenziehen (Ergreifen des Neuen) im Zuge des Herzschlages.
- Hans ruft am Ende aus: »So glücklich wie ich ist kein Mensch unter der Sonne!«

Das Märchen erzählt, wie der Besitz eines schweren Klumpen Goldes über mehrere Tauschgeschäfte in scheinbar geringere Güter gewandelt wird, bis Hans im Glück letztendlich ganz besitzlos geworden ist. Während es im Märchen so wirkt, als würde Hans diese Tauschgeschäfte freiwillig machen (»Hans der Tölpel«), sind die Tauschgeschäfte eigentlich nur Hinweise auf einen von den Göttern/Gott ausgelösten seelischen Aurum-Prozess.

Hans ist deshalb weise, weil er diese Schritte freiwillig vollzieht, statt an dem Gold festzuhalten und zu warten, bis ihm vom Schicksal die Finger aufgebogen werden. Bei letzterem können wir durchaus an die Leichen denken, die in Pompeji in der Nähe des Vulkans gefunden wurden: Ihre knochigen Hände umklammerten schwere Klumpen aus Gold, denn sie verpassten es angesichts eines Vulkanausbruchs, das Weite (Neue) zu suchen, und rannten stattdessen in ihre Schatzkammern, wo sie kläglich umkamen.

Das Gold, das loszulassen ist, beschränkt sich nicht auf Materie. Sonst wäre ein solcher Weg einfach: Man würde sein Hab und Gut verschenken, auf Pilgerschaft gehen und wäre befreit. Hier liegen die Missverständnisse vieler Sanjassins (Entsagenden) des Ostens. Es geht nämlich nicht darum, die Dinge wegzuwerfen, sondern sie *innerlich* loszulassen, d.h. sich innerlich von ihnen befreit zu fühlen, während man sich äußerlich gewissenhaft als Verwalter seines Hab und Guts um die Dinge kümmert. Gerade die materielle Welt zeigt sich, angesichts drohender Verluste, dann als Durchgangsstation hinein in den erlösten Aurum-Zustand.

Loszulassen ist allerdings nicht nur materielles Hab und Gut, das wäre einfach, sondern ebenso unsere Vorstellungen, an denen wir gerne haften und die wir, wie es das Wort sagt, »vor die Wirklichkeit stellen«. Vorstellungen, Erwartungen, Überzeugungen, das ist der Druck der materiellen Bürde, die Hans verspürt, auch wenn sich dieser Druck im Märchen einfach nur als Klumpen zeigt.

An dieser Stelle ein Hinweis auf die irdische Karma-Lehre: Das Gold des Hans kann auch als »goldenes Schicksal« gesehen werden, als himmlischer Lohn, den Hans erworben hat, weil er sieben Jahr lang (einen Zyklus, in sieben Tagen erschuf Gott die Welt) seinem Herrn (Gott) treu gedient hat. Die Weisen ermuntern, auf gutes Karma ebenso zu verzichten wie auf schlechtes Karma: Schlechtes Karma ist wie Fesseln aus Blei, gutes Karma wie Fesseln aus Gold (Aurum), aber beides bindet. Erst wer vom »Wahn des Ich«

befreit ist, ist ein »Hans im Glück«. Schließlich ist es immer nur das »Ich«, das leidet, selbst bei bestem Karma.

Der Goldklumpen, den Hans bekommt, ist so groß wie sein Kopf. Diesen Goldklumpen loszulassen bedeutet also auch, sein kopfbezogenes Denken, seine Verkopfung (engl. *mind*) loszulassen. »Zu lieben ist die schönste Möglichkeit, den Verstand zu verlieren!«

Über fünf Tauschgeschäfte verliert Hans seinen gesamten Arbeitslohn (Karma). Hierüber ist er aber nicht betrübt, sondern er erlebt mit jedem Tausch ein höheres Glücksgefühl. An dieser Stelle könnte man sich fragen, warum Hans nicht gleich den Goldklumpen in den Brunnen geworfen hat. Es könnte doch so einfach sein. Doch dies geht nicht. Hier liegt der Irrglaube vieler Lehren, die den direkten Weg präferieren: Wir brauchen Werkzeuge, wir brauchen **Zwischenstufen.** Wir sind Menschen, die Werkzeuge entwickeln müssen und diese erst dann loslassen können, wenn wir die jeweilige Stufe erklommen haben.

Denken wir doch nur einmal an unser Heizungssystem. Am Anfang wärmten wir uns mit Blättern. Dann entdeckten wir das Feuer. Irgendwann entwickelten wir Fernwärmsysteme, bis wir ohne Feuer auskommen und alleine durch Strom heizen konnten. Noch später erfanden wir die Solaranlagen, und in naher Zukunft wird es uns möglich sein, mit Nullenergie (Reich, Tesler) zu heizen. Wie bei allem brauchen wir Zwischenschritte, um vom Primitiven über das Komplizierte zum Einfachen zu kommen. Nichts anderes tut auch die Homöopathie. Im Rahmen eines Zwiebelschälprozesses wird das Miasma entkleidet, bis der gesunde Mensch eines Tages aus dem Selbst heraus lebt. Auch hier könnte man dem Menschen sagen: »Du brauchst keine Homöopathie, sei einfach du selbst!« Doch so funktioniert der Aufstieg bzw. Abstieg (was das Gleiche ist) nicht.

Das Märchen beschreibt den Heimweg von Hans, den

wir esoterisch mangels besserer Beschreibungsmöglichkeit als Auf- bzw. Abstieg kennzeichnen. Es ist der Weg der Ich-Entäußerung und Selbst-Findung. Er offenbart den biblischen Widerspruch, dass nur der, der sein »Ich« aufgibt, »sich selbst« findet. Dies ist der Weg, der zum Herzen (Aurum, Löwe) führt. Es handelt sich also um ein Einweihungsmärchen darüber, wie man »leichten Herzens« wird, was der gleiche Zustand ist, den die Bibel als »lediges Gemüt« beschreibt – mit nichts verheiratet sein, an nichts hängen.

Diesen Hinweis missverstand ich lange Zeit, bis ich erkannte, dass es auf dem Weg zum Glück nicht darum geht, nur loszulassen, sondern wie Systole und Diastole des Herzens nur das, »was von selbst gehen will«, loszulassen und das, »was von selbst kommen will«, zu ergreifen. Würde das Herz eines von beiden unterlassen, könnte das Seelenblut nicht weitergepumpt werden. Hier finden wir auch den Irrtum so vieler erleuchtungsnärrischer Loslassfanatiker, die dem Lebensgeheimnis nicht vertrauen und ihm deshalb in ein erdenfernes Nirwana entfliehen wollen.

Wir erkennen im Märchen, wie der gesunde Aurum-Prozess im Patienten wirkt.

1. Hans tauscht das Gold gegen ein **Pferd:** Er will schneller vorwärts kommen und weiß, dass dies nur geht, wenn er sich wieder mit seiner Instinktnatur verbindet. Denken wir hier nur an die Zentauren. Im Kontakt mit dem Pferd wird ihm auch sein eigenes Verhalten gespiegelt. Er lernt seine Wildheit zu zähmen, so wie der Reiter sein Pferd als Spiegel (Reit-Therapie, Bodentraining) und Zähmpartner der eigenen Natur (das Reiten selbst) nutzt.
2. Hans tauscht das Pferd gegen eine **Kuh:** Vom äußeren Verhalten geht es nun zu den inneren Dingen des Le-

bens. Seit alters her gelten Kühe in Indien als heilig. Eine Kuh nährt mit ihrer Milch, doch dies ist noch nicht alles. Sonst hätte Hans ja auch eine Ziege eintauschen können. Ziegen aber »meckern« auf schlechten Weidegründen und sind nur zufrieden, wenn es gutes Futter gibt. Die Kuh ist genügsam, daher lernt Hans im Kontakt mit der Kuh, auf das Essentielle zu achten und genügsam zu sein. Zudem ist die Kuh ein »Wiederkäuer«. Hans arbeitet also seine Vergangenheit auf. Auf dem Weg von dem Pferd zur Kuh verzichtet Hans ganz bewusst auf das (eigenwillige) Tempo (das nächste Esoterik-Seminar), er macht einen »cool down«. Statt zu traben, kaut er lieber ein paar Mal an den Brocken der Vergangenheit und destilliert dabei das Wesentliche – die Milch. Die Besonderheit der Milch liegt darin, dass Milch das einzige Nahrungsmittel ist, das wir zu uns nehmen können, ohne dass dabei Leben zerstört oder Leben verhindert wird. Sowohl bei tierischer als auch bei pflanzlicher Nahrung wird Leben zerstört, damit wir essen können. Durch Eieressen wird Leben verhindert. Sich die Kuh zum Freund zu machen, beinhaltet also auch den bewussten Verzicht auf Gewalt (»Ahimsha«). Wer jemals in seinem Leben in die Augen einer Kuh geschaut hat, kann darin seelentiefe Schönheit ungeahnten Ausmaßes entdecken.

3. Hans tauscht die Kuh gegen ein **Schwein:** Seit alters her gelten Schweine als heilig. In vielen Kulturkreisen finden wir in der »Schweinepriesterin« das Abbild der Göttin selbst. In Indien wird das Schwein gelegentlich mit der tantrischen Priesterin gleichgesetzt, die den Adepten in die Geheimnisse des Universums einführt. Die Hindus erzählen vom »Eber-Avatar«. Auch bei den Kelten gilt das Schwein als das Symboltier der großen Göttin. Das Schwein wird zudem seit alters her als Symbol der

Fruchtbarkeit verehrt. Zum Schwein zu werden bedeutet, sich auf sein Ungelebtes einzulassen, den Mut zu haben, in das Verdrängte, scheinbar Unsaubere hinabzusteigen und es mit Bewusstsein zu durchlichten. Der Kontakt mit dem Schwein erinnert uns auch an die Göttin Circe, welche die Freunde von Odysseus in Schweine verwandelte. Durch das Zauberkraut Moly, welches für Bewusstheit steht, wird Circe (Maya, die Täuschung) ihrer Macht enthoben. Sie verwandelt sich in eine wunderschöne Geliebte und steht Odysseus ein Jahr lang als Dienerin zur Verfügung. Nachdem wir alle Psychotherapien durchlaufen haben (Kuh), erinnern wir uns unserer Fruchtbarkeit und lassen uns erneut auf das sinnliche Leben ein – gewappnet mit dem Zauberkraut der Bewusstheit. »Wenn du sündigen willst, dann tue es, aber bewusst!« Das Schwein ist auch das Symbol des Glücks: »Schwein gehabt!« Eigentlich ist es ungerecht, dass wir einerseits dem Menschen sagen: »Sei kein Schwein«, ihm dann aber wieder »viel Schwein« wünschen. Glück ist das, was dem Menschen widerfährt, wenn er seine als symbolische Kuh erlangte Erkenntnis nun in Bewusstheit und damit in Einklang mit der großen Göttin (Matrix) lebt. Hier ist noch nicht das Seelenglück gemeint (glücklich sein), sondern erst einmal nur das Glück im Sinne von »Glück haben«. Das Glück zeigt sich als »Förderung und Belohnung durch die Kraft der Göttin bei einem stimmig gelebtem Leben jenseits moralischer Zwänge«.

4. Hans tauscht das Schwein gegen eine **Gans:** Die Gans hat ein weißes Gewand. Es ist klar, dass nach der »versauten Zeit« ein Symbol der Reinheit kommen muss. Die Gans hat Federn (Symbol für höhere Antennen zu Gott, s. auch die Federkrone der Indianer), und sie kann fliegen. Das erste Mal im Märchen gelingt es Hans, sich von

der Erdenschwere zu erheben und sein Bewusstsein zum Himmel aufsteigen zu lassen. Viele spirituelle Adepten erleben ihren Aufstieg am spirituellen Bewusstseinshimmel wie eine Gans oder ein Schwan (»Hansa«). Die Seele erhebt sich. Zugleich steht die Gans als Symbol für die Wachsamkeit. Im alten Rom wurden Gänse als Haushüter eingesetzt, weil sie sofort zu schnattern begannen, wenn sich ein Eindringling näherte. Während sich Wachhunde durch Fleischbrocken am Bellen hindern lassen, sind Gänse unbestechlich. Also geht es hier auch um die Unbestechlichkeit und Unverführbarkeit (im Gegensatz zur Schweinezeit). »Sei wach wie eine Gans« bedeutet auch »erwacht« wie eine Gans zu sein. Was bei der Schweinepriesterin über die Matrix (das bewusste Ausleben in dem Feld, in dem wir uns bewegen) gelernt wurde, soll nun »erwacht« gelebt werden. Hinaus in die Welt gehen, wach sein, im Leben stehen. »Ich lebe in der Welt, aber die Welt lebt nicht in mir« bedeutet: Die Welt wühlt nicht in meinen Gedärmen, ich bin innerlich rein. Jesus sagt: »Mein Reich ist nicht von dieser Welt!«

5. Hans tauscht die Gans gegen einen **Wetzstein:** Er findet ein Instrument, mit dem er sein Bewusstsein schärfen kann – mit Schärfe und Härte, wie wir sie sonst nur bei Diamanten finden. Hans achtet auf Kleinigkeiten, setzt sich Reibung und Funken aus und gibt sich selbst so den letzten Schliff. In dieser Phase geht es darum, den Mut zu haben, die eigene Kontur bewusst mit der Welt zu konfrontieren und sich an ihr zu schleifen. Es ist die Phase, die Mystiker als »Diamantyoga« oder als die Vereinigung von »Schwert und Rose« bezeichnen.
6. Der Wetzstein fällt in den **Brunnen:** Hier ist es nicht so, dass Hans den Wetzstein in den Brunnen wirft, sondern er macht etwas anderes: Er schaut in den Brunnen. Er begegnet seiner eigenen Tiefe, die zugleich die

universelle Tiefe ist, und zieht seine Aufmerksamkeit ab von der Form. Mit jener ist er fertig, nun lenkt er seinen Blick auf etwas anderes. Das »Ich« hat einen langen Weg durchschritten. Es ist nichts mehr da, was zu schleifen wäre. Hans sieht im Spiegel des Wassers die Welt als einen Spiegel, er erfasst das Ganze und sich selbst als Bestandteil dieser Ganzheit. Darin verliert er sein »Ich«. Der Kontakt zur eigenen Tiefe macht die Arbeit an der Persönlichkeit hinfällig. Der Brunnen, der zur rechten Zeit am rechten Ort steht, ist wie der Boddhibaum, den Buddha antraf. Man muss bereit sein, den Brunnen zu sehen, Timing ist alles. So arbeiten die Zen-Meister mit ihren Schülern jahrzehntelang an scheinbar unwichtigen Themen, bis sie in den Augen ihrer Schüler sehen, dass DAS geschehen kann – Satori, Erleuchtung, Verwandelung, Selbst-Findung »in einem Augenblick«! Danach ist nichts mehr, wie es war – und doch stets wiederum das Gleiche. Gott war immer da, wir haben nur nicht richtig hingeschaut.

Das Märchen vom Hans im Glück weist so Hans einen Weg durch die Welt hin zu seiner eigenen Erlösung.

Würden wir das Märchen umkehren, hätten wir genau die miasmische Form, die den Krankheitsverlauf eines typischen Aurum-Patienten beschreibt: Von der Last des Goldes beschwert, entsprechend der Karte »Münze 4« im Rider Tarot:

- Der unerlöste Aurum-Patient ist der Erfolgsmanager in der westlichen Wirtschaft. Er macht stets Geschäfte zum Nachteil des anderen und zum eigenen Vorteil.
- Verpasste Gelegenheiten oder Verlustängste (Gold unter dem Bett versteckt) bringen ihn um den Schlaf.
- Er ist berechnend, triebhaft fleißig, ehrgeizig, worter-

greifend, diskutierend, eindrücklich, zielfixiert und in weltlichen Tätigkeiten engagiert.
- Widerspruch bringt ihn in Zorn. Er ist nicht ledigen Gemütes.
- Hypertonie, hoher Blutdruck mit rotem Kopf und leicht gedunsenes Aussehen verweisen körperlich auf Herzprobleme.
- Bei Verlusten (von Finanzen, Partner, Wohnort etc.) entstehen Gefühle von Sinnlosigkeit, dumpfem Brüten, Trübsinn, Depression, »Gott anklagen«.

Die Heilung für den Aurum-Patienten finden wir im Märchen widergespiegelt:
- die Geschehnisse als Fügung akzeptieren und so später ihren Sinn erkennen
- die Ansprüche loslassen
- in den Schicksalsschlägen das Positive sehen
- das Herz entrümpeln/freimachen, leichten Herzens werden durch freiherzigen Verzicht
- Besinnung auf das Göttliche in sich selbst
- freudvolles Eintauchen in die eigene Tiefe und dort den Schatz entdecken (Brunnen)

»Die geistigen Gesetze sind unbestechlich und wirken für jeden und alles, aber ob Sie mit ihrer Hilfe Ihr Ego oder Ihre Seele glücklich machen, bestimmen Sie selbst!«

Nachwort

Ich freue mich, dass Sie mich bis an diese Stelle begleitet haben. Nun liegt es an Ihnen, das Beste aus dem Erkannten zu machen. Ich empfehle Ihnen, immer wieder in dem Buch zu blättern und das Geistige Gesetz, das gerade in Ihr Bewusstsein springt, erneut zu lesen. Auch werden Sie großen Nutzen erfahren, wenn Sie die angebotenen Übungen vollziehen. Ergänzend zu diesem Werk empfehle ich das Buch »Die geistigen Gesetze erkennen, verstehen, integrieren« aus dem Goldmann Verlag.

Möchten Sie mich persönlich oder in einem Heimseminar erleben, haben Sie die Möglichkeit der Kontaktaufnahme über die Internationale Akademie der Wissenschaften, IAW, St. Markusgasse 11, FL 9490 Vaduz, Tel. 004 23 2 33 12, E-Mail: go@iadw.com.

Meine besten Glück- und Segenswünsche begleiten Sie.

Ihr
Kurt Tepperwein

Quellenverzeichnis

*1 Erschienen bei Goldmann.
*2 Thorwald Dethlefsen, Vortrag »Kawanna«.
*3 Demjenigen, der sein eigenes Leben mit dem Würfel und einigen Freunden nachspielen will, sei an dieser Stelle das Brettspiel »Erkenne dich selbst im Spiel« aus dem Burk-Verlag empfohlen.
*4 Zum Studium möglicher positiver Qualitäten empfehle ich Ihnen ergänzend das Buch und Kartenspiel »Der Goldene Ball. Yoga als Spiel« von Yvonne Artaud, u. a. aus dem MIRAPURI-Verlag.
*5 Weitere Infos über das LEBE-Prinzip von Alexander Gottwald unter 22alegowal11@online.de
*6 Sri Aurobindo, »Das integrale Yoga«.
*7 Emanuel Swedenborg, »Die eheliche Liebe«.
*8 Buchempfehlung: Chuck Spezzano, »Beziehungskunst, Führungskunst, Spiritualität«.
*9 s. dazu: Kurt Tepperwein, »Das Huna-Geheimnis«.
*10 Buchempfehlung: Teilhard de Chardin, »Wissenschaft und Christus; die Zukunft des Menschen«.
*11 Buchempfehlung: Frank Tipler, »Die Physik der Unsterblichkeit, Gott und die Auferstehung der Toten«.
*12 Buchempfehlung: Hans Moravec, »Computer übernehmen die Macht«.
*13 Osho, »From Darkness to Light«, Kapitel 30.
*14 Text Schwenn/Schaeffers, Musik: Peter Kreuder, © 1940 West Ton Verlag, Köln aus: Sperr, 1978, S. 222.
*15 Buchempfehlung: Mihaly Csikszentmihalyi, »Flow, das Geheimnis des Glücks«.
*16 Infos: www.compassionatelistening.org
*17 Carol Anthony, »Das I-Ging der Liebe«, Diederichs-Verlag.

*18 Fachliteratur zum Thema: »Listening with the Heart« von Carol Hwoschinsky, bestellbar über www.compassionate-listening.org, »Ärger, Befreiung aus dem Teufelskreis destruktiver Emotionen« von Thich Nhat Hanh, »Gewaltfreie Kommunikation« von Marshall Rosenberg.
*19 Infos: www.thework.org
*20 Buchempfehlung: Jose Arguelles, »Surfers of the Zuvuya: Tales of Interdimensional Travel«, u. a. Bear & Company.
*21 Quelle: Original-CD »What if«, erhältlich unter www.hwosch.com
*22 Fritz Riemann , Grundformen der Angst«, Klett-Cotta.
*23 Quelle: »Mutters Agenda 1951–1973« – Gesamtwerk. Bd 1. 1951–1960, Edition Aurinia.
*24 Emanuel Swedenborg, »Die göttliche Liebe und Weisheit«
*25 Details dazu liefert das Buch »Das senkrechte Weltbild« von Dethlefsen/Dahlke.
*26 Quelle: Presseverteiler vom 23.6.2005.
*27 Eine sehr schöne gesungene Form finden Sie u. a. auf der CD »Gayatri« von Lex van Someren und Stephanie M'aria.
*28 Wer sich in größerem Umfang für diese Art des Umgangs mit Energie interessiert, dem empfehle ich in dem Zusammenhang die Webseite www.emotrance.com von Dr. Silvia Hartmann.
*29 Beispielsweise die Audio-CD »Die Kinder des Monsieur Mathieu«.
*30 Quelle: Masaru Emoto, »Die Botschaft des Wassers
*31 Rupert Sheldrake, Das schöpferische Universum. Die Theorie des morphogenetischen Feldes«.
*32 Quelle: www.spiritweb.de
*33 Quelle: Film- und Buchempfehlung: »Bleep! What the bleep do we know?«.
*34 Buchempfehlung in dem Zusammenhang: Chris Griscom, »Die Frequenz der Ekstase«.
*35 Quelle: www.tepperwein.at
*36 James Redfield, »Die Prophezeiungen von Celestine«.
*37 Quelle: www.human-potential-movement.de
*38 Quelle: Hans Cousto, »Klänge, Bilder, Welten«.

*39 Quelle und weitere Informationen: Wikipedia, Titius-Bode-Reihe.
*40 weitere Informationen zu Bruno Gröning unter www.bruno-groening.org
*41 Quelle: Wikipedia, Resonanz
*42 Quelle: Dipl.-Ing. Jörg Starkmuth, »Sind wir die Schöpfer unserer Realität?« Weitere Informationen über das Thema Realität liefern der Film und das Buch »Bleep! What the bleep do we know?«.
*43 Quelle: Baird Spalding, »Leben und Lehren der Meister im Fernen Osten«, Band 1–3.
*44 Quelle: Osho, Transformations-Karten mit Darstellungen von Gleichnissen.
*45 Quelle: Wikipedia, Nirvana.
*46 Quelle: Zeitschrift Raum & Zeit Nr. 121, Ausgabe Jan/Feb 03, S. 44.
*47 Quelle: Carol Anthony, »Das I Ging der Liebe, Wege zu einer erfüllten Partnerschaft« – übrigens eines der besten Beziehungsbücher, die ich kenne.
*48 Quelle: Thich Nhat Hanh, »Wahren Frieden schaffen«, 3. Kapitel, Goldmann Verlag München.
*49 Zitat Ngak'chang Rinpoche.
*50 Quelle: Kirpal Singh, »Das Jap Ji«.
*51 Zitat: Christine Stecher, »Mantras. Die Sprache der Götter«.
*52 Quelle: Sri Chinmoy, »Colour Kingdom«, S. 74.
*53 Quelle: Robert Bamp, »Jeder hat seinen Schutzengel«.
*54 Quelle: Robert Monroe, »Der zweite Körper«.
*55 Quelle: Darshan Singh, »Die Quelle aller Liebe. Leben, Dichtung und Lehren von Heiligen und Mystikern«, SK Publikationen.
*56 Eine sehr schöne Abhandlung darüber finden Sie in dem Buch »Alles kann sich ändern« von Franz Koch.
*57 Quelle: Marc Sautet, »Ein Café für Sokrates. Philosophie für jedermann«.
*58 Quelle: Günter Scheich, Klaus Waller, »Positives Denken‹ macht krank. Vom Schwindel mit gefährlichen Erfolgsversprechen«, Eichborn Verlag Frankfurt.

*59 Karl C. Mayer, Facharzt für Neurologie, Psychiatrie und Psychotherapeutische Medizin, Heidelberg.
*60 Quelle: O. Carl Simonton, »Wieder gesund werden« und »Auf dem Wege der Besserung«, rororo Verlag Reinbek.
*61: Quelle: Brandon Bays, »The Journey. Der Highway zur Seele«, Ullstein Verlag Berlin.
*62 Anm.: Das »In-die-Stille/Mitte«-Gehen und das Finden der richtigen Antwort erlernen Sie u. a. in meinem Buch »Spirituelle Kommunikation«.
*63 Weitere Informationen über die Positivität des Lebens finden Sie in meinem Buch »Verwirklichen, vom positiven Denken zum positiven Leben«.
*64 Quelle: Bild am Sonntag, 11.06.2006.
*65 Weitere Infos unter www.naikan.de
*66 Weitere Infos unter: www.releasing.de
*67 Buchempfehlung in dem Zusammenhang: Walter Stanietz, »Der Vollendete«.
*68 Quelle: Sogyal Rinpoche, »Funken der Erleuchtung«.
*69 Buchempfehlung in dem Zusammenhang: Dr. Peter Orban, »Die Kraft, die aus der Herkunft stammt«.
*70 Quelle: »Prayer for the Long Life of Sogyal Rinpoche«, Tertön Sogyal Trust, ZAM, auch als Musik-CD mit Gesang erhältlich.
*71 Buchempfehlung: Eckhart Tolle, jetzt. Die Kraft der Gegenwart«.
*72 Buchempfehlung: Gina und Bodo Deletz, »Mary«.

N
0
100 km
MOSKAU
Moskwa
Wjasma
Serpuchow
Oka
Smolensk
Dnepr
Ugra
Kaluga
Tula
Kirow
Roslawl
Nowomoskowsk
Ljudinowo
Oka
R U S S L A N D
Brjansk
Suscha
Orjol
Nowossilj
Desna
Mochowoje
Jelec
Sosna
Frontlinie
Bogen
Obojan
Frontlinie 1943
Sumy
Charkow
U K R A I N E
Finnischer Meerbusen
Ladogasee
Leningrad
Peipus-see
N
0
200 km
Rshew
Welikije Luki
MOSKAU
Deutsch-Sowjetische Front im Juli 1943
Smolensk
Tula
Dnjepr
Brjansk
Orjol
Desna
Kursk
Obojan
Kiew
Bjelgorod
Charkow

Alexander Solschenizyn

Schwenkitten '45

+ 3/8/08
89 Jahre

Alexander Solschenizyn

Schwenkitten '45

Aus dem Russischen
von Heddy Pross-Weerth
und Fedor B. Poljakov

Langen Müller

Die Erzählungen erschienen im russischen Original unter dem Titel »Željabugskie vyselki. Dvučastnyj rasskaz« und »Adlig Švenkitten. Odnosutočnaja povest'« in der Zeitschrift »Novyj mir«, No. 3, 1999.

Der Verlag dankt Herrn Axel Schamfuß vom Museum für historische Wehrtechnik, Röthenbach bei Nürnberg, sowie Herrn Hasso G. Stachow, Gauting, für die Hilfe bei der Übersetzung der militärtechnischen Begriffe.

*Im Text mit * gekennzeichnete Begriffe werden im Anhang durch Übersetzer und Verlag erläutert.*

Besuchen Sie uns im Internet unter:
http://www.langen-mueller-verlag.de

Schutzumschlag: Wolfgang Heinzel
Umschlagmotiv: »Winter«, Gemälde von Alexej Sawrasow,
akg-images, Berlin
Umschlagfoto: Alexander Solschenyzin (im August 1943)
Karten: Eckehard Radehose, Schliersee
Herstellung und Satz: VerlagsService Dr. Helmut Neuberger
& Karl Schaumann GmbH, Heimstetten
Gesetzt aus der 10,5/15,5 Punkt ITC-GaramondBQ
Druck und Binden: Ueberreuter Buchproduktion, Korneuburg
Printed in Austria
ISBN 3-7844-2964-5

Inhalt

Sheljabuga Siedlung

Eine Geschichte in zwei Teilen*

1

Es war der vierte Tag, dass wir zum Nerutsch vorstießen. Die letzten vierundzwanzig Stunden hatte meine Zentralstation* in einer Bahnunterführung gelegen, die hatte festes Mauerwerk als Bombenschutz. Auch Bäuerinnen mit ihren Kindern hatten sich dort eingefunden, dazu zwei Dutzend Zigeuner, wer weiß woher. Es war seltsam für uns, nach zweimonatigem Halt im Niemandsland wieder auf Menschen zu treffen. In dieser Nacht erhielt meine Batterie um drei Uhr das Aufbruchssignal: Es geht vorwärts. Als alle Schallmessposten abgebaut waren, tagte es schon fast. Wir rollten noch vor der Zeit der Luftangriffe in Sheljabuga Siedlung ein.

So wird es nicht ganz korrekt genannt: einrollen. Zu einer Schallmessbatterie gehören sollmäßig sechs speziell ausgerüstete Busse, wir hatten aber nur abgenutzte Dreitonner und einen Anderthalbtonner. Sie konnten lediglich Gerät und Verpflegung transportieren, dazu ein paar Begleiter. Die übrige Batterie bewegte sich zu Fuß. Gewöhnlich führte sie Leutnant Owsjannikow, der Führer des Linienzuges*. Botnew, der Führer des Mess- und Rechenzuges*, und ich saßen in den Fahrerkabinen, wir waren auf der Suche nach einem Platz für die neue Zentralstation.

Das ist eine aufregende Sache, denn durch die Wahl der Zentralstation wird die gesamte Kampfordnung bestimmt. Je schneller man den richtigen Platz findet, desto rascher und gefahrloser können wir sie arbeitsfähig machen. Aber er muss fehlerfrei ausgesucht werden, diese Zentralstation ist das Herz der Batterie; ein Splitter ins Herz, und die ganze Batterie – wie nicht gewesen. Eingraben, mit Zeltbahnen abdecken, sogar in einem Roggenfeld Schutz suchen, auch das hatte es gegeben. Doch das geht nur zur Not und für kurze Zeit.

Schon den vierten Tag war ich wie elektrisiert, fand keinen Augenblick Ruhe. Alles, alles stimmte froh. Unser allgemeiner großer Vormarsch beim Kursker Bogen – Riesenschritte.

Und so intensiv war die Zuneigung zu der hiesigen Gegend, den Orten, den Bezeichnungen. Obwohl wir noch nie hier gewesen sind, waren wir doch schon oft und oft hier, haben Ziele jenseits des Nerutsch beschossen; haben die Karte mit unseren Augen gefressen, uns ins Kartennetz vertieft, jedes kleine Wäldchen registriert, jedes Hügelchen, jede kleine Schlucht, das Bächlein Berjosowetz, das Dörfchen Setucha (dort waren wir vorgestern), Blagodatnoje (daran sind wir gerade links vorbeigezogen, es ist schon nicht mehr zu sehen). Nun Sheljabuga und Sheljabuga Siedlung. In jedem kleinen Dorf kannten wir schon vorher die Lage der Häuser.

Es stimmte: Die Siedlung lag auf einem sanften Hang am Bächlein Panikowetz. Und wir rumpelten auf der holprigen Zufahrt hinauf. Noch sind keine Flieger da – die Luft ist rein. Ich rufe meinen Leuten im Wagenkasten des Lkw zu:

»Dugin, Petrykin, Kropatschow! Lauft und sucht einen Keller!«

Sie springen polternd auf die Erde, rennen los, suchen. In die Siedlung sind schon vor uns Einheiten eingezogen: Lkws sind schräg in Schutzgräben geschoben, Granatwerfer (sie sind schon weitergezogen), Geschütze der Abteilungen weiter rechts, jenseits der Talmulde. Ich suche die Karte nach geeigneten Plätzen für die Schallmessposten ab. Westlich von uns liegt Mochowoje, ein großes Dorf. Bei den Deutschen funktionierte dort in dieser Woche noch die Eisenbahn, wurden Züge entladen. Mochowoje werden sie noch halten, und dann werden wir wahrscheinlich eine Weile hier stehen.

Ich vermerke die Stellungen annähernd (punktgenau sucht sie erst Owsjannikow aus). An der Front sollten sie jeweils fünf (laut Anordnung sogar bis zu sieben) Kilometer abdecken. Wir haben das längst korrigiert. Niemals entfalten wir unnötig sechs Stellen, zur Not genügen vier, jetzt haben wir fünf. Und vor ihnen müssen wir einen geeigneten Platz für unseren Beobachter finden, den Warnposten*. Er muss so postiert sein (häufig in Schützengräben), dass er jeden Schussknall vom Gegner früher vernimmt als jede der vordersten Messstellen und entsprechend seiner Geschicklichkeit, die eine Kunst ist, entscheidet, bei welchem Knall er den Knopf drücken wird, um die Zentralstation anlaufen zu lassen.

»Ge-fund-den!«, schreit jemand. Wer denn? Unser »Sohn des Regiments«, der 14-jährige Mitjka Petrykin, den wir im völlig zerstörten Nowossilj aufgegabelt haben. Das war einmal eine Kreisstadt, jetzt ist es eine hügelige, weißsteinerne, stumme Wache am Zusammenfluss von Nerutsch und Suscha.

»Genosse Oberleutnant ... der Kel-ler! Prima!«

Botnew und ich gingen rasch hinüber. Man baut hier die Keller anders, nicht unter das Haus, sondern getrennt von ihm, mit Ziegeldach, dann geht es zwölf Stufen hinunter. Der Keller war nicht kalt, sondern stickig. Hier hatten zwei oder drei Nächte Menschen kampiert – die Hauswirte oder Nachbarn –, sie hatten sich hier verkrochen und ihre Habe mitgeschleppt. Dafür aber hatte der Keller eine gewölbte Ziegelsteindecke. Besser konnte es gar nicht sein.

Für uns war es ganz seltsam und eine große Freude, lebendige russische Bauern bei den Häusern zu sehen, bestellte Gemüseäcker und Korn auf den Feldern. Auf der sowjetischen Frontseite waren alle Bewohner aus Misstrauen zwanzig Kilometer ins Hinterland umgesiedelt worden. Schon das dritte Jahr gab es hier keine lebendige Seele, keine Aussaat, alle Felder von Unkraut überwuchert. Wie in den Zeiten der Polowzer*.

(Doch so ein unfruchtbar gemachtes, entvölkertes Land liebt man besonders schmerzlich. Hier wird deutlich: Für *so* ein Zentralrussland ist man bereit zu sterben, vor allem nach den Sümpfen an der Nordwestfront.)

Und jetzt hier! Wir haben kaum die deutsche Frontlinie überschritten und sehen: Sie leben!

Im Keller sah man zaghaft auf uns. Nein, wir vertreiben euch nicht. Ihr seid doch »Unsere«.

»Ihr müsst nur enger zusammenrücken, weiter nach hinten in den Keller gehen, den vorderen Teil brauchen wir.«

Die Frauen – Männer sind keine da, nur ein Greis und Kinder – stöhnen leise: wohin? Und sie haben so liebe Gesichter. Und sie sind froh, dass wir sie nicht ganz vertreiben.

»Wir werden eure Sachen gleich übereinander stapeln, eins übers andere. Na, macht schon, Leute.«

Wie sehr man sich auch einengt, genügend Platz für das Gerät muss sein, auch für die vier Klapptischchen. Und offenbar lässt sich alles einrichten.

Den Platz für die Zentralstation auszusuchen, zog uns in den ersten Arbeitswirbel. Jetzt begann der zweite: sie so schnell wie möglich in den

Keller hinunterzubringen. Dafür hatten wir genug Helfer: Dugin und Blochin, die zwei Wechselbediener am Zentralgerät, und Leute aus dem Rechenzug.

Ich ging hinauf.

Im Osten reichte das vielversprechende, frühmorgendliche Rosa schon bis in Himmelshöhen. Und es zeigten sich, bisher nicht sichtbar, vereinzelt Federwölkchen.

Und ebenfalls vielversprechend: Flugzeuglärm. Wie wir sie doch satt hatten, diese Verfluchten, wie sie uns gequält haben!

Aber nein, nein-nein! Sie sind es nicht! Es sind *unsere*!

Schon seit dem Frühjahr erscheinen unsere Flugzeuge immer öfter am Himmel. Und wir richten uns auf. Wir am Boden waren in Abwehrkämpfe verwickelt – immer häufiger überflogen uns nachts unsere starken Fernbomberverbände mit gewaltigem Brummen. (Und was macht uns so froh? Geht es doch gegen unsere russischen Städte.) Als sie Orjol angriffen, sahen wir auf 60 Werst* die sich kreuzenden Scheinwerferstrahlen, silberne Sprengpunkte der Flak, rote Raketen und blitzartiges Aufflammen von Bombeneinschlägen. Und unlängst erlebten wir die triumphalen Wellen der von einem nahen Kampfauftrag zurückkehrenden IL-Schlachtflugzeuge* und schrien ihnen unser »Hurra!« zu. Sie waren uns eine unmittelbare Hilfe gewesen.

Unsere fliegen hoch, genau berechnet, damit die aufsteigende Sonne die Deutschen blendet.

Der Rechenzug arbeitet gut eingespielt. Vorsichtig heben sie aus dem Wagenkasten das zentrale Gerät* und bringen es hinunter. Danach die Klapptischchen und alles Vermessungs- und Zeichengerät. Und die Soldaten draußen stapeln am Keller die Kabelrollen. Hier werden wir alle Leitungen anschließen und von da auslegen. Und Oberfeldwebel Kornew, Meister der Organisation, hat für die Küche ein hübsches Plätzchen ausgesucht, etwas tiefer im Gebüsch, nicht sehr gut verdeckt, aber weiter weg von den Häusern: Nach der Anordnung der Häuser lässt sich leicht mit MGs entlangschießen. Die Fahrer wies er an, Unterstände für ihre Lkws zu graben. Er selbst, der gute Kerl, half ihnen dabei. Hauptsache, die Motoren so tief wie möglich sichern. Und all das muss schnell geschehen.

Ich gehe herum, rauche nervös, entfalte sinnlos wieder und wieder das Messtischblatt, betrachte die Karte noch und noch, obwohl ich sie fast auswendig im Gedächtnis habe.

Die Sonne ist voll herausgekommen. Die Wölkchen lösen sich auf.

Am Hang hinauf führt die eine Straße der Siedlung, auch auf ihr sind frische, schwarze Trichter aufgewühlt. Und hinter der kleinen Schlucht, rechts, verläuft die zweite Straße. Dort ist unsere 76er-Batterie* in Stellung. Die Hütten – ausgestorben. Manche Bewohner sind in den Keller, andere weiter weg in den Wald geflohen. Nirgendwo Schornsteinrauch.

Los, los! Bei Owsjannikow gibt's kein Bummeln.

Und da sind sie tatsächlich! Aufgelockert kommen sie aus der Schlucht, marschieren munter. Auch ohne Feldstecher spürst du: Es sind unsere. Owsjannikow bestimmt das Marschtempo. Und jetzt beginnt gleich der dritte Arbeitswirbel. Jeder Schallmesser packt seine Apparatur, seine Rollen, seinen Tornister und seine eiserne Ration, und in abgezählten Minuten muss Owsjannikow anhand der Karte nach eigener Schätzung die Standorte der Schallmessposten angeben, die Stärke der Trupps prüfen und bestimmen, wem der 1., 2., ... 5. zugeteilt wird, jedem Schallmesstruppführer gibt er die Richtung an, und damit dieser sich nicht verirrt, auch eine Marschrichtungszahl, und dem Durchschlagsanzeiger noch ganz genau. Und diese zehn bis fünfzehn Minuten, in denen die ganze Batterie beisammen ist, sind die gefährlichsten. Wir zerstreuen uns so schnell wie möglich, lassen nicht alle sechzig Mann beieinander, so ist's besser.

Unsere rücken an, rücken an. Und weiter geht es, wie geschmiert, wie gelernt. Die Posten sammeln sich eilig zur Entfaltung.

Owsjannikow und ich setzen uns auf einen umgestürzten Baumstamm, um die Standorte der Messstellen genauer zu bestimmen.

Irgendjemand schimpft wegen seiner Kabelrolle. Er hatte sich eine gute, fremde angeeignet, und geblieben ist ihm eine mit geflicktem Draht.

Alle haben unausgeschlafene, erschöpfte Gesichter. Die Feldmützen kleben irgendwie auf den Köpfen. Aber sie arbeiten fix, alle hält das Bewusstsein aufrecht: Wir befinden uns nicht einfach in einem lokalen nebensächlichen Geplänkel. Wir nehmen teil an einer ganz großen Offensive. Das verleiht Kraft.

Die Linienposten klemmten die Kabelenden an und zogen Doppelleitungen.

Von den Deutschen fliegt vornehm glucksend ein schweres Geschoss über unsere Köpfe und – bbach! Wahrscheinlich bei Setucha an der großen Straße.

Und dann heute die erste »Rama«, ein Doppelrumpfaufklärer Focke Wulf*. Er fliegt sehr hoch, stetig, brummt, hält Ausschau, wer beschossen werden kann.

Unsere Flak rührt sich nicht, denn auf eine »Rama« zu schießen ist fast nutzlos, sie entkommt immer.

Und wieder fliegen drüben ein paar schwere Geschosse Richtung Setucha.

Noch ist der Morgen kühl – wir müssten orten. Man hat uns zur unpassenden Zeit vorverlegt.

Zu jedem Schallmessposten gehören vier bis fünf Mann. Sie haben schwer und viel zu schleppen, allein der Akkumulator drückt dir die Schulter ab. Acht Kabelrollen braucht man, manchmal auch mehr als ein Dutzend. Der Schallempfänger ist nicht schwer, aber ein schwierig zu fassender Würfel. Pass gut auf ihn auf, damit du die große Membran nicht beschädigst, dass sie nicht von einem Splitter durchschlagen wird. Dann sind da noch Transformator, Telefon, verschiedene Kleinigkeiten. Außerdem die MPs, manche haben auch Karabiner und Pionierspaten. Das alles ist zu schleppen. (Gasmasken haben wir längst nicht mehr bei uns, haben sie in den Wagenkasten geschmissen.)

Der muskulöse Burlow führte seine Leute zur 1. Schallmessstelle, links. Er hielt den Kompass in der Hand wie eine Uhr, kontrollierte ständig die Marschrichtungszahl, ging genau. Zu scincm Trupp gehören der baumlange, unerschütterliche, alles ertragende Sibirjak Jermolajew. Für die äußeren Schallmessposten nimmt Owsjannikow die Zähesten. Auch Schmakow, der ist so etwas wie ein halber Sträfling. Bei einer Panzerjägereinheit hielt er den direkten Kampf nicht aus, lief einfach davon und geriet zu uns. Und wir hatten Mangel wegen der Deserteure. Der Kommissar winkte ab und sagte: »Nehmt ihn.« Und er diente treu.

Der scharfsinnige Schuchow (wir beförderten ihn zum Gefreiten, damit er einen verwundeten Feldwebel vertreten konnte) brachte seinen Trupp zur 2. Schallmessstelle. Der mürrische, schwarze Wolkow hatte die 5., rechts nördlich, auch das ein entfernter Posten. Die mittleren Messstellen werden eine kürzere Frontlinie haben, weniger Kabel und nur je vier Mann.

Mit dem sommersprossigen, düsteren Jemeljanow beraten wir uns anhand der Karte (wenn wir eine übrig haben, ist sie für ihn). Der Durchschlagsanzeiger leistet eine diffizile Arbeit, fast die eines Offiziers. Dem Rang nach ist er jedoch Oberfeldwebel. Er muss immer allen anderen vorausarbeiten, darf keinen Schuss verpassen, muss in Sekundenschnelle das Kaliber nach Gehör bestimmen. (Später kann diese Angabe von dem am nächsten zur Einschlagstelle gelegenen Posten noch berichtigt werden.)

Die vordere Verteidigungslinie hat sich belebt. Granatwerfer von beiden Seiten. Aus unserer Siedlung feuert die 76er schon, und wir sind auch bald bereit. Die Nachfrage drängt.

Owsjannikow juckt es in den Beinen, er will zur äußersten Messstelle. Wichtig ist nicht nur die endgültige Auswahl der Grube für den Schallempfänger (Soldaten wählen sie, wo sie am leichtesten einzurichten ist, und nahe am Wasser), sondern auch die nähere Umgebung, sie darf nicht abschirmen. (Es gab einen Fall: Es regnete, da trugen sie ihn in eine Scheune hinein, und wir wunderten uns, warum zum Teufel die Aufzeichnungen unscharf waren.) Owsjannikow ging los, um Burlow einzuholen.

Von rückwärts nähert sich zu Fuß noch eine Gruppe. Nach den gestreiften Stangen zu urteilen und den Stativen, sind es Topographen. Hach ihr! Bisschen fixer! Wir brauchen euch!

Diese Gruppe kommandiert Zugführer Leutnant Kuklin, ein ganz lieber Kerl, Gesicht und Gestalt noch knabenhaft. Mein Botnew, kaum älter als er, beschimpft ihn:

»Was pennt ihr so lange! Wenn ihr nicht da seid, müssen wir unsere Koordinaten schätzen, was nützt das?«

Und das stimmt: Uns kontrolliert man schikanös, alle Fehler bei den Zielen und beim Schießen werden uns angelastet. Aber wer rennt hin und kontrolliert die Topographen? Das hat's noch nie gegeben, täuschen die sich bei der Vermessung, stimmt kein einziges Ziel.

Ich setze mich mit Kuklin hin, zeige ihm, wo unsere Schallmessposten hinkommen, und bitte ihn:

»Jurotschka, beeil dich nicht. Aber vermesst zuerst die drei Posten in der Nähe, für das erste Orten. Und schick uns sofort die Daten.«

Er berichtet, er habe unterwegs unsere 3. Abteilung gesehen, die hierher zieht, aber noch nicht in Stellung geht.

Kuklin führt seine Leute bis zum ersten eindeutigen Orientierungspunkt, von da aus geht es in Richtung Schuchow. (Den Orientierungspunkt entnimmt er der Karte, das ist ungenau. Aber für das trigonometrische Netz reicht es bei rollenden Angriffen nicht.)

Man kann nicht sagen, wessen Arbeit im Krieg die schwerste ist. Die Topographen kämpfen sozusagen nicht, aber sie müssen mit dem Theodolit und den Nivellierungsgeräten losgehen, Maßbänder durch die Felder ziehen, geradeaus in Luftlinie. Frag nicht, wo vermint ist, wo nicht, und jeden Augenblick kannst du unter Beschuss geraten.

Schon haben uns die Fernsprecher der Brigade gefunden und legen hier ein Kabel zur Zentralstation vom gestauten Bach bis zu uns herauf.

Wer sind sie? Sie gehören nicht zu den Artillerieabteilungen, für die wir arbeiten, die sind auf dem Marsch. Diese legen eine Leitung vom Brigadestab hierher, und natürlich wird man von dort gleich Ziele verlangen.

Wenn man uns doch am kühlen Morgen hätte messen lassen, als die Luft noch nicht glühte. Jetzt ballern auch schon die Deutschen: hier ein

Kanonenschuss, dort ein Flieger, Geschosse zu Dutzenden, und wir sind noch nicht zur Gefechtsordnung aufgestellt. Die Tagesarbeit wird heute hart werden: Schon klar, dass es heiß werden und es zur *Inversionslage* kommen wird. Die oberen Luftschichten verdünnen sich, sodass die Schallsignale nicht nach unten zur Erde gehen, sondern nach oben steigen. Die Geschosse kommen runter, schlagen ein, die Abschüsse selbst werden immer schwächer hörbar. Für die Schallmesser sind Feuchtigkeit, Nebel und immer die Nacht goldene Zeiten. Dann sind die Aufzeichnungen klar und daher die Ziele – die hell tönenden Kanonen oder die dumpfen Haubitzen – gut einzufangen.

Doch die Führung hat sich dieses Gesetz nicht zu Eigen gemacht. Wäre sie vernünftig, würde sie uns tagsüber verlegen lassen und nicht nachts.

Wir, die Aufklärungsabteilung, sind eine Spezialeinheit, aber operativ stets der Schweren Artillerie untergeordnet, zurzeit einer Geschützbrigade. Heute wird es bei uns viel zu tun geben: Wir haben gleich zwei Abteilungen zu bedienen. Die 2. steht rechts, Richtung Sheljabuga, die 3. links, Richtung Schischkow.

Bei Botnew im Keller geht es schon hoch her: Sie verbinden, schließen an, kontrollieren. Das ständige Klingen der großen Stimmgabel lässt die Schreibarme erzittern. Die Zeiger an den Geräten schwanken kaum. Alle sechs gläsernen Kapillarfederchen sind bereit, die Tintenaufzeichnung aufs Band zu geben. Beim Gerät ist jetzt der magere, wendige Dugin. (Er hat ein geschicktes Händchen: Jede freie Minute bastelt er irgendwas, dem einen ein Mundstück, dem anderen ein Zigarettenetui, und für mich hat er sich ausgedacht, aus Schallmessbändern akkurate Notizbücher für mein Kriegstagebuch zu nähen.)

Neben dem Gerät hat sich der forsche Telefonist Jenjko verkrochen. An jedem Ohr hängt ihm ein Telefonhörer, über dem Scheitel mit einer Schnur verbunden. An einem Hörer hat er den Durchschlagsanzeiger, am anderen alle Schallmessposten gleichzeitig, alle hören einander, und wenn sie zu sehr schreien, zügelt die Zentralstation sie. Und er ist selbst erpicht auf jede neue Meldung: was, wo, bei wem vorgeht, bis ins kleinste Detail.

Gleich hinter dem Gerät steht das Tischchen des Dechiffrierers, dicht dabei das für die Anfertigung der Berichte. An der anderen Wand – das

Tischchen für die Rechner und der Messplan auf einem schräg stehenden Bock. Im Kellerdämmer haben wir drei 12-Volt-Lämpchen. Eines hängt über dem Watman-Papier, auf dem Quadrate eingezeichnet sind. Wir sind also bereit.

Fedja Botnew ist nicht kriegerisch forsch oder gar kühn, das braucht er auch im Mess- und Rechenzug nicht zu sein. Aber er ist äußerst umsichtig und sehr exakt und daher genau auf dem richtigen Platz. (Wissbegierig auf technische Besonderheiten, besucht er gelegentlich sogar jede Nachbareinheit.) Er hat ein industrielles Technikum absolviert, steht selbst gern am Zeichenbrett, um die Schießrichtungen festzulegen.

Doch der Verlauf jeder Suche hängt vom Dechiffrierer ab. Bei uns ist es Lipskij, Ingenieur-Technologe, wir haben ihn zum Feldwebel befördert. Wenn es bei der Arbeit keine Hetze gibt, rede ich ihn als Einzigen in der Batterie mit Vor- und Vatersnamen an. (Außer ihm gibt es noch einen Mann mit Hochschulbildung in meiner Batterie: Pugatsch. Er ist Jurist, ein sehr überzeugender sogar, stets findet er ein Schlupfloch, um sich das Leben zu erleichtern. Mal »hilft er dem Politruk*«, mal »bei der Batteriezeitung«.)

Aus der Kellertiefe dumpfe Stimmen:

»So'n Krach aber auch! Was für'n Gedröhn!«

»Ich möcht' ja gern gucken, was alles kaputt ist. Eine einzige Emaille-Schüssel ist mir geblieben, ist auch was wert.«

»Man kann nicht alles mitnehmen, Arefjewna, bevor du bis zu deinem Haus kommst, bist du schon hingemacht.«

»Nu, geb's Gott, wird schon nicht so schlimm werden.«

Und draußen ist es heiß. Ein hellgelber, sonniger Tag. Die bescheidenen Wölkchen haben sich verzogen, klarblauer Himmel. Da werden wir heute von oben bedient.

Bei Issakow raucht im Gebüsch schon die Feldküche.

Die Fahrer beenden angestrengt das Eingraben ihrer Fahrzeuge. Dienstfreie helfen ihnen. Ljachow ist groß, phlegmatisch, nie sieht man ihm an, ob er müde ist oder nicht. Und der kleine, dicke Paschanin aus Nishnij Nowgorod ist bis zum Gürtel nackt, trotzdem sind Brust und Rücken schweißnass. Aus dem Gesicht wischt er sich den Schweiß mit dem Handrücken ab. Er war unvorsichtig genug gewesen, in der Batterie zu erzählen, dass seine sehr geliebte Frau, eine Operettensängerin, ihn verlassen hat.

Nun ist er Gegenstand des Mitleids, aber auch des Spotts.

Dann lungert bei mir noch der Batterie-Politruk Kotschegarow herum. Auch im hitzigsten Augenblick, wenn alle in Feuereifer geraten sind, lässt er sich nicht zur Mitarbeit nötigen. Im Zivilleben war er Chauffeur, allerdings nur Fahrer für ein Bezirkskomitee der Partei. Und jetzt die Schaufel zu nehmen und Paschanin zu helfen, auf die Idee kommt er überhaupt nicht.

Erster Anruf – von der 3. Schallmessstelle, der nächstgelegenen: Leitung verlegt, angeschlossen, graben uns ein. Das Gerät wird gleich überprüft: Klatscht dort (vor der Membran). In Ordnung. Es nimmt die Schüsse auf. In Ordnung.

Doch wenn über eine Schallmessstelle ein Flugzeug fliegt, dann ist mit einem Schlag die Aufzeichnung von drei Stellen verdorben.

Vom Keller aus beginnend werden die fächerartig auseinander strebenden Leitungen eingegraben, jede von ihrem eigenen Linienposten. Auf fünfzig Meter Länge, damit sie durch Beine nicht durcheinander gebracht werden und um sie vor Splittern zu schützen.

Schon fliegen sie an!! Eine Sechserstaffel Henschel. Erst noch hoch, dann gehen sie tiefer, beschreiben einen Kreis links von uns. Chlop! Chlop!, knattert unsere Flak. Daneben. Bombenladung abgeworfen. Weg sind sie.

Unsere Geschütze sind auf einigen Quadratkilometern entlang der Frontlinie dicht postiert: leichte und schwere Granatwerfer, 45er- und 76er-Kanonen, 107er-Haubitzen, verschiedene Fahrzeuge halb eingegraben, getarnt – wohin du auch wirfst, wirst nicht verfehlen.

Unterdessen müssen im Keller noch drei Arbeitsplätze eingerichtet werden: für den Brigadetelefonisten und die zwei Abteilungstelefonisten. Von der umgestürzten Linde sägten unsere Leute – wir haben immer eine Zweihandsäge bei uns – drei Baumklötze ab und schleppten sie in den Keller hinunter.

Ljachow brachte seinen leeren SIS* in den Unterstand.

Auch Paschanins GAS* wurde reingefahren. Uff, das wäre geschafft.

Vom 2. Posten meldete Schuchow zischelnd: »Wir sind angekommen!«

Man prüfte nach. In Ordnung.

Die Soldaten möchten es gern bequemer haben, doch ehe Owsjannikow nicht alles kontrolliert hat, müssen sie graben, vielleicht umsonst.

Vom Keller schreit es herauf:

»Genosse Batterieführer, Anruf für Sie.«

Mach schnell, und nicht die Beine brechen auf dieser Treppe aus Ziegelsteinen.

Es ist die Brigade: »42, wir warten auf Ziele!«

Ich wehre ab: »Gebt uns doch Zeit, uns zu entfalten und die Verbindungen herzustellen. Was seid ihr bloß für Menschen?«

Die Leute möchten schlafen, sind übermüdet. Ich betrachte meine Männer im Keller, sie würden auch gern schlafen.

»Nun ja, im Augenblick gibt's nichts zu tun – könnt die Köpfe auf die Tische legen.«

Das bedarf keiner Einladung. Alle sacken in sich zusammen. Es ist das letzte freie halbe Stündchen.

Die Sonne steigt immer höher. Die Hitze nimmt zu.

Auch die 4. Schallmessstelle ist angeschlossen, ebenso der Durchschlagsanzeiger. Mit drei Posten kann man schon grob ermitteln, wenigstens aus welchem Planquadrat geschossen wird.

Seit Beginn der Arbeit haben in der Zentralstation zwei Linienposten Dienst. Sie gehen die Leitung ab. Wo sie zerstört ist, verbinden sie neu.

Von jeder Messstelle schickt man dann gleichzeitig zwei Mann einander entgegen, weil man nicht weiß, welche der zerstörten Stelle näher liegt. Die Reparatur einer Leitung ist am gefährlichsten. Auch wenn man sich bückt, ist man zu sehen. Naht ein Flugzeug, schmeiß dich zu Boden. Ist kein Feuerüberfall zu erwarten, begeht der Diensthabende die Leitungen selbst. Sein Handwerk versteht er. Doch bei brenzliger Lage muss jemand darüber entscheiden, wer loszuschicken ist. Wenn Owsjannikow da ist, dann er – sonst ich. Aber dem Sinn der Aufgabe nach braucht es kein Offizier zu sein, der Feldwebel vom Zentralgerät kann es auch. Er ist dafür verantwortlich, dass genügend Schallmesser da sind, wenn nicht, können wir nicht richtig orten, haben vielleicht mehr Verluste. Und jeder dieser Gänge kann den Soldaten das Leben kosten. Auf diese Weise haben wir Klimanskij verloren. Doch wenn Geschosse fliegen, ist das Anschneiden notwendig.

Jetzt hat Andrejaschin Dienst. Er sitzt auf der Erde, mit dem Rücken an den Ziegelsteinbogen gelehnt. Flink, dunkel, nicht groß, mit kleinen Ohren. Er ist eben erst eingezogen worden, Jahrgang 1925. Als ich vorbeikomme, springt er auf.

»Nun bleib schon sitzen!«

Doch er war schon aufgestanden, seine dunklen, bittenden Augen schimmern.

»Genosse Oberleutnant, bitte geben Sie mir in Orjol drei Stunden Urlaub.«

Er stammt aus Orjol, ist als Straßenkind aufgewachsen. Und wie tüchtig ist er im Dienst. Er hat zwar keine Familie, aber es gibt dort jemanden, den er wieder sehen, finden möchte.

»Noch sind wir nicht in Orjol, Wanja, warte.«

»Aber wenn wir drin sein werden? Ich werd' Sie schon einholen, glauben Sie mir.«

»Schön, ich gebe dir Urlaub. Vielleicht auch für länger. Kann sein, wir bleiben eine Weile in Orjol.«

»Burlow ist dran!«, ruft man mir aus dem Keller zu.

Das ist die äußerste Messstelle links! Jetzt sind wir komplett.

Dugin reibt sich vergnügt die Hände.

»Wir haben es geschafft! So 'ne Freude!«

Aus der Tiefe kommt es zurück:

»Schöne Freude habt ihr da!«

Jetzt wird alles klappen, wir werden anschneiden. Nur die Vermessung fehlt noch. (Bis zur Vermessung sind die Posten nur grob verzeichnet, wie sie nach der Karte festgelegt waren.)

An der vordersten Linie – zeitweises Geprassel ungeordneter Einschläge. Aber mit Detonationsfontänen. Und wenn der Abschussknall eines Geschützes in eine Schießpause fällt, dann nehmen wir ihn auf.

Issakows Kascha* ist fertig. Der Reihe nach rennen die Leute der Zentralstation mit ihren Kochgeschirren hin.

Und in der Luft wird es immer lebhafter – unsere Flugzeuge und deutsche, aber mehr unsere! Angriffe sind nicht zu sehen, die einen wie die anderen hacken auf die vordersten Linien ein. Ein gewaltiges Scharmützel ist im Gange, die Erde bebt von den Explosionen – jetzt kannst du sie auch orten.

Jemeljanow vom Durchschlagsanzeiger:

»Jetzt hocken wir hier mit der Infanterie, dürfen uns nicht eingraben. Haben keine Deckung. Dem Ptaschinskij hat eine Kugel die Schulterklappe abgerissen – und ihn nicht mal angekratzt dabei.«

Ptaschinskij, seine Ablösung am Durchschlagsanzeiger, ist ein offenherziger Jüngling, helläugig, sehr kriegserfahren.

Immerhin: Mit fünf Posten konnten wir schon zwei Ziele ausmachen. 415 und 416. Unsere Aufgabe – die Koordinaten; Kaliber nach Gehör, bei größerer Entfernung kann man nur raten.

Von der Brigade drängt man uns:

»Welches Ziel hat jetzt auf Archangelskoje geschossen?« (Das ist beim Stab nebenan.)

»415 von Solotarjow, dem 3. Posten.«

»Gebt die Koordinaten.«

»Ohne Einmessung geht es nicht exakt.«

Antwort: ein unflätiger Fluch.

Owsjannikow kommt von den Messstellen zurück. Zehn Kilometer hat er zurückgelegt. Wir holen uns etwas Warmes zu essen und setzen uns auf die umgestürzte Linde.

Den naiven Owsjannikow mit dem Wladimirer Akzent liebe ich wie einen Bruder. Wir waren zusammen in der Militärschule, aber befreundet haben wir uns erst, als wir in dieselbe Batterie gerieten. An der Nordwestfront rettete er die Batterie entschlossen, im letzten Augenblick vor dem Eisgang der Lowatj, brachte sie ohne Verluste ans andere Ufer. Zusammengeschweißt hat uns jener Weiler Grimowskij: Alles war ausgebrannt, nur die Schornsteine standen noch, und die Deutschen konnten vom Glockenturm aus alles überblicken. Unsere Zentralstation war auch damals im Keller, wir saßen zusammen auf der Erde, ließen die Beine in den Deckungsgraben baumeln. Zwischen uns stand das gemeinsame Kochgeschirr. Während wir die Suppe mit Schmorfleisch löffelten, gab es drei Mal Beschuss, wir mussten uns in den Graben werfen, ließen das Kochgeschirr oben stehen, kletterten dann wieder raus und löffelten weiter.

Hinter unserem Hang können die Deutschen die Sheljabuga Siedlung nicht einsehen, nur aus der Luft. Ich drehe mir eine Zigarette, Viktor Owsjannikow raucht nicht. Er berichtet, wie und wo er Messstellen eingerichtet hat. Wen er unterwegs gesehen hat, wo welche Einheiten stehen. Bei den Deutschen in Mochowoje ist ein großes Feuer ausgebrochen, irgendwas haben unsere in Brand geschossen.

»Man schnürt sie ab. Mehr Druck ausüben, wir werden weiter vorstoßen, uns nicht aufhalten lassen.«

Ich hatte noch nicht zu Ende geraucht, als links von der Hauptstraße her die Unseren über die Schlaglöcher rumpelten – viele! Katjuschas!

Acht Geschosswerfer, voll beladen, eine Abteilung, anders tun sie's nicht. Hierher, hierher!

Nicht von ungefähr hat man euch hergeschickt. Und alle acht in einer Reihe, die Mündungen gegen die Deutschen gerichtet. Zwanzig Meter von uns entfernt, aus derartiger Nähe haben wir einen Feuerschlag noch nicht gesehen. Aber wir wissen: Man darf nicht genau dahinter stehen, muss sich zur Seite bewegen. Ich winke meinen Leuten zu, warne, weil alle zum Gaffen herausgekrochen sind.

Salve! Die äußerste Katjuscha fängt an, doch rasch geht es die Reihe entlang, und noch ist die erste nicht fertig, schießt schon die achte! Ja, schießen ist nicht mal das richtige Wort. Ein ununterbrochenes, drachengleiches – ja, ein ohrenbetäubendes Zischen wie vom Ungeheuer Gorynytsch*. Bei jeder Salve prallen schräge Feuersäulen auf die Erde, vernichten alles, was dort wächst, nach vorne und in die Höhe fliegen Dutzende, hier ganz nah sichtbare Wurfgeschosse, weiter weg kann man sie nicht unterscheiden, während die Feuerfächer sich über die deutschen Gräben ergießen. Ach, diese Riesenkraft! Dieses Untier! (Im Keller erstarben die Frauen in Angst vor dem Katjuscha-Zischen.)

Der äußerste Geschosswerfer, kaum dass er fertig gefeuert hat, wendet zur Abfahrt. Der zweite folgt, der dritte … Alle acht fahren so zielstrebig ab, wie sie aufgetaucht sind, wir sehen sie nur noch mit ihren leer geschossenen Führungsschienen durch die Schlaglöcher der Straße torkeln.

»Na, jetzt werden die Deutschen uns hier einheizen!«, sagt jemand.

Nein, das werden sie nicht. Die Deutschen wissen, dass die Katjuschas im Handumdrehen über alle Berge sind.

Owsjannikow und ich setzen uns wieder auf den Lindenstamm.

Kaum eine Verschnaufpause, schon wandern die Gedanken.

»Ja«, sinniere ich, »da stürmen wir los, stürmen vorwärts, und welche Sprungfeder wird in Europa gedrückt? He? Nach so einem Krieg wird es eine Revolution geben, kann gar nicht anders sein, was? … Entspricht exakt Lenins Lehre. Und dieser Krieg, genannt der vaterländische, wird sich in einen revolutionären verwandeln.«

Owsjannikow blickt friedlich drein. Schweigt. Seit er bei den Deutschen Benzinpulver gefunden hat, glaubt er den Zeitungen nicht, die schreiben, die Deutschen hätten kaum noch Treibstoff. Sorge macht ihm der Durchschlagsanzeiger:

»Die können dort die Köpfe nicht rausstecken, geschweige sich heißes Wasser besorgen. Der Platz ist ungünstig. Lass uns mal die Karte anschauen, wie weit ich sie zur Seite oder zurücknehmen kann. Ich werde sie schnell verlegen, ohne die Leitung zu unterbrechen.«

Wir maßen mit dem Zirkel. Drei- bis vierhundert Meter sind möglich.

Er ging davon mit langen Schritten, unermüdlich.

Und Mitjka Petrykin, wie ich sehe, möchte gern im Teich baden. Er hat die dienstfreien Rechner gerufen, sie heben Laufgräben aus.

Und man hat noch weitere Leitungen verlegt: von rechts von der 2. Abteilung, von links von der 3. Auch sie nehmen Anschluss. Unsere Zentralstation strahlt nach allen Seiten, wie ein wichtiger Stab. Im Keller ist es jetzt eng geworden. Alle drei Telefonisten hocken auf Holzböcken, die Telefone schon auf den Knien.

Plötzlich werde ich ans Telefon gerufen. Aus der 3. Abteilung vom Führer der 8. Batterie, Tolotschkow. Er gefällt mir sehr. Nicht groß, verwegen, über der Arbeit vergisst er alles. Mit ihm zu schießen macht regelrecht Freude.

»Gib Ziele, gib Ziele durch, mir ist schon ganz fad.«

»Musst warten. Kriegst sie so schnell wie möglich. Wir warten auf die Vermessung. Jetzt ertasten wir Ziel 418.«

Ohne Schallmessaufklärung ist ein Artilleriezziel kaum zu finden, nur bei Dunkelheit, beim Aufleuchten des Mündungsblitzes, in direkter Beobachtung und wenn es eine offene Geschützstellung ist.

Dann habe ich die 2. Abteilung in der Leitung. An der Stimme höre ich, dass es der Kommandeur selbst ist, Major Bojew.

»Sascha, wir haben heute eine schwierige Aufgabe, lass uns nicht im Stich.«

»Wir geben gleich einiges durch, allerdings noch ohne Vermessung.«

»Egal, gib nur immer her. Noch was, komm am Abend zu mir ins ›Häuschen‹.«

Das heißt in den Abteilungsstab.

»Und weshalb?«

»Wirst dort schon sehen.«

Als ich nach draußen will, stürzt gerade Jura Kuklin die Kellertreppe herunter und gibt mir die Liste mit unseren sämtlichen Koordinaten.

»Wenn Sie 'n Moment warten, präzisieren wir noch.«

»Danke, es genügt so«, und ich übergebe die Liste sofort dem Planzeichner Nakapkin.

Er misst mit dem Messgerät auf einen Meter genau mit einem schräg linierten Winkellineal, trägt auf den Messplan mit dem großen, blauen Kilometernetz den X- und Y-Wert für jede Schallmessstelle ein und korrigiert frühere, provisorische Werte.

Jetzt verbindet er von neuem die Schallmessstellen mit Geraden, versieht sie mit den neuen Senkrechten und führt von ihnen aus die neuen Achsen zum Ziel. Angefangen mit 415 sind alle Ziele neu verzeichnet.

Auf dem Band des Zentralgeräts läuft für jeden Schallempfänger eine eigene Tintenlinie. Jedes Vibrieren der Mikrofonmembran beim Schallposten zeichnet sich hier auf dem Band als schwankende Aufzeichnung ab. Entsprechend dem Zeitunterschied der Schwankungen bei den Nachbarempfängern wird die Richtung der Achsen auf dem Messplan berechnet. Und unter idealen Bedingungen – nachts oder bei feuchter

Kälte – treffen diese drei bis vier Achsen in einem Punkt zusammen: Das ist er, der Ort des feindlichen Geschützes, du kannst ihn unserer Geschützbedienung durchgeben.

Aber wenn es viele Schallfehler gibt, etwa bei einer Hitzeinversion, dann fließen alle Schallschwankungen auseinander, sind entstellt oder schwach ausgeprägt. Der Auslenkungsmoment ist unsauber. Von wo aus soll man rechnen? Berechnest du falsch, liegen auch die Achsen falsch auf dem Plan. Der erwünschte Punkt fehlt, er zieht sich in ein längliches Fehlerdreieck auseinander. Da heißt es lange suchen.

Offenbar ist es jetzt auch so. Botnew hängt über Nakapkin, runzelt die Stirn.

Mit Botnew haben wir nicht wenig Kummer. Einmal fuhren wir mit zwei Lkws wie üblich. Zum Zielort konnte man nicht anders gelangen als über diesen Feldweg nach Beloussowo. Doch Stopp: Am Weg hatte man ein Schild eingerammt mit der Nachricht: »Minengefahr«. Die Schrift war schon ziemlich verblasst. Auf Seitenwege auszuweichen, wäre ein erheblicher Umweg gewesen. O-o-och, soll man oder soll man nicht? Dieses russische Wird-schon-werden! Auf Paschanins Halbtonner stürmte ich voran! Die

Füße auf den Boden gestemmt, um Halt zu haben, sollte eine Mine hochgehen, die Augen nach vorn gerichtet, um zu erkennen, ob unter diesem Hügelchen oder in jener Vertiefung eine Mine verborgen liegt.

Wir waren zirka dreihundert Meter dahingerumpelt – hinter uns eine Detonation. Wir hielten, sprangen aus den Fahrzeugen, für einen Fußgänger ist eine Panzermine nicht gefährlich, blickten zurück: Von Ljachows Fahrzeug sind das rechte Rad und ein Kotflügel abgerissen, alles Übrige ist heil, auch Ljachow selbst und die Männer im Wagenkasten sind unversehrt. Botnew, auf dessen Seite es eingeschlagen hatte, war ebenfalls nichts passiert, aber er rannte irgendwohin, rannte den Hügel hinauf, kam in wildem Nichtbegreifen zu sich, noch immer halb verwirrt. (Der erste Lkw war jedoch weitergefahren, hatte den Bestimmungsort erreicht; das übrige Gerät, das gebraucht wurde, musste hingetragen werden.)

N-nein, es ist ein ordentliches Dreieck. Irgendwo, irgendwo dort ist Ziel 415 und lässt sich nicht finden. Klar ist, dass es eine 150er ist und kein Einzelgeschütz. Also weiter aufnehmen und aus den Aufzeichnungen auch das

Richtige entnehmen. Ich vertiefe mich ins Band von 415.

Aus unscharfen Anfängen bekommt man keinen Ablesewert. Soll man eine andere Spitze oder Biegung suchen und von diesem Wert ausgehen?

Auf die Ortsbewohner im Keller achten wir nicht mehr. Hin und wieder schnauzen wir sie an, sie sollen nicht so viel Krach machen. Doch da hat sich ein Jüngelchen, vielleicht zehn Jahre alt, wieder die Treppe hinaufgewagt.

»Wo willst du hin?«

»Gucken!« Ein entschlossenes Gesicht.

»Hier wird aber geschossen, weißt du womit? Eh' du dich versiehst, zerreißt dich ein Splitter. In welche Klasse gehst du?«

»In gar keine«, er schniefte.

»Warum nicht?«

Blöde Frage! Ist doch Krieg, da gibt's nichts weiter zu erklären. Doch der Junge antwortet mürrisch:

»Als die Deutschen gekommen sind, hab' ich meine Schulsachen vergraben.« Kühnes Gesicht. »Bei denen will ich nicht lernen.«

Deutlich zu sehen: Er hasst sie.

»Die ganzen zwei Jahre?«

Er blinzelt: »Jetzt kann ich sie wieder ausgraben.«

Kaum hatten wir uns von dem Schlingel abgewandt, kroch er auf allen vieren unter dem Tischchen des Rechners durch, sprang hinaus, ab in sein Dorf.

Ich wurde zum Telefon gerufen. Der Gehilfe des Brigadestabschefs fragte ungeduldig:

»Welches Ziel schießt von Solotarjow her? Gebt die Zielkoordinaten durch!«

Ja, die suche ich ja, lasst mich nachdenken. Es wäre viel einfacher für mich, mit der Nadel ins Messtischblatt zu stechen, und sie würden ein Dutzend Schüsse abgeben und sich beruhigen. Und dann bei neuerlichem Beschuss von derselben Stelle würde ich behaupten, das sei ein neues Ziel. Aber das werde ich nicht tun.

Wieder und wieder rede ich von Störungen, Flugzeugen, Inversion. Bitte um Geduld, wir arbeiten dran.

Man ruft mich ans andere Telefon. Der Stabschef der 3. Abteilung. Dieselbe Frage, dieselbe Ungeduld.

Es ist Hauptmann Lawrinenko, wie ich an der Stimme erkenne. Ein listiger Ukrainer. Einmal rief er zum Einschießen an:

»Wir feuern das erste Geschosss. Berichtigen Sie!«

Ich erläutere den Einschlagspunkt:

»Jetzt zweihundert Meter nach links und hundertfünfzig vor.«

»Das zweite Geschoss. Orten.«

»Kein Einschlag.«

»Wie kann das sein? Wir haben doch geschossen.« Ach sowas!

»Wo? Wir haben den Einschlag registriert, aber einen halben Kilometer weiter rechts. Seid ihr besoffen?«

Er knurrt: »Ja, die haben sich ein wenig geirrt. Ortet weiter.«

Er wollte es beim ersten Mal eben nicht glauben. Ein anderes Mal hat er separat auch Verbindung mit der 1. Schallmessbatterie aufgenommen (meine war die 2.): Orten. Einschießen. Das gleiche Ergebnis bei beiden Batterien. Nun glaubt er es.

Jetzt plagt er uns: Wann haben wir die Koordinaten?

Ja, es schießt eine schwere 150er. Einschläge links von uns zwischen dem Brigadestab und dem Stab der 3. Abteilung. Wahrscheinlich Ziel 415. Doch bei dem Kampflärm sowohl in der vordersten Linie wie auch von zwei Artillerieabteilungen schaffst du es nicht: Bei jedem Orten kriecht das Ziel auf dem Zielplan irgendwohin, das Fehlerdreieck verschiebt sich wieder.

Ab und zu startet der Durchschlagsanzeiger das Band. Ein misslungenes Band bedeckt Dugins Beine bis zum Knie in wirrem Haufen. Wir haben schon eine große Spule ausgetauscht.

Jemand ist an der Reihe, sich auszuruhen. »Fedja, geh ins Haus, schlaf ein Weilchen. Ich bleibe hier, um 415 zu knacken.«

Jenjko mit den beiden Telefonhörern am Kopf ist ein Schlitzohr, jetzt hat er erspäht, dass weiter hinten im Keller ein prächtiges junges Mädchen sitzt.

»Und wie heißt du, meine Schöne?«

Helle, lockige Haare fallen ihr seitlich in die Stirn. Der Blick ist lebhaft.

»Iskiteja.«

»Woher denn so'n Name?«

Die alte Frau neben ihr erläutert:

»Den hat das Väterchen, unser Pope, ihr gegeben. Wir nennen sie Iskorka*.«

»Und wie alt bist du?«

»Zwanzig«, gibt sie keck zurück.

»Und nicht verheiratet?«

»Kri-ieg«, antwortet die Alte statt der Jungen. »Was gibt's da schon zu heiraten?«

Jenjko löst einen Hörer vom Ohr, gibt ihn mir: »Leutnant Owsjannikow.«

Viktor meldet vom Durchschlagsanzeiger: »Es ging nur kriechend. Wir haben ihn etwas zurückgezogen. Da gibt es zwei ziemlich große Felsbrocken, dahinter heben wir einen kleinen Graben aus. Aber trotzdem bleibt's ein kniffliger Platz.«

»Und allgemein?«

»Allgemein sieht's so aus: Von rechts sind unsere Panzer zweimal nach Podmaslowo vorgestoßen. Haben einen Einbruch erzielt. Vorläufig stehen sie noch. Aber es wird ganz schön auf sie eingedroschen.«

»Gut. Genug einstweilen für dich. Komm zurück, ruh dich aus. Die Nacht wird noch was bringen.«

»Nein, ich bleib' noch hier.«

Trotzdem, wir haben ein paar Ziele, aber keines ist punktgenau. Und bei jedem kleinen Fehlerdreieck haben wir in die Mitte gestochen und beiden Abteilungen die Koordinaten diktiert. Ziel 415 entzieht sich jedes Mal.

Diese Iskorka hat offenbar kein Sitzfleisch, will weg. Ihr Kleid ist in der Taille eng gegürtet. Ober- und unterhalb – alles hübsch bauschig.

»Wohin willst du?«

»Nachgucken, was bei uns alles hin ist. Die machen die ganze Wirtschaft kaputt.«

»Wer?«

»Na ja doch! Auch eure klauen unsere Hühner.« Ihre Augen sprühten Funken.

»Und wo ist eure Hütte?«

Mit einer leichten Armbewegung wie im Tanz: »Da drüben, bei den Weiden.«

»Das ist aber weit«, ich hielt sie am Ellbogen zurück.

»Kann man nicht ändern.«

»Gut. Aber pass auf. Wenn Flieger kommen, gleich hinwerfen. Ich komme später und sehe nach, ob du heil angekommen bist.«

Tap, tap, tap – flink hüpfte sie die Treppe hinauf und lief davon.

Wir verbrauchen das Band. Ununterbrochener Lärm am Himmel, von unseren und ihren. Ach, wie sie brüllen, heulen, in der Luft herumkurven, um einander auszuweichen und sich gegenseitig noch mit MGs zu beschießen!

Von oben, vom Kellereingang her ruft jemand laut:

»Wo ist euer Batterieführer?«

Unser Diensthabender rennt zur Treppe:

»Genosse Oberleutnant, Sie werden verlangt!«

Ich gehe hinauf.

Oben steht ein äußerst adretter Feldwebel aus dem Stab, MP über der Schulter, Lauf nach unten, meldet hastig und atemlos:

»Genosse Oberleutnant, der Brigadekommandeur schickt nach Ihnen, will Sie sehen, sofort!«

»Wo? Wohin?«

»Sofort! Kommen Sie! Ich bringe Sie hin!«

Na, was denn? Wir rennen los. Die Pistole klappert an der Hüfte, ich halte sie fest.

Durch alle Schlaglöcher des Feldwegs zur Siedlung. Da steht ein Willys auf offener Straße. Schaffte er's nicht mehr bis zu uns? Oder will er mir eine Lehre erteilen? Wir laufen hin.

Angekommen. Drinnen sitzt der tiefdunkle Oberst Ajrumetow.

Ich mache Meldung. Hand an der Schläfe.

Er verbrennt mich mit schwarzem Blick:

»Batterieführer! Für eine derartige Arbeit schicke ich Sie ins Strafbataillon!!«

Ich bin wie verbrüht. Wofür? ... Er kann das ohne weiteres tun. Bei uns geht sowas schnell.

Hände an der Hosennaht, murmele ich etwas von atmosphärischer Inversion. (Das wird er nie akzeptieren! Und weshalb auch sollte er es verstehen?) Sich auf unbekannten Beschuss zu beziehen, wäre töricht: Bei der Kriegsarbeit lassen sich nie alle anderen Geräusche überhören.

Er mildert seine Drohgebärde und rügt spöttisch:

»Rasieren, Oberleutnant, muss man sich auch im Krieg.«

Was hätte er sonst noch gesagt? Doch da glitten, wer weiß woher, zwei einmotorige Junkers über das Wäldchen. Wie sollten die den einsamen Willys auf der Straße nicht sehen? Er bedeutet ja: ein hohes Tier! Ja! Die eine Junkers dreht und geht in den Sturzflug über!

Und jener Melder, der mich geholt hatte, ist schon wie der Blitz im Auto. Der umsichtige Fahrer wartet den Fahrbefehl des Brigadekommandeurs gar nicht erst ab. Wenden, wenden, nichts wie weg.

Und so konnte der Oberst nicht zu Ende sprechen.

Die erste Junkers ist schon im Sturzflug. Und wie immer sind ihre Vorderräder wie ausgestreckte Krallen auf dich gerichtet. Die Bombe fällt wie ein Tropfen aus ihrer Klaue. (Und dann, wieder aus dem Sturzflug hochsteigend – wie sie da den Rücken streckt und vor Wonne zittert!)

Bin ich entlassen? Ich renne zurück, werfe mich in eine Bodensenke.

Hinter mir Explosion! Taubheit.

Ich strecke mich, richte mich auf. Der Willys wie weggeblasen! Ist getürmt, im Straßenstaub verschwunden.

Und die zweite Junkers? Sie vergrößert ihren begonnenen Kreis. Schießt sie direkt auf mich zu? Der Pilot hatte ja kapiert, dass neben dem Willys kein einfacher Soldat stand. Oder tut er es aus Ärger? Aus Rache?

Denken ging nicht, zum Weglaufen war es zu spät, nach oben zu schauen – keine Kraft. Ich ließ mich wieder in die Bodensenke fallen, das Gesicht auf die Erde gedrückt. Und womit den Kopf schützen? Mit den Händen. Wirklich hier? ... So zufällig und so dumm?

Kr-r-r-ach! Und Brandgeruch! Starker Brandgeruch!

Ich bin mit Erde überschüttet. Unversehrt? Sie schießen ja oft daneben. Grässliches Dröhnen im Kopf, blöder Kopf.

Laufen! Laufen! Ich stolpere durch die teuflischen Schlaglöcher. Ja, und noch den Hang hinauf.

Wenn sie nur nicht die Siedlung zerbomben, bei uns sind alle Leitungen sternförmig verlegt. Würde der Keller halten?

Nein, die Junkers sind fort: dorthin, nach oben, wo sich ihr eigenes Leben abspielt, sie eilen hintereinander her, den Himmel interessiert die Erde nicht mehr.

Und bei dem ineinander fließenden Getöse kannst du nichts aufzeichnen. Also ab in die Strafkompanie!

Die 76er-Nachbarbatterie wird aus der Siedlung abgezogen, nach vorn verschoben, dort geht's heißer zu.

Och, und im Kopf dröhnt es. Der Kopf ist aufgequollen, angeschwollen von den Anspannungen der letzten Tage, davon, dass ein Tag nicht vierundzwanzig Stunden, sondern zweihundertvierzig Stunden hat.

Aber unabhängig von der Schlaflosigkeit entwickelt sich eine ganz außerordentliche Stimmung, die dich über dich selbst hinaushebt, ein leicht beschwingter, euphorischer Zustand.

»Michail Longinytsch, geben Sie mir alle Bänder von 415. Ich werde das Ziel selbst suchen, und Sie suchen die übrigen.«

Ich schicke Mitjka los, damit er mein Klapptischchen holt, ein außeretatmäßiges. Ich stelle es neben den Kellereingang in den Schatten der Salweide.

»Bring mir aus irgendeiner Hütte einen Hocker.«

Im Handumdrehen bringt er ihn.

Ich setze mich, krame in den Bändern, überlege.

Vorschriftsmäßiges Verfahren: die abgelesenen Werte zu Beginn des ersten Aufzuckens jedes Schallempfängers verwenden. Auch wenn die Anfänge unscharf sind, nicht korrigieren. Das haben wir verschiedentlich gelernt. Man kann die Spitzen der Auslenkungen vergleichen – 1. Maximum, 2. Maximum oder im Gegenteil Minimum. Oder allgemein auf allen fünf Schwankungen nach Orten gleichen Charakters suchen, den kleinen Knicken, und von diesen Stellen die Ablesewerte nehmen.

Ich mache es so, mache es anders – und Mitjka

nimmt die Bänder in den Keller zur Überarbeitung. Wenn das Fehlerdreieck in den Schnittpunkten sich verkleinert, ruft Nakapkin mich, den Schießplan anzusehen …

Unterdessen fordert die 2. Abteilung Korrekturen von uns an. In der Nähe rechts beginnen die Kanonen der 4. und 5. Batterie zu krachen.

Wir filtern ihre Einschläge aus anderem Lärm heraus und geben die Koordinaten durch. Sie nehmen einen Seitenschwenk vor – wir kontrollieren wieder.

In Mjagkows 5. Batterie haben sie es schon fertig gebracht, sich auf Ziel 421 einzuschießen und es einzudecken. Er telefoniert vom Beobachtungsstand aus, sagt zufrieden: »Zum Schweigen gebracht.«

Und die Dankbarkeit gegenüber dem fleißigen Rechenzug!

Lipskijs weiche, weiße Hände auf dem Band, das auf dem Tisch ausgelegt ist. Mit der linken hält er das Band, mit der rechten den präzisierenden Bleistift wie eine Lanze und zielt, zielt: Wo ist die richtige Stelle, an der er einen ganz feinen Strich machen soll, um den Beginn der Schwankung festzuhalten? (Aber es kann auch falsch sein. Es kommt vor, dass man eine halbe

Minute nicht ganz genau aufpasst, und davon hängt dann der gute oder schlechte Verlauf ab.)

Konzentriert, mit leicht hängenden Schultern, führt Uschatow den Sucher über den Schallmessrechenschieber Tschudnows, nimmt den abgelesenen Wert auf ein Tausendstel genau.

Der Rechner Fenjuschkin trägt nach der Tabelle Korrekturen ein über Wind, Temperatur und Luftfeuchtigkeit. (Wir messen selbst in der Nähe der Zentralstation.) Die korrigierten Daten übergibt er dem Planzeichner.

Der Planzeichner (der hellhörige Kontschiz hatte Nakapkin abgelöst) sondiert fast atemlos diese Daten mit dem Berichtigungsmessgerät mittels der geriffelten Schrägung des Winkelmessers, ermittelt den Winkel zwischen der Mittelsenkrechten jeder Basis der Posten und der Richtung zur Schallquelle. Jetzt zieht er die Geraden, und dann sehen wir, wie es passt.

Und von der gewissenhaften Exaktheit jedes Einzelnen hängt unter Beschuss das Schicksal der deutschen Kanonen oder der unseren ab.

(Und der abgelöste Nakapkin macht sich ans Schreiben – mit dienstlicher Tinte auf selbstklebendem Feldpostpapier mit der schrecklichen

Szene, wie der Rotarmist den Feind niederschlägt – nach Hause oder an sein Mädchen.)

Unsere Schallmessstellen sind alle noch intakt. Bei Wolkow gab es Bombenabwürfe, alle blieben unverletzt, hatten sich schon eingegraben. Zwei bis drei Leitungsschäden sind schon wieder repariert.

Trockenes Wetter hat seinen besonderen Wert: Unsere nur stoffummantelten Kabel werden nicht nass. Unser Gummi ist schwach, bei Feuchtigkeit gibt es bald Erdableitung, bald Kurzschluss. Und unter Beschuss eine Leitung legen, ist schlimmste Plackerei. Die Deutschen kennen diese Nöte nicht. Sie haben rote Kunststoffisolierung. Beutekabel sind für uns Gold wert.

Kontschiz meldet, dass mein Ziel 415 keine schlechten Schnittstellen hat, nahe beim Punkt. Ich entschließe mich, rufe Tolotschkow an:

»Wasja, da hast du Ziel 415. Schieß dich nicht ein, wir bringen es nicht besser hin, schick ihnen einen kleinen Überfall, sofort. Schüchtere sie ein!«

Das ist echt russisch. Tolotschkow macht einen Feuerüberfall – zwanzig Schuss, fünf aus jeder Kanone.

Nu, was jetzt? Wir beobachten weiter.

Und da – starke, stürmische Einschläge auf unserem Hang. Ich schaue hinüber, dort, wo die oberen Hütten an unserer Straße stehen, wo die Silberweiden in einer Gruppe stehen, wohin Iskiteja gelaufen ist, seitlich auf jenem Kamm nebeneinander zwei Dutzend schwarze fontänegleiche Explosionen, ganz dicht nacheinander, die 105er wahrscheinlich. Wer sitzt dort von unseren Leuten? Man hat sie geortet oder vom Himmel aus beobachtet.

Am Himmel aber sind wir häufiger vertreten. Das macht stolz.

Ich gehe in den Keller. Dort sagt man mir, die Erschütterung sei ziemlich stark gewesen. Die Frauen überlegen: Was sollen wir hier unnütz rumsitzen? Wir sollten gehen und unsere Habe retten. Einstweilen aber hocken sie noch hier.

Doch dann wieder und wieder Erdstöße, diesmal noch näher als auf dem Kamm der Anhöhe.

Dugin schreit nervös von oben:

»Die zweite Leitung zerschossen! ... Und die dritte! ... Und die vierte!!«

Das heißt hier ganz nah, wo die Leitungen auseinander laufen? Und von allen drei Gegenstellen, die das noch nicht wissen, werden nun umsonst Störungssucher losgeschickt.

Jemand berührt mich von hinten, der Brigadetelefonist, fast erschrocken sagt er:

»Jemand *von ganz oben* will Sie sprechen!«

Oho! Höher als die Brigade, das ist der Stab der Artillerieeinheit. Ich nehme den Hörer:

»42 am Apparat.«

Schwach zu hören, wie von weit her eine drohende Stimme:

»Unsere Panzer sind im Planquadrat 74-41 aufgehalten!«

Mit der linken Hand halte ich krampfhaft die Karte auf den Knien, suche mit den Augen: ja, bei Podmaslowo.

»Von Kosinka aus wird mit 150-Millimeter-Sprenggranaten geschossen, weshalb meldet ihr nichts?«

Was kann ich dazu sagen? Über seine Hörner springt auch der Bock nicht. Wir bemühen uns! (Wieder mit der Inversion erklären? In so einem hohen, gelehrten Stab müsste man das doch verstehen.)

Ich antworte, was ich kann.

Und wieder ganz nah bei uns: Einschlag! Einschlag!

Und von oben ein Schrei:

»Andre-ja-schin!«

Und aus dem Telefon (ich halte mir das linke Ohr zu, damit ich besser verstehen kann) die Stimme:

»Also, 42, wir werden vorrücken und schicken dann eine Kommission zur Nachprüfung der Position der deutschen Feuerstellungen. Und wenn sie dort nicht sind, werden Sie das strafrechtlich zu verantworten haben. Von mir aus ist das alles!«

Wer ist dieser »von mir aus«? Seinen Namen hat er nicht genannt. Doch wohl nicht der Chef der Artillerie persönlich? Immerhin, meine Kehle ist ein bisschen trocken.

Inzwischen ist großes Durcheinander entstanden – Rennen, Schreien, hinunter und hinauf.

Ich gebe den Hörer ab, schließe meine offenhängende Kartentasche und begreife nicht, was vorgeht.

Jenjko und Dugin wie aus einem Munde:

»Andrejaschin ist verwundet!«

Ich haste nach oben. Sehe: Komjaga und Lundyschew laufen mit einer Zeltbahn den Hügel hinauf. Und hinter ihnen leicht hinkend, so schnell, wie er kann, der Sanitäter Tschernejkin mit der Tasche.

Und dort, hundertfünfzig Meter entfernt, liegt er, bewegt sich nicht.

Aber wenn es jetzt dort einen neuerlichen Einschlag gibt? Dann werden die drei auch erwischt.

Ich schreie:

»Sucht Paschanin! Macht ein Fahrzeug fertig!«

Es geht um Sekunden. Nur jetzt keinen Einschlag, nur jetzt nicht! Nein, sie schießen nicht.

Dugin springt mit verzerrtem Gesicht vom Gerät auf, zuckt mit den Schultern:

»Genosse Oberleutnant, nur die zwei äußeren Messstellen sind übrig geblieben, nichts geht mehr!«

Sie rennen zu Andrejaschin, beugen sich über ihn.

Nur jetzt keinen Einschlag! Nur jetzt nicht!

In Tschernejkins Händen schimmert es weiß. Er verbindet Andrejaschin ... Lundyschew hilft ihm, und Komjaga breitet die Zeltbahn auf der Erde aus.

La-angsam verstreichen die Sekunden.

Paschanin rennt herbei, verschlafen, die schwarzen Borsten unrasiert.

»Hol' dein Fahrzeug her! Zum Abtransport.«

Zu dritt betten sie Andrejaschin auf die Zeltbahn.

Zwei tragen ihn hierher.

Und Tschernejkin hinter ihnen trägt noch etwas, hält es von sich ab, um sich nicht zu beschmutzen.

Trägt er ein Bein?

Vom Knie an ist das Bein abgerissen, steckt noch im Stiefel, die Wickelgamaschen flattern lose herum.

Sie tragen ihn, schwer stampfend.

Galkin und Kropatschow kommen ihnen zu Hilfe.

Hinter ihnen Mitjka: Das Bürschchen will Blut aus der Nähe sehen.

Und hinter ihnen noch ein neugieriger Bengel aus dem Dorf.

Einer erzählt mir: Der Galkin hat sich nur ein klein bisschen verspätet. Sonst wäre er auch dort gewesen, es war auch seine Leitung.

Andrejaschin hat sich also allein losgerissen, wie ein Vogel.

Er wollte Urlaub in Orjol ... jemand besuchen ...

Ohne Beine wird der junge Mensch jetzt leben müssen. Und er hat weder Vater noch Mutter ...

Die Träger hören ihn stöhnen:

»Leute, bringt mein rechtes Bein in Ordnung.«

Das nämliche.

Aus der Wattebinde sickert Blut. Tschernejkin legt ihm noch eine Binde um.

Lundyschew: »Er hat noch mehr Wunden. Da – Flecken an der Seite, auf der Brust.«

Splitterverletzungen.

Also wird es nichts mehr mit dem Urlaub ...

Sein bräunliches Gesicht ist noch dunkler geworden.

»Leute«, bittet er, »rückt mir mein Bein zurecht ...«

Das abgerissene ...

Es ist schwierig, ihn auf die Ladefläche zu heben, ohne ihm noch mehr Schmerzen zu bereiten. Blut tropft auf die Erde, auf die heruntergeklappte hintere Bordwand.

»Ja«, ich nicke zu dem Bein hinüber, »nehmt es mit. Wer weiß, vielleicht benötigen es die Ärzte.«

Sie nehmen es.

Jetzt, Paschanin, rasch und vorsichtig.

Durch all die Schlaglöcher.

Und Paschanin wird so vorsichtig fahren, als sei er selbst verwundet.

Im Wagenkasten sind außer Andrejaschin noch zwei Mann.

Die Bordwand wird hochgeklappt, der Lkw fährt an.

Ob er überlebt? Von uns ist er jedenfalls fortgegangen.

Und er wollte doch unbedingt nach Orjol. Nun sind wir es, die ohne Umwege dorthin vorrücken werden.

Traurig trennten wir uns.

Ja, fiel mir ein: strafrechtlich verantwortlich.

Dugin, erschöpft vom Dienst:

»Genosse Oberleutnant, sollen wir anrufen? Wie geht es weiter?«

Die Linienposten sind einsatzbereit. Voller Furcht. Auch jener Galkin, der zufällig unversehrt geblieben ist.

Aber dort vorne wird auf unsere Panzer eingedroschen.

Wer ist zu schützen? Dort schützen? Hier schützen?

»Wartet noch«, knirsche ich durch die Zähne. »Ein Weilchen müssen wir noch warten.«

Als ob ich es geahnt hätte. Die Abschüsse sind kaum zu hören bei dem allgemeinen Kampflärm und der Hitze, die Erschütterungen aber spürt man deutlicher. Anderthalb Dutzend 150-Millimeter-Geschosse – wieder dahin, wo es Andrejaschin erwischt hat, und noch näher – schwarze Explosionen oben auf dem Hang!

Die eine Hütte wie weggefegt, der anderen wurde das Dach abgerissen.

»Sagt das den Leuten im Keller nicht!«

Da hätte es sie erwischt, als sie Andrejaschin einsammelten.

Mitjka bringt mir eine Meldung von Dugin:

»Der Durchschlagsanzeiger ist getroffen!«, schreit er so, als freue er sich darüber.

Na, umso mehr warten wir jetzt ab.

Wie mein Großvater sagte: »Wer beim Teufel kauft, muss verkaufen!« Eines kommt zum anderen.

Also ich habe mich nicht für die gesamte Armee zu verantworten. Und der Kommandierende auch nicht. Ich bin nur zuständig für diese sechzig Männer. Wie Owsjannikow sagt: »Wir müssen die Menschen beschützen. Sehr beschützen.«

Wir warten ab.

Ich rauche sinnlos. Davon wird mir noch elender in der Seele.

Und dieses vollkommene Abgestumpftsein. Als ob das Gehirn aus dem Gleis geraten wäre, das Einfachste ist nicht zu begreifen.

Es vergehen zwanzig Minuten, kein Feuerüberfall mehr. Jetzt schicke ich Galkin und Kropatschow zum Reparieren. Weil alle Verbindungen auf einmal unterbrochen sind, muss es in der Nähe der Station, in Sichtweite sein. Beide Männer haben Telefone umgehängt, zum Durchrufen und Prüfen der Leitungen.

Wieder werde ich nach unten ans Telefon gerufen.

Den benachbarten Batterieführern erkläre ich: Die Messstellen sind zerschlagen.

Tolotschkow rechnet damit, dass Ziel 415 zerstört ist, es erscheint nicht mehr.

Aber es erfolgt auch kein weiterer Feuerüberfall. Sie haben repariert, auch dort, wo Andrejaschins Blut geflossen ist, sind fertig, kommen zurück. Feine Kerle.

Nur das Geräusch der deutschen Geschütze, doch undeutlicher. Die Sonne brennt. Ich fühle mich matt. Haufenwolken tauchen auf, ziehen sich aber nicht zusammen. Botnew löst mich in der Zentrale ab.

Owsjannikow kommt zurück. Schweißnass, die Feldbluse voll dunkler, nasser Flecken. Von Andrejaschin hat er schon erfahren. Auf seinem Rückweg ist auch er in den Feuerüberfall geraten, hat lange ohne Deckung gelegen. Für den Durchschlagsanzeiger ist es schwierig gewesen, wenn er auch jetzt hinter Steinen geschützt ist, den Kopf kann man nicht herausstecken.

Er selbst – die schweißgetränkte Mütze hat er abgenommen, die wirbligen Haarbüschel streben nach oben – berichtet ordentlich, der Reihe nach, in seinem Wladimirer Akzent, was ihm begegnet ist.

»Geh nun schlafen, Witja.« Er geht.

Die Stunden rinnen dahin, und von all dem Getöse, dem Wirrwarr beginnt die überreizte, übermäßige Anspannung in Taubheit zu versinken. Irgendein Verbrennungsrückstand der Seele vergeht aber nicht; der von Schlaflosigkeit und Explosionen geschwollene Kopf, die entzündeten Augen sind übermüdet. Es ist, als seien einzelne Teile des Gehirns und der Seele auseinander gefallen und könnten nicht zusammenfinden.

Aber man muss nachts einen ganz klaren Kopf haben. Daher gehe auch ich jetzt in die Hütte zum Schlafen. Auf dem Bett liegt eine zerschlissene, schmutzige Decke. Auch das Kissen ist dreckig. Und Fliegen.

Kaum habe ich mich hingelegt, gibt es mich schon nicht mehr. Ich schlafe wie tot. Wie lange? Die Sonne steht schon auf der anderen Seite, sinkt bereits.

Im Laufschritt zur Station.

Dort steht Paschanin mit seinem Kochgeschirr, hat gerade gegessen.

»Ihr seid zurück?«

Mit teilnahmsvoller, trauriger Stimme, als wäre er schuld:

»Am Verbandsplatz ist er gleich gestorben, war ganz durchlöchert.«

So war das.

So.

Ich gehe ans Gerät, will wissen, wie es mit der Arbeit steht.

Unsere Leute sind bedrückt. Die zweite Schicht arbeitet an allen Tischen.

Und die Frauen schwatzen nicht: ein Toter im Haus.

»Nichts von Ziel 415?«

Kontschiz vom Messplan her: »Nichts.«

Während dieser Zeit haben unsere zweimal die deutsche vorderste Linie angegriffen, besonders bei Mochowoje. Und ich habe nichts mitbekommen.

Die Leitungen wurden hier und da zerstört, sind aber schon wieder repariert.

»Und wo ist Owsjannikow?«

»Zu den rechten Posten gegangen.«

Der Unermüdliche!

Aus irgendeinem Grund hat man aufgehört, uns zu plagen.

Aber die Taubheit vergeht nicht. Wenn man mir doch ein bisschen Zeit ließe, um ins Gleichgewicht zu kommen, bis zum Anbruch der Dunkelheit.

Ich aß nicht zu Abend. Mochte nichts essen.

Bojew ließ anrufen, mahnte: Um zwanzig Uhr erwarte er 42.

Das auch noch ... nur etwas mehr als ein Kilometer, da kann man zu Fuß gehen.

Es ist schon bald sechs Uhr vorbei ...

Auch das Schießen ist schwächer geworden. Alle sind erschöpft.

Wir gehen nicht weiter vor.

Keine Flugzeuge, weder unsere noch ihre.

Ich setzte mich unter einen Baum. Sollte ich vielleicht ein bisschen Tagebuch schreiben? Nach den Zigeunern gestern – hatte ich noch keine Zeile notiert.

Aber die Gedanken regten sich nicht, waren wie festgeschnürt. Und – ich hatte nicht die Kraft, den Bleistift zu halten.

Diese vier Tage. Der Mensch ist nicht fähig, so viel in sich aufzunehmen. An welchem Tag war was? Alles geht durcheinander.

Owsjannikow kam, ließ sich neben mir ins Gras fallen.

Wir schwiegen.

Sprachen über Andrejaschin.

Schwiegen wieder.

»Und als Romanjuk sich in den Finger geschossen hatte, an welchem Tag war das?«

»Der Dummkopf meinte, man würde ihn entlassen. Jetzt steht er vor Gericht.«

»Kolesnitschenko war schlauer, ist beizeiten vor der Offensive getürmt.«

»Und wurde immer noch nicht gefunden.«

Wir gingen zum Bach, wuschen uns bis zum Gürtel.

Es wurde Abend. Die Sonne sank hinter unsere oberen Hütten auf der Anhöhe, hinter den Kamm, bald auch hinter die deutsche Linie. Blendete jetzt alle unsere Beobachter.

Halb acht. In anderthalb Stunden fängt richtige Arbeit an.

Ach ja, halb acht. Wo sollte ich doch um acht Uhr sein? Stimmt, Bojew hat mich eingeladen. Soll ich gehen? Soll ich nicht? Er ist nicht mein Vorgesetzter, aber ein guter Nachbar.

»Botnew, mach du einstweilen Dienst. Ich gehe auf ein Stündchen weg.«

Der Kopf ist noch immer etwas benebelt und schwer.

Der Weg ist einfach: entlang ihrer Leitung. (Nur darf man sich an den Kreuzungen nicht verirren.)

Ich durchquere die Talsenke, komme zu der hoch gelegenen ebenen Straße. Hier sind etwa ein Dutzend Häuser unbeschädigt geblieben. Alle Geschosse haben sie verfehlt. Jetzt, am Abend, tauchen hie und da menschliche Gestalten auf, sie bringen ihre Wirtschaft in Ordnung, sehen nach dem Vieh.

Und weiter – Kartoffeln, Kornfelder. Wieder ein Abhang, und im Gebüsch steht Bojews Divisionsstabswagen, ein SIS mit selbst gebautem, geschlossenem Wagenkasten. Man sieht, er ist ohne Weg durch unberührtes Gras gefahren.

Neben dem Wagen stehen Batterieführer Mjagkow und der Kommissar der Abteilung herum, sie rauchen.

»Ist der Kommandeur da?«

»Ja, ist er.«

»Was will er von mir?«

»Geh doch rauf, wirst selber sehen.«

Für sie ist es auch Zeit. Über eine kleine Stehleiter klettern wir alle zusammen hinauf und durch eine Sperrholztüre ins Innere.

Der Arbeitstisch in der Mitte ist aufgeräumt, Karten, Papier irgendwo in einem Winkel verstaut. Auf dem Tisch sind zwei bestickte Handtücher ausgebreitet, eine Art Tischdecke, drauf stehen eine Flasche Wodka, geöffnete amerikanische Wurst- und russische Fischdosen, aufgeschnittenes Brot, Gebäck auf dem Teller und – Gläser und Becher verschiedener Größe.

Auf der linken Brustseite trägt Bojew zwei »Rotbanner«, das kommt selten vor. Rechts: den »Vaterländischen« und den »Roten Stern«. Die kleineren Medaillen trägt er nicht. Sein Kopf ist nicht rundlich, wirkt wie an den Seiten behauen, das verleiht Kinn und Stirn noch mehr Festigkeit. Dann noch der feste Händedruck, so eine Hand zu drücken macht Freude.

»Bist du da, Sascha? Gut, wir haben nur noch auf dich gewartet.«

»Was für ein Feiertag ist das denn heute? Orjol haben wir ja noch nicht eingenommen.«

»Ja, weißt du, ich habe heute Geburtstag. Ein Jahr weniger als dreißig. Und wie wir dieses eine verbringen werden! Das Feiern darf man nicht auf die lange Bank schieben.«

Der Führer der 4. Batterie, Proschtschenkow, ist kleiner als Bojew, hat keine Ähnlichkeit mit ihm, und doch ist er ihm ähnlich: Die gleiche unbeugsame Festigkeit in Kinn und Schultern. Das Bäurische und die Schlichtheit.

Und wer von uns hier hätte keine schlichte Seele? Vor dem Krieg habe ich mich nicht in diesem Milieu bewegt. Dem Krieg sei Dank, dass ich diese Menschen kennen gelernt habe und von ihnen akzeptiert werde.

Mjagkow* ist ganz anders, sanfter. Bojew ist für ihn wie ein Vater. Hier sind alle Familiennamen wie angeklebt.

Und der Batterieführer der 6.? Er ist für alle anderen auf den Beobachtungsposten gegangen.

Und meine Seele ist wieder standfest: Sie ist wieder da. Gut, dass ich hergekommen bin.

An den Seitenwänden des SIS sind zwei Bänke angeschraubt. Auf ihnen wird auch geschlafen. Jetzt sitzen wir hier zu sechst. Der Chef des Abteilungsstabes, ein Hauptmann, hat sich uns zugesellt.

Die Mützen haben wir nicht abgenommen.

Wir sind alle staubig. Bei manchem ist der Schweiß noch nicht getrocknet.

Bojew nennt mich beim Vornamen, ich rede ihn mit »Genosse Major« an, obwohl ich nur vier Jahre jünger bin als er. Doch gegen die Rangordnung kann ich nicht an. Will ich auch nicht.

»Genosse Major, wenn die Toaste noch nicht vergeben sind, darf ich?«

Nicht als ich hierher ging, doch dann der Händedruck, das unverhoffte Festmahl auf Holzbalken hat in mir etwas von der mich den ganzen Tag über beklemmenden Stumpfheit befreit. Bojew und ich stehen uns nicht sehr nahe, doch wir sind Freunde. Wir alle hier sind in Freundschaft verbunden. Und man weiß ja nie, wer wohin geht, wer wo in einem Jahr sein wird ... So hat auch Andrejaschin seine Träume gehabt ...

»Pawel Afanassjewitsch, seit zwei Jahren schätze ich mich glücklich, Männern wie Ihnen begegnet zu sein! Ja, solche Männer trifft man nicht alle Tage.«

Begeistert betrachte ich seine stete Haltung und blicke ihm ins Gesicht. Woher nimmt er eine derart selbstvergessene eiserne Kraft? Als ob ihm das Leben nicht lieb wäre. Jede Minute ist sein ganzes Wesen kämpferisch.

»Und was für ein Name ist Ihnen zuteil geworden, hätte nicht besser ausfallen können.* Es ist, als ob Sie sich in den Krieg hineingelebt hätten, als bereite er Ihnen Glück. Ich weiß noch, als sei es heute, wie Sie damals auf diesen Kirchturm eingedroschen haben.« ...

In dem Weiler, in dem Owsjannikow und ich die Köpfe nicht hinter dem Kirchturm vorstecken konnten, sehe ich plötzlich: Da haben doch irgendwelche Schlaumeier die Idee, unter Beschuss eine Reihe Rauchkörper anzuzünden. Es bildet sich ein dichter grauer Vorhang, der allerdings nicht lange bleiben wird. Da kommt Bojew selbst mit einer Kanone zum direkten Beschuss. Mit gehöriger Wendigkeit schafft er den Übergang von der Marschsituation zur Gefechtsposition: laden, und beim ersten Auftauchen der Turmspitze aus dem Rauch – Bbach! Neu laden – Bbach! Getroffen! Rasch, rasch zurück in die Marschsituation, Kanone an die Zugmaschine angehängt und – auf und davon. Die Deutschen feuerten, aber zu spät. Und ihr Beobachtungsstand war zerstört.

… »Für Sie ist der Krieg das Leben selbst. Als ob Sie außerhalb des Krieges gar nicht existieren würden. Also, bleiben Sie heil und gesund!«

Bojew hört verwundert zu; er hat das gar nicht von sich selbst gewusst.

Alle erheben sich. Die Becher und Gläser scheppern gegeneinander.

Und alle sind angeregt, voller Schwung.

Und der Wodka nach einem solchen Tag! Oi-oi-oi, pass ja auf!

Was für helle, flauschige Tage! Wohin trägt uns das alles?

Die große Offensive! Während des ganzen Krieges kann man solche an einer Hand abzählen. Ein beflügelndes Gefühl. Wir sind davon über jedes Maß erfüllt. Wir müssen noch mal einschenken.

Wieder stehen wir auf und stoßen an, natürlich auf den Sieg.

Mjagkow: »Wenn der Krieg endet, krampft sich das Herz zusammen, man kann es sich gar nicht vorstellen.«

Die Gespräche gingen nun hin und her.

Bojew: »Dass sie uns angegriffen haben, wird ihnen noch Leid tun. Wir geben ihnen Zunder.«

Der Stabschef: »Einheizen werden wir denen!«

Der Kommissar: »Ehrenburg schreibt, die Deutschen dächten mit Schrecken an den kommenden Winter. Sie sollten lieber daran denken, was sie jetzt im August erwartet.«

Alle sind euphorisch, aber ohne Hass. Das überlassen wir den Zeitungen.

»Wenn du versuchst, mit Deutschen deutsch zu sprechen, antworten sie dir russisch. Sie haben es in diesen zwei Jahren gut gelernt.«

»Nu was? Wird man uns auch verstehen, wenn wir zurückkehren? Oder wird uns dann niemand mehr verstehen?«

»Aber wenn man sich vorstellt, wie viel die noch von Russland in Besitz halten! Ungeheuerlich!«

»Weshalb eröffnet man keine zweite Front, Saubande?«

»Weil man auf unsere Kosten in Sicherheit abwarten will.«

»Aber trotzdem: In Italien sind sie eingefallen.«

Kommissar: »Das kapitalistische Amerika will kein schnelles Kriegsende, um seine Profite nicht zu mindern.«

Ich halte ihm entgegen:

»Aber wir weichen aus irgendeinem Grund zu sehr vom Internationalismus ab.«

Er: »Wieso? Die Auflösung der III. Internationale ist vollkommen richtig.«

»Höchstens als Maskierung, als taktischer Schachzug. N-nein, danke, keinen Wodka mehr«, lehne ich ab, »bei mir fängt die Arbeit erst an.«

Proschtschenkow erzählt von einem Vorfall beim heutigen Beschuss. Er vermutet, dass er Ziel 423 getroffen hat. Von dort ist kein Schuss mehr gefallen.

»Vielleicht sind sie weitergewandert?«

»Hinsichtlich eines Wandergeschützes wissen wir nicht, wie die Deutschen das handhaben. Befiehlt man bei uns jemandem, mit dem Geschütz zu wandern, schießt der Trottel aus Faulheit von ein- und derselben Stelle, bis man ihn eingedeckt hat.«

Als ob es nur so wenig Dummheiten gäbe! Andere schießen aufs Geratewohl, nur um die Zahl der Geschosse vorzuweisen!

So was kommt vor ...

Proschtschenkow: »Bis zum Abend haben wir uns gut eingegraben. Hoffentlich gehen wir diese Nacht nicht weiter vor.«

Durch das kleine Fenster fällt jetzt nur wenig Licht in den Wagenkasten. Sie schalten daher das Akkumulatoren-Lämpchen an der Decke an.

»Was für eine glorreiche Stabskutsche wir haben«, sagt Bojew, sich umschauend. »Wird uns das alte Mädchen bis nach Deutschland bringen?«

Sie zählen auf, wer es nicht mehr schaffen kann. Der eine, der zweite, der dritte sind gefallen, der vierte kam in ein Strafbataillon und ist dort umgekommen.

Ich bin schon in kultivierterer Gesellschaft gewesen, doch niemals in einer mit reineren Herzen. Gut, mit solchen Menschen zusammen zu sein.

Ja, ja, ja. Und wir werden uns auch noch aneinander erinnern …

Deutlich war das näselnde Rasseln des sechsrohrigen Raketenwerfers zu hören. Die Wurfgranaten heulten. Während der sechs aufeinander folgenden Explosionen verabschiedete ich mich.

»Vielen Dank für alles, Freunde. Für mich ist es Zeit.«

Und in der Tat, draußen ist es schon fast dunkel. Ich muss vor Einbruch der Dunkelheit hinkommen, darf mich nicht verirren.

Alle unsere Leitungen waren intakt.

Jemeljanow vom Durchschlagsanzeiger her:

»Wir werden uns jetzt gut eingraben. Der Deutsche wirft allerdings tüchtig Raketen.«

Auch uns in der Siedlung beleuchten sie, bald rot, bald weiß-golden.

Die Sechsrohrigen haben wir aufgezeichnet, doch nicht sehr genau. Raketenwerfer sind immer schwierig zu erfassen. Da war auch eine Kanone, wahrscheinlich die 75er, ein einziger Schuss, Ziel 428, die haben wir punktgenau aufgefangen.

Das Gerät funktioniert, alle Zeiger sind im Normbereich. Die neue Bandrolle ist eingelegt und die Tinte in die Rille unter die Kapillare gegossen. Die Schicht hat ausgeschlafen, ist munter und frisch. Drei Lämpchen mit wenig Watt beleuchten den vorderen Teil des Kellers. Papier schimmert weißlich, Metall glitzert.

Die zwei Dienst habenden Linienposten sind auch da, Telefone umgehängt, mit den Reservekabeln, mit Laternen, Isolierband, Zangen. Nachts ist es ein bitteres Los: Wenn das Kabel gerissen ist, finde mal das andere Ende!

Im Keller ist es dunkel. Die Kinder schlafen. Die Frauen haben es sich bequem gemacht, ihre

Gesichter sind nicht zu sehen. Aber ich erkenne an der Stimme dort meinen Batterie-Politruk. Wo er sich eingerichtet hat, kann ich nicht sehen, aber ich höre seine schmalzige Stimme:

»Ja, Genossen, auch die Kirche ist erlaubt. Die Sowjetmacht hat nichts gegen Gott. Es geht nur darum, die Heimat zu befreien.«

Eine misstrauische Stimme fragt: »Werdet ihr bis nach Berlin ziehen?«

»Wieso denn nicht? Dort werden wir alles kurz und klein schlagen. Und was der Deutsche bei uns zerschlagen hat, das bauen wir alles wieder auf. Unser Land wird erstrahlen, schöner als je zuvor. Nach dem Krieg wird ein wunderbares Leben beginnen, Genossen Kolchosniki, wie wir es noch nie gekannt haben.«

Das Band unserer Station setzt sich in Bewegung. Der Durchschlagsanzeiger hat etwas vernommen.

Auch die Schallmessstellen melden: Anhaltender Beschuss. Es geht an die Arbeit!

2

Zweiundfünfzig Jahre später, im Mai 1995, wurde ich nach Orjol eingeladen, zur Feier des fünfzigsten Jahrestages unseres Sieges. Dort traf ich mit Viktor Owsjannikow zusammen, jetzt Oberstleutnant im Ruhestand. Wir gingen und fuhren auf den Spuren der damaligen Kämpfe am Nerutsch, bei Nowossilj, von unserer Höhe 259,0 aus – bis nach Orjol.

Nowossilj war nicht wiederzuerkennen, nichts mehr von der Steinwüste auf dem feuerbedeckten Berg. Wir besuchten auch den »Sohn des Regiments«, Dmitrij Fjodorowitsch Petrykin. Er kam im Filzhut zu uns, und wir ließen uns mit seiner ganzen Familie, Kindern und Enkeln, fotografieren.

Unser unterirdisches Quartier auf Höhe 259,0 ist vollständig untergepflügt, keinerlei Spuren, ganz unzugänglich. Und in der Nähe, in der bewaldeten kleinen Schlucht, hatte unsere Feldküche gestanden. Dort kam der Pechvogel Dworetzkij um (er war nicht einmal zum Essenholen gegangen, sondern nur, um eine kleine Wunde beim Sanitäter verbinden zu lassen), da traf ihn ein winziger Splitter genau ins Herz. Jene zweiteilige kleine Schlucht und das Wäldchen sind gut erhalten geblieben, das jährliche Pflügen ließ das junge Unterholz nicht aus der Schlucht herauswachsen.

Aber was wurde mit der natürlichen Grenze der Steilen Höhe! Drei Werst in der Länge und fünfzig Meter tief, leicht gebogen wie ein von sich selbst überzeugter Fluss, und so passierbar, dass sie uns einen geräumigen und bequemen, vor den Erdbeobachtern völlig verborgenen Zugang zur vordersten Linie gewährte. Zu Fuß, zu Pferd, mit Beutewagen konnte man sich tagsüber bewegen, ohne sich zu verstecken, nachts auch mit Lkws, die Munition und Verpflegung transportierten und sich morgens zurückzogen oder – die Nasen voran – sich am Hang der Schlucht eingruben und mit grünen Zweigen bedeckten. Der Eingang der Schlucht, die noch einmal eine Biegung machte, reichte genau bis an den Nerutsch, wo zum 12. Juli 1943 der Durchbruch unserer 63. Armee vorbereitet worden war.

Doch wie hatte die Steile Höhe sich in diesem halben Jahrhundert verändert! Wo ist ihre Steilheit, ihre Tiefe? Und wo der zähe Grasbewuchs an Hang und Grund? Wie seicht ist sie geworden, kahl, keine festen Konturen mehr, nicht die frühere gefährliche Kluft. Und doch ist sie da, die vertraute Höhe, wenn auch keine Spur von den Unterständen, den Sicherheitsgräben für die Lkws erhalten geblieben ist …

Und jenseits des Nerutsch, am Steilufer, verlief damals die befestigte Stellung der Deutschen. Und wie sie befestigt war! Wie viele schussfeste Bunker! Wie viele einzeln eingegrabene Panzerkuppeln! Und unvergessen, der von Minen freigeräumte Streifen direkt hinter dem Durchbruch. Dutzende und Aberdutzende Toter, unsere und ihre. Unsere lagen meistens mit dem Gesicht nach unten, lagen, wie sie gekrochen waren, die Deutschen mehr wie plötzlich hingeworfen, als wollten sie sich verteidigen oder fliehen – in vom Schreck verzerrten Stellungen, verkrampfte Gesichter, halb abgerissene Schädel; ein deutscher MG-Schütze lag erschossen direkt hinter seiner Waffe. Und stellenweise, hier und da, Haufen von verschmortem Metall, Panzer, Selbstfahrlafetten, wie lebendig rot opalisierend.

Und ihre Unterstände, ganz anders als unsere, erinnerst du dich? Wie tief die waren! Und irgendwo unter zehn Balken ein Fensterchen und dahinter Blümchen gepflanzt, und für diese Landschaft war ein kleiner Brunnen gegraben worden. Und in den Unterständen, was für ein scheußlicher Geruch nach Hunden. Wie sich herausstellte eine Art Insektenpulver. Und bunte Zeitschriften lagen herum, wie es keine sowjetischen gab, in denen von Ruhm und Ehre geschrieben war, in manchen aber – von schönen Mädchen. Eine fremde, nie gesehene Welt.

Um den Angriff auf Orjol noch einen einzigen Tag abzuwehren, ballerten die Deutschen pausenlos auf uns ein – von Sonnenaufgang bis Sonnenuntergang – gleichzeitig mit zwei Geschwadern. Das kann man nicht vergessen ... Nicht eine Minute blieb der Himmel von deutschen Flugzeugen sauber: Kaum drehte eine Staffel ab, nachdem sie ihre Bombenlast abgeworfen hatte, erschien auf demselben Kurs die nächste. Und wir sahen: Beim Nachbarabschnitt ist es genauso. Eine ununterbrochene Flugzeugmühle, den ganzen Tag hindurch. Und wo blieben unsere Flugzeuge? An jenem Tag kam nicht ein einziges. Von Welle zu Welle konntest du kaum einmal aufspringen, dich umschauen. Ich rannte trotzdem durch Safonowo, wo unsere Station eingerichtet werden sollte. Dabei kam ich an einem kümmerlichen Unterstand vorbei, in dem drei Nachrichtler gerade eine Dose mit amerikanischer Wurst geöffnet hatten, den Inhalt teilten und dabei stritten. So ein Verdruss. Ich rannte weiter, kam nach zehn Minuten zurück – der Unterstand war nicht mehr da: Volltreffer.

Jetzt fahren wir in so einem Willys wie jenem, aus dem heraus der Brigadekommandeur mich damals anschnauzte (die Konstruktion hat sich in diesen fünfzig Jahren kaum verändert), nach Sheljabuga Siedlung. In genau so einem Jeep, jedoch mit festem Dach, fahren der Leiter der Rayonverwaltung und der örtliche Bürgermeister. Pflicht der Gastfreundschaft.

Wahrscheinlich wären wir in einem anderen Fahrzeug gar nicht hingekommen. Die Straße besteht nur aus Furchen. Gut, dass sie steinhart geworden sind, es hat lange nicht geregnet. Wir fahren nicht, sondern torkeln hin und her, halten uns an den Handgriffen fest.

Ja! Da ist die Anhöhe, die wir so gut im Gedächtnis haben, sie hat sich nicht verändert. Und oben auf dem Kamm die Silberweiden stehen wie eh und je. Drei Hütten sind dort geblieben, die anderen hat teils der Krieg weggerissen, teils die lange Zeit. Neue Häuser sind nicht gebaut worden. Und hier weiter unten ist die Straßenführung unterbrochen. Die Straße ist keine Straße mehr, die Hütten wie Inseln: Der Mittelstreifen ist ganz mit Gras zugewachsen. Von Wagenrädern sind zwei Spuren zurückgeblieben, wie zwei kleine Pfade nebeneinander.

Rechts hinter der Talsenke verläuft weiter oben eine Straße parallel zur früheren. Auch auf ihr regt sich nichts Lebendiges.

Auf der offenen Stelle am Hang steht seitlich vom Weg ein zerbrochener Bauernwagen, mit dem niemand mehr fahren kann: Nur noch drei Räder, die Deichsel verbogen, der Wagenkasten kaputt, und zwischen den Radspeichen wächst junges Gras.

Und unsere Zentralstation? Da! Da müsste sie gewesen sein!

Doch nein, der Ziegelsteinpfosten und Reste der Kellergrube sind nirgends zu sehen. Die Leute werden sich die Ziegel geholt und die Grube zugeschüttet haben.

Wir stiegen aus dem Willys aus, überließen die Obrigkeiten sich selbst; sie sollten unsere Erinnerungen nicht stören.

Unten der Teich, ein bemerkenswerter Ort.

Wir kletterten hinunter. Das Ufer war schlammig, mit breitblättrigem Gras bewachsen.

Ein mageres Pferd streifte herum, einsam, ohne Zaumzeug, als habe es keinen Herrn. Wohl ein trauriges Pferd.

Abseits steht ein gitterartiges Stangengerüst, eine Laubhütte? Ganz schief geworden.

Stehendes, seit Jahren unbewegtes Wasser. Neben dem hellen Maigrün am Ufer erscheint es bläulicher als es ist. Auf dem Wasser schwimmt ein kränklicher, belaubter Ast. Das bedeutet, er ist aus dem vorigen Jahr, neues Laub gibt es noch nicht. Niemand würde hier baden mögen.

Über den Bach führt ein Brettersteg, vier oder fünf Schlittenstützbalken ragen heraus, an denen man sich festhalten kann.

Maiglöckchen wachsen hier. Niemandem nütze, niemand bemerkt sie, wir pflücken eine Hand voll.

Langsam, ganz langsam steigen wir zurück auf den Hang. Jetzt weiter, höher hinauf. Vorüber an dem Bauernwagen.

Vorüber an Andrejaschin ...

Drei Hütten nebeneinander. Die eine ist geweißt und etwas sauberer. Die beiden anderen bestehen aus alten, grauen Balken mit einem grau schimmernden, knorrigen Schindeldach. Wie werden sie zusammengehalten? Es könnten auch kleine Scheunen sein.

Von dort kläfft ein Hund mit schwacher Stimme. Er meint nicht uns.

Ein paar Hühner laufen herum, auf Futtersuche.

Nirgendwo Menschen.

Hinter den Hütten wieder Ödnis bis auf eine kleine Hütte, nicht mal eine Scheune, flüchtig zusammengezimmert: Die Wände mit ungleichen Schieferstücken belegt, gedeckt mit Blechplatten, schon schief mit zwei Balken gestützt. Nicht zu begreifen, wozu diese Bude nützen soll.

Und am Himmel – diese Stille! Als sei hier nie jemand herumgeflogen. Der Lärm von Flugzeugen und Bombenexplosionen ist vergessen.

Doch damals – wie es da dröhnte!

An einen langen Strick gebunden weidet eine Kuh. Erschrocken springt sie zur Seite, als sie uns sieht.

Wir stiegen zu den obersten Hütten hinauf.

Und hier, zwischen zwei benachbarten Birken, befindet sich, von zwei Querbalken gebildet, so etwas wie eine Bank, in der Mitte noch durch einen Holzklotz gestützt. Auf diesem

Bänkchen sitzen friedlich zwei alte Frauen, jede an ihre Birke gelehnt und jede mit einem knorrigen entrindeten Stock. Beide tragen Kopftücher und sind warm und dunkel angezogen.

Sie sitzen zwar unter den Bäumen, die Birkenblätter aber sind noch klein, sodass durch das zarte Grün hindurch beide Licht und Wärme haben.

Die eine Frau hat ein dunkelgraues Kleid an und eine Joppe, keine Schuhe, sondern selbst gemachte Sandalen aus Filz oder Bast, nur für trockenes Wetter. Den entrindeten Stock hält sie mit beiden Händen an die Wange gedrückt.

Beide Frauen haben gefurchte Gesichter, tief eingegrabene Runzeln von den Wangen zum Kinn, tief liegende Augen, als lägen sie in kleinen Gruben. Es lässt sich nicht erkennen, ob sie uns sehen oder nicht, so regungslos sitzen sie da. Die zweite im farbigen Kopftuch stützt ihr Kinn auf ihren Stock.

»Guten Tag, Großmütter«, grüßen wir zweistimmig.

Nein, sie sind nicht blind, haben uns beim Herankommen gesehen. Ohne ihre Haltung zu ändern, erwidern sie: Guten Tag.

»Sie sind Hiesige?«

Die im dunklen Tuch antwortet:
»Ja, unser Leben lang.«
»Und im Krieg, als die Unseren kamen?«
»Auch hier.«
»Wie alt sind Sie schon, Mamachen?«
Die Alte dachte nach:
»85 bin ich wohl.«
»Und Sie, Mamachen?«
Die andere trägt ein stark verblichenes Tuch, blass blau und rosa, keine Joppe, sondern so etwas wie ein ganz abgeschabtes Plüschmäntelchen. An den Beinen hat sie hohe Stiefel.
Sie nimmt den Stock vom Kinn und sagt gemessen:
»Seit 1923.«
Ja, ist das möglich?, flüstere ich vor mich hin. Und wir nennen sie »Großmütterchen«, »Mamascha« und vergessen dabei uns selbst, als ob wir junge Leute wären. Ich korrigiere mich:
»Da bin ich ja noch fünf Jahre älter als Sie.«
Ihr Gesicht und ihre Wangen, von der Sonne gewärmt, wurden fast ein wenig rosig, aber sie blinzelt in der Sonne nicht, denn ihre Augen liegen tief, und die Lider sind geschwollen.
»So siehst du nicht aus«, murmelt sie, »wir gehen auch schon mit siebzig nicht, wir kriechen.«

Beim Sprechen öffnet sie die Unterlippe. Nur noch zwei Zahnstummel zeigten sich.

»Ich habe auch so manches gesehen«, sagte ich, als wäre ich ihr gegenüber irgendwie schuldig.

Ihre Lippen, jetzt auch rosig überhaucht, lächelten gütig:

»Nu, gebe dir der Herr noch ein langes Leben.«

»Und wie heißen Sie?«

Mit leichtem Zischen:

»Iskiteja.«

Mein Herzschlag stockte.

»Und mit Vatersnamen?«

Was sollte hier der Vatersname? Und sie war fünf Jahre jünger.

»Afanassjewna.«

Ich geriet in Erregung.

»Und wir haben Sie – befreit. Ich erinnere mich genau an Sie. Damals unten im Keller, Sie hatten sich dort versteckt.«

Ihre Augen waren greisenhaft verhangen.

»Viele von euch sind damals hier durchgekommen.«

Ich geriet in Verlegenheit, wollte ihr unbedingt etwas Erfreuliches von jener Zeit sagen, nur, was war daran erfreulich? Nur ihre Jugend. Sinnlos wiederhole ich:

»Ich erinnere mich an Sie, Iskiteja Afanassjewna, ich erinnere mich gut.«

Ihr zerfurchtes Gesicht war in der Sonne, im Gespräch greisenhaft warm, auch ihre Stimme:

»Und ich vergesse auch, was nötig ist.«

Sie seufzte.

Und die Frau im dunklen Kleid, bitter:

»Uns braucht niemand mehr. Aber wir brauchen Brot.«

Stille. Vögel zwitschern in den Birken. Gute, weiche Sonne.

Iskiteja, unter geschwollenen Lidern hervor, schaut mich an, sieht sie mich klar umrissen oder wie im Nebel?

»Warum kommt ihr zu uns? Mit welcher Nachricht?«

Und die andere:

»Vielleicht zu schauen, wie's uns hier ergeht?«

Viktor und ich sahen einander an. Was konnten wir hier denn tun?

»Wir sind hier auf der Durchreise, wollten die alten Orte wieder sehen; aber Ihre Obrigkeit ist doch hier. Vielleicht kann die ...«

Die Frau im dunklen Kleid fragte harsch:

»Wo?«

»Hier irgendwo in der Nähe.«

Nicht weit entfernt krähte schallend ein Hahn. Hahnenkrähen, wo auch immer, enthält etwas Freudiges, verspricht Leben.

Und uns? Was verspricht es uns? … Weitergehen?

Wir verabschiedeten uns, stiegen höher hinauf, zum Kamm.

Das Herz tat weh.

»Das Dorf ist bettelarm geblieben«, murrte Owsjannikow, »genau, wie es immer war.«

»Ja, für die Menschen kannst du jetzt nicht mehr tun als früher.«

Der Ort ist nach allen Seiten offen. Auch Mochowoje wirkt ganz nahe. In dieser Richtung ist dazugebaut worden.

Weiter rechts, zur zweiten Straße hin weiden fünf Schafe. Und kein Mensch weit und breit.

Wir setzen uns auf einen Baumstamm, blicken nach vorne.

»Dort war unser Durchschlagsanzeiger. Wie ist er an jenem Tag heil geblieben?«

»Aber die Nacht drauf – da haben wir toll vermessen, viel geschafft.«

»Und am nächsten Morgen hat man uns wieder verlegt.«

»Unsere Führung damals war allzu hektisch. Von hier aus hätten wir besser arbeiten können. Wozu schickte man uns nach Podmaslowo?«

»Übrigens: Fahren wir jetzt noch nach Podmaslowo?«

»Nein, wahrscheinlich nicht. Dazu bleibt keine Zeit mehr.«

Wir sitzen behaglich. Von links wärmt die Sonne meine Schulter.

»Allein kann man ihnen nicht helfen. Die gesamte Struktur des Landes muss geändert werden.«

Aber wer soll das tun? Solche Leute sind nirgendwo zu sehen.

Seit langem hat es sie in Russland nicht gegeben.

Seit langem.

Wir sitzen.

»Was bin ich doch für ein Narr gewesen, Witja, weißt du noch? Ich sprach von Weltrevolution … Du kanntest das Dorf von Grund auf.«

Witja ist sehr bescheiden. Wie sehr man ihn auch lobt, er wird davon nicht übermütig. Durch welche Härten ihn das Leben auch geschleift hat, er bleibt derselbe, mit dem geduldigen Lächeln.

»Da weiter rechts haben wir damals Bojews Geburtstag gefeiert. Er sagte: ›Ob ich den dreißigsten noch erlebe, weiß ich nicht.‹ Und den einunddreißigsten hat er dann nicht mehr erlebt.«

»Ja, da war diese Nacht in Ostpreußen«, erinnert sich Owsjannikow, »eine menschenleere, tote Nacht. Woher bloß sollte eine Offensive kommen? Ich bin um den ganzen See rumgelaufen – niemand, nichts. Und plötzlich wurde Schmakow getötet.«

»Wie wir aus diesem Dittrichsdorf die Füße wieder rausgezogen haben, da half uns Gott.«

Owsjannikow nun wieder lächelnd:

»Und von Schwenkitten durch die Schlucht, im Schnee auf allen vieren ...«

Wir sehen nach links hinüber. Von der Siedlung her, auf der Straße, die keine ist, kommen unsere beiden Jeeps angerumpelt.

Die Gastgeber machten sich wohl Sorgen über unser langes Ausbleiben.

Beide Chefs tragen weiße Hemden, haben auch Krawatten umgebunden. Der örtliche ist schlichter angezogen, über dem Anzug trägt er eine Regenjacke. Der Rayonchef hat eine blaue Krawatte, einen guten grauen Anzug mit feinen Streifen und nichts auf dem Kopf. Sein Gesicht ist breit, muskulös, wirkt mürrisch. Die Haare, pechschwarz, hart und dicht, glänzen in der Sonne.

Wir sagen zu ihnen:

»Ihr habt sie im Stich gelassen.«

Der Rayonchef: »Was hängt denn von uns ab? Wir zahlen ihnen Rente. Geben ihnen Elektrizität. Manche haben sogar Fernsehen.«

Der »Örtliche«, früher war er der Vorsitzende des Dorfsowjet, gehört offensichtlich zur einheimischen Bevölkerung und hat Karriere gemacht. Nach wie vor aber hat er etwas Bäuerliches. Sein Gesicht ist länglich, die Ohren lang, die Haare hell, die Augenbrauen blond. Er fügt hinzu: »Manche haben auch eine Kuh. Und Hühner. Und Gemüse baut hier jede an, jede so viel sie kann.«

Wir besteigen die Jeeps. Die beiden Chefs vorneweg über die höckerige Straße durch das Dorf, unsere Anhöhe hinunter.

Aber was ist das? Da tauchen plötzlich vier Frauen auf, stellen sich quer in den Weg. Zur Unterstützung ihrer Sache haben sie einen alten Mann bei sich, schmächtig, mit Schirmmütze.

Und von verschiedenen Seiten humpeln noch drei Frauen mit Stöcken heran.

Eine hinkt stark.

Keine jüngere Frau ist dabei.

Das bedeutet: Sie haben erfahren, dass die Obrigkeit im Ort ist, haben sich zusammengerottet.

Sie lassen die Fahrzeuge nicht durch. Wir bleiben stehen.

Kaum zwanzig Schritt höher als die Stelle, an der es Andrejaschin erwischt hatte.

Der Örtliche steigt aus:

»Was ist los? Habt wohl lange keine großen Chefs mehr gesehen?«

Er wird umringt, man lässt ihn nicht vorbei. Jetzt sind es schon sechs alte Frauen, sie versperren ihm den Weg.

Auch der Rayongewaltige steigt aus. Witja und ich ebenfalls.

Die Tücher der Frauen: grau, dunkelbraun. Eine trägt ein helles, kohlfarbenes. Eine hat ihr Tuch bis über die Augen gezogen, eine andere lässt die Stirn frei, man sieht die Bewegung der faltigen Haut. Ein wenig hinter den anderen steht noch eine beleibte, große Frau im rotbraunen Tuch, steht hoch aufgerichtet, regungslos.

Und hinter allen anderen – der alte Mann.

Die Frauen riefen durcheinander:

»Warum lasst ihr uns ohne Brot?«

»Man muss uns Brot bringen!«

»Jede von uns lebt ganz alleine …«

»So werden wir bald hin sein …«

Der Örtliche ist verlegen: Das alles in Gegenwart des Rayonchefs!

»Andoskin hat euch doch Brot aus dem Laden gebracht.«

Eine im grau-lila Tuch mit ärmelloser Weste, darunter eine leuchtend blaue Bluse:

»Wir haben ihm zu wenig gezahlt. Seit das Brot teurer wurde, sagt er, fährt er nicht mehr zum alten Preis. Hat keine Lust, sagt er, den ganzen Tag bei uns rumzustehen. Kommt nicht mehr.«

Der Örtliche: »Richtig.«

Die blaue Bluse: »Nicht richtig!«

Der Örtliche schüttelt den Kopf:

»Ich sage, so war es, ja. Aber jetzt soll euch Nikolaj eine Zeit lang Brot bringen. Er kommt ja, die Milch zu holen, soll er auch Brot mitbringen.«

»Er tut es aber nicht. Sagt, gebt erst die Milch ab, dann bringe ich das nächste Mal Brot.«

Die Frau in Dunkelgrau, unsere Bekannte von vorhin, blickt aufmerksam um sich, horcht: Was werden die sagen? Was für eine Entscheidung wird es geben?

Und eine in Hellbraun:

»Und wer keine Milch abgibt, was ist mit dem? Du bittest Nikolaj: Bring ein bisschen Brot. Aber er: Ich kriege meinen Lohn nur für eine Arbeit, man hat mir gesagt, wem ich Brot bringen soll.«

Die Graukarierte lebhaft:

»Wir aus der Siedlung sind ganz am Ende, haben nichts zu leben, nichts zu essen.«

Die kohlfarbene Kleine:

»Natürlich, zu uns kommt keiner …«

Der Örtliche will sich rechtfertigen, sagt rasch:

»Ich habe aber doch immer darauf geachtet, hab gefragt: Nikolaj, bringst du auch? Er sagt: Ja, tu ich.«

Die blaue Bluse griff seine Worte auf und konterte lebhaft:

»Ja Sie, haben Sie etwa auf uns geachtet? Wann sind Sie denn mal zu uns gekommen? Sie sind der Vorsitzende des Dorfsowjet … Wenn Sie nur ein allereinzigstes Mal … Seit langer, langer Zeit ist niemand mehr hier gewesen.«

Andere fallen ihr ins Wort:

»An den Bettelstab hat man uns gebracht.«

»Uns hat man ganz und gar vergessen …«

Und der rasierte Großvater hinter den Frauen steht stumm da, versteht wenig. Mal kaut er, mal bewegt er die Lippen und bleibt mit offenem Mund stehen.

Owsjannikow hat seinen Glatzkopf gesenkt, seine bäuerliche Seele leidet.

»Momentchen mal«, beeilt sich der Örtliche, »warum habt ihr euch denn nicht sofort beschwert, dass ihr kein Brot kriegt?«

Die Kohlfarbene: »Wir verstehen doch nicht zu reden.«

Iskiteja: »Wir haben Angst.«

Jetzt griff der Rayongewaltige mit starker Stimme ein:

»Und ich sage euch: Reden muss man. Da sagt ihr, wir haben Angst, mit Nikolaj zu sprechen, wir fürchten uns, mit Michal Michalytsch, unserem Dorfrat zu sprechen, wir fürchten uns, mit dem Rayonchef zu sprechen. Ja, was fürchtet ihr denn bloß?«

Die blaue Bluse: »Ich fürchte mich nicht, ich wäre gekommen, aber ich kann nirgendwo mehr hingehen und mein Alterchen auch nicht.«

Die Rotbraune stützt sich mit dem linken Ellbogen auf ihren Stock, krümmt sich, hebt die Faust an die Schulter, kneift die Augen zusammen: Ihr könnt mir doch alle gestohlen bleiben ...

»Aber bin ich denn nicht zu euch gekommen? Habe ich Michal Michalytsch nicht gefragt: ›Wird Brot gebracht?‹ Man bringt doch täglich. Warum habt ihr nichts gesagt?«

Die Graukarierte fährt mit der Hand durch die Luft:

»Jetzt ist Schluss mit dem Schweigen!«

»Wir sind ganz und gar ausgemergelt – wissen nicht weiter.«

Die andere Dunkelgraue, unsere Bekannte, hat die schwärzlichen Hände, in deren Haut sich auf immer schwarze Ränder um die Fingernägel eingefressen haben, um den Knauf ihres Stockes geflochten. So steht sie. Runzeln, Runzeln – wie finden sie nur alle Platz im Gesicht? Jetzt, wie erloschen, starrt sie irgendwohin, starr und steif.

Der Rayongewaltige hat bereits entschieden:

»Also vereinbaren wir so: Jetzt wird die ganze Woche Michal Michalytsch täglich zu euch kommen ...«

»Jeden Tag – wieso? Genügt doch jeden zweiten Tag ...«

»Wenn das Brot einmal in drei Tagen käme ...«

»Ich sage ja nicht, dass jeden Tag Brot gebracht wird. Aber im Laufe der Woche bis zum fünfzigsten Jahrestag des Sieges wird er jeden Tag kommen, nachsehen, wie ihr versorgt seid.«

(Schreib nur rasch alles auf.)

»… Den hier haben wir gewählt, haben für ihn in der Versammlung gestimmt. Da soll er gefälligst seine Pflicht tun als Oberhaupt in der örtlichen Selbstverwaltung. Soll euch mit Brot versorgen. Ich sage ja nicht, er soll euch neue Häuser bauen … Häuser, natürlich, kann man bei unseren Lebensumständen nicht bauen …«

»Häuser … wo-o-o?«

»… Und Wasser habt ihr ja. Und jetzt das Brot. Für das Notwendigste muss er sorgen.«

Stöhnen.

»Wenn wir Brot hätten, könnten wir leben, würden nicht klagen.«

»Nur die Hoffnung haben wir noch …«

»Und Roggenbrot, das ist ja ergiebig …«

Der Örtliche hat sich inzwischen gefasst:

»Also verabreden wir so: Ihr werdet nicht nur Brot kriegen, es wird auch jede Woche der Autoladen kommen.«

Die Frauen staunten.

»Auch der Autoladen? Einmal die Woche? Nu, nu, nu …!

Die Graukarierte verpasst die Gelegenheit nicht:

»Da gibt's noch eine Notwendigkeit. Schon lange. Als nämlich im Krieg hier die Front war, haben viele auch für die Front gearbeitet …«

Iskiteja: »Von August 43 an, als die Front gekommen ist …«

Die Graukarierte, sie ist jünger als die anderen. Sie hat keine geschwollenen Lider, die Augen sind offen, lebhaft, grau. Sie redet kühn drauflos, sodass ihr einziger Zahn im Unterkiefer nur so blitzt:

»Ich hab zum Beispiel fast drei Jahre in der Rüstungsfabrik gearbeitet. In Murom, Gebiet Wladimir. Für wen haben wir denn geschuftet? Wir kannten weder Feiertage, noch Erholung, noch Urlaub. Was hat man uns damals gesagt? Eure Arbeit bedeutet unseren Sieg. Je mehr ihr arbeitet, desto schneller endet der Krieg, hat unser Land Frieden. Weshalb habt ihr uns vergessen? Wir haben uns abgeplagt, und wir kriegen weniger Pension als andere Frauen …«

Der Rayongewaltige glättete seinen pechschwarzen Haarschopf:

»Ja, in diesem Jahr hat man sich zum ersten Mal an jene erinnert, die im Hinterland gearbeitet haben. Fast täglich händige ich den Müttern Jubiläumsmedaillen aus. Sie weinen vor Freude und Rührung, sagen, endlich habt ihr euch an uns erinnert. Die ganze Front ruhte ja auf unseren Schultern, wir haben mit der Hand gepflügt, gesät, die letzten Socken den Soldaten gegeben. Aber zum Beweis müsst ihr nach der Verordnung entweder Dokumente vorlegen oder zwei Zeugen bringen.«

»Wir sind ja zwei. Eine kann es der anderen bezeugen.«

»Da ist noch eine dritte nötig.«

»In Podmaslowo gibt es eine.«

»Wenn ihr bis 1945 mehr als sechs Monate im Hinterland gearbeitet habt, braucht ihr ein Dokument oder Zeugenaussagen. Dann bekommt ihr unbedingt eine Jubiläumsmedaille. Und der Medaille entsprechend kriegt ihr auch die vorgesehenen Vergünstigungen.«

Der Örtliche, der anscheinend die Gesetze besser kennt, sagt warnend:

»Es tut mir Leid, Sie zu unterbrechen. Es sei denn, es hat sich etwas geändert, aber ansonsten werden der Verordnung nach Zeugenaussagen jetzt nicht mehr berücksichtigt. Ist im Arbeitsbuch über die Zeit nichts eingetragen, gibt es keine Jubiläumsmedaille. Dazu haben wir ja schon immer …«

Der Rayongewaltige runzelt die Stirn, leicht verlegen:

»Meiner Meinung nach muss das geändert werden.«

Die Graukarierte mit neuem Elan:

»Wie ist denn das? Wir wurden vom Kriegskommissariat mobilisiert und als Soldaten eingestuft. Mädchen, die von der Arbeit wegliefen, wurden vom Kriegstribunal verurteilt. Begreifen Sie, was wir damals waren?«

Iskiteja nickt nur und sagt: »Ja, ja.«

Der Örtliche: »Dann muss man eine Anfrage an das Militärkommissariat richten.«

Der Rayongewaltige: »Ja, wir werden eine Liste machen und offiziell eine Anfrage einbringen, damit die Dokumente des Jahres 43 berücksichtigt werden. Diese Fragen gibt es sehr oft.«

Ich sehe, wie Owsjannikow sich krümmt. Er hört und hört, hat den Kopf tief gesenkt, stützt ihn mit der Hand, hoffnungslos.

Und die Weißkohlfarbene legt los, lässt sich nicht unterbrechen:

»Also, ich habe eine Medaille für die Kriegsjahre. Natürlich, haben tu ich sie nicht, aber die Papiere dazu. Eine Vergünstigung habe ich auch, für Licht zahle ich nur die Hälfte. Ich wusste nicht, was für Rechte ich sonst noch habe, und fuhr daher in die Verwaltung, die antworteten: ›Unser Kolchos ist arm. Wir können Ihnen nichts geben.‹ Nicht mal mein Korn hat man mir gegeben. Der Vorsitzende hat die Kornfuhre nicht zu den Rentnern geschickt.«

»Vergünstigungen? Jetzt ist das Sache des Rayonbudgets. Und vom Rayonbudget werden wir unbedingt dem bezahlen, dem etwas zu fünfzig Prozent zusteht. Aber natürlich kann ich nicht jeden Tag zu euch kommen …«

»Das verstehen wir …« Auf einmal lächeln drei.

Und jetzt hat sich auch Iskiteja entschlossen zu sprechen. Mit ihrer weichen, unsicheren Greisenstimme, so wie sie mit mir an der Birke gesprochen hatte, sagt sie:

»Mein Mann war Kriegsteilnehmer. Invalide. Er bekam Vergünstigung. Seit er gestorben ist, zahle ich für alles ohne Vergünstigung.«

Oberstleutnant Owsjannikow fuhr zusammen und rief aufgebracht:

»Die Vergünstigungen stehen Ihnen zu! Alle,

die Ihrem Mann gewährt wurden, wenn Sie sich nicht wieder verheiratet haben …«

Iskiteja lächelte verwundert:

»Ja, wo denn?«

»… dann bleiben alle Vergünstigungen für Sie erhalten, einerlei, wann Ihr Mann gestorben ist.«

»Schon das achte Jahr ist er nicht mehr …«

Der Rayongewaltige zuckte zusammen, blickte auf seine Uhr:

»Die Fragen, die Sie, unsere Veteranen, und unsere Mütter betreffen, werde ich persönlich entscheiden. Wenn ich es nicht kann, werden wir uns an das Gebiet wenden. Aber Moskau – werden wir lieber nicht belästigen, das werden wir wohl nicht brauchen.«

1998

Schwenkitten

Geschichte eines Tages und einer Nacht

Zum Gedenken an die Majore
Pawel Afanassjewitsch Bojew
und Wladimir Kondratjewitsch Balujew

1

In der Nacht vom 25. zum 26. Januar erhielt die Geschützbrigade vom Stab der Artillerieeinheit die Meldung, dass unser vorgeschobenes Panzerkorps die Ostsee erreicht hat! Das bedeutet: Ostpreußen ist von Deutschland abgeschnitten!

Abgeschnitten einstweilen nur durch diesen langen, schmalen Keil, hinter dem die Schleppe von Truppen aller Waffengattungen herziehen wird. Aber – die Zeiten, in denen wir zurückwichen, sind vorbei. Ostpreußen ist abgeschnitten. Eingekesselt!

Das, Genossen Politarbeiter, würdet ihr gerne als endgültigen Sieg auffassen. Das muss sich in den Frontzeitungen spiegeln. Jetzt ist es nur noch ein Katzensprung bis Berlin. Wenn man uns auch nicht dorthin schickt.

Seit fünf Tagen sind wir auf dem Vormarsch durch das brennende Ostpreußen. Und es gab nicht wenig Anlass zum Feiern. Vor elf Tagen brachen wir vom erweiterten Brückenkopf am Narew auf. Fünf Tage ging es durch Polen, noch unter hartnäckigen Kämpfen. Doch jenseits der ostpreußischen Grenze war es, als sei ein Wundervorhang aufgegangen: Deutsche Einheiten fielen auseinander. Vor uns öffnete sich ein unversehrtes, reiches Land, das uns geradezu in die Hand schwamm. Steinerne Häuser mit hohen, steilen Dächern, Schlaf in weichen Betten, manchmal sogar mit Daunendecken; in den Kellern ungeahnte Köstlichkeiten, Eingemachtes; außerdem unentgeltliche Trinkgelage für den, der findet.

Und wir marschierten durch Ostpreußen in halb rauschhafter Euphorie, büßten die Exaktheit von Bewegungen und Gedanken ein. Nun ja, nach so vielen Jahren der Opfer und Entbehrungen darf man wohl etwas locker lassen.

Das Gefühl, Belohnung verdient zu haben, hatte alle ergriffen, bis in die allerhöchsten Offiziersränge, und erst recht die einfachen Soldaten. Sie fanden, was sie suchten, und tranken.

Und tranken noch mehr aus Anlass der Einkesselung Ostpreußens.

Und am Morgen des 26. Januar waren sieben Brigadefahrer durch Methylalkohol an Krämpfen gestorben, Schlepper- und Lkw-Fahrer, auch ein paar Leute von der Geschützbedienung. Bei anderen hatte es die Augen erwischt.

So begann jener Tag in der Brigade. Die Erblindeten brachte man ins Lazarett. Und Toplew mit dem knabenhaft rundlichen Gesicht, der gerade vom Oberleutnant zum Hauptmann befördert worden war, klopfte an die Tür des Zimmers, in dem Major Bojew schlief, der Kommandeur der 2. Abteilung, um das Geschehene zu melden.

Bojew schlief stets fest, war aber sofort hellwach. Er verfügte hier über ein so wundervolles Bett mit so üppiger Daunendecke, dass er beschlossen hatte, sich auszuziehen. Jetzt stand er in Wollsocken auf dem Teppich und zog die Feldbluse an. Sie war mit Orden übersät: zwei »Rotbanner«, »Alexander Newskij«, »Vaterländischer Krieg«, zwei »Roter Stern«. (Zum Teil hatte er die Orden in den Kämpfen gegen Japan 1938* und im Finnischen Winterkrieg* erworben, und er hatte auch noch einen dritten Roten Stern, den letzten, der war aber, als er verwundet wurde, verloren gegangen, oder er war ihm gestohlen worden.) So hing ihm die ganze Brust voller Orden, er trug sie alle, hatte sie nicht durch eine Ordensspange ersetzt: eine angenehme Last – einzige Freude des Soldaten.

Toplew, der erst vor einem Monat zum Stabschef der Abteilung ernannt worden war, grüßte vorschriftsmäßig und meldete. Sein Gesichtchen war besorgt, die Stimme kindlich warm. Von ihrer 2. Abteilung waren auch zwei Leute an dem Gift gestorben: Podkljutschnikow und Lepetuschin.

Major Bojew war mittelgroß, hatte einen länglichen Kopf, doch durch den akkurat kurzen Haarschnitt wirkte das Gesicht wie ein in die Länge gezogenes Viereck mit Winkeln am Scheitel und am Kiefer. Die Brauen waren ungleichmäßig und die Nase ein ganz klein wenig zu einer tiefen Wangenfalte gewendet, als sei er in ständiger Anspannung.

Mit dieser Anspannung hörte er die Meldung an und sagte nach einer Weile bitter:

»O-och, so was Dummes!«

Bei all den Beschüssen, all den Bombardierungen sind sie unversehrt geblieben, bei so vielen Übergängen, an so vielen Brückenköpfen – um sich in Deutschland am Spiritus zu verschlucken.

Und wo soll man sie beerdigen? Sie haben sich selbst den Ort ausgesucht.

Als sie Allenstein passierte, war die Brigade in Gefechtsstellung gegangen; es war zwar nicht vorgesehen, zu schießen, einfach der Ordnung halber.

»Nicht auf dem deutschen Friedhof. Wir werden sie bei der Feuerstellung begraben.«

Lepetuschin, das war so einer: redselig, diensteifrig, sanftmütig. Und Podkljutschnikow? Groß, gebeugt. Ein ernster Mushik. Aber hatte sich dennoch verlocken lassen.

2

Die Erde war hart gefroren und steinig, man konnte nicht tief graben.

Die Särge zimmerte rasch und geschickt unser aus Mari gebürtiger Tischler Sortow aus hiesigen, aufbereiteten Brettern.

Fahne aufstellen? Niemand hatte jemals unsere Fahnen gesehen, außer bei Paraden, wenn die Brigade eine Auszeichnung erhielt. Für gewöhnlich bewahrte man sie irgendwo in der Intendantur auf, in der dritten Staffel, um sie nicht zu gefährden.

Podkljutschnikow hatte zur 5. Batterie gehört, Lepetuschin zur 6. Die Ansprache hielt Gubajdulin, der Partorg*. Er war Gegenstand des Gespötts für die ganze Abteilung. Heute war er schon seit dem Morgen betrunken und lallte seine ewigen Phrasen von dem heiligen Vaterland und der Höhle des Untiers, in die wir jetzt eindringen, um Rache zu nehmen.

Der Führer des Geschützzuges der 6. Batterie, der noch sehr junge, aber kräftige Leutnant Oleg Gussew, sah peinlich berührt und angewidert zu. Ist Gubajdulin Partorg geworden, weil politische Ränge so leicht zu durchlaufen waren? Oder dank des übermäßigen Wohlwollens des Brigadekommissars? Vor aller Augen war er im Laufe von eineinhalb Jahren vom Unteroffizier zum Oberleutnant befördert worden. Und jetzt belehrt er alle Welt.

Oleg Gussew war achtzehn Jahre alt und seit einem Jahr Leutnant an der Front, der jüngste Offizier in der Brigade. Er hatte so sehr an die Front gedrängt, dass sein Vater, der General, dem noch nicht Volljährigen zur Teilnahme an den Schnellkursen für Offiziersanwärter verhalf.

Jedem nach seinem Geschick. Neben Gussew stand Wanja Ostanin, ein kluger Kopf, er könnte einen Beschuss genauso gut befehligen wie ein Offizier. Doch in den Stalingrader Tagen 1942 wurde aus der Militärschule, in der er sich befand, jeder dritte Kursant an die Front geschickt. Die Kaderabteilung hatte Ostanin ausgesucht, weil seine Personalakte einen »Kratzer« aufwies: »Zugehörigkeit zur Familie eines unbelehrbaren Einzelbauern«. Jetzt trug dieser 22-Jährige – eigentlich Offizier – die Schulterstücke eines Oberfeldwebels.

Der Partorg hatte geendet. Gussew zog es zu den Särgen zwei Schritt vor. Es sollte so nicht enden, so nicht, ach! Aber eine Rede gelang ihm nicht. Mit zugeschnürter Kehle brachte er nur heraus:

»Weshalb denn so, Brüder, weshalb?«

Die Särge wurden geschlossen.

Zugenagelt.

An Stricken hinuntergelassen.

Mit fremder Erde zugeschüttet.

Gussew musste an die Bombardierung durch Junkersmaschinen bei Retschiza denken: Da war niemand verwundet worden und kaum etwas beschädigt, nur in den Verpflegungswagen war ein Splitter gedrungen und hatte eine Dreiliterflasche Wodka auslaufen lassen. Wie das die Jungs schmerzte! Kaum weniger als eine Verwundung. Die sowjetischen Soldaten wurden mit Alkohol nicht verwöhnt …

In die Grabhügel wurden Pfosten eingerammt, vorerst ungestrichen.

Und wer wird sich um die Gräber kümmern? In Polen gab es deutsche Kriegsgräber aus dem Jahr 1915. Ischtschukow, der Nachrichtenchef, hat die Kreuze am Narew ausgraben lassen und zerstört. *Rache* … Und niemand sagte einen Ton. Denn bei ihnen stand Larin, der Mann vom Smersch*.

Gussew ging an dem bedrückten Soldatenhäufchen vorbei und hörte, wie einer aus seinem Zug von der dritten Geschützbedienung, zu der Lepetuschin gehört hatte, der kleine, lebhafte Jursch, kläglich sagte:

»Aber wie soll das denn gehen – sich beim Spiritus zurückhalten, Leute?«

Wie man sich zurückhalten soll? Darin liegt eben die Qual – man denkt, es wird schon nichts passieren.

Es war, als habe ein grauer Flügel die Gesichter gestreift. Alle waren bedrückt.

Der Geschützführer Nikolajew, auch einer aus Mari, blickte äußerst missbilligend mit zusammengekniffenen Augen. Er rührte Wodka überhaupt nicht an.

Und das Leben läuft weiter, fordert. Hauptmann Toplew ging in den Brigadestab, um zu erfahren, wie die Todesnachricht abgefasst werden sollte.

Der magere, hochaufgeschossene Stabschef Oberstleutnant Weressowoj antwortete im Gehen:

»Hat der Kommissar schon festgelegt: ›Starb für die Verteidigung des Vaterlandes den Tod der Tapferen.‹«

Selbst zerbrach er sich den Kopf, wen er jetzt an das Lenkrad der Wagen setzen sollte, wenn wir aufbrechen.

3

Der überwältigend rasche Durchbruch unserer Panzer zur Ostsee veränderte das ganze Bild unserer ostpreußischen Operation. Und die Schwere Artillerieabteilung brauchte nirgendwohin zu eilen, wurde heute oder morgen von niemandem benötigt.

Der Brigadekommandeur hinkte seit einiger Zeit. Er hatte einen Abszess am Knie, und der Brigadearzt hatte ihm geraten, die Sache nicht zu verschleppen, sondern heute ins Lazarett zu gehen und sich operieren zu lassen. Daher war der Brigadekommandeur abgefahren und hatte seinen Stabschef Weressowoj statt seiner zurückgelassen.

Von nirgendwoher Beschuss, auch nicht aus der Luft. Weder bei uns noch bei den Deutschen. Es war, als sei der Krieg zu Ende.

Der Tag war nicht kalt, dicht bewölkt, trübe. Einstweilen wurden die Abteilungen aus ihren festgelegten Feuerstellungen abkommandiert und alle drei beim Brigadestab zusammengezogen.

Leise schlich die Dämmerung herauf. Beim Vordringen in Europa rechneten wir immer noch mit Moskauer Zeit. Es wurde daher gegen neun Uhr hell und dunkelte gegen sechs Uhr.

Da kam plötzlich aus dem Stab der Artillerieeinheit der chiffrierte Funkbefehl, alle drei Abteilungen nach Norden in Bewegung zu setzen, nach Liebstadt, und bei Eintreffen entsprechend Feuerstellung sieben bis acht Kilometer östlich zu beziehen. Mit Hauptrichtungswinkel 1500.

Also doch Abmarsch! Und das am Abend! So ist es ja immer, wenn man nicht die geringste Lust hat, sich zu bewegen, und nur noch am eingenommenen Platz übernachten möchte. Aber 1500 – das verblüffte. Das war während des ganzen Krieges noch nicht vorgekommen. Stracks nach Osten, dass wir das noch erleben. Gewohnt waren wir 4000 bis 5000 nach Westen, mit Abweichungen.

Nein, schon vorher war Stabschef Weressowoj von der Notwendigkeit geplagt, die vergifteten Fahrer unverzüglich zu ersetzen. Es gab kaum Reserven. Welche Fahrzeuge sollte man mitnehmen, welche sollten stehen bleiben? Am meisten hatte die 1. Abteilung gelitten. So bat Oberstleutnant Weressowoj den Stab der Artillerieeinheit, sie am Ort zu lassen und der 2. und 3. Abteilung ihre Schlepper zu geben.

Anders ginge es nicht. Es wurde gestattet.

Sich auf einen nächtlichen Vormarsch einzustellen, fällt nur in den ersten Minuten schwer. Und schon sind die Zugmaschinen an 24 schwerkalibrige Haubitzen gekettet – ganz frech, mit Scheinwerfern. Dahinter haben sich die Hilfsfahrzeuge gereiht. Ringsum Motorengeheul.

Zwei Abteilungskommandeure in weißen, kurzen Halbpelzen und der Kommandeur der Instrumentalaufklärung im langen Mantel begaben sich zum Brigadestabschef, um genaue Instruktionen über Aufmarschgebiet und Aufgabe einzuholen.

Aber die Aufgabe? Der Stabschef konnte sie selbst nur vermuten. Aufklärungsdaten vom Armeestab gab es nicht, konnte es auch bei dem schnellen Vorstoß und dem trüben Tag nicht geben. »Sieben bis acht Kilometer östlich«, das sagte bei weitem nicht genug. Das Messtischblatt – 1 Kilometer = 2 Zentimeter – übermittelt die Beschaffenheit des Geländes, aber nicht ganz vollständig. Natürlich: Chausseen und Feldwege, bepflanzte und unbepflanzte; und die Windungen der Passarge, die von Süden nach Norden fließt, und einzelne, verstreute Gehöfte. Alle Gehöfte? Und wie viele Wege dorthin? Sind die Gehöfte bewohnt oder nicht?

Oberstleutnant Weressowoj befahl auf gut Glück: Die 2. Abteilung bleibt etwas südlicher, die 3. geht etwas nördlicher.

Sie bildeten ungefähre Ovale.

Major Bojew stand bei seinem auf dem Kartenbrett auseinander gefalteten Messtischblatt und betrachtete missvergnügt die Karte. Wie viel hundert Mal hatte er im Krieg eine »Aufgabe zu erfüllen« gehabt! Und nicht selten war es vorgekommen, dass die Position des Gegners nicht angegeben wurde und unbekannt blieb, dann musste man sich herantasten. Aber hier – fünfundzwanzig Kilometer von diesem Liebstadt entfernt –, wie soll man da herauskriegen, wo Niemandsland ist, wo die aufgerissene Flanke der Deutschen verläuft? Und die Hauptsache: Wo ist unsere Infanterie? Und wo die Schützendivision, die hierher beordert wurde? Wahrscheinlich zurückgeblieben, ist den Panzern nicht nachgekommen, wurde auseinander gezogen – und wie weit? Wo soll man sie suchen?

Doch die wie immer feste Stimme Weressowojs verriet keine Zweifel. Die Schützendivision war sicher vorhanden, wenn auch auseinander gezogen, natürlich. Und die Deutschen? Die verblüfften Deutschen werden sich wahrscheinlich Richtung Königsberg zurückziehen. Der Brigadestab wird nach Liebstadt oder Umgebung gehen. Irgendwo dort wird auch der Divisionsstab liegen.

Aber worin liegt der Sinn, vor Mitternacht Feuerstellungen zu beziehen? In der Dunkelheit lässt sich der präzise topographische Standort nicht feststellen, nur nach örtlichen Orientierungen – annähernd, genauso annähernd wird auch das Schießen sein.

Ja, und die Geschütze? Mit dem höchst unvollständigen Kampfsatz?

Auch die Etappen sind zurückgeblieben, sie müssten herangeholt werden. Bojew betrachtete Weressowoj schräg von unten. Auch mit dem unmittelbaren Vorgesetzten kann man sich nicht verständigen. Wie sich auch dieser mit seinem eigenen Vorgesetzten nicht verständigen kann. Denn der Vorgesetzte hat immer Recht.

Auf winterlicher Straße bei Glatteis sollte man unversehrt in dieses Liebstadt ziehen, das würde bestenfalls drei Stunden dauern. Hinter den Wolken müsste schon der Mond sein, also wird es wenigstens nicht absolut dunkel sein.

Gleichmäßig brummten die Zugmaschinen. Die ganze Kolonne, von Dutzenden von Scheinwerfern beleuchtet, zog aus dem Dorf auf die Chaussee hinaus.

Es dauerte keine halbe Stunde. Dann entfernte sich das Motorengeräusch.

4

Welche Begeisterung über den Sieg!

Und diese Stille, diese eigenartige Taubheit – auch sie sind Zeichen des Sieges.

Und der überall verstreute, teils noch warme deutsche Reichtum. Sammel ihn ein, schick ihn nach Hause. Dem Soldaten sind fünf Kilo erlaubt, dem Offizier zehn, dem General ein Pud*. Wie kann man das Beste erwischen? Sich nicht vertun? Und du? Iss, trink, bis zum Überdruss.

Jedes Quartier wie ein Wunder. Jedes Nachtlager wie ein Fest.

Brigadekommissar Oberstleutnant Wyshlewskij hatte sich das schönste Haus im Dorf gewählt. Im Erdgeschoss statt eines Zimmers ein großer Saal mit einem Dutzend elektrischer Lampen an den Wänden und an der Decke. Und von irgendwoher kam auch ständig Strom, ebenfalls ein Wunder. Das Radio (wir werden es mitnehmen) dudelt Tanzmusik.

Als Weressowoj eintrat, um zu melden, saß Wyshlewskij, breitschultrig mit großem Kopf und abstehenden Ohren, tief eingesunken in ein weiches Sofa an einem ovalen Tischchen mit glückseligem, rosigem Gesicht. (Diesem Kopf hätte ein breitkrempiger Hut besser gestanden als die Offiziersmütze.)

Neben ihm auf dem Sofa saß Hauptmann Tarassow vom Smersch – immer zupackend, immer wachsam, leicht beweglich, mit sehr entschlussfreudigem Gesicht.

An der einen Seite standen die Flügeltüren zum Esszimmer offen, dort wurde der Tisch zum Abendessen vorbereitet. Zwei, drei weibliche Gestalten huschten hin und her. Eine im hellblauen Kleid war dem Anschein nach eine Deutsche. Aber auch ein Mädchen aus unserer Politabteilung war dabei, sie hatte die Uniform abgelegt und sich aus ostpreußischen Kleiderschränken bedient. Warmer Essensgeruch wehte herüber.

Weshalb war Weressowoj gekommen? In Abwesenheit des Brigadekommandeurs war er formell der Chef und hätte selbstständig jede Entscheidung treffen können. Doch da er schon fünfzehn Jahre Dienst tat, hatte er sich gründlich die Gewohnheit zu Eigen gemacht, nichts ohne den Politruk zu entscheiden, immer dessen Willen zu respektieren und keine Einwände zu erheben. Wie soll es mit dem Transport des Stabes gehandhabt werden? Sollte er nicht sofort vonstatten gehen?

Ganz klar: Das war keinesfalls möglich. Denn hier warteten warmes Abendessen und andere Annehmlichkeiten. Solche Opfer konnte man doch von keinem lebendigen Menschen verlangen.

Der Kommissar lauschte mit halbgeschlossenen Augen der Musik und sagte wohlwollend:

»Na, Kostja, wohin sollten wir jetzt denn fahren? Mitten in der Nacht – was sollen wir dort? Wo Halt machen? Morgen werden wir früher aufstehen und dann losfahren.«

Und der Smersch-Offizier, wie immer in jeder Geste felsenfest überzeugt, nickte nachdrücklich.

Weressowoj widersprach nicht, stimmte nicht zu, stand da wie ein Stock.

Wyshlewskij erbarmte sich:

»Komm zum Essen zu uns, so in zwanzig Minuten.«

Weressowoj stand, überlegte. Er hatte selbst gar keine Lust, abzufahren, diese ostpreußischen Nachtquartiere sind zu verführerisch. Und noch eine Überlegung: Die 1. Abteilung ist unvollständig, die muss man doch erst auffüllen.

Aber man kann ihm auch den Kopf waschen.

Tarassow mischte sich ein und riet:

»Brechen Sie doch einfach die Verbindung zur Armee und zu den Abteilungen ab. Für alle werden wir dann unterwegs, auf Verlegung sein.«

Nun ja, wenn das einer vom Smersch rät ... wird er doch nicht selbst *denunzieren*?

Aber nachts loszuziehen – wirklich, das übersteigt die Kräfte.

5

Den ganzen Abend über hatte es geschneit, Schnee bedeckte die vereiste Straße. Sie fuhren langsam, nicht nur wegen der Schneeglätte, sondern auch, damit die Pferde nicht zu weit zurückblieben.

In Liebstadt trennten sich die Abteilungen. Der Kommandeur der 3. Abteilung zog nördlich weiter. Abschiedsumarmung.

Bojew studierte im Licht einer Taschenlampe die Karte. Er hatte auf das östliche Passargeufer überzugehen, dann anderthalb Kilometer Feldweg, sodann Feuerstellungen einzurichten, wahrscheinlich jenseits des Dorfes Schwenkitten, damit vorn nach Osten bis zum nächsten Wald noch sechshundert Meter Sicht blieb und das Schießen bei der flachen Flugbahn der Geschosse nicht gefährlich würde.

Die Brücke über die Passarge war aus Eisenbeton, ihre Tragfähigkeit zu überprüfen war nicht notwendig. Das linke westliche Ufer war steil, von ihm ging eine abschüssige Zufahrt zur Brücke.

Hier stellten sie Wegweiser für die Pferdeschlitten auf. Den motorisierten Einheiten standen sollmäßig weder Pferde noch Bauernwagen zu. Die Führung hielt das für unnötig. Doch schon während der Offensive von Orjol und dann später beim Vormarsch schnappten sich alle Batterien mal herrenlose, mal erbeutete Pferde und bildeten mit ihnen einen Hilfstross. Die Führung von so einem Tross hatte ein sachkundiger Feldwebel, der seiner Batterie folgt und sie immer findet. Natürlich, die Zugmaschinen Allis-Chalmers sind hervorragend, doch mit ihnen gelangt man nicht überall hin. Später, vor allem, als wir uns Deutschland immer mehr näherten, nahm man statt unserer mittelgroßen Pferdchen die starken deutschen Lastpferde, richtige Reckenpferde. Und im Winter benutzte man statt der Bauernwagen Schlitten. Wäre man ohne Schlitten gewesen, wie fürchterlich hätte man sich dann von der Feuerstellung im jungfräulichen Schneegelände zum Beobachtungsstand abrackern müssen!

Das Schneien ließ nach, es hatte tüchtig geschneit. Der Schnee reicht fast bis zum halben Stiefelschaft. Auf den Geschützplanen sind Schneemützchen gewachsen.

Ringsum keine Menschenseele. Nirgendwo. Alles tot. Keinerlei Spuren.

Soweit im Laternenlicht zu erkennen war, fuhren wir über eine bepflanzte Straße, eine Art kleiner Allee. Auch hier niemand. Wir erreichten Schwenkitten. Fremdartige Gebäude. Alle Häuser dunkel, nirgends Licht.

Es wurden Leute losgeschickt, um die Häuser zu untersuchen. Sie waren leer, aber alle geheizt. Die Bewohner waren offenbar erst vor wenigen Stunden geflüchtet.

Das bedeutete: weit konnten sie noch nicht gekommen sein. Junge Frauen wären vielleicht in den Wald geflohen – aber hier war überhaupt niemand mehr.

Am Ostrand von Schwenkitten wurden acht Kanonen aufgestellt. Nicht alle zwölf, das wäre sinnlos gewesen. Bojew befahl dem Batterieführer Kassjanow, seine 6. Batterie achthundert Meter südlich zu postieren, rückwärts, schräg gegenüber dem Dörfchen Klein Schwenkitten.

Auch dort – niemand. In Liebstadt hatten sie nicht gesucht. Und seit Liebstadt hatten sie keine lebende Seele mehr gesehen. Wo steckt die Infanterie? Überhaupt – keine Spur von unseren Brüdern.

Es war ganz unbegreiflich: Stellen wir hier Geschütze zu weit weg von den Deutschen auf? Oder sind wir im Gegenteil zu weit vorgeprescht? Vielleicht hocken sie im nahen Wäldchen. Jedenfalls müssen wir bis zu diesem Wäldchen Sicherung vorschieben.

Nichts zu machen. Die Zugmaschinen röhrten. Die 6. Batterie zog auf der Seitenstraße nach Klein Schwenkitten. Die 4. und 5. hatten nebeneinander Stellung bezogen. Die Geschützbedienungen liefen aus der Marschordnung an ihre Geschütze und machten sie schießbereit. (Und natürlich machten sie die nächstliegenden Häuser ausfindig, in denen man sich ausruhen und schlafen kann.)

Ein Häuschen – wie ein Spielzeug. Soll das etwa eine Dorfhütte sein? Die Einrichtung ist städtisch. Behaglich, hübsch verteilt. Keine Elektrizität, weil die Leitung unterbrochen ist. Aber sie fanden zwei Petroleumlampen, stellten sie auf den Tisch. Bojew studierte die Karte. Eine Karte erzählt immer viel. Betrachtet man sie genau, kann man noch in der hoffnungslosesten Situation etwas Hilfreiches erkennen.

Bojew drängte niemanden zur Eile, es musste ohnehin auf die Schlitten gewartet werden. Auch früher schon war Bojew gelegentlich in eine ungewisse Lage geraten. Aber das war in seinem eigenen Land gewesen.

Der Funker hatte schon Verbindung zum Brigadestab. Antwort: »Wir brechen in Kürze auf.« (Sie waren also noch nicht unterwegs.) Und Neuigkeiten? Anordnungen? Einstweilen keine.

Plötzlich – Schritte im Flur. Der Führer der Schallmessbatterie, die Bojew unterstand, im gut sitzenden Offiziersmantel, trat ein. Ein alter Bekannter, schon seit Orjol. Mathematiker. Er breitete sofort seine Karte unter der Lampe aus und überlegte dann so: Da ist der direkte Feldweg nordöstlich nach Dittrichsdorf, etwas mehr als zwei Kilometer von hier. Dort wird die Zentralstation sein, dahin muss die Leitung gelegt werden.

Bojew betrachtete die Karte. Er las Karten schneller als Bücher. Und:

»Ja, wir werden irgendwo in der Nähe sein. Ich etwas weiter rechts. Lasse die Leitung legen. Und die Topographen?«

»Ich habe einen Trupp bei mir. Aber was für eine Vermessung nachts? Sie werden die Koordinaten ungefähr abstecken und zu euch kommen.«

So wird auch der Beschuss werden. Ungefähr. Er hatte es eilig. Zum Reden blieb keine Zeit. Nur ein freundschaftlicher Händedruck.

»Bis dann.«

Irgendwas blieb ungesagt. Er hätte seinen Batterieführern Instruktionen geben sollen, doch die waren ohnehin beschäftigt. Und dann – die Pferde abwarten.

Und Bojew legte sich auf ein kleines Sofa, denn in Stiefeln zu Bett zu gehen, ist unschicklich. Und ohne Stiefel ist man kein Soldat.

6

Für manch einen hatte der Krieg 1941 begonnen, für Bojew schon 1938 in den Kämpfen gegen die Japaner am Chassan-See. Dann kam der Finnische Winterkrieg. So zog sich der Krieg für ihn schon das siebte Jahr hin, zweimal durch Verwundungen unterbrochen. Heimaturlaub hatte es nicht gegeben – in seine Ischimischen Steppen mit den Hunderten von spiegelnden Seen und den Wildrudeln, auch nicht zur Schwester nach Petropawlowsk. Schon das elfte Jahr hatte sein Weg nicht zu ihr geführt.

Als er zur Armee kam, hatte Pawel Bojew noch kaum etwas vom Leben gesehen. Was für Möglichkeiten hatte er davor? Südsibirien hatte sich lange nicht vom Bürgerkrieg, vom niedergeschlagenen ischimischen Bauernaufstand 1921* erholen können. In Petropawlowsk lagen hier und da kaputte Zäune und Barrikaden herum, wo sie heil geblieben waren, waren sie krumm und schief. Fensterscheiben waren durch Lumpen ersetzt, durch zusammengeschnürtes Papier. Der Filz an den Haustüren hing in Fetzen, da und dort ragten Stroh und Bast heraus. Und die Wohnverhältnisse? Sehr schlecht. Er hauste bei seiner verheirateten Schwester Praskowja. Mit dem Schuhwerk stand es nicht besser: Du nähst und nähst Sohlen drunter, aber die Zehen liegen frei. Und das Essen? Noch schlechter: Dieses Brot auf Lebensmittelkarten – ein Nichts für einen gesunden Mann … Überall musste man Schlange stehen, manchmal ab fünf Uhr morgens. Wo anders stürmt ein ganzer Haufen los, ohne zu fragen, was es gibt. Aber wo sich Menschen ansammeln, wird's schon irgendwas geben. Und viele, viele Bettler auf den Straßen.

Dagegen in der Armee: Zum Mittagessen Borschtsch mit Fleisch und Brot satt. Die Uniform, wenn auch nicht immer neu, so doch heil. Die Soldaten sind die geliebten Söhne des Volkes. Es gibt Litzen: himbeerfarbene für die Infanterie, schwarze für die Artillerie, blaue für die Kavallerie und noch weitere (rote für die GPU*). Klare Ordnung der Beschäftigungen: Antreten, Marschieren, Grüßen. Das Leben ist durch und durch sinnvoll. Das Leben ist Dienst, und keiner ist überflüssig. Er ging zur Armee, noch ehe er eingezogen wurde.

So hatte ihn, den nichts außer dem Soldatenleben freute, der nicht geheiratet hatte, die Trompete auch in diesen Krieg gerufen.

In der Armee begriff sich Pawel als geborener Soldat, die Armee war sein Zuhause. Für ihn bestand das Leben nun aus Gefechtsordnung, Schießen, Stellungswechsel, Vormarsch, Kartenaustausch. 1941 hatten sie Geschütze und Zugmaschinen verloren, später passierte so etwas nicht mehr, höchstens wenn das Geschütz einen Volltreffer bekam oder die Zugmaschine von einer Mine zerrissen wurde. Der Krieg ist einfach Arbeit, ohne Erholungstag, ohne Urlaub, die Augen am Scherenfernrohr. Die Abteilung ist die Familie, die Offiziere sind die Brüder und die Soldaten Söhne, und jeder für sich ist ein Schatz. Gewohnt an die ständigen Drangsale des Lebens, an die Wechselhaftigkeit des Glücks, konnte keine Wendung der Ereignisse ihn verwundern oder erschrecken. Tatsächlich, *er hat vergessen, sich zu fürchten.* Wenn eine zusätzliche oder gefährliche Aufgabe zu leisten war – er übernahm sie. Auch unter heftigster Bombardierung und dichtestem Beschuss dachte Bojew nie an den Tod, sondern nur daran, wie die begonnene Operation am besten durchzuführen sei.

Er öffnete die Augen (hatte nicht geschlafen), als Toplew eintrat: Die Pferde sind da.

Bojew sprang auf.

Toplew, noch ein Knabe fast, war zu zart für einen Stabschef. Doch die Batterieführer wollten niemanden zum Stab abgeben, so nahm man jemanden von der Aufklärung.

»Ruf Boronez.«

Der kräftige, gescheite Hauptfeldwebel der Abteilung, Boronez, hatte es mit wachem Auge schon erraten: den überflüssigen Beuteplunder runter von den Schlitten. Drei Schlitten sind mit Gerät für drei Beobachtungsstände, Kabelrollen, Funkgeräten, Scherenfernrohren, Handgranaten zu beladen, auch mit Waffen und irgendwelchen Säcken aus der Intendantur sowie Lebensmitteln.

»Wen hast du hinter Liebstadt unterwegs gesehen? Infanterie?«, fragte Bojew.

Boronez schnalzte mit der Zunge und schüttelte seinen großen, runden Kopf.

»K-keine.«

Aber wo ist sie denn? Gibt es sie überhaupt nicht?

Bojew ging hinaus. Trübe, verschleierte, schneebleiche Nacht. Stille ringsum, vollständige Stille. Es schneite nicht mehr.

Alle drei Batterieführer sind vor Ort, warten auf Befehle. Einer ist ständig beim Abteilungskommandeur, das wird Mjagkow sein, wie so oft. Proschtschenkow und Kassjanow befinden sich einen Kilometer links und einen Kilometer rechts bei ihren Beobachtern. Verbindung zum Abteilungskommandeur besteht nur über die Feuerstellungen.

Nun ja, sie haben schon viel gesehen, kennen ihre Pappenheimer. Jetzt ist das Wichtigste, die Plätze für die Beobachtungsstände richtig auszuwählen. Vorher ist noch festzustellen, bis in welche Tiefe man eindringen kann und muss. In dieser Dunkelheit und Stille – ohne Infanterie! Wie ist das zu erkunden? Geht man nicht weit genug vor, sitzt man nutzlos herum, geht man zu weit vor, gerät man zu leicht an die Deutschen.

»Und dann begreift, Leute: Diese Stille, diese Leere – das kann sehr, sehr ernst werden«, warnte Bojew, und er beauftragte Toplew:

»Such die Infanterie, Shenja, schick alle Melder los. Finde sie! Soll doch der Regimentskommandeur mich suchen. Es ist doch ... so eine ... Erkunde die Situation in der Brigade. Ich suche den Beobachtungsstand aus, bleibe mit dir in Verbindung.«

Damit sprang er in den vordersten Schlitten.

7

In Abwesenheit des Batterieführers Kassjanow vertrat ihn der Zugführer des 1. Zuges der 6. Batterie, Oberleutnant Kandalinzew. Er war älter als alle Zugführer in der Brigade, fast vierzig. Ziemlich groß, doch ohne stramme Haltung und straffe Schultern, vor der Zeit ergraut, von umsichtiger Klugheit. Die anderen Zugführer nannten ihn Väterchen.

Und Oleg Gussew, unter Großstadtschlingeln aufgewachsen, lernte von ihm viele Lebensweisheiten, die er nirgendwo sonst mitbekommen hätte.

Schon vorher, ehe sie alle vier Kanonen in Stellung brachten, hatte Kandalinzew angeordnet, fünfzig Meter voraus einen kleinen Fächer zur Sicherung zu besetzen. Und als die von den Geschützen gelösten Zugmaschinen schwiegen, erlaubte er der Geschützbedienung, einander an den Geschützen abzuwechseln. Gussew zeigte er weiter hinten eine kleine steinerne Scheune.

»Wir gehen mal da rüber, die Knochen ausruhen.«

Kandalinzew hätte die Batterie auch etwas näher bei den bequemen Häusern Stellung beziehen lassen können, doch von hier aus konnte man besser schießen.

Die abgelösten Kanoniere gingen in die Häuser und legten sich schlafen.

Gussew hatte in zwei Häusern Radioempfänger entdeckt und hoffte, sie würden mit einer Batterie funktionieren. Nein, sie blieben stumm. Radio in Wohnungen – das war eine ausländische Neuheit, an die man sich nur ängstlich erst gewöhnt hatte. In der gesamten Sowjetunion hatten bei Kriegsbeginn die Empfänger abgegeben werden müssen. Nichtabgabe wurde mit Gefängnis bestraft. Und hier …

Gussew hätte so gern etwas über unseren Durchbruch erfahren, irgendwelche Einzelheiten, aber die Batteriefunkgeräte fingen nur einen eigenen Sender auf Langwelle ein; und über den Durchbruch gab es keine Nachrichten.

Kandalinzew war 1941 aus der Reserve einberufen worden, hatte zwei Jahre hart an der Leningrader Front gekämpft. Nach einer Verwundung war er hierher versetzt worden und war nun auch schon fast zwei Jahre in der Brigade.

Wo es die kleinste Möglichkeit zum Ausruhen gab, ließ Kandalinzew sie sich nicht entgehen.

Sie gingen in die Scheune und legten sich ins Stroh.

Aah, diese Stille.

»Sind die Deutschen in Ohnmacht gefallen, Pawel Petrowitsch? Sind abgeschnitten und geben auf, verdrücken sich nach Königsberg? Vielleicht ist damit der Krieg zu Ende?«

Oleg Gussew hatte den Krieg durchaus nicht satt, der sollte ruhig noch dauern, damit er sich auszeichnen konnte.

»O-och!«, machte Kandalinzew nur.

Er lag ganz still. War er schon eingeschlafen?

Oleg sinnierte träumerisch:

»Es heißt, nach dem Krieg werde alles anders werden. Dann begänne ein freies Leben, man sagt, die Kolchosen würden aufgelöst werden.«

Ihm selbst waren die Kolchosen gleichgültig, aber die ganze kämpfende Armee hegte derartige Hoffnungen. Und wirklich, weshalb sollte man nicht gut und frei leben?

Aber Kandalinzew wusste nur zu gut Bescheid, hatte genügend Parteisäuberungen über sich ergehen lassen müssen. Nicht rechthaberisch, nur müde, antwortete er:

»Nein, Oleg, bei uns wird nichts anders werden. Wenn's bloß nicht schlechter wird. Die Kolchosen? Die löst niemand auf, sie sind dem Staat viel zu nützlich. Verschwende die Zeit nicht, schlaf jetzt.«

8

Ja, der Krieg ist eine schwere, alltägliche Bürde mit dem Auflodern jener Tage, an denen man leicht das Leben verlieren oder verbluten kann, wenn man nicht rechtzeitig aufgesammelt wird. Doch niemals war das Herz des stillen Intellektuellen Kandalinzew im Krieg so bedrückt gewesen wie damals 1930/31, als er in einem Dorf leben musste, das gerade zerstört wurde, als ringsum die vorsätzlich herbeigeführte böse Pest* wütete. Er sah die Augen der Sterbenden, hörte das Klagen der Frauen, das Weinen der Kinder, und ihm selbst erging es, als sei er vor dieser Pest geschützt, aber er wagte es nicht, irgendjemandem zu helfen.

Das hatte Pawel Petrowitsch gleich nach Absolvierung des Instituts erlebt. Als junger Agronom arbeitete er auf einer Obst- und Gemüseversuchsstation im Gebiet Woronesh. Er hatte für die Schösslinge der Gewächshäuser zu sorgen, als ringsum menschliche Schösslinge zwei Jahre und sogar erst drei Monate alt auf Schlitten in den harten Frost geschickt wurden, um auf dem weiten Weg zu sterben. Er empfand sich selbst als Mörder. Er wusste, ohne sich jemandem anvertrauen zu können, dass die Bauern, die sich gegen die Kollektivierung sträubten, selbst ihr Inventar zerstörten, das beste Saatgut zu Mehl vermahlten und ihr Vieh schlachteten, ohne es zu verhehlen, und man konnte nichts dagegen tun. Schließlich kratzten die Aktivisten das letzte Korn aus den Vorratsgruben, stellten die »Rote Fuhre« zusammen und zogen in die Stadt: »Das Dorf bringt seinen Überschuss!« Und dort in der Stadt marschierte ein Blasorchester dem Wagenzug voran.

Seit dieser Zeit nahm Pawel Petrowitsch seine Umgebung nicht mehr ganz vollständig wahr, sondern irgendwie als unglaubwürdig, als seien alle Nervenenden erstarrt, sein Sehvermögen vermindert, Lachen, Geruchssinn und Tastsinn für immer dahin: So lebte er unter dem ständigen Druck, das Rayonkomitee könnte sich über ihn wegen irgendetwas erbosen, ihn als nicht vertrauenswürdigen Parteilosen aus dem Dienst entlassen. (Noch gut, wenn er dabei nicht verhaftet würde.) Und mehr als einmal war das Komitee böse geworden. Darum hatte er mit denselben starren Fingern den Aufnahmeantrag in die Partei unterschrieben, und mit denselben ertaubten Ohren saß er dann in den Parteiversammlungen.

Und welch verdrehte Ordnung verwirrte den Menschen Herz und Hirn: Abschaffung auf ewig von Woche und Sonntag, man zählt nicht mehr Montag-Mittwoch-Freitag-Sonntag, stattdessen fünf »Arbeitstage« am laufenden Band. Alle arbeiten und lernen an verschiedenen Tagen, an keinem Tag kann man mit der Frau und den Kinderchen zusammen sein. So dröhnte sein Leben wie eine unendliche Panzerkette, die die Erde aufreißt.

Und mit diesen für immer abgestorbenen Gefühlen nahm Pawel Petrowitsch im August 1941 auch seine Einberufung als Leutnant nicht vollständig wahr. Und mit diesem »nicht vollständig Vorhandensein« war er sich selbst und seinem Körper fremd, kämpfte das vierte Jahr, hatte vor Leningrad gekämpft, dann in einer Sanitätsbaracke gelegen, dann im Lazarett. Und so wie vor dem Krieg jeder Flegel aus dem Rayonkomitee ihm Anweisungen für die Zuchtauswahl geben konnte, wunderte er sich auch im Krieg nicht über die dümmsten Befehle.

Der Krieg würde bald zu Ende sein. Ob er ihn überleben würde? Auch diese Frage berührte ihn wenig. Vielleicht würde er noch umkommen, dafür blieb Zeit genug. Auch in den letzten Monaten wird noch mancher fallen müssen.

Nur ein Gefühl war in ihm nicht erstorben, das für seine junge Frau Alla. Das machte ihn traurig.

Nun ja, wie Gott gibt.

9

Die Schlitten knirschten nicht. Die Pferde schnaubten kaum.

Die Nacht war heller geworden. Hinter den Wolken stand der Mond, und die Wolken zogen sich auseinander. Wäldchen und freies Feld ließen sich unterscheiden.

Bojew schirmte mit dem Ärmel seines Halbpelzes die Taschenlampe ab und studierte die Karte, um den Krümmungen der Feldwege entsprechend die Stellung der Batterieführer und die jedes Beobachtungsstandes im Neuschnee festzulegen.

Also hier.

Kassjanow und Proschtschenkow sprangen aus dem Schlitten, kamen heran.

»Entfernt euch nicht zu weit von mir, nicht mehr als einen Kilometer. Arbeit wird's kaum geben, gegen Morgen rücken wir wahrscheinlich vor. Trotzdem, für alle Fälle, grabt euch ein«, befahl Bojew.

Damit trennten sie sich. Die Pferde griffen kräftig aus. Das Gelände war wenig gewellt, eine Anhöhe war nicht leicht auszuwählen. Wenn sich bis zum Morgen nichts ändert, muss man bessere Stellungen ausfindig machen.

Und noch immer kein Laut. Nichts Dunkles bewegt sich im Feld.

Wen du liebst, den jagst du los. Bojew rief den findigen Ostanin:

»Wanja, nimm einen Mann, geh einen Kilometer vor – welches Geländerelief? Vielleicht triffst du jemanden. Nehmt Handgranaten mit.«

Ostanin mit dem kräftigen Zungenschnalzen eines aus Wjatka:

»Siehst du jetzt im offenen Feld jemanden von ferne, solltest du ihn nicht rufen. Bei ›Kto eto?‹

kriegst du vielleicht aus der MP. Und rufst du aus Scherz ›Wer ist da?‹*, könnten es die Eigenen tun, jederzeit.«

Sie gingen los.

Und hier vor Ort wurden Spitzhacke und Spaten geholt und die obersten Erdschichten abgetragen wie am Morgen für die Gräber. Die Pferde wurden ins Gebüsch geführt. Der Funker rief von seinem Gerät auf dem Schlitten aus:

»Balchasch, Balchasch, hier spricht Omsk. Gib die 12 für die 10.«

»Hier 12«, antwortete Toplew.

»Habt ihr die ›Stöckchen‹ gefunden?«

»Nein, nirgendwo ›Stöckchen‹«, antwortete eine sehr besorgte Stimme.

Es ist, wie es ist. Wenn bei Schwenkitten noch keine Infanterie steht und auch bei uns nicht, wo ist sie dann?

»Was ist mit Ural?«

»Ural sagt: Sucht, ihr sucht schlecht.«

»Wer sagt das?«

»Null fünf.«

Das ist der Chef der Brigadeaufklärung, der müsste selbst hier suchen und nicht dreißig Kilometer weit weg hocken. Warum bewegen sie sich nicht? Wann werden sie hier sein?

Das Graben war mühsam.

Na ja, drei kleine Gräben, nicht mit vollem Profil. Zum Abdecken gibt's sowieso nichts.

Der flinke Ostanin kam früher als erwartet zurück.

»Genosse Major, halber Kilometer westlich ist eine Talsenke, verläuft offenbar rechts von uns. Ich ging nach links schräg gegenüber. Sehe Gestalten herumwimmeln. Kaum zu erkennen. Einer begann zu fluchen, seine Kabelrolle klemmte, und ich konnte hören, dass es die Unseren sind.«

»Wer?«

»Der rechte Schallmessposten. Bis zu ihnen reicht uns eine Kabelrolle und wir kriegen so direkte Verbindung mit der Zentrale. Gut.«

»Also dann legen wir. Dein Kumpel soll führen.«

Ja, und auf wen sich einschießen? Und mit welcher Einmessung? Alle Koordinaten sind nach Augenmaß.

»Und sonst niemand da? Keine Infanterie?«

»Auch keine Spuren im Schnee.«

»Ja-ja-a-a. Hallo 12, 12! Sucht die ›Stöckchen‹. Schickt nach allen Seiten Leute aus.«

10

Es war etwas klarer geworden, auch das Wäldchen links vor Schwenkitten wurde deutlicher. Und rechts dunkelte ausgedehnter Wald, das war offenbar jenseits der großen Talsenke.

Der Brigadestab hatte aufgehört zu funken. Schön, wahrscheinlich sind sie losgefahren. Aber sie haben nicht vorgewarnt.

Toplew war sehr nervös. Das war er oft. Es lag ihm unendlich viel daran, dass alles tadellos funktionierte, niemand ihm etwas vorwerfen konnte. In seinem Dienst ließ er Schlampereien nicht durchgehen, noch ehe die Vorgesetzten sie hätten bemerken und rügen können, aber oft weiß man nicht, was das Richtige zu tun ist.

Und jetzt fand er keine Ruhe: Die Sicherung ist zu kontrollieren, ebenso die Kanonen der 4. und 5. Batterie. Von jeder Geschützbedienung haben zwei Mann Dienst. Die übrigen haben sich in die Häuser verzogen. Essen Abendbrot? Essen ist vorhanden. Kleiden sie sich ein? Auch das ist möglich, und alles wird im Batterieanhänger verstaut. (Im Dorf sind ein paar alte Männer und Frauen zurückgeblieben, wagen nicht, sich zu rühren.)

Es ist einfach ein Unding, dass erlaubt wurde, aus Deutschland Pakete nach Hause zu schicken. Jetzt quillt bei jedem Soldaten der Tornister über. Manche Sachen behält er, manche wirft er fort. Für seine fünf Kilo sucht er das Beste raus. Toplew ist das zwar verständlich, aber sehr zuwider, denn es stört die Arbeit.

Er ging zum Stabswagen der Abteilung am Ortsrand von Klein Schwenkitten. Im Häuschen daneben gibt's ein Bett mit Daunendecke, da könnte man sich niederlegen und schlafen, es ist ja schon Mitternacht. Kann man denn hier einschlafen?

Hinter den Wolken ist es hell. Draußen ist es friedlich und still, als gäbe es keinen Krieg.

Und wenn jetzt von Osten etwas herankriechen würde – was wäre da zu tun? Unsere Geschosse wiegen bis zu vierzig Kilo. Heranbringen und Nachladen von Schuss zu Schuss dauert niemals weniger als eine Minute, sie wegzuschaffen ist keine Zeit: Acht Tonnen wiegt eine Haubitze. Wenn da noch andere Rohre aufblitzen würden – von der Abteilung oder Panzerabwehr. Niemand.

Im Stabswagen wieder am Funkgerät, meldet Toplew Major Bojew:

»Verbindung mit Ural abgerissen. Keine ›Stöckchen‹. Ich habe Leute auf die Suche geschickt.«

Ein zur Erkundung ausgeschickter Unteroffizier hat seinen Auftrag ausgeführt und meldet: Auf dem Weg hierher leichtes Geräusch von einem Willys. Wer da nahte, war bis zuletzt nicht zu erkennen.

Aus dem Willys sprang flott Major Balujew.

Toplew meldete ihm: »Feuerstellungen der Schweren Artillerieabteilung.«

Der Major, mit fester, junger Stimme, ist erfreut:

»Was sagen Sie da? Was? Die Schwere? Das hätte ich nicht erwartet!«

Sie gingen ins Haus, ans Licht. Der Major ist mager, sauber rasiert, aber offensichtlich erschöpft.

»Das ist etwas zu fabelhaft! Wir hätten gerne etwas Leichteres.«

Balujew erwies sich als Regimentskommandeur jenes Schützenregiments aus eben der Division, die sie suchten. Auch Toplew freute sich:

»Prachtvoll! Jetzt kommt alles in Ordnung.«

Nicht ganz. Einstweilen marschiert nur das 1. Bataillon hierher – wird erst weit nach Mitternacht hier sein.

Sie setzten sich zur Petroleumlampe und studierten die Karte. Toplew zeigte, wo unsere Beobachter sein werden. Und dort, in Dittrichsdorf, befindet sich die Schallmessbatterie. Weitere Einheiten sind bisher nicht aufgetaucht.

Der Major, mit verrutschter Mütze auf den flachsblonden Haaren, hat sich mit saugendem Blick in die Karte vertieft.

Er war jetzt keineswegs fröhlich.

Er starrte und starrte in die Karte. Nicht mit dem Bleistift, mit dem Finger verfolgte er die mutmaßliche Linie: Wo, vorgeschoben, die Beobachter stehen müssen und wo die Infanterie Stellung beziehen muss.

Balujew öffnete die Kartentasche, schrieb einen Befehl und gab ihn dem Oberfeldwebel, der ihn begleitet hatte:

»Bring das dem Stabschef. Nimm das Fahrzeug. Wenn dir unterwegs irgendwas auf Rädern begegnet, versuch es anzuhalten. Und wenn es auch nur eine einzige Kompanie ist, die vorgeschickt werden kann.«

Zwei Aufklärer behielt Balujew bei sich.

»Ich gehe zum Kommandeur eurer Abteilung.«

Toplew begleitete den Major vorsorglich nach Schwenkitten. Am Ende des Dorfes sagte er:

»Jetzt können Sie direkt in dieser Schlittenspur gehen.«

Sie war deutlich unter den Füßen zu sehen.

Es wurde hell. Der Mond war herausgekommen.

11

Nach einer leichten Verwundung am Sosh war Major Balujew zu den Jahreskursen an der Frunse-Akademie abgestellt worden. Damit drohte ihm, den Krieg zu verpassen; doch er kam noch rechtzeitig in den Stab der 2. Weißrussischen Front, gerade zur Januaroffensive.

Dort beorderte man ihn zum Armeestab, von da aus zum Korpsstab und jetzt in den Divisionsstab.

Den fand er erst heute. Nein, man muss schon besser sagen: gestern. Die Division hatte am Vortag den Kommandeur eines Schützenregiments verloren – schon den dritten seit dem Herbst. Also wird Major Balujew ihn ersetzen, den Befehl unterschreibt man später.

Balujews Gespräch mit dem Divisionskommandeur dauerte nur fünf Minuten, das genügt für einen erfahrenen Offizier. Die topographische Karte kann dieser kaum lesen, das ist aus zwei Fehlern und aus den Fingerbewegungen auf der Karte ersichtlich. Und begreift er überhaupt die Gesamtsituation? Er murmelt undeutlich vor sich hin. Wen befördert man bei uns nicht alles zum General? Hinzu kommt noch die verbindliche Quote der nationalen Kader, die das Gleichgewicht der Präsenz der nationalen Minderheiten vorschreibt.

Nach der akademischen Organisation des theoretischen Krieges nun plötzlich in die Praxis geworfen zu werden, ist etwas verwirrend. Man ist entwöhnt, muss erst mal Mut fassen.

Einiges über die Lage hatte Balujew schon in der Operationsabteilung der Armee begriffen. Seit 1944 rücken unsere Soldaten nur noch vor, unaufhaltsam! Mit einer glänzenden, schönen, siegreichen Dreistigkeit! Mit ihr sind wir in Ostpreußen eingefallen. Schon blieb die Etappe zurück. Schon blieb die Infanterie zurück, und schon rollt die 5. Panzerarmee, rollt und rollt, ist schon an der Ostsee. Ein hinreißendes, wundervolles Ergebnis.

Allerdings – der Schwung eines solchen Wurfs hat zur Folge, dass auf eine Division nun statt der gewöhnlichen drei bis fünf Kilometer Front plötzlich vierzig Kilometer kommen. Du musst das Regiment auseinander ziehen. Und dann versuch mal, ein paar 76er-Kanonen anzufordern!

Das ist nun einmal so: Eine Armee im Vormarsch ist eine sehr veränderliche Konstruktion, bald erstarrt sie vierundzwanzig Stunden lang zu Marmor, bald verschwindet sie innerhalb von zwei Stunden wie ein Phantom. Dafür bist du Kaderoffizier, dafür hast du einen Akademielehrgang absolviert.

Und diese stürmische Unberechenbarkeit, Widerborstigkeit, Angespanntheit beschert dem Krieger ein Hochgefühl.

12

Es wurde heller, und gegen ein Uhr war der Himmel klar. Aber es war noch nicht Vollmond, der Mond würde nicht die ganze Nacht bleiben. Mit dem fehlenden linken Horn neigte er sich schon nach Westen, schwamm malerisch hinter den Wolken, bald klarer, bald verschwommen.

Heller oder nicht, mit dem Feldstecher konnte man nicht weit auf das Schneefeld sehen, nur dass es oberhalb der Senke vermutlich leer war. Aber auch in den kleinen, hie und da abgegrenzten Waldstücken könnten sie sich sammeln.

Der Mond hatte über Pawel Bojew von Jugend auf eine eigenartige Macht besessen, und das für immer. Schon den Heranwachsenden zwang er anzuhalten, sich hinzusetzen oder zu legen und den Mond unentwegt anzuschauen, über das Leben nachzudenken, wie es für ihn sein wird. Über Mädchen, welches es wohl werden wird.

Obwohl er kräftig, stark, ein hervorragender Turner war, hatte er bei Mädchen kein Glück. Er zerbrach sich den Kopf: Weshalb? Nun ja, hübsch war er nicht, Lippen und Nase waren nicht edel geformt. Aber muss denn ein Mann schön sein? Schönheit ist was für Frauen, wenn auch nicht das Wichtigste. Pawel Bojew erstarb geradezu vor jeder Frau, neigte sich ehrfürchtig vor ihrer Zartheit und Zerbrechlichkeit, fürchtete sich, ihnen wehzutun, sie allein schon mit seinem Atem zu versengen. Vielleicht deswegen hatte er vor dem Krieg noch nicht geheiratet.

(Nur Tanja, die Krankenschwester, erklärte später: »So ein Dummkopf! Wir mögen es doch, wenn einer ordentlich zulangt.«)

Der Mond stand schon hinter Bojews Rücken. Er schaute hinauf, wieder hatten ihn Wolken verdeckt.

Nach wie vor kein Laut. Die Deutschen haben wir gehörig gejagt.

Unterdessen waren die Telefonleitungen von den Feuerstellungen zu den drei Beobachtungsständen gezogen worden. Über den Schallmessposten hatten sie auch Verbindung zur Schallmessbatterie in Dittrichsdorf, sie hatte weiter links, etwas nördlicher, noch mehr Posten. Der Batterieführer meldete: Nichts. Niemand. Wir haben den Durchschlagsanzeiger jenseits des Sees aufgestellt.

Und der See – ganz hell, dort würde man die Deutschen im Mondlicht erkennen können. Das bedeutete: Auch zwei Kilometer östlich war niemand.

Außerdem meldete der Batterieführer: Die Topographen arbeiten bei Mondlicht, vermessen die Schallmessposten, sind auch schon nach Schwenkitten gegangen, um die Feuerstellungen einzumessen.

Nun, in einer Stunde werden wir gefechtsbereit sein. Wir werden wohl kaum hier verweilen, sondern vorgehen.

Tauwetter wird's nicht geben. Die Nacht bleibt kalt. Bojew nahm für alle Fälle die Filzstiefel aus dem Schlitten und zog sie an.

Da meldete Toplew:

»Zum Brigadestab keine Verbindung.« Merkwürdig. Wie viel Zeit brauchen die denn, um hierher zu kommen? Haben die Deutschen sie unterwegs geschnappt?

Bojew fiel ein, dass der Brigadekommandeur heute ins Lazarett gefahren war, das hieß: Dort regiert jetzt Kommissar Wyshlewskij.

Bojew wich allen Arten von politischen Leitern so weit wie möglich aus. Er mochte sie nicht. Wie er überhaupt überflüssige Leute nicht leiden konnte. Wyshlewskij aber war ihm besonders zuwider, er hatte etwas Schmuddeliges, daher auch sein phrasendreschendes Kommissarsgetue. In der Brigade munkelte man, in Bezug auf das Jahr 1941 sei Wyshlewskijs Biografie nicht sauber: Er war im eingekesselten Odessa gewesen, danach zwei, drei Monate in der Versenkung verschwunden, dann mir nichts dir nichts im bisherigen Dienstgrad an der Westfront aufgetaucht. Und irgendwie war Partorg Gubajdulin mit all dem verquickt. Weshalb hatte Wyshlewskij ihn aus dem Nachschub in die Politabteilung geholt und ihn so rasch befördert? (Und ihn Bojew als Partorg aufgehängt?)

Meldung von Toplew: Immer noch keine Verbindung zur Brigade. Aber der Kommandeur des Schützenregiments ist da, kam vom Beobachtungsstand her, folgte den Schlittenspuren.

Na, endlich! Jetzt wird sich einiges klären.

13

»Genosse Oberleutnant! Genosse Ober …!«

»Was ist los«, fragte Kandalinzew hellwach zurück.

»Wir haben einen Deutschen! Einen Überläufer!«

Das meldete der Gefreite Neskin beim Eintritt in die Scheune. Die Nahsicherung hat den Deutschen festgenommen, er lief direkt über das Feld.

Auch Oleg Gussew hörte es. Eine wunderbare Nachricht! Beide Zugführer krochen aus dem Heuhaufen.

Sie gingen nach draußen, sahen sich um. Der Mond schien, die deutsche Uniform war klar erkennbar, auch die Wintermütze. Er war ohne Waffen.

Der Deutsche erkannte die Offiziere, grüßte stramm.

»Herr Oberleutnant! Diese Nacht, in zwei Stunden, wird man einen Angriff hier unternehmen.«*

Mit der deutschen Sprache war es bei beiden Offizieren nicht weit her. Einzelne Wörter kannten sie wohl, den Zusammenhang aber verstanden sie nicht.

Er war sehr aufgeregt.

Auf jeden Fall mussten sie ihn in den Abteilungsstab bringen. Sie bedeuteten ihm, zu gehen: vor ihm Neskin, hinter ihm der kleine Jursch, der überall zurechtkam, mit Karabiner. Er berichtete den Offizieren unterwegs, er hätte schon mit ihm geplaudert, er spreche was Ähnliches wie Russisch, sei aber trotzdem nicht zu verstehen.

Irgendwas ganz Dringendes will er mitteilen.

Bis zum Stabswagen in Klein Schwenkitten ist es nicht weit. Schon während sie gingen, befragten sie ihn. Und der Deutsche gab sich Mühe. Er sprach nicht deutsch, sondern irgendetwas Erkennbares. Erkennbar, aber doch nicht zu verstehen.

Ständig wiederholte er ein Wort:

»Angriff! Angriff!«*

Das Wort kennen wir: Offensive? Überfall?

Das musste man auch erwarten.

Der Funker im Stabswagen schlief nicht. Er weckte den Planzeichner, der konnte Deutsch, wenn auch nicht sehr gut. Er kam sofort heraus, begann mit dem Deutschen zu sprechen und übersetzte einigermaßen, wenn auch nicht Wort für Wort, sondern dem Inhalt nach.

»Das ist so: Er spricht etwas Tschechisch. Er will uns warnen: In ein bis zwei Stunden beginnt in unserem Abschnitt ein großer Angriff der Deutschen.«

Führt der uns nicht an der Nase rum?

Warum sollte er? Das wäre für ihn noch schlimmer.

Die Stimme des Deutschen ist bittend, kläglich, sogar flehend. Er ist schon bei Jahren – älter als Kandalinzew.

Pawel Petrowitsch hat Mitleid mit ihm: Dieser Mensch hat den Krieg so satt.

Wer hat ihn nach so vielen Jahren denn nicht satt?

Armer Tropf, armer. Bist nun bei uns – wann wirst du deine Familie wieder sehen?

Er schickte den Melder Jursch nach Schwenkitten zur Meldung bei Hauptmann Toplew.

14

Nachdem der Überläufer vom Planzeichner befragt worden war und Toplew auch selbst dessen Stimme gehört hatte, aus der freundwillige Bereitschaft klang, war er sicher, dass der Mann nicht log. Überlaufen? Nicht schwierig. Über freies Feld ohne eine einzige Gefechtslinie. Warum also nicht?

Gut, man behielt den Überläufer beim Stabswagen.

Wenn der nicht lügt und sich nicht irrt – unsere Kanonen sind ja völlig ungeschützt! Infanterie ist immer noch nicht da.

Und Toplew ist so sorgfältig und exakt darum bemüht, alles ganz richtig zu machen, genau zu wissen, zu ergründen, rechtzeitig zu erledigen.

Aber – was war jetzt zu tun? Was konnte man jetzt tun? …

So schnell wie möglich Verbindung mit dem Brigadestab herstellen.

Er trieb den Funker an:

»Los, los! Ruf sie!«

Aber keine Verbindung, nichts!

Was ist bei denen bloß los? Nicht zu begreifen!

Toplew griff zum Telefon, um den Abteilungskommandeur anzurufen. Was ist denn das? Auch hier keine Verbindung! Es gab doch keinen Beschuss – woher die Unterbrechung?

Er schickte einen Melder zur Erkundung. Fast hätte er geflucht. Der Telefonist ist ein Hans-guck-in-die-Luft, muss alle Augenblick kontrolliert werden.

Besser über Funk? Klartext – unmöglich, ein Code ist aber für einen derartigen Fall nicht vorgesehen. Er befahl dem Funker:

»Ruf die 10!«

Bojews Stimme, fest wie immer, zuversichtlich, verlässlich. Nicht aus der Ruhe zu bringen. Er wird sofort Toplews Gestotter verstehen. Während er unablässig das blinkende rote Auge des Funkgeräts fixierte, begann Toplew zu erklären:

»Zu uns kam da so ein Onkelchen … durchaus keiner von uns … na ja, von drüben … sieht nicht wie ein Lügner aus. Ich habe ihn gründlich geprüft. Er sagt: In einer oder zwei Stunden … jetzt also noch weniger … Sozusagen, sie kommen! Und in hellen Scharen! Ja, … aber Ural schweigt permanent … Was befehlen Sie?«

Bojew antwortete nicht sofort. Er war ohnehin nicht redselig. Er überlegte, fragte zurück:

»Ural schweigt?«

Toplew fast weinend:

»Absolut! Kein Laut!«

Bojew überlegte weiter:

»Mach Folgendes: Verleg die ganze Wirtschaft von Kassjanow hinter den Fluss. Unverzüglich. Sie soll dort Stellungen beziehen.«

»Und was ist mit den beiden anderen?«

Es war zu hören, wie Bojew tief seufzte:

»Die beiden anderen? Sollen einstweilen hier bleiben. Als Sicherung. Was ist mit der Leitung?«

»Ich habe hingeschickt, weiß es nicht.«

»Alle in Gefechtsbereitschaft, beobachten, horchen. Wenn irgendwas ist, sofort melden.«

Wenig später war der Melder wieder da. Er versicherte, schwor:

»Im Wäldchen ist ein Stück Leitung wie mit dem Messer herausgeschnitten. Und da sind Spuren im Schnee.«

Die Deutschen?!

Schon da?

15

Balujew ging mit seinen beiden Aufklärern in den Schlittenspuren zu dem dunklen Menschengrüppchen, das im offenen Schneefeld stand.

Er nannte Namen und Rang.

Major Bojew, von etwas kleinerem Wuchs, trug einen kurzen, weißen Halbpelz.

Begrüßung mit Handschlag. Wie es schien, von Balujew mit kräftigem Druck, von Bojew mit klammerndem Griff.

Und einfach, wie man an der Front eben so spricht:

»Wo steht dein Schützenregiment?«

Sein Regiment? Er hatte es selbst noch kaum gesehen. Antwort:

»Und wer hat eure Kanonen so postiert?«

Bojew lachte spöttisch auf:

»Versuch mal, nicht so aufzustellen wie befohlen!«

Er beschrieb die Situation, so weit er sie kannte.

Trotz Mondschein brauchten sie für die Karte eine Laterne.

»Petersdorf?«, fragte Balujew. »Ja, man hat mich drauf gestoßen, für den Stab. Hier in der Nähe müsst ihr eine Leitung legen. Und ich würde vom Beobachtungsstand hierher kommen.«

Übrigens, was für ein Beobachtungsstand ist das? Auf ebenem Feld. Ohne Deckung.

»Noch habe ich zwei Stunden Zeit, ich muss selbst erkunden, wo der Deutsche ist, wo seine vorderste Linie verläuft.«

Das wäre gut zu wissen!

Bojew wurde ans Funkgerät gerufen. Er hockte sich auf die Fersen.

Und Balujew betrachtete den hellen Fleck auf der Karte. Wenn das alles See ist – wie kann man dann hier Stellung beziehen!? Wir müssen vorwärts.

Bojew kehrte zurück und gab in leisem Basston, sich von den Soldaten abwendend, die Neuigkeit an Balujew weiter.

»Das ist durchaus wahrscheinlich.« Auch eine derartige Situation begriff Balujew sofort: »Gerade in diesen ersten Tagen wird der Deutsche vorgehen, solange wir noch keine Verteidigung aufgebaut haben können. Gerade in der Verzweiflung wird er losschlagen.«

Und dann hier wenigstens ein Vorfeld einrichten.

Aber wie sollen wir rechtzeitig auch nur eine Kompanie heranholen?

Nicht zu vergessen, für Bojew mit seinen schweren Kanonen – ist es unvergleichlich schwieriger.

Dennoch keinerlei Aufregung.

Balujew sagte offenherzig:

»Ich war ein Jahr nicht an der Front und staune nur, wie wir im vierten Kriegsjahr geworden sind. Man kann uns nicht mehr wie früher erschrecken.«

Balujew ist erst den vierten Tag in Ostpreußen, und schon hat ihn das Frontgefühl voll erfasst.

»Also, ich gehe rechts vom See vor. Was ich erkunde, melde ich dir, und auch wohin ich den Stab beordere, dann lege ich auch deine Leitung dorthin.«

Sie waren für eine Viertelstunde im offenen Feld zusammengetroffen. Jetzt trennten sie sich, bis die Leitung gezogen ist, bis zur nächsten Verbindung. Oder aber, um sich nie wieder zu sehen. Das ist immer so.

»Und wie heißt du?«

»Pawel Afanassjewitsch.«

»Und ich Wladimir Kondratjewitsch.«

Noch ein warmer Händedruck.

Balujew ging mit seinen Aufklärern davon.

Der Mond hatte sich mit Wolken überzogen.

16

Sogar in der 2. Stoßarmee war Wolodja Balujew im Frühjahr 1942 am Leben geblieben und aus dem Kessel entkommen. Und beim Brückenkopf am Sosh hatten sie den ganzen November 1943 herumgehangen, verwundet wurde er zwei Stunden vor dem Abzug der Deutschen, als sie sich davonmachten, danach zwei Monate Lazarett in Samara und dann ein Jahr in der Akademie.

In der Akademie gab es jetzt sehr viele Versehrte, sie alle haben erfahren, wie es im Krieg zugeht. Dennoch, ein Jahr Studium – das ist eine andere Welt: Der Krieg wird sublimiert zu Klarheit, Schönheit und Vernunft. Aber es ist schwierig, sich den Gedanken zu verbieten: Vielleicht ist der Krieg in einem Jahr zu Ende? Vielleicht ist's für mich genug?

Er ist nicht zu Ende, wird es aber bald sein. Durch Nordpolen, durch Ostpreußen ist Balujew gehetzt, per Anhalter, in Zügen, voll gestopft mit irgendwelchen Soldaten. Und er freute sich, wieder in den Frontalltag zu kommen. Noch dazu in einem so großartigen Augenblick – der Eroberung Ostpreußens. (Und mit dieser auseinander gezogenen Front.)

Er ging im lockeren Schnee durch offenes Land. Die Aufklärer folgten ihm schweigend.

Er ging nach dem Kompass.

Wenn es tatsächlich losgeht, dann taugt auch Petersdorf nicht, ist zu exponiert. Wie soll man beizeiten Infanterie herbeischaffen, wenn nicht eine Kompanie, dann wenigstens einen Zug zum Schutz der Kanonen bei Schwenkitten?

Kann man eine einzige Kompanie hierher beordern? Vielleicht sind die Leute so erschöpft, dass sie nicht auf die Beine kommen?

Nur diese eine Nacht müssen wir standhalten. Morgen wird es schon leichter werden.

Und da – linker Hand nordöstlich, vier bis fünf Kilometer entfernt, war geräuschlos leichter Feuerschein aufgekommen. Ein Brand. Ja, es brannte.

Es war aber kein Schießen zu hören.

Balujew blieb stehen, sah durch den Feldstecher. Ja, ein Brand. Es brannte ruhig und gleichmäßig. Ein Haus?

Im Krieg entsteht ein Brand nicht von selbst. Er hat einen Grund, entwickelt sich im Zuge der Kampfhandlungen.

Ist das schon bei den Deutschen? Oder sind welche von uns vorgeprescht, haben einen Fehler gemacht?

Sie gingen weiter nach Osten.

Er dachte wieder an den Traum von Mama.

Wolodjas Mutter war jung gestorben, so jung. Und er, jetzt 28 Jahre alt, träumte seit vielen Jahren von ihr, der Lieben. Sie war unglücklich gewesen, aber in seinen Träumen war sie immer heiter. Doch niemals kam sie ihm im Traum ganz nahe: Eben war sie noch da, nun ist sie fort; gerade kommt sie herein; sie schläft im Nebenzimmer; sie geht vorüber, lächelt, nickt ihm zu. Aber niemals ist sie ganz dicht bei ihm.

Doch aus irgendwelchen Beispielen, Vergleichen oder Erzählungen hat sich bei Balujew die Vorstellung gebildet: Wenn es Zeit ist, zu sterben, kommt Mama ganz nah und umarmt ihn.

Und in dieser Nacht hat er es geträumt: Mama atmete ihm ins Gesicht, umarmte ihn ganz fest – woher hatte sie die Kraft?

Und im Traum war ihm so warm und fröhlich zumute gewesen. Beim Erwachen erinnerte er sich aber an das Vorzeichen ...

17

Vier Haubitzen der 6. Batterie wurden aus Klein Schwenkitten abgezogen, der Lärm ihrer Zugmaschinen zerstörte die absolute Stille ringsum. Ohne Licht holte man sie auf demselben Weg zurück, auf dem sie wenige Stunden früher gekommen waren. Den Munitionsanhängern folgte die Abteilungsküche und der Wirtschaftsdreitonner. (Und der deutsche Überläufer.)

Leutnant Gussew saß wie gewöhnlich in der Kabine der ersten Zugmaschine des 2. Zuges. Dieser Rückmarsch gefiel ihm ganz und gar nicht. Welche Überlegungen auch dazu geführt haben mochten, es war als Rückzug anzusehen. Und so wird er keine Gelegenheit haben, an einer wichtigen Kampfhandlung teilzunehmen.

Oleg Gussew lebte im steten Bewusstsein, nicht bloß ein junger Leutnant zu sein, sondern auch der Sohn eines berühmten Armeekommandeurs. Und mit jedem seiner Kriegstage, mit jedem Kampfeinsatz wollte er diese Sohnschaft rechtfertigen. Es wäre für ihn ein schwerer Kummer, dem Vater irgendwie Schande zu bereiten. An Auszeichnungen besaß er erst den »Vaterländischen« 2. Klasse, ein helles Ordensbändchen, für einen Kampfeinsatz. (Der Vater achtete darauf, dass dem Sohn nicht durch Protektion Auszeichnungen verliehen wurden.)

Diese Fahrt war überhaupt ein Nichts. Anderthalb Kilometer, und schon waren sie wieder an der am Abend überschrittenen Eisenbetonbrücke über die Passarge.

Eins nach dem anderen wurden die schweren Geschütze von den Zugmaschinen die steile Steigung hinter der Brücke hinaufgezogen.

Dann gab es eine Verzögerung, irgendein Hindernis vorne. Danach röhrten die Zugmaschinen wieder los, behoben es.

Oleg sprang aus der Kabine, lief nach vorn, um zu sehen, was los war.

Kandalinzew sprach mit irgendeinem hohen Oberst in Pelzmütze. Der war entsetzlich aufgeregt und merkte offenbar gar nicht, dass er immer noch seine auf irgendjemanden gerichtete Parabellum in der Hand hielt.

Wahrscheinlich hielt er sie in der Hand, um Insubordination auszuschließen. Er verlangte, die Kanonen unverzüglich in Kampfstellung zu bringen, Rohre nach Osten. Für direkten Beschuss.

Etwas weiter weg ragte hinter dem Oberst das Rohr einer Selbstfahrlafette SU 76, auf der Panzerung ein paar Soldaten.

Kandalinzew erklärte ruhig, dass 152-Millimeter-Geschütze nicht für direkten Beschuss geeignet seien: Schneller als in einer Minute kann man nicht nachladen, es sind keine Panzerabwehrgeschütze.

»Andere sind nicht da!«, schrie der Oberst. »Schluss mit dem Geschwafel!«

Nicht die Parabellum nötigte zu Gehorsam. Unter Kampfbedingungen ist bei Abwesenheit eigener Vorgesetzter jeder einem Ranghöheren am Platz zu Gehorsam verpflichtet. Von ihrem eigenen Vorgesetzten waren sie nach dem Flussübergang getrennt.

Genau genommen machte die Forderung des Obersten keinen großen Unterschied: Kandalinzew hatte zweihundert Meter weiter Stellung beziehen wollen, denn, und das meldete er dem Oberst, hier an der Brücke ist es zu eng, vier Kanonen lassen sich hier nicht in Front postieren.

Der Oberst begriff trotz seiner Aufregung wenigstens zum Teil, was der Oberleutnant Kandalinzew sagte, und befahl, nur zwei Kanonen aufzustellen, zu beiden Seiten der Straße.

Da war nichts zu machen. Kandalinzew sagte resigniert, nicht im Befehlston:

»Oleg, dein Geschütz links, meins rechts.«

Gussew befahl den Feldwebel Pjotr Nikolajew auf die Position der dritten Geschützbedienung. Kandalinzew beorderte Oberfeldwebel Kolzow zur ersten Geschützbedienung. Kolzow war in seinem Alter, etwa vierzig. Ein Donkosak.

Die anderen Kanonen und die Lkws zogen zweihundert Meter weiter, wo der Herrenhof Pittehnen mit seinen Gebäuden im Dunkeln lag.

Jetzt musste man sich um den Überläufer kümmern.

Kandalinzew legte ihm die Hand auf die Schulter und sagte:

»Gutt, gutt, wird alles gutt! Geh mit unseren Leuten, kannst schlafen.«

18

Die durchschnittene Leitung konnte kein Zufall sein. Zwei Meter waren herausgeschnitten. Klar: Jene waren mit der Örtlichkeit vertraut, ihre Aufklärer und ihre Funker kannten jeden Fußbreit, alle Wäldchen und Gehölze hüben und drüben. Wir können sie nicht ausmachen, aber sie lauern uns auf.

So etwas war Bojew noch nie passiert. Er hatte im Bombenhagel Flüsse überquert, hatte auf Beobachtungsposten an tödlichen Brückenköpfen gesessen unter dem häufigen Granaten- und Werferbeschuss der Deutschen, hatte bei Feuerüberfällen aus der Luft in rasch ausgehobenen Gräben gelegen, und immer hatte er die Gewissheit gehabt, Teil seiner Artilleriebrigade zu sein, getreuer Nachbar der Infanterie, die ihm früher oder später die Freundeshand hinstreckt oder mit ihm in Verbindung tritt oder den Befehl der Führung und auch seine eigenen Überlegungen weitergibt.

Aber *das* jetzt? … Kein Laut, kein Beschuss, der jähe Tod fliegt nicht heran, nichts rührt sich. Und unsere Infanterie ist nicht da, wird auch vor dem Morgen nicht da sein, noch gut, wenn sie am Morgen kommt. Und der Brigadestab? Wie tot, schon seit Mitternacht. Wie kann das sein? Ist das Funkgerät lädiert? Sie haben doch Ersatzgeräte.

Die Wolken sind wieder dichter geworden. Der Mond wird bald untergehen. Erstorbenes Schneefeld, schlechte Sicht. Einen Batterieführer hat Bojew bei sich, die beiden anderen sitzen in kleinen Gräben in der Nähe und warten – worauf? Vielleicht darauf, dass die Deutschen angreifen, obwohl weder Zugmaschinen- noch Lastwagengeräusche zu hören sind, das heißt: ihre Artillerie zieht nicht zu uns her. Und wenn die Deutschen uns zu Fuß umrunden und direkt auf unsere Kanonen losgehen? Sie sind ungeschützt.

Und wozu stehen wir hier? Auf wen ist zu schießen? Weshalb stehen wir hier?

Eine Batterie hat Bojew schon eigenmächtig abgezogen. Das kann er rechtfertigen. (Nämlich so: Da bei Kassjanow die Fernsprechleitung noch nicht bis zu seiner Batterie führt, soll er sich davonmachen und aufs andere Ufer zu seinen Geschützen gehen. Diesen Befehl hatte er gegeben.)

Aber noch zwei Batterien über die Passarge zurückschicken? Das wäre eine absolut eigenmächtige Veränderung der Stellung, wäre *Rückzug*. Und das heilige Prinzip der Roten Armee ist: Keinen Schritt zurück! In unserer Armee – ein eigenmächtiger Rückzug? Das erlaubt nicht nur die Seele nicht, das geht einfach nicht. Das ist Vaterlandsverrat. Darauf steht Strafkompanie oder Tod.

Völlige Ohnmacht.

Es ist ganz klar: Natürlich muss man zurückgehen, die Abteilung abziehen.

Noch klarer – das ist absolut verboten.

Wenn du schon umkommen musst, dann nicht durch deine eigenen Leute.

Seit Balujews Weggang war noch keine Meldung von ihm eingegangen. Doch es gingen andere Meldungen ein, vom Batterieführer links: In dreihundert Meter Entfernung ein einzelner Reiter Richtung Osten. Mehr war nicht zu erkennen. Zu schießen war ihnen nicht in den Sinn gekommen.

Benutzen die Deutschen Ortsansässige als Kundschafter oder Melder?

Über den linken Beobachtungsstand und den eigenen Schallmessposten telefonierte Bojew mit dem Führer der Schallmessbatterie. Die Verständigung über zwei bis drei Einheiten war nicht sehr deutlich: Direkt hinter dem See stehen Deutsche, haben unseren Durchschlagsanzeiger beschossen, einen Mann getötet.

»Sascha, was siehst du? Was hörst du?«

»Links zwei Feuerscheine.«

»Und um dich herum? Leute von uns?«

»Niemand. Wir haben hier ein prächtiges Herrenhaus besetzt.«

»Ich habe Meldungen, dass die Deutschen sehr bald vorgehen werden. Pack die Geräte ein, solange es noch keinen Beschuss gibt.«

»Das geht doch nicht?«

»Was willst du denn noch mit ihnen hören?«

Toplew meldet. Auch er sieht von links her Feuerschein. Ural antwortet nicht. Schlafen die? Sie können doch unmöglich alle schlafen?!

Toplew ist jung, schwächlich. Sie können von der Flanke aus die Kanonen umgehen. Bojew schärft Toplew ein: Alle Geschützbedienungen alarmieren, niemanden schlafen lassen. Karabiner und Handgranaten mitnehmen. Bereit zur

Verteidigung der Feuerlinie sein. Verbindung halten. Melden.

Ostanin kam herein:

»Genosse Major, wir haben einen netten Einzelhof gefunden, fünfhundert Meter von hier. Übersiedeln wir?«

Hat das Sinn? Während wir dorthin eine Leitung legen, passiert womöglich noch was.

19

Es verging noch eine halbe Stunde.

Der Feuerschein links nördlich hat sich verstärkt. In der Nähe sind es schon drei Feuer, weiter entfernt noch ein großes Feuer.

Aber kein Beschuss – weder Artillerie noch Granatwerfer. Gewehrfeuer reicht nicht bis hierhin.

Rechts, wo er Kassjanows Beobachtungsstand abgezogen hatte, gab es zwar keinerlei Anzeichen, aber das Geländerelief, die Biegung der Talsenke, lieferte sehr wohl Grund zur Besorgnis.

Jetzt war Ostanin von der vorderen Talsenke zurückgekommen. Er konnte einfach nicht stillsitzen. Er berichtet, dass sich auf jenem Hang Gestalten bewegen, zwei oder drei. Fast hätte er geschossen, hat sich aber beherrscht.

Vielleicht war das richtig.

Mit ihren örtlichen Führern können die Deutschen jeden Pfad ausfindig machen, und hinter dem Geländerelief auch ein Bataillon heranführen, sogar mit Schlitten.

Die Sicht ist noch schlechter geworden. Auf hundert Meter ist eine Person kaum noch erkennbar, allenfalls zu erraten, mehr nicht.

Und in dieser Dunkelheit mit so vielen Infanteristen vorgehen – ohne Geräusch? Im jetzigen Krieg wird in dieser Weise nicht angegriffen, unmöglich. Einen lautlosen Angriff zu organisieren ist noch schwieriger als einen geräuschvollen.

Aber – im Krieg ist alles möglich.

Wenn die Deutschen schon seit vierundzwanzig Stunden abgeschnitten sind – bleibt ihnen doch nichts übrig als anzugreifen!

Die Gedanken wirbeln. Der Brigadestab? Wie konnte man uns so im Stich lassen?

Zurückgehen? Auf keinen Fall. Aber – bis zum Morgen können wir nicht standhalten.

Es ist sinnlos, hier zu bleiben. Man muss die Kanonen retten.

Kann man riskieren, noch eine Batterie abzuziehen? Das würde nicht als Stellungswechsel akzeptiert werden. Das wäre eigenmächtiger Rückzug.

Nun ja, zunächst mal Scherenfernrohre, Funkgeräte, ein paar überzählige Kabelrollen auf Schlitten verladen. Und die Schlitten neben der Batterie aufstellen. Bojew befahl Mjagkow:

»Ersatzmagazine für die Maschinenpistolen mitnehmen, Handgranaten so viele wie vorhanden.«

Und noch leiser sprechen. Lautes Reden kann man weithin hören.

Natürlich, sie könnten auch rasch einen Panzer heranziehen. Gegen Panzer sind wir machtlos. Und die Deckungsgräben sind flach.

Der Telefonist ruft Bojew. Zu ihrem Graben sind es zwei Schritt.

Wieder ist es der Führer der Schallmessbatterie. Er ist sehr besorgt: Seinen linken Schallmessposten haben die Deutschen geschnappt. Von dort hört man nur noch: »*Sie kesseln uns ein!* Sie haben Schneehemden an.« Das ist alles.

»Und bei Ihnen, Pawel Afanassjewitsch?«

»Alles noch unklar.«

»Bei mir in der Zentrale – einstweilen auch nichts. Aber die Geräte baue ich ab, sollen nicht verloren gehen. Nun gut. Seien Sie auf der Hut und bauen Sie die Leitung ab.«

Bojew legte den Hörer nicht sofort auf, als warte er darauf, noch etwas zu hören.

Es kam nichts mehr.

Das ist schon der Kampf. Zu Mjagkow:

»Verteile alle, die da sind, in geöffneter Ordnung zur Sicherung im Halbkreis von zweihundert Metern. Lass einen Mann am Telefon, einen bei den Schlitten.«

Mjagkow ging, um leise seine Anordnungen zu treffen.

Sicherung vorschieben – das ist ein Risiko: Man erkennt zwar früher, kann aber von hier aus nicht schießen, es ginge in die eigenen Reihen.

Aber geschlossen zusammenbleiben – da erwischen sie uns wie eine Hammelherde.

Es herrschte keine Aufregung, sondern ruhige, klare Vernunft.

Andere Kämpfe gingen Bojew durch den Sinn: die Offensive von Orjol, an der Desna, bei Starodub, bei Retschiza. Überall war der Kampf anders, waren die Tode verschieden. Was aber bei ihm nie vorgekommen war – nie war eine Beschießung vergebens gewesen, nie sinnlos.

Der Triumph beim Kessel von Bobrujsk. Der Marsch durch Polen. Der Brückenkopf bei Pultusk.

Wir haben sie stets kleingekriegt.

... bis zum Morgen standhalten ...

Im Nordosten, zwei Kilometer entfernt knatterte eine MP-Salve. Dann wieder Stille.

Das Schießen kam ungefähr aus der Richtung, in die Balujew gegangen war.

20

Bei Toplew lagen in den Feuerstellungen neben den Geschützen die Geschosse gestapelt. Doch man würde erst bei Tageslicht schießen können. Und jetzt hatte Bojew befohlen, in allen Feuerstellungen die Karabiner bereitzuhalten, die sonst nie gebraucht wurden. Sie liegen als überflüssig in den Munitionswagen. Für die Kanoniere der Schweren Artillerie ist der Schützenkampf nicht vorgesehen. Die Aufklärer, die Verwaltungszüge haben Maschinenpistolen, und die befinden sich alle in den Beobachtungsständen.

Weder voraus noch seitwärts war etwas zu sehen, alles halb verhangen.

Toplew ging ohnehin beunruhigt hin und her, in Unklarheit. Und nach dem Befehl, die Karabiner herauszuholen?

Hier standen acht Kanonen in einer Reihe, wie es selten vorkommt, die Batterien stehen sonst immer getrennt. Nervös ging der kleine Toplew an diesen Ungeheuern entlang.

Bei jedem Geschütz befand sich im besten Fall die halbe Bedienung. Die Übrigen hatten es sich in den nahen Häusern bequem gemacht und schliefen trocken und warm. Manch einer trank auch wieder Beuteschnaps. Und die Fahrer schliefen auch irgendwo.

Toplew schärfte allen vier Zugführern ein, die Geschütze bereitzumachen und sich auf die Nahverteidigung vorzubereiten.

Die einen sprangen sofort auf, die anderen widerwillig. Wenn bloß der Sampolit* der Abteilung hier wäre, der so oft überall herumlungert – ihn fürchten alle. Aber der Brigadekommissar hatte ihn in Dienstangelegenheiten bis zum Morgen bei sich zurückbehalten.

Die Deutschen werden nicht ohne Artillerievorbereitung angreifen, wenn auch irgendwelche Geschosse, Minen herumschwirren, um zu warnen.

Es ist still. Kein Panzergeräusch.

Er horchte, horchte. Es war nichts zu hören.

Irgendwie muss es gut gehen.

Toplew ging nach Klein Schwenkitten zum Stabswagen. Denn dort befand sich alles, alle Dokumente. Wenn *was*? ... Dann was?

Er befahl dem Fahrer, beim Wagen zu bleiben, und dem Funker, Ural zu rufen.

Dann ging er nach Schwenkitten zurück, zur Feuerstellung.

»Genosse Hauptmann!«, rief der Telefonist gedämpft, der irgendwo im Schatten hockte, »der Abteilungskommandeur für Sie.«

Toplew nahm den Hörer.

Bojew in strengem Ton:

»Toplew, *wir werden hier eingekreist.* Mach verteidigungsbereit!«

Noch ehe er den Hörer zurückgelegt hatte, hörte Toplew: Schuss auf Schuss!

Und dann war die Leitung tot, keine Verbindung mehr.

Und Toplew spürte etwas Sonderbares: Seine Kniescheiben zitterten ganz von selbst, unabhängig vom Knie sprangen sie rauf und runter, rauf und runter.

Man konnte jetzt nicht die ganze Feuerstellung

durch Schreien erreichen. Die Kanonenreihe entlang rannte er zu den Zugführern: Fertig machen zum Kampf! Der Kommandeur wurde schon angegriffen!

Jetzt müssen alle ran!

Und der Stabswagen? Wenn was? Er schickte einen Mann los, den Wagen mit Benzin zu übergießen.

Kommen wir nicht weg, dann verbrennen wir den Wagen.

21

Die Treue zum Vater war der Schlüssel zu Oleg Gussews Seele. Wer ist einem Knaben heiliger und ehrwürdiger als der Vater? Und was hatte ihn mehr gekränkt als die grundlose Degradierung des Vaters in einem der dreißiger Jahre (Oleg war zehn Jahre alt, aber er begriff es schon) vom Brigadekommandeur zum Oberst. Statt der Raute Schulterstücke. Und sie mussten zwei Zimmer in einer Kommunalwohnung beziehen, im dritten hauste ein Stukatsch*. (Der Grund: Jemand in Vaters Dienstbereich »saß«. Doch das erfuhr der Junge erst später.) Und als er heranwuchs? Wollte er auch Soldat werden?

Mit sechzehn Jahren (gerade in den Stalingrader Tagen) setzte er es beim Vater durch: Er durfte den Soldatenmantel anziehen.

Treue zum Vater. Oleg würde lieber hier, bei seinen beiden Kanonen, fallen, als sich zu blamieren und dem Vater Schande zu machen. Er war sogar froh über die jetzige Wendung, die zu ihrer Postierung hier an der Brücke geführt hatte, um den ganz ungewöhnlichen direkten Beschuss mit einer 152er zu sichern. Wenn doch bloß diese deutschen Panzer rascher aus dem Halbdunkel vorstießen.

Heute war für ihn eine unerhörte Nacht, und es war noch mehr Unerhörtes zu erwarten.

Obwohl zum vollständigen Munitionssatz je Geschütz sechzig Schuss gehörten, brachten sie jetzt mit zwei Zügen nur die Hälfte zusammen. Und zur Geschützbedienung hatten sie nur sieben Mann statt acht. (Denn Lepetuschin …) Doch Gussew holte sich keinen Mann aus einer anderen Bedienung, es wäre falsch gewesen, die anderen noch zu schwächen. Er muss sich mit diesen sieben begnügen. Besser er hilft eigenhändig mit.

Weder die Selbstfahrlafette noch der drohende Oberst waren in der Nähe, doch die Geschütze der 6. Batterie standen an der Brücke, hielten Wacht.

Voraus – nichts als Leere, dunkle Weite, offenbar befinden sich dort keine Einheiten von uns. Aber – da rannten Leute herbei.

Es waren Topographen der Aufklärerabteilung. Einer hinkte, der andere hatte eine ausgerenkte Schulter. Sie waren zur topographischen Einmessung geschickt worden, als es mondhell war, und sind dann in der Dunkelheit stecken geblieben, haben darauf gewartet, dass es wieder heller wird. Sich gegenseitig unterbrechend, erzählten sie: ein ganz merkwürdiger Angriff, schweigendes Heranschleichen. Manche mit Spaten, manche sogar mit Messern, selten ein oder zwei Schuss.

Einige Topographen sind noch zurückgeblieben.

Die Schlitten der Schallmessleute fuhren vorüber, sie hatten nur mit Hilfe der Beute-Lastpferde abgezogen werden können. Die Zugmaschine war im Schnee stecken geblieben, sie schleppten sie ab.

So ist es also. Sind noch Schallmessleute dort?

»Pawel Petrowitsch, wie sollen wir schießen,

wenn noch welche von unseren dazwischen sind?«

»Wir müssen noch abwarten«, antwortete Kandalinzew.

Auf dem Ostufer blitzte bald Beschuss auf, bald schwieg er wieder.

Kandalinzew befahl zwei dienstfreien Geschützbedienungen, sich für den Schützenkampf vorzubereiten, und ließ rechts und links sichern.

Noch kamen einige auf der Brücke herüber.

Auf einer Zeltbahn wurde ein Verwundeter gebracht. Zwei Regimentsaufklärer trugen ihn.

Sie konnten ihn kaum schleppen, waren ganz erschöpft. Wer könnte sie abtransportieren?

Hierher – wir werden versuchen, ihn zu versorgen.

Oleg Gussew beugte sich über den Verwundeten: Ein Major. Haare wie Flachs.

Regungslos.

»Einer von euch?«

»Ja, der Regimentskommandeur. Neu. Ist erst gestern zu uns gekommen.«

»Schwer verwundet?«

»Ja, Kopf und Bauch.«

»Wo steht euer Regiment?«

»Weiß der Teufel!«

Unsere Leute lösten die Träger ab bis zum Herrenhof.

Kandalinzew befahl:

»Bringt ihn mit einem Schlitten nach Liebstadt und kommt sofort zurück.«

In Liebstadt treffen sich sechs Straßen. Gestern Abend kam die Artillerieabteilung unbehelligt durch. Aber wenn man die Deutschen reinlässt, stehen denen alle Wege offen.

»Pawel Petrowitsch, unser Überläufer hat nicht gelogen.«

»Ich habe befohlen, ihm zu essen zu geben«, brummte Kandalinzew.

Und was ist mit unserem Batterieführer? Über Funk antwortet er nicht.

Und was ist mit der ganzen Abteilung?

Der ferne Feuerschein leuchtet schwach herüber. Und die Augen haben sich daran gewöhnt. Dort dunkelt noch ein Grüppchen Unsriger. Sie kommen näher.

Und da!!!

Und da!!!

Hier kann man nicht feuern.

Plötzlich: Rechts vorn – wo unsere 4. und 5. Batterie stehen! Dichtes, lautes MG-Feuer.

Gewaltiges Auflodern! Auflodern! Danach: Detonation! Detonation!

22

Aus trübem, nächtlichem Dämmer, aus absoluter Lautlosigkeit krachte es plötzlich in die 4. und 5. Batterie vom Wald rechter Hand, nicht aus Granatwerfern, sondern aus drei oder vier schweren Maschinengewehren und – wer weiß warum – nur Leuchtspurgeschosse. Die Strahlen der verlängerten roten Stäbchen bringen den angekündigten Tod, nur selten erkennt man ihn, ehe er einen erreicht.

Und gleich danach schallte es aus jenem Waldstück: »Hurra! Hurra!« aus mindestens zweihundert Kehlen.

Und sie rannten in hellen Scharen Richtung Geschütze, kaum erkennbar im Flimmern der roten Strahlen. Von den Kanonen lösten sich einige Gewehrschüsse, mehr nicht. Die roten Strahlen glitten zur 4. Batterie hinüber, die 5. wurde schon mit Wurfgranaten eingedeckt. Feuer loderte auf, loderte und loderte.

Der Angriff überraschte Toplew am äußersten

Rand der 4. Batterie. Sie hatten sich doch vorbereitet, er hatte sie vorbereitet, sie hatten es selbst nicht geglaubt. Die ganze Nacht waren sie auf Posten gewesen, sie waren erschöpft, einige waren eingeschlafen.

Und die Deutschen sind drei Mal mehr als wir!

Brüllen? Befehlen? Dazu reicht die Stimme schon nicht mehr. Nicht er ist es, der sie weckt.

Alles ging so schnell – wie ein nächtlicher Dolchstoß.

Nichts, gar nichts konnte Toplew tun! Nur fliehen? Nach Klein Schwenkitten rennen, zum Stabswagen und ihn anzünden.

Und er rannte los.

Und er hörte die Einschläge hinter sich, ziemlich nah, durchschnitten von Schreien. Unsere? Ihre?

Man konnte unterscheiden: Karabiner, das waren unsere.

Am Stabswagen warteten schon ein Planzeichner und ein Funker. Sie verschütteten im Fahrerhäuschen Benzin, warfen brennendes Werg hinein.

Die Flammen schlugen nach vier Seiten. Lauf weg!

Lauf weg!

Unsere Karten werdet ihr nicht zu sehen bekommen. Und in unseren Dokumenten werdet ihr nicht herumkramen!

Das Werferfeuer auf die Batterie hatte aufgehört. Jemand hat jemanden erledigt.

Sie rannten hierher, zum Brand, Kugeln pfiffen, das Ziel ist sichtbar.

Auch Toplew rannte mit seinen Stabssoldaten, rannte. Er kannte nur die Richtung, den Sinn kannte er nicht mehr.

Noch einer von der Batterie lief mit ihm.

Toplew hatte plötzlich alles vor Augen: Kindheit, Schule, ganz intensiv und alles auf einmal.

Der Soldat holte auf, um neben dem Hauptmann zu laufen.

Beide waren außer Atem, konnten nicht sprechen. Es war auch ohnehin klar:

Durch den Rückzug über die Straße, auf die Brücke, war die 6. Batterie gerettet worden. Gerade ein Kilometer.

Sie blieben stehen, sahen sich um, über den Bäumen loderten die Flammen des brennenden Stabswagens.

Der Abteilungskommandeur hatte gesagt: Mit ihm ziehen wir in Deutschland ein.

Und wo die Kanonen geblieben sind – dort nur die letzten MG-Schüsse.

23

Kandalinzew und Gussew konnten später nur zusammen, einander einhelfend, sich erinnern und doch nicht genau erinnern, was geschehen war. Was wonach wem passierte. Und welche Kanone den ersten Panzer getroffen hatte und den dritten und weshalb der Schützenpanzer brannte.

Bis sechs Uhr morgens konnte man nicht gezielt schießen. Voraus, auf dem jenseitigen Ufer der Passarge, knatterte MG-Feuer. Und die ganze Zeit über entkamen immer wieder eigene Leute der Einkesselung. Es hieß ja, es gebe dort keine Einheiten von uns, und doch: Wie viele wurden in der Schneedunkelheit dahingerafft.

Aber später, links auf der Straße von Dittrichsdorf her blinkten die Scheinwerfer der Panzer und Schützenpanzer. Die Deutschen kamen. Manchmal ein kurzes Aufleuchten der Scheinwerfer, sie konnten es nicht lassen.

Eine motorisierte Kolonne rückte an. Immer

deutlicher wurde ihr Motorenlärm zwischen den letzten MG-Salven.

Und da ist sie: die erste Schnauze! Zeit zuzuschlagen.

»Geschütz zum Gefecht!«, kam es über die Chaussee rechts von Kandalinzew.

»In direkten Beschuss!«, schrie Oleg seiner Geschützbedienung zu. »Feuer!«

Petja Nikolajew richtete. Das Geschütz brüllte auf, auch Kolzows Geschütz brüllte.

Und Oleg half der Geschützbedienung mit dem nächsten Geschoss. Jetzt kam alles auf Schnelligkeit an.

Von hier aus hatte der Deutsche kein Feuer erwartet.

Er begann, zur Seite auszuweichen.

Aber wir trafen nicht daneben. Eine Funkenfontäne vom Panzer! Das bedeutete Splittersprengladung.

Der Panzer blieb stehen.

Hinter ihm brannte etwas. Wahrscheinlich ein Schützenpanzer.

Auf der Straße wälzte sich die Kolonne näher.

Wir schossen zweimal in der Minute.

Und unser Geschoss flog dem »Königstiger« geradewegs in die Schnauze.

So hatten wir Erfolg – grade vor der Brücke und auf der Brücke brachten wir die Panzer zur Strecke und verstopften die Brücke.

Ein Wunder, dass die Brücke hielt.

Die deutschen Panzer schossen hierher, doch weil unser Ufer viel höher lag, prallten ihre Geschosse ab und flogen hoch. Unsere Geschützbedienung ließ sich in Deckungslöcher fallen, sprang gleich wieder auf und lud neu. Nikolajew und Kolzow wichen nicht vom Geschütz – und blieben unverwundet.

... Wenn man nicht an sich denkt, an nichts und niemanden und nur: *Drauf los*! *Drauf los*!

Die Deutschen schossen teils mit Sprenggranaten, teils mit Vollgeschossen wie schon seit dem Herbst. Munitionsmangel?

Bei den Vollgeschossen gibt es keine Splitterverletzungen, nur direkte Treffer.

Es traf den geschäftigen Jursch und zwei Männer von Kolzows Geschützbedienung.

Und Nikolajews Geschütz wurde von einem Hartkerngeschoss leicht beschädigt.

So war es, erinnerten sich später alle. Aber *was* genau, *in welcher Reihenfolge* und von *wem*, daraus ist niemand klug geworden.

Danach passierte Verschiedenes. Es kam – wer weiß woher – unser Schützenzug und bezog am Ufer Stellung.

Die Brücke unter Beschuss. Zwischen den geknackten Panzern versuchten einzelne Deutsche, hierher zu kommen, und wurden erschossen.

Über das Eis, am Steilhang im Schnee einsinkend, konnten sie das hohe Ufer der Passarge nicht einnehmen.

Und auch wir konnten auf die motorisierte Kolonne am anderen Ufer nicht einhauen, die Munition war verbraucht.

Da kam plötzlich über die frei gebliebene Straße hinter uns unser Panzer mit der eckigen Nase, der IS*, eine Neuheit, stärkste Panzerung, ihn mit Artillerie zu beschießen ist sinnlos. Er rollte zwischen unsere Kanonen und feuerte drei Warnschüsse auf die motorisierte Kolonne und zwei auf den Weg nach Schwenkitten.

Von dort – keine Erwiderung.

Die Deutschen brachten ihre Fahrzeuge in den Wald.

Und von rückwärts kamen noch zwei IS.

Was für eine Erleichterung!

Und später dann – flussauf und flussab, über das Eis, den verschneiten Hang hinauf kraxelten die Unseren aus dem Kessel heraus.

Unter ihnen auch Batterieführer Kassjanow mit verletztem Arm.

Und die Artilleristen der eroberten 4. und 5. Batterie flohen, soweit sie es noch konnten, es waren nicht viele.

Und Hauptmann Toplew war unversehrt geblieben.

Während man von Bojew, dem Kommandeur der Abteilung, nur sagen konnte: Er wurde *eingekesselt*.

Als sei das nicht tödlich.

Oleg Gussew konnte es nicht glauben, als er auf die Uhr sah: Wo sind die drei Stunden geblieben? Wie haben sie sich zusammengepresst, sind vorbeigesprungen, im Kampf verschwunden.

Es wurde schon Tag.

24

Die Küche gab Essen aus, für alle, die vor Ort waren.

Hauptmann Toplew empfand Scham und Verlegenheit gegenüber den Zugführern. Doch was hätte er denn besser machen können? Immer wieder, er konnte nicht anders, erzählte er Kassjanow, wie es gewesen war, wie unverhofft sie angeschlichen kamen und die Kanonen einfach nicht zu retten gewesen waren …

Und Hauptmann Kassjanow fühlte sich schuldlos schuldig.

Ein Stündchen später kamen von Liebstadt her zwei Pkws. Im vorderen, einem Beutewagen – Opel Blitz –, saßen der Stellvertretende Chef des Brigadestabes, ein Major, der Chef der Aufklärerbrigade, ein Major, und noch einige Niederrangige aus dem Brigadestab. Sie hatten es nicht glauben können: In diesen wenigen Stunden? Nach dem gestrigen ruhigen Abend?

Und so was konnte passieren?

Aufgeregt hatten sie zum Brigadestab gefunkt.

Aus dem zweiten Wagen stiegen der Sampolit der 2. Abteilung, Konoptschuk, und der Partorg Gubajdulin, ausgeschlafen und nüchtern.

Und Major Tarassow vom Smersch.

Sie sammelten sich um die Offiziere: Wie und was ist vorgefallen? Sie missbilligten, putzten Toplew und Kassjanow herunter: Wie haben Sie bloß so handeln können?

Tarassow rügte streng:

»Der Begriff ›Unvorhersehbarkeit‹ darf gar nicht existieren. Wir müssen immer mit allem …«

Der abgequälte Toplew sagte entgegen aller Vernunft:

»Aber wir wussten es doch, hatten eine Information.«

»Ja? Was für eine?«

Toplew berichtete von dem Überläufer.

Tarassow kapierte blitzschnell:

»Wo ist er?«

Man führte ihn hin, zum Herrenhaus.

Die übrigen Besucher schauten sich um und begriffen: Oha, hier riecht es auch jetzt noch nach Pulver. Also abfahren.

Und der Brigadestab hatte schon *von ganz oben* von dem schweren nächtlichen Überfall der Deutschen im Norden und dem auf unsere Stellungen hier ausgeweiteten erfahren: Die 3. Abteilung vollständig eingekesselt. Befehl: Alle Unverletzten ziehen sich sofort über Liebstadt nach Herzogswalde zurück.

Der Überläufer wurde zu Tarassow gebracht.

Trotz der nächtlichen Aufregungen hatte er wohl etwas geschlafen. Er versuchte zu lächeln. Friedfertig. Beunruhigt. Erwartungsvoll.

»Komm!«, befahl Tarassow mit schroffer Handbewegung.

Er führte ihn hinter die Scheune.

Er ging hinter ihm her, nahm im Gehen seine TT* aus der Revolvertasche.

Hinter der Scheune – zwei Schüsse.

Sie waren leise im Vergleich zu der lautstarken Nacht.

Epilog

Am Abend des 25. Januar, als die ersten sowjetischen Panzer zur Ostsee ans Frische Haff vorgestoßen waren und Ostpreußen von Deutschland abgeschnitten wurde, war ein deutscher Gegenangriff auf den Durchbruch innerhalb von vierundzwanzig Stunden vorbereitet worden, und zwar schon für den nächsten Abend. Ihre Panzerdivision, zwei Infanterie- und eine Jägerbrigade begannen den Angriff in Richtung Westen, auf Elbing. In der Nacht vom 26. auf den 27. schlossen sich diesen Truppen noch drei Infanteriedivisionen und Teile des Panzerkorps »Großdeutschland« an. An der linken Flanke nahmen sie Wormditt und Liebstadt ein.

Bei der hundert Kilometer langen Ausdehnung des Keils zum Meer konnten unsere Schützendivisionen keine lückenlose Frontlinie bilden. Von drei Divisionen war eine eingekesselt. Aber bis Elbing gelangten die Deutschen nicht mehr, unsere 5. Gardepanzerarmee ließ sie nicht durch, erst nach vier Tagen erreichten sie das Territorium von Mühlhausen bis Liebstadt. Im Süden hielten sie unsere Panzerbrigade und das von Allenstein kommende Kavalleriekorps auf. Vom Schnee begünstigt, erwies sich die Reiterei ein letztes Mal als nützlich.

Am 2. Februar hatten wir Liebstadt zurückerobert, östlich davon zog auch die Aufklärung der Artillerieabteilung in Schwenkitten ein. Die Kanonen der beiden vernichteten Batterien standen in ihrer früheren Stellung am Dorfrand. Alle Verschlüsse, teilweise auch die Rohre, waren mit TNT-Sprengkörpern unbrauchbar gemacht worden. Zwischen den Kanonen und weiter auf dem Weg nach Schwenkitten lagen die Leichen der Kanoniere, mehrere Dutzend. Ein paar Deutsche hatten manchen mit Messern den Gnadenstoß gegeben, wollten Munition sparen.

Man begann, nach Bojew und seinen Batterieführern zu suchen, und fand sie: Mehrere Soldaten und Batterieführer Mjagkow lagen tot in Bojews Nähe. Er selbst war in die Nasenwurzel und in den Kiefer getroffen, lag auf dem Rücken. Den Halbpelz und die Filzstiefel hatte man ihm ausgezogen, auch die Mütze war ihm gestohlen worden. Ein Deutscher war begierig nach den Orden gewesen, um seinen Erfolg zu vermelden: Er hatte mit einem Messer rundum aus der Feldbluse sämtliche Orden herausgeschnitten. Auf der Brust des Toten waren die blutigen Messerspuren geronnen.

In Liebstadt wurde Bojew beerdigt, auf dem Platz mit dem Hindenburg-Denkmal.

Einen Tag vorher hatte das Artillerie-Brigadekommando in den Armeestab eine Liste zur Auszeichnung mit den Rotbannerorden als Auszeichnung für die Operation am 27. Januar eingereicht. Die Auszeichnungsliste führten an: Sampolit Wyshlewskij, Brigadestabschef Weressowoj und der Chef der Brigadeaufklärung; viel weiter unten fanden sich Toplew, Kandalinzew und Gussew sowie der Führer der Schallmessbatterie.*

Der Kommandeur der Artillerieeinheit war ein großer, magerer, strenger Generalleutnant. Ihm war klar bewusst, dass er voreilig gehandelt hatte, als er die schwere Geschützbrigade ohne jeden Schutz bei unklarer Lage hatte vorrücken lassen. Jetzt wurde er aber erst recht zornig. Mit einem fetten schwarzen Kreuz strich er die gesamte Brigadeführung an der Spitze der Auszeichnungsliste durch und fügte eine unflätige Bemerkung hinzu.

Viele Tage später, schon im März, wurde Major Bojew der Orden »Vaterländischer Krieg erster Klasse« verliehen. Diesem Ansuchen war entsprochen worden. Nur hat diesen Orden, in Gold, niemals jemand zu sehen bekommen, auch die Schwester Praskowja hat ihn nicht erhalten.

Fügte er denn dem, was mit dem Messer herausgeschnitten war, noch viel hinzu?

Auch der Kommandeur der Schützendivision erwähnte in seinen Memoiren aus der Nachkriegszeit den Regimentskommandeur für einen Tag, Balujew, nicht.

Verschollen, als hätte es ihn nie gegeben.

1998

Erläuterungen

S. 7: Im Sommer 1943 nahm Alexander Solschenizyn – während des Zweiten Weltkrieges Kommandeur einer Schallmessbatterie – an der Offensive auf Orjol in Zentralrussland teil, die der Panzerschlacht im Kursker Bogen (Operation »Zitadelle«) folgte.

S. 7: *Zentralstation*: Schallmessbatterien ermittelten von der eigenen Hauptkampflinie aus durch Peilungen den genauen Standort gegnerischer Geschütze oder Batterien. Die zentrale Schallaufnahmestation (auch: Schallauswertestelle) schloss Fernsprech- und Schallauswertegerät ein.

S. 8: *Linienzug*: Fernsprechzug zur Herstellung und Unterhaltung der Fernsprech- und Messleitungen zu den Schallmessposten und zum Durchschlagsanzeiger

S. 8: *Mess- und Rechenzug*: Zu seinen Aufgaben zählte das Einmessen der Schallmessposten mit trigonometrischen Mitteln, die Berechnung der Zielkoordinaten der aufgenommenen feindlichen Geschützstellungen und der Sprengpunkte der eigenen Geschosse beim Einschießen.

S. 10: *Warnposten*: Auch Durchschlagsanzeiger oder Vorwarner genannt

S. 11: *Polowzer*: Auch Kumanen genannt – Steppennomaden, die vom 11. Jahrhundert bis Anfang des 13. Jahrhunderts Südrussland durch häufige Überfälle bedrängten

S. 13: *Werst*: 1 Werst entspricht 1,067 km.

S. 14: *IL*: Nach dem sowjetrussischen Konstrukteur Sergej W. Iljuschin benannter Flugzeugtyp

S. 14: *das zentrale Gerät*: Das Schallaufnahmegerät zur schriftlichen Aufzeichnung der Geschütz- oder Geschossknalle

S. 15: *76er*: Gemeint ist das Kaliber 76 mm.

S. 17: *Rama*: Fw 189 Nahaufklärer, entsprechend seiner Form »Rahmen« genannt

S. 24: *Politruk*: Politischer Leiter

S. 27: *SIS*: Lkw aus dem »Sawod imeni Stalina«, einem in den 1930er Jahren gegründeten und nach Stalin benannten Autowerk

S. 27: *GAS*: Lkw aus dem »Gorkowski Awtomobilni Sawod«, einem 1932 in Gorki, dem früheren und heutigen Nishnij Nowgorod, gegründeten Autowerk

S. 31: *Kascha*: Getreidegrütze

S. 34: *Ungeheuer Gorynytsch*: Drache im russischen Märchen

S. 44: *Iskorka*: »kleiner Funken«

S. 70: *Mjagkow*: Abgeleitet von »mjagkij« = sanft, weich

S. 72: *Bojew*: Abgeleitet von »boj« = Kampf

S. 109: *in den Kämpfen gegen Japan 1938*: Sowjetisch-japanischer Grenzkonflikt am Chassan-See bei Wladiwostok im Zeitraum 29. Juli – 11. August 1938; am 12. August 1938 wurde ein Waffenstillstand mit Japan geschlossen.

S. 109: *im Finnischen Winterkrieg*: Mit dem Überfall der Roten Armee am 30. November 1939 begann der Winterkrieg mit Finnland; in seiner Folge wurde die Sowjetunion am 14. Dezember 1939 aus dem Völkerbund ausgeschlossen. Am 12. März 1940 kam es zum Friedensschluss mit Finnland.

S. 112: *Partorg*: »Parteiorganisator«

S. 114: *Smersch*: »Smertj schpionam« (Tod den Spionen), die sowjetische militärische Spionageabwehr

S. 121: *ein Pud*: Entspricht 16,38 kg

S. 130: *niedergeschlagenen ischimischen Bauernaufstand 1921*: Bauernrevolte im Gebiet des Flusses Ischim, der durch Kasachstan und Russland fließt, im Frühjahr 1921, hervorgerufen durch die gewaltsamen Getreiderequisitionen nach einem Hungerwinter infolge schlechter Ernte

S. 131: *GPU*: Geheimpolizei

S. 138: *böse Pest*: Die Zwangskollektivierung der Landwirtschaft in den Jahren 1930–1932, gefolgt von der großen Hungersnot mit ihrem Höhepunkt 1933/34

S. 143: *Wer ist da?*: Im Original deutsch

S. 156: *Herr Oberleutnant! Diese Nacht … unternehmen*: Im Original deutsch

S. 157: *Angriff! Angriff!*: Im Original deutsch

S. 180: *Sampolit*: Politischer Stellvertreter eines Kommandeurs

S. 182: *Stukatsch*: Wörtlich »Klopfer« – hier der auf eine »verdächtige« Person angesetzte Spitzel

S. 193: *IS*: Iossif Stalin

S. 197: *TT*: Tokarew-Pistole

S. 199: *der Führer der Schallmessbatterie*: Solschenizyn, seit Oktober 1941 Soldat, war von April bis Oktober 1942 Lehrgangsteilnehmer an der 3. Leningrader Artillerieschule in Kostroma, die er als Leutnant absolvierte. Als Kommandeur einer Schallmessbatterie war er von Februar bis März 1943 an der sowjetischen Nordwestfront, ab April 1943 bei Brjansk und Orjol im Kursker Bogen eingesetzt. Von Orjol über Gomel, Rogatschow, Bobrujsk, Minsk, Baranowitschi, Pultusk führte ihn sein Weg nach Ostpreußen. Ab August 1943 war er Oberleutnant, ab Herbst 1944 Hauptmann. Er war mit dem Vaterländischen Orden zweiter Klasse und dem Roten Stern ausgezeichnet worden; für das Herausführen seiner Batterie aus der Einkesselung am 27. Januar 1945 bei Liebstadt in Ostpreußen wurde er zur Verleihung des Rotbannerordens vorgeschlagen. Am 9. Februar jedoch, also nur kurz nach den in der Erzählung *»Schwenkitten«* geschilderten Ereignissen, wurde Solschenizyn, wegen einer kritischen Äußerung über Stalin in einem Brief an einen Freund, direkt an der Feuerlinie bei Wormditt von Smersch-Offizieren verhaftet. Alle Auszeichnungen wurden ihm aberkannt. Er schreibt später in seinem großen Werk *»Der Archipel Gulag«* hierzu:
»Einige Tage vor meiner Verhaftung geriet auch ich unter Wlassowsche Kugeln. In dem von uns umzingelten ostpreußischen Kessel gab es ebenfalls Russen. In einer der letzten Januarnächte unternahm ihre Abteilung einen Ausbruchsversuch, gegen Westen – ohne Artillerie-

vorbereitung, schweigend. Da es keine durchgehende Front gab, vertieften sie sich rasch in unsere Stellungen und nahmen meine vorgeschobene Schallmeßbatterie in die Zange, so daß ich Mühe hatte, meine Leute über die letzte freie Straße hinauszulotsen. Um ein angeschossenes Fahrzeug zu holen, kehrte ich später zurück und sah, wie sie sich vor Morgengrauen, alle in Tarnmänteln, auf dem Schnee zusammenrotteten, dann plötzlich aufsprangen, mit Hurra gegen die Feuerstellung der 152-Millimeter-Division bei Adlig-Schwenkitten losstürmten und die zwölf schweren Geschütze, ehe sie einen einzigen Schuß abgeben konnten, mit Handgranaten außer Gefecht setzten. Von ihren Leuchtkugeln begleitet, floh unser letztes Häuflein drei Kilometer weit über weglose Schneefelder bis zur Brücke über den schmalen Passarge-Fluß.
Bald folgte meine Verhaftung (...).«
(Alexander Solschenizyn, Archipel Gulag. © Scherz Verlag, Bern 1974, S. 252. Abgedruckt mit freundlicher Genehmigung des S. Fischer Verlages, Frankfurt/M.)
Solschenizyn verbrachte acht Jahre im Gulag, drei weitere Jahre in Verbannung. 1957 wurde er rehabilitiert.

nach Mehlsack ↑
Wormditt
Bhf. Wormditt
N
0
2 km
R e g i e r u n g s b e z i k
K ö n i g s b e r g
Sportehnen
Bhf. Sportehnen
Passarge
Arnsdorf
Kalkstein
Dittrichs-dorf
Dittrichsdorfer See
Peters-dorf
Schwenkitten
Klein Schwenkitten
Pittelmen
Liebstadt
Wolfsdorf
Mildensee
Reichen-thal
Herzogs-walde
Wuchsnig-see
Ostsee
Memel
Tilsit
Pillau
Königsberg
Gumbinnen
Danziger Bucht
Pregel
O s t p r e u ß e n
Danzig
Elbing
Wormditt
Liebstadt
Rastenburg
Marienwerder
Allenstein
M a s u r e n
Weichsel